南开大学亚太经济合作组织（APEC）研究中心
APEC Study Center of Nankai University

# 亚太区域经济合作发展报告
## ——— 2020 ———

孟 夏 主编

南開大學出版社
天 津

图书在版编目(CIP)数据

亚太区域经济合作发展报告.2020 / 孟夏主编.—
天津：南开大学出版社,2021.11
 ISBN 978-7-310-06196-9

Ⅰ.①亚… Ⅱ.①孟… Ⅲ.①区域经济合作－经济发展－研究报告－亚太地区－2020 Ⅳ.①F114.46

中国版本图书馆 CIP 数据核字(2021)第 242696 号

## 版权所有　侵权必究

亚太区域经济合作发展报告 2020
YATAI QUYU JINGJI HEZUO FAZHAN BAOGAO 2020

南开大学出版社出版发行
出版人：陈　敬
地址：天津市南开区卫津路 94 号　邮政编码：300071
营销部电话：(022)23508339　营销部传真：(022)23508542
https://nkup.nankai.edu.cn

天津泰宇印务有限公司印刷　全国各地新华书店经销
2021 年 11 月第 1 版　2021 年 11 月第 1 次印刷
260×185 毫米　16 开本　22 印张　2 插页　445 千字
定价:82.00 元

如遇图书印装质量问题,请与本社营销部联系调换,电话:(022)23508339

本书得到教育部人文社会科学研究重大项目资助

# 《亚太区域经济合作发展报告 2020》编委会成员

编委会主任：刘晨阳

编委会成员（按姓氏的汉语拼音排序）：

宫占奎　胡昭玲　李　俊　李文韬　刘晨阳
罗　伟　毛其淋　孟　夏　曲如晓　沈铭辉
盛　斌　王　勤　谢娟娟　许家云　杨春妮
杨泽瑞　于　潇　于晓燕　余　振　张靖佳
郑昭阳

本期主编：孟　夏

# 内容简介

《亚太区域经济合作发展报告》为年度研究报告,是首批入选"教育部哲学社会科学发展报告资助项目"的研究报告。该报告由南开大学 APEC 研究中心组织撰写,汇集了国内该领域研究专家的真知灼见,是目前我国研究亚太区域经济合作问题的标志性学术成果,同时也为我国相关政府部门参与亚太区域经济一体化的决策提供了有益参考。

《亚太区域经济合作发展报告 2020》包括点报告、全球及亚太地区经济形势分析、推动"后2020"时代 APEC 合作3个专栏,对亚太地区重要经济体的经济形势、APEC 总体进程与发展趋势、"后茂物目标"时代 APEC 合作前景与重点问题、亚太地区经济一体化的深化发展以及我国的战略对策等问题进行了深入分析。

# 目 录

## 总报告
APEC 数字经济合作分析 ... 3

## 全球及亚太地区经济形势分析
全球经济形势变化与前景 ... 19
中国宏观经济形势回顾与展望 ... 45
美国经济形势与中国的应对方案 ... 65
日本经济发展形势及经济合作分析 ... 92
近期东盟国家经济形势的分析与预测 ... 105

## 推动"后 2020"时代 APEC 合作
推进数字经济全球治理体系建设问题研究 ... 121
APEC 成员经济体应对新冠肺炎疫情政策及影响研究 ... 135
数字贸易国际规则：趋势和应对 ... 152
APEC 创新增长合作的现状和趋势分析 ... 162
APEC "以人为本"的贸易与投资政策研究 ... 182
促进以人为本的 APEC 经济技术合作 ... 202
APEC 在我国参与新时期国际经济合作中的战略定位 ... 215
"后 2020"的 APEC：发展回顾与合作展望 ... 226
多边贸易体制与"后 2020"时代的 APEC 合作问题研究 ... 240
APEC 环境产品贸易自由化问题分析 ... 250
APEC 结构改革问题研究 ... 275
工商界参与 APEC 合作问题研究 ... 294
对推进亚太自由贸易区的初步思考 ... 313
RCEP 农产品贸易自由化对中国经济的影响——基于 GTAP 模型的分析 ... 325

# 总报告

# APEC 数字经济合作分析

孟 夏 孙 禄[*]

**摘要**：近年来，亚太区域数字经济蓬勃发展，规模不断扩大。为促进数字经济发展，各成员制订了相关战略和具体措施。但由于发展水平的差异，成员间政策仍有较大差异，数字鸿沟依然存在。APEC 已提出数字经济合作倡议和行动议程，将在数字基础设施、信息安全、数据流动、电子商务和数字贸易、相关法律框架、人力资源开发，以及中小企业发展等方面持续推进数字经济合作，逐步推进实施。

**关键词**：APEC；数字经济；数字贸易规制

APEC 成立至今，持续推进贸易投资自由化、便利化，同时也注重新领域合作。近年来，数字经济快速发展，成为亚太区域经济合作关注的重点。APEC 已经制订了相关合作框架和路线图，共同挖掘互联网和数字经济的潜力，努力推动数字经济领域的合作。

## 一、数字经济及相关概念界定

随着数字经济的重要性日益凸显，各界开始关注其含义内容以便进行核算。数字经济内涵广泛，迄今为止并没有统一界定。例如，二十国集团（G20）将数字经济定义如下：以使用数字化的知识和信息作为关键生产要素，以现代信息网络作为重要载体，以信息通信技术的有效使用作为效率提升和结构优化重要推动力的一系列经济活动。中国信息通信研究院指出，数字经济是以数字化的知识和信息为关键生产要素，以数字技术创新为核心驱动力，以现代信息网络为重要载体，通过数字技术与实体经济的深度融合，不断提高传统产业数字化、智能化水平，加速重构经济发展与政府治理模式的新型经济形态。[①]为了兼容多种数字经济含义，经济合作与发展组织（OECD）提出了更为一般的定义：数字经济囊括了依赖或高度使用数字投入的所有经济活动，其中数字化投入包括数字技术、数字基础设

---

[*] 孟夏，南开大学 APEC 研究中心教授。孙禄，南开大学经济学院博士研究生。
[①] 中国信息通信研究院. 中国数字经济发展白皮书（2017 年），2017.

施、数字服务和数据,参与主体涵盖了企业、消费者和政府。[1]

数字经济内容广泛,与之相关的一些概念和经济活动也有不同界定。以电子商务为例,其作为发展较早的一种数字经济形式,目前世界上普遍采用世界贸易组织(WTO)和 OECD 对电子商务的定义。WTO 认为电子商务是指通过电子方式进行产品和服务的生产、分发、销售或交付。OECD 将电子商务定义为通过计算机网络进行的产品或服务交易活动,其交付方式包括线上和线下,交易主体包括企业、家庭、个人、政府以及其他公共或私人机构。[2]相较于 WTO 对电子商务的定义,OECD 给出的含义相对狭窄,因为其不包括实际使用或未使用数字网络方式进行销售或购买的产品或服务。

数字贸易作为数字经济的重要组成部分,其本质是以数字技术为载体的贸易活动。冈萨雷斯和茹安让(López González and Jouanjean,2017)认为,数字贸易是指消费者、公司和政府间通过数字化媒介,以数字或物理交付方式进行的商品和服务贸易。[3]在政府层面,澳大利亚认为数字贸易是指通过互联网进行商品和服务贸易,也包括跨境信息和数据的传输。[4]美国将数字贸易定义为公司通过互联网进行交付的产品或服务,也包括诸如智能手机和与互联网连接的传感器之类的相关产品。不过,美国并没有将在线订购的产品包含在数字贸易之中[5]。数字贸易包括商品贸易、服务贸易和跨境信息数据的传输。数字贸易的发展与信息与通信技术(ICT)息息相关,但 ICT 产品及 ICT 支持的服务贸易并不是数字贸易的全部,因为数字经济已经渗透到各个经济部门之中。本文的分析依据联合国贸易和发展会议(UNCTAD,2015)提出的方法,将 ICT 产品和 ICT 支持的服务贸易分别作为衡量亚太地区数字贸易发展程度的指标。[6]

## 二、APEC 主要成员数字经济发展现状

### (一)数字经济发展现状

尽管世界经济增长乏力,经济不确定性因素增多,但 APEC 各经济体数字经济蓬勃发展,规模不断扩大。2018 年,美国、中国和日本数字经济规模都在 2 万亿美元以上,分别为 123408 亿美元、47290 亿美元、22901 亿美元,远远领先韩国、加拿大、墨西哥、俄罗斯和澳大利亚等经济体。与 2016 年相比,数字经济增长速度最快的经济体为中国、俄罗

---

[1] OECD. A Roadmap Toward Acommon Framework for Measuring the Digital Economy. 2020.

[2] OECD. OECD Guide to Measuring the Information Society 2011. OECD Publishing, 2011.

[3] López González J, Jouanjean M. Digital Trade: Developing a Framework for Analysis (OECD Trade Policy Papers, No. 205). OECD Publishing, 2017.

[4] Department of Foreign Affairs and Trade, Australian Government. (n.d.). Services & Digital Trade: E-commerce & Digital Trade.

[5] U. S. International Trade Commission (USITC). Global Digital Trade 1: Market Opportunities and Key Foreign Trade Restrictions. U. S. International Trade Commission, 2017.

[6] UNCTAD. International Trade in ICT Services and ICT-enabled Services: Proposed Indicators from the Partnership on Measuring ICT for Development, Technical Note No 3 Unedited, TN/UNCTAD/ICT4D/03, 2015.

斯、澳大利亚，分别为39.1%、33.4%、29.1%。作为数字经济的重要组成部分，亚太地区的电子商务规模巨大。2017年，美国、中国、日本、韩国和加拿大电子商务规模合计共占世界的53.1%。企业对企业（B2B）和企业对消费者（B2C）作为电子商务的两种商业模式，2017年美国、中国、日本、韩国的B2B规模分别为81290亿美元、8690亿美元、2828亿美元、12200亿美元；而B2C规模分别为7530亿美元、10620亿美元、1470亿美元、690亿美元。从B2B和B2C在电子商务的占比来看，2017年B2B发展程度高的经济体是美国、韩国，其比重分别为91.5%、94.6%，中国的B2C处于较高水平，为55%。相比2015年，2017年美国电子商务和B2B发展速度最快，B2C发展速度最快的是中国（见表1）。

表1 APEC主要成员数字经济发展现状 单位：亿美元

| 成员 | 数字经济 | | 电子商务 | | B2B | | B2C | |
|---|---|---|---|---|---|---|---|---|
| | 2018年 | 2016年 | 2017年 | 2015年 | 2017年 | 2015年 | 2017年 | 2015年 |
| 美国 | 123408 | 108318 | 88830 | 70550 | 81290 | 64430 | 7530 | 6120 |
| 中国 | 47290 | 34009 | 19310 | 19910 | 8690 | 13740 | 10620 | 6170 |
| 日本 | 22901 | 22935 | 29750 | 24950 | 2828 | 23820 | 1470 | 1140 |
| 韩国 | 7636 | 6122 | 12900 | 11610 | 12200 | 11130 | 690 | 480 |
| 加拿大 | 4342 | 3588 | 5120 | 4700a | 4520 | 4220a | 600 | 480a |
| 墨西哥 | 3670 | 3193 | — | — | — | — | — | — |
| 俄罗斯 | 2942 | 2205 | — | — | — | — | — | — |
| 澳大利亚 | 2664 | 2063 | — | 2160 | — | 1880 | — | 280 |

资料来源：数字经济数据来自中国信息通信研究院《G20国家数字经济发展研究报告》系列报告。电子商务、B2B和B2C数据来自UNCTAD发布的《2019年数字经济报告》和《2017年信息经济报告》。

注：a. 表中2015年加拿大电子商务、B2B、B2C数据实际为2014年数据。

### （二）数字贸易发展现状

**1. APEC数字贸易的整体发展情况**

APEC作为亚太区域最活跃的经济组织之一，其数字贸易规模迅速扩大，并逐年增长。就数字服务贸易来看，2018年APEC成员整体数字服务贸易出口额为1357.1亿美元，相比2005年的292亿美元，增加了3.65倍。从世界数字服务贸易出口占比来看，2005年APEC数字服务贸易出口占比为16.68%，到2018年跃升至23.88%，约占世界的1/4。

就ICT产品贸易来看，亚太地区ICT产品贸易规模远远超出其数字服务贸易且一直处于贸易顺差地位。2005年APEC成员整体ICT产品贸易规模为18051亿美元，到2018年扩大至36730.41亿美元，增长了1.03倍。就ICT产品进出口规模而言，APEC成员ICT产品进出口规模分别从2005的8753.34亿美元、9297.66亿美元，增加至2018年的18014.47亿美元、18715.94亿美元，分别增长了1.06倍、1.01倍。从占世界货物贸易比重来看，2018

年APEC区域内ICT产品进出口贸易占比分别为18.67%、20.03%（见表2）。

表2 2005—2018年APEC整体数字贸易发展情况　　　　单位：亿美元，%

| 年份 | 数字服务贸易 | | ICT产品贸易 | | | |
|---|---|---|---|---|---|---|
| | 出口 | 占世界数字服务出口贸易比重 | 出口 | 占世界货物出口贸易比重 | 进口 | 占世界货物进口贸易比重 |
| 2005 | 292 | 16.68 | 9297.66 | 19.92 | 8753.34 | 17.29 |
| 2006 | 341.9 | 16.61 | 10664 | 19.55 | 9924.86 | 17.16 |
| 2007 | 418.8 | 16.70 | 11994.76 | 19.27 | 10968.74 | 17.08 |
| 2008 | 507.7 | 16.96 | 12425.08 | 17.59 | 11300.53 | 15.33 |
| 2009 | 506.1 | 17.61 | 10948.39 | 19.40 | 10046.68 | 17.59 |
| 2010 | 575.9 | 18.35 | 13749.28 | 19.00 | 12756.53 | 17.33 |
| 2011 | 704.4 | 19.14 | 14494.95 | 17.01 | 13512.76 | 15.31 |
| 2012 | 788.3 | 20.51 | 15075.46 | 17.23 | 14358.22 | 15.68 |
| 2013 | 828 | 20.02 | 15965.31 | 17.87 | 15130.96 | 16.27 |
| 2014 | 880.4 | 19.97 | 16483.08 | 18.10 | 15357.33 | 16.46 |
| 2015 | 952.9 | 21.53 | 16375.54 | 19.69 | 15323.44 | 18.58 |
| 2016 | 1041.1 | 22.70 | 15987.75 | 19.99 | 15273.88 | 19.10 |
| 2017 | 1125.2 | 22.71 | 17884.32 | 20.27 | 16997.87 | 18.98 |
| 2018 | 1357.1 | 23.88 | 18715.94 | 20.03 | 18014.47 | 18.67 |

资料来源：https://unctadstat.unctad.org/wds/ReportFolders/reportFolders.aspx.

**2. APEC主要成员数字贸易发展**

（1）数字服务贸易

2018年美国、中国、日本的数字服务贸易总额分别为7376.61亿美元、2547.31亿美元和2263.90亿美元，相比2005年分别增长了2.35倍、5.23倍、2.43倍，在APEC成员中位居前三位。就出口而言，2018年美国、中国和日本的数字服务贸易出口额分别为4667.21亿美元、1314.46亿美元、1059.42亿美元，分别占世界数字服务贸易出口总额的15.92%、4.48%、3.61%，分别占各自服务贸易出口的56.34%、49.26%、55.18%。在APEC范围内，这三个成员的数字交付服务贸易出口占比也分别达到43.67%、12.30%、9.91%，合计比重为65.88%。

数字服务进口贸易与出口情况类似，APEC成员中仍然是美国、中国和日本位居前列。2018年，这三个成员经济体的数字服务贸易进口额分别为2709.4亿美元、1232.85亿美元、1204.48亿美元，占世界整体的比重分别为10.49%、4.77%、4.66%，分别占各自服务贸易进口的48.45%、23.48%、60.21%。

其他 APEC 经济体，如新加坡、加拿大、中国香港、韩国、菲律宾和俄罗斯的数字服务贸易也达到一定规模。其中，2018 年新加坡、加拿大、中国香港的数字服务贸易出口额较大，分别为 1038.53 亿美元、537.84 亿美元、436.67 亿美元。进口方面，新加坡、加拿大、韩国也具有一定规模，但是与美国等成员相比，仍有较大差距（见表 3）。

从 APEC 各成员数字服务贸易差额来看，在 2005—2018 年间，美国一直是数字服务贸易净出口国且其贸易顺差持续扩大，从 2005 年的 774.71 亿美元扩大至 2018 年的 1957.81 亿美元；日本则是数字交付服务贸易净流入国且其贸易逆差逐渐扩大，从 2005 年的 49.68 亿美元扩大至 2018 年的 145.06 亿美元；除 2015 年和 2018 年外，中国数字服务贸易一直处于逆差地位，但贸易逆差在不断缩小。①

表3 2018 年 APEC 主要成员数字服务贸易发展情况　　　单位：亿美元，%

| 成员 | 数字服务贸易规模 | | 占世界数字服务贸易比重 | | 占本国服务贸易比重 | | 占APEC数字服务贸易比重 |
|---|---|---|---|---|---|---|---|
| | 出口 | 进口 | 出口 | 进口 | 出口 | 进口 | 出口 |
| 美国 | 4667.21 | 2709.40 | 15.92 | 10.49 | 56.34 | 48.45 | 43.67 |
| 中国 | 1314.46 | 1232.85 | 4.48 | 4.77 | 49.26 | 23.48 | 12.30 |
| 日本 | 1059.42 | 1204.48 | 3.61 | 4.66 | 55.18 | 60.21 | 9.91 |
| 新加坡 | 1038.53 | 1058.95 | 3.54 | 4.10 | 56.44 | 56.64 | 9.72 |
| 加拿大 | 537.84 | 530.85 | 1.83 | 2.06 | 57.91 | 47.04 | 5.03 |
| 中国香港 | 436.67 | 237.24 | 1.49 | 0.92 | 38.30 | 29.10 | 4.09 |
| 韩国 | 381.29 | 476.24 | 1.30 | 1.84 | 39.47 | 38.33 | 3.57 |
| 菲律宾 | 230.74 | 87.32 | 0.79 | 0.34 | 61.58 | 32.37 | 2.16 |
| 俄罗斯 | 210.37 | 358.29 | 0.72 | 1.39 | 32.44 | 37.85 | 1.97 |
| 中国台湾 | 196.58 | 192.83 | 0.67 | 0.75 | 39.09 | 33.95 | 1.84 |
| 澳大利亚 | 159.96 | 195.20 | 0.55 | 0.76 | 23.12 | 27.17 | 1.50 |
| 泰国 | 127.29 | 233.33 | 0.43 | 0.90 | 15.14 | 42.21 | 1.19 |
| 马来西亚 | 106.35 | 159.25 | 0.36 | 0.62 | 26.83 | 35.75 | 1.00 |
| 印度尼西亚 | 82.40 | 131.30 | 0.28 | 0.51 | 29.50 | 37.48 | 0.77 |
| 墨西哥 | 36.80 | 99.85 | 0.13 | 0.39 | 12.88 | 26.81 | 0.34 |
| 智利 | 34.03 | 62.11 | 0.12 | 0.24 | 33.59 | 44.84 | 0.32 |
| 新西兰 | 33.35 | 53.36 | 0.11 | 0.21 | 19.74 | 38.85 | 0.31 |
| 越南 | 14.62 | 36.94 | 0.05 | 0.14 | 9.68 | 20.08 | 0.14 |
| 巴布亚新几内亚 | 3.57 | 10.91 | 0.01 | 0.04 | 88.31 | 64.01 | 0.03 |

资料来源：https://unctadstat.unctad.org/wds/ReportFolders/reportFolders.aspx.

---

① https://unctadstat.unctad.org/wds/ReportFolders/reportFolders.aspx.

### （2）ICT 产品贸易

从 ICT 产品贸易来看，2018 年中国、中国香港和美国的 ICT 产品贸易总额分别为 11652.24 亿美元、6514.61 亿美元、5034.17 亿美元，位居 APEC 主要成员的前三位。

从 ICT 产品出口来看，2018 年 APEC 成员中排名前三的分别是中国、中国香港和韩国，其 ICT 产品贸易出口额分别为 6811.29 亿美元、3157.15 亿美元、1683.95 亿美元，分别占世界 ICT 产品贸易出口总额的 30.31%、14.05%、7.49%，分别占本国货物贸易出口额的 27.31%、55.48%、27.84%。在 APEC 范围内，这三个成员的 ICT 产品贸易出口占比也分别达到 36.39%、16.87%、9.00%，合计比重为 62.26%。

从 ICT 产品进口来看，2018 年 APEC 成员中排名前三的分别是中国、美国和中国香港，其 ICT 产品贸易进口额分别为 4840.95 亿美元、3552.58 亿美元、3357.46 亿美元，占世界 ICT 产品贸易进口总额的 19.50%、14.31%、13.52%，占本国货物贸易进口额的 22.67%、13.60%、53.52%。在 APEC 范围内，这三个成员的 ICT 产品贸易出口占比也分别达到 26.87%、19.72%、18.64%，合计比重为 65.23%。其他 APEC 经济体的 ICT 产品贸易虽然也达到一定的规模，但与中美相比仍有较大差距（见表4）。

表4  2018年APEC主要成员ICT产品贸易发展情况        单位：亿美元，%

| 成员 | ICT 产品贸易规模 | | 占本国货物贸易比重 | | 占世界 ICT 产品贸易比重 | | 占 APEC 整体 ICT 产品贸易比重 | |
|---|---|---|---|---|---|---|---|---|
| | 出口 | 进口 | 出口 | 进口 | 出口 | 进口 | 出口 | 进口 |
| 中国 | 6811.29 | 4840.95 | 27.31 | 22.67 | 30.31 | 19.50 | 36.39 | 26.87 |
| 中国香港 | 3157.15 | 3357.46 | 55.48 | 53.52 | 14.05 | 13.52 | 16.87 | 18.64 |
| 韩国 | 1683.95 | 747.82 | 27.84 | 13.97 | 7.49 | 3.01 | 9.00 | 4.15 |
| 美国 | 1481.59 | 3552.58 | 8.90 | 13.60 | 6.59 | 14.31 | 7.92 | 19.72 |
| 中国台湾 | 1428.27 | 711.85 | 42.54 | 24.87 | 6.36 | 2.87 | 7.63 | 3.95 |
| 新加坡 | 1217.35 | 985.93 | 29.57 | 26.61 | 5.42 | 3.97 | 6.50 | 5.47 |
| 马来西亚 | 819.60 | 544.49 | 33.14 | 25.05 | 3.65 | 2.19 | 4.38 | 3.02 |
| 墨西哥 | 678.23 | 703.88 | 15.05 | 15.16 | 3.02 | 2.84 | 3.62 | 3.91 |
| 日本 | 598.50 | 893.12 | 8.11 | 11.94 | 2.66 | 3.60 | 3.20 | 4.96 |
| 泰国 | 393.64 | 333.51 | 15.59 | 13.38 | 1.75 | 1.34 | 2.10 | 1.85 |
| 菲律宾 | 258.59 | 253.74 | 38.32 | 22.06 | 1.15 | 1.02 | 1.38 | 1.41 |
| 加拿大 | 82.51 | 332.76 | 1.83 | 7.23 | 0.37 | 1.34 | 0.44 | 1.85 |
| 印度尼西亚 | 51.94 | 145.37 | 2.88 | 7.70 | 0.23 | 0.59 | 0.28 | 0.81 |
| 澳大利亚 | 25.35 | 243.94 | 1.00 | 10.36 | 0.11 | 0.98 | 0.14 | 1.35 |
| 俄罗斯 | 21.26 | 237.98 | 0.47 | 9.91 | 0.09 | 0.96 | 0.11 | 1.32 |
| 新西兰 | 4.15 | 31.87 | 1.04 | 7.29 | 0.02 | 0.13 | 0.02 | 0.18 |
| 智利 | 2.11 | 60.13 | 0.28 | 8.10 | 0.01 | 0.24 | 0.01 | 0.33 |
| 秘鲁 | 0.36 | 35.86 | 0.08 | 8.31 | 0.00 | 0.14 | 0.00 | 0.20 |
| 巴布亚新几内亚 | 0.11 | 1.24 | 0.17 | 2.99 | 0.00 | 0.01 | 0.00 | 0.01 |

资料来源：https://unctadstat.unctad.org/wds/ReportFolders/reportFolders.aspx.

## 三、APEC 主要成员数字经济战略与数字贸易规制

### (一) 数字经济战略与政策

为了持续推动数字经济发展,APEC 经济体相继出台了数字经济发展战略和具体的政策措施(见表 5)。相比区域内发展中经济体,APEC 发达经济体近年来密集出台促进数字经济发展的政策措施,加大数字技术和数字基础设施的建设,以巩固数字经济的比较优势。由于发展中成员禀赋不同,数字经济发展水平也参差不齐,与发达成员相比仍有较大差距,数字鸿沟依然存在。

作为数字经济大国,美国于 2018 年发布了先进制造业战略计划,确定了三大目标:开发和转化新的制造技术,教育、培训和集聚制造业劳动力,扩展国内制造供应链的能力。其中在开发和转化新的制造技术目标中,又将智能和数字制造、先进的工业机器人、人工智能基础设施和制造业的网络安全等作为优先发展事项。2019 年日本出台了《AI 战略 2019》,重点关注人工智能基础研究和基础技术开发项目、人工智能产业技术研究等项目,加快建成人工智能强国,并引领人工智能技术和产业发展。同年,中国为推动数字经济的进一步发展,发布了《国家数字经济创新发展试验区实施方案》,将浙江省、河北省(雄安新区)、福建省、广东省、重庆市、四川省等 6 个地区确立为国家数字经济创新发展试验区,不断做大做强数字经济产业,加速实体经济的数字化转型。俄罗斯和韩国也相继出台了人工智能国家战略,推动数字技术发展。加拿大于 2011 年开始实施数字经济战略,重点推动信息和通信技术在中小企业的应用、数字技术人才的培养和数字产业等方面的发展,2016 年加拿大魁北克省发布《数字经济行动计划》,提出未来五年将在"通过数字技术和数据应用促进创新""加速企业数字化转型,加强电子商务应用""强化信息通信产业的全球领先地位""培养必需的数字领域人才""建立有吸引力且有利于数字技术应用的营商环境"等五个方面投入两亿加元。

表 5  APEC 主要成员数字经济战略及政策

| 成员 | 时间 | 数字经济战略及政策 |
|---|---|---|
| 美国 | 2009 年 | 透明和开放政府备忘录 |
| | 2010 年 | 国家宽带计划 |
| | 2011 年 | 联邦政府云计算战略 |
| | 2012 年 | 大数据研究与发展计划<br>"数字政府"战略 |
| | 2014 年 | 美国开放数据行动计划 |
| | 2015 年 | 成立数字经济专家委员会 |
| | 2016 年 | 联邦大数据研发战略计划<br>国家人工智能研究和发展战略计划 |

续表

| 成员 | 时间 | 数字经济战略及政策 |
|---|---|---|
| | 2018 年 | 智能制造振兴计划<br>国家制造创新网络战略计划<br>美国机器智能国家战略报告<br>美国先进制造业美国领导力战略<br>数据科学战略计划<br>美国国家网络战略 |
| 日本 | 2001 年 | e-Japan 战略 |
| | 2004 年 | u-Japan 战略 |
| | 2009 年 | i-Japan 战略 |
| | 2010 年 | 新信息通信技术战略 |
| | 2013 年 | 创建最尖端 IT 国家宣言<br>科学技术创新综合战略 |
| | 2014 年 | 战略 2014 |
| | 2015 年 | 战略 2015<br>机器人新战略 |
| | 2016 年 | 日本智能参考框架 IVRA<br>第五期科学技术基本计划<br>建设"超智能社会" |
| | 2018 年 | 集成创新战略<br>综合创新战略 |
| | 2019 年 | AI 战略 2019 |
| 中国 | 2007 年 | 国家中长期科学和技术发展规划纲要（2006—2020 年） |
| | 2012 年 | 国务院关于大力推进信息化发展和切实保障信息安全的若干意见 |
| | 2013 年 | "宽带中国"战略及实施方案 |
| | 2015 年 | 国务院关于积极推进"互联网+"行动的指导意见<br>中国制造 2025<br>促进大数据发展行动纲要 |
| | 2016 年 | 国家信息化发展战略纲要<br>关于加快推进"互联网+政务服务"工作的指导意见 |
| | 2018 年 | 关于发展数字经济稳定并扩大就业的指导意见 |
| | 2019 年 | 国家数字经济创新发展试验区实施方案 |
| | 2020 年 | 关于印发《2020 年数字乡村发展工作要点》的通知 |
| 韩国 | 2010 年 | IT 融合发展战略 |
| | 2013 年 | 政府 3.0 计划 |
| | 2014 年 | 制造业创新 3.0 战略 |
| | 2016 年 | 用 ICT 开拓韩国的未来 |
| | 2018 年 | 人工智能研发战略<br>第四期科学技术基本计划（2018—2022）<br>《创新增长引擎》五年计划 |
| | 2020 年 | 人工智能国家战略 |

续表

| 成员 | 时间 | 数字经济战略及政策 |
|---|---|---|
| 加拿大 | 2011 年 | 数字经济战略 |
| | 2016 年 | 魁北克省《数字经济行动计划》<br>《政府信息技术战略》<br>《数字文化计划》 |
| | 2017 年 | 魁北克省《教育、高等教育、人才培养的数字行动计划》 |
| | 2018 年 | 魁北克省《数字基础设施计划》 |
| | 2020 年 | 《数字时代的竞争》 |
| 墨西哥 | 2013 年 | 《国家数字战略》 |
| 俄罗斯 | 2017 年 | 俄罗斯联邦数字经济规划 |
| | 2019 年 | 国家人工智能发展战略 |

资料来源：http://www.apec-iap.org/及各国政府官网。

## （二）数字贸易规制

过去几十年，尤其是在签订 WTO 信息技术协定后，数字产品的关税水平出现大幅下降。在 APEC 范围内，发达成员的数字产品关税水平普遍较低，美国、加拿大、日本、澳大利亚和新西兰数字产品的关税水平分别为 1.46%、0.5%、0.04%、1.64%和 1.8%。但是，为保护数字行业，APEC 发达成员频繁使用反倾销措施，如美国、日本、加拿大和澳大利亚等国都曾对中国数字产品发起反倾销调查。发展中成员的数字产品关税水平相对较高，如智利、韩国等数字产品关税水平分别为 5.99%、4.71%。

在国内税收体制方面，APEC 成员都对数字产品和在线服务进行征税，但涵盖的部门及产品各异。例如，1992 年美国《家庭录音法案》对数字媒体、音频记录设备和数字音频接口设备等数字产品实施不同的税率。俄罗斯、韩国、智利和中国分别对在线数字服务征收增值税。韩国在修订后的《增值税法案》中规定，允许对非本地供应商购买的电子产品征收 10%的增值税，同时在韩国未设常驻机构的海外供应商向韩国客户出售移动应用程序时，对该供应商征收增值税。菲律宾、马来西亚和智利则对国外数字服务供应商采取不同的税收政策。2016 年以来，菲律宾政府一直在制订针对国外数字服务的征税计划，其关注的焦点之一就是对通过 Facebook（脸书）和 Instagram（照片墙）等社交媒体网站出售服务的公司进行征税。

在公共采购方面，出于对国家安全的考虑，针对电子通信部门及 ICT 产品，俄罗斯、美国、印度尼西亚、马来西亚和越南等出台了较多的政策法规，除非国内某些数字服务及产品稀缺且满足严格条件下（如公开源代码），国外公司才能参与政府采购。

数字贸易发展依赖于对电信部门、计算机服务、互联网出版服务、数字产品制造等方面的投资。目前，多数 APEC 成员存在诸如投资并购审查制度、所有权限制和高级管理人员居住限制等相似措施。比如,加拿大对电信部门所有权设定某些限制,而且规定 80%的电信服务公司董事会成员必须为加拿大公民。①印度尼西亚政府禁止外资参与电子商务。韩国和菲律宾分别要求外商在电信部门的持股比例不得超过 49%和 40%。②

在商务人员流动方面,APEC 各成员也出台了影响数字部门的政策措施。例如,印度尼西亚要求电子服务供应商必须安排本国公民来运营战略电子系统;加拿大则在某些地区提高了 IT 专家的最低工资水平。

随着互联网和手机等移动通信设备的普及,无论是银行还是传统制造业企业,在业务流程及活动中越来越重视自由流动的数据,但出于国家安全、个人隐私及数字产业发展的考虑,APEC 各成员实施数据政策以限制数据流动,这些政策包括本地化存储、本地存储及处理和禁止跨境传输。例如,2014 年 7 月,俄罗斯第 242-FZ 号联邦法修订了《数据保护法》,明确包含数据本地化的要求。另外,俄罗斯第 152-FZ 号联邦法律规定:除非个人数据受到当局的足够保护,否则向境外转移数据时需经数据主体的额外同意。③出于国家安全的考虑,中国也出台了《中华人民共和国网络安全法》,以保护国家和个人数据安全。根据马来西亚通信和多媒体委员会(MCMC)指南规定,网络设施提供商、网络服务提供商、内容应用程序服务提供商都必须持有许可证。④

近年来,B2B 和 B2C 等新商业模式兴起,加速了电子商务的发展。亚太地区是全球电子商务活动活跃的地区之一,据 UNCTAD 估计,美国、日本和中国作为世界上电子商务规模排名前三的国家,2018 年的电子商务交易额分别达到 86400 亿美元、32800 亿美元和 23040 美元,合计占世界电子商务规模的 55.46%⑤。APEC 成员出台了与电子商务活动紧密相关的措施,如电子支付和域名。电子商务企业注册一个具有国家域名的网站具有非常重要的意义,但澳大利亚和马来西亚要求企业必须在该国有固定场所;而加拿大、智利、新加坡和美国则要求企业必须在当地有代表或联系人。

**四、APEC 成员在 FTA 中的数字贸易规则**

数字经济正在改变着世界生产方式和贸易方式,但 WTO 并未制定全球统一的多边数字贸易规则。实际上,数字贸易条款越来越多地出现在区域贸易协定中的电子商务章节,而且电子商务章节中关于电子商务的规则变得越来越详细,这样可以避免关于商品和服务的分类讨论问题。例如,全面与进步跨太平洋伙伴关系协定(CPTPP)和美墨加三国协议

---

① http://www.parl.gc.ca/HousePublications/Publication.aspx?Docid=5524772&File=1121#364.
② https://ustr.gov/sites/default/files/2015%20NTE%20Combined.pdf.
③ http://us.practicallaw.com/2-502-2227#a445355.
④ http://static1.1.sqspcdn.com/static/f/419448/24784736/1398417172230/TelMed2014+Malaysia.pdf?token=V5LIv4CAD6tETUwTAeRMbiGU2Aw%3D.
⑤ https://unctad.org/en/PublicationsLibrary/tn_unctad_ict4d15_en.pdf.

（USMCA）等致力于制订更加详细的数字贸易规则。

截止到 2020 年 7 月，全球已生效的区域贸易协定（RTA）数量已达到 305 个，其中有 91 个区域贸易协定设单独章节或专门条款涵盖电子商务内容，而 APEC 成员之间签订包含电子商务条款的 RTA 数量达 30 个，约占总条款的 1/3（见表 6）。

表 6　AEPC 成员间签订已生效包含电子商务条款的 FTA

| RTA 或 FTA 名称 | 生效日期 | 成员 | 是否包含电子商务条款 |
| --- | --- | --- | --- |
| 中国-韩国 | 2015/12/20 | 中国、韩国 | 是 |
| 韩国-美国 | 2012/03/15 | 韩国、美国 | 是 |
| 韩国-澳大利亚 | 2014/12/12 | 韩国、澳大利亚 | 是 |
| 韩国-越南 | 2015/12/20 | 韩国、越南 | 是 |
| 日本-澳大利亚 | 2015/01/15 | 日本、澳大利亚 | 是 |
| 秘鲁-韩国 | 2011/08/01 | 秘鲁、韩国 | 是 |
| 马来西亚-澳大利亚 | 2013/01/01 | 马来西亚、澳大利亚 | 是 |
| 美国-秘鲁 | 2009/02/01 | 美国、秘鲁 | 是 |
| 澳大利亚-中国 | 2015/12/20 | 澳大利亚、中国 | 是 |
| 韩国-新加坡 | 2006/03/02 | 韩国、新加坡 | 是 |
| 澳大利亚-智利 | 2009/03/06 | 澳大利亚、智利 | 是 |
| 新西兰-中国台北 | 2013/12/01 | 新西兰、中国台北 | 是 |
| 泰国-澳大利亚 | 2005/01/01 | 泰国、澳大利亚 | 是 |
| 加拿大-秘鲁 | 2009/08/01 | 加拿大、秘鲁 | 是 |
| 加拿大-韩国 | 2015/01/01 | 加拿大、韩国 | 是 |
| 中国香港-新西兰 | 2011/01/01 | 中国香港、新西兰 | 是 |
| 新加坡-中国台北 | 2014/04/19 | 新加坡、中国台北 | 是 |
| 澳大利亚-美国 | 2005/01/01 | 澳大利亚、美国 | 是 |
| 日本-泰国 | 2007/11/01 | 日本、泰国 | 是 |
| 秘鲁-新加坡 | 2009/08/01 | 秘鲁、新加坡 | 是 |
| 新西兰-泰国 | 2005/07/01 | 新西兰、泰国 | 是 |
| 日本-菲律宾 | 2008/12/11 | 日本、菲律宾 | 是 |
| 秘鲁-澳大利亚 | 2020/02/11 | 秘鲁、澳大利亚 | 是 |
| 中国香港-澳大利亚 | 2020/01/17 | 中国香港、澳大利亚 | 是 |
| 智利-泰国 | 2015/11/05 | 智利、泰国 | 是 |
| 美国-新加坡 | 2004/01/01 | 美国、新加坡 | 是 |
| 美国-智利 | 2004/01/01 | 美国、智利 | 是 |
| 新加坡-澳大利亚 | 2003/07/28 | 新加坡、澳大利亚 | 是 |
| CPTPP | 2018/12/30 | 澳大利亚、巴布亚新几内亚、加拿大、智利、日本、马来西亚、墨西哥、新西兰、秘鲁、新加坡、越南 | 是 |
| USMCA | 2020/07/01 | 美国、墨西哥、加拿大 | 是 |

资料来源：作者根据 WTO 的 RTA 数据整理而得。

随着数字经济的快速发展,电子商务章节所覆盖的范围也随之发生变化。早期 FTA 中的电子商务章节旨在解决无纸化贸易、电子认证、在线消费者保护、数字商品和服务的待遇,以及电子传输关税等问题。随着人工智能、物联网和区块链技术的发展,近期生效的 FTA 则努力寻求解决诸如个人信息保护、跨境数据流动、公开源代码,以及计算机设备和数据存放位置问题。总体而言,所有包含电子商务章节的 FTA 都含有相似的内容,并且在电子商务章节中都强调电子商务对于实现经济增长的重要性。但是电子商务章节之间也存在一些异质性,这些差异主要集中在数字产品的定义、电子商务条款的适用范围、对数字产品使用国民待遇和最惠国待遇、电子认证和数字证书条款的约束力、跨境数据流动限制,以及关于计算设施和数据本地化、源代码公开等问题上。

就 APEC 成员来看,在区域贸易协定中,成员间的电子商务条款也具有一定差异性。第一个包含电子商务条款的区域贸易协定可以追溯到 2001 年的新西兰-新加坡 FTA,该协定包含了无纸化贸易条款。随后日本-新加坡 FTA 也包含了该条款。2003 年的澳大利亚-新加坡 FTA 第一次将电子商务作为独立章节包含在协定中,在接下来的两年中,澳大利亚和新加坡所签订的 FTA 均包含电子商务章节且具有相似的表述,这些协定包括美国-新加坡 FTA、美国-澳大利亚 FTA 和泰国-澳大利亚 FTA。作为数字贸易规则推动者的美国,分别在与智利和韩国签订的 FTA 中提到网络安全、网络开放和信息自由流动的问题。需要指出的是,自 2009 年以来,日本和加拿大在区域贸易协定中开始增加大量的电子商务条款。同时期,中国、智利、墨西哥和泰国等发展中国家也积极地在区域贸易协定中就数字贸易展开谈判。另外,并不是所有的自由贸易协定都将电子商务独立成章,如在智利-泰国 FTA 中,电子商务条款就零星分散在信息通信技术、知识产权等章节中。在日本与泰国、菲律宾签订的 FTA 中,电子商务条款分散在无纸化贸易章节之中。

除电子商务条款外,近期一些 APEC 成员缔结的 FTA 中所包含的有关数据流动的规定也值得关注。比如,美国-韩国 FTA 中的 15 章第 8 款规定:"缔约方应该抑制对数据自由流动实施不必要的障碍。"美国-墨西哥-加拿大 FTA 中的数字贸易章节规定:"禁止缔约方阻止信息跨境自由流动""缔约方允许涵盖的人为执行其业务时进行跨境传输"(USMCA 第 19.11 条),相比以往签订的区域贸易协定,USMCA 并没有为"跨境数据自由流动"保留例外情况,即无论缔约方是出于国家公共安全还是各自的监管要求,都不能妨碍 USMCA 所定义的"跨境数据自由流动"[1]。在源代码方面,涉及源代码问题的自贸协定,分别是澳大利亚-新加坡 FTA、CPTPP、澳大利亚-秘鲁 FTA、澳大利亚-印度尼西亚自贸协定、USMCA。比如 CPTPP 第 14.17 条规定:"任何缔约方均不得要求转让或访问另一方所拥有的软件的源代码作为在该国销售产品的条件,但仅保护商业软件"。美国在 USMCA 中进一

---

[1] 陈寰琦,周念利. 从 USMCA 看美国数字贸易规则核心诉求及与中国的分歧[J]. 国际经贸探索,2019,35(6):104-114.

步将源代码的算法和基础设施软件都列入协定保护范畴。中国所签署的 FTA 均未包含禁止源代码传输的条款。鉴于数据的重要性，在相关贸易协定中包含了禁止数据本地化条款。但出于国家安全，该条款不适用于国家数据和政府采购，如 CPTPP 的第 14.11.3 款和 14.13.3 款，但在 USMCA 中不存在例外情况，即美国要求"缔约方不得将涵盖的人使用该缔约方领土内的计算设施或将设施置于其领土之内作为在其领土内从事经营的条件"（USMCA 第 19.12 条）。

APEC 成员积极推动电子商务领域的合作，大多数自由贸易协定的电子商务章节至少包括一条合作条款，对于电子签名、在线消费者保护、个人数据保护和数据流动尤其如此。

## 五、APEC 数字经济合作

APEC 较早关注数字经济合作，在诸多方面提出了合作倡议和行动议程，并逐步推进实施。

自 1997 年起，APEC 开始讨论电子商务问题。1997 年，APEC 温哥华领导人非正式会议和部长级会议通过宣言，明确指示在 APEC 框架内制订关于发展电子商务的工作计划。1998 年，批准通过了《APEC 电子商务行动计划》。由于认识到电子商务对于扩大商业机会、降低成本、提高效率、改善生活质量和便利小型企业参与全球商业活动方面的巨大潜力，制订了包括加强研究并从相关案例研究中汲取经验，通过建立中小企业、政府和工商/公共部门的伙伴关系，便利和支持电子商务活动；开展工作，制订关于电子商务采纳、使用和流量测量的标准和指数；研究阻碍使用电子商务的经济成本，包括法规和市场造成的成本；进一步开展经济技术合作，以在各经济体中便利采纳、使用电子商务，最大限度发挥其效用等八个方面内容的行动计划。

2000 年，APEC 文莱会议通过了《新经济行动议程》，为充分获得正在崛起的新经济所带来的效益制订了远景规划。议程指出，APEC 已经在对电子商务准备工作的评估、无纸贸易、单边行动计划的电子格式和与电子商务相关的机制和人力资本方面的能力建设等领域采取了一些行动。在此基础上，行动议程从创造有利于加强市场结构与机制的环境，创造有利于基础设施投资、技术开发的环境，人才能力建设与培养企业家精神等方面，提出了 20 余项具体行动。

2001 年，APEC 领导人非正式会议达成"上海共识"，进一步推进数字经济合作。在 2001 年部长级会议联合声明中明确提出"数字 APEC"概念，认识到信息技术革命是 21 世纪改变世界和 APEC 地区的主要力量，强调发展新经济、信息通信技术革命及其运用的重要性。特别是通过发展和扩充《新经济行动议程》，制定了具有长期性、前瞻性和面向行动的《数字 APEC 战略》。该战略的目标涵盖加强市场和机制建设、创建基础设施投资和技术发展的环境，以及人力资源能力建设和企业家精神三个方面，具体包括完善结构改革；健全宏观经济政策框架；进行规章制度改革；完善金融和公司治理；建立法律和规制框架，为加强企业投资增长和消费者信息提供根本性支持；建设竞争性和牢固的网络基础设施；为服务的"价值网络"发展竞争性市场等内容。为此，APEC 制定了利用其他国际组织的工作成果，为本地区新经济发展构建一个互容的方法框架；制订本地区人力资源发展战略；加强成员间信息交流；设立专项培训计划；实现网上教育；发挥中小企业在信息通信技术运用方面的作用；针对数字鸿沟制定政策等具体行动计划。

2010 年，《亚太经合组织领导人增长战略》为 APEC 数字经济合作提供了更为宏观的方向性框架。APEC 增长战略包括平衡、包容、可持续、创新和安全增长。其中，平衡增长旨在通过实施宏观经济政策和经济结构改革，逐步消除经济失衡，提升潜在产能。包容性增长的目标是确保民众有机会参与、促进经济增长，同时从全球经济增长中获益。可持续增长侧重于环境保护与绿色经济转型，主要措施包括加强能源安全、发展低碳能源产业、改善环境产品和服务获取途径等。创新增长的目的是创建有助于创新和新兴经济部门发展的经济环境。安全增长旨在应对疾病、灾害、恐怖主义和腐败等危害区域经济发展和民众生命财产安全的挑战。为取得切实成果，APEC 特别提出了增长战略的工作要点，即经济结构改革、人力资源和企业家精神开发、绿色增长、知识型经济与人类安全，同时提出了多年期后续行动和落实计划的设想。

此后，APEC 持续推进数字经济合作，分别制定了《APEC 促进互联网经济合作倡议》《APEC 数字时代人力资源开发框架》《APEC 跨境电子商务便利化框架》《APEC 互联网和数字经济路线图》《APEC 数字经济行动议程》等。在数字基础设施、信息安全、数据流动、电子商务和数字贸易、相关法律框架、人力资源开发以及中小企业发展等方面，APEC 将持续推进数字经济合作。

## 参考文献

[1] González J L, Jouanjean M A. Digital Trade: Developing a Framework for Analysis[J]. OECD Trade Policy Papers, 2017, No. 205.

[2] UNCTAD. International Trade in ICT Services and ICT-enabled Services: Proposed Indicators from the Partnership on Measuring ICT for Development[R]. Technical Note No 3 Unedited, TN/UNCTAD/ICT4D/03, 2015.

[3] 陈寰琦,周念利. 从 USMCA 看美国数字贸易规则核心诉求及与中国的分歧[J]. 国际经贸探索，2019，35（6）：104-114.

# 全球及亚太地区经济形势分析

# 全球经济形势变化与前景

胡昭玲　江璐*

**摘要：** 受贸易壁垒不断增加、热点地缘政治因素不确定性升高、全球生产率增长缓慢等因素的影响，2019年全球制造业收缩、贸易量下滑，世界经济同步放缓，经济增长率下降至3%。2020年上半年，受新型冠状病毒肺炎疫情的影响，全球经济受到严重冲击，全球产业链受到显著影响，金融市场波动性大幅上升，2020年全球经济增长速度不可避免地明显放缓。此次疫情对世界经济的冲击将是空前的，并可能持续数年。

**关键词：** 全球经济；增长放缓；长期不确定性；新型冠状病毒肺炎疫情

## 一、全球经济形势变化

### （一）全球经济增长明显减速

2019年，全球国际贸易、制造业生产、消费投资信心等降至近年来低点。2020年4月国际货币基金组织（IMF）发布的《世界经济展望报告》显示，2019年全球实际GDP增速约为2.9%，其中发达经济体增速约为1.7%，新兴市场与发展中经济体增速约为3.7%，均低于2018年实际GDP增速。无论是发达经济体，还是新兴市场与发展中经济体，在2017年以后GDP增速都不同程度地呈现出下滑态势（见图1），这表明全球贸易条件和融资环境趋紧、政策不确定性等因素增加，造成全球经济下行风险继续加大，全球经济增长呈现持续放缓趋势。2020年初，新型冠状病毒肺炎疫情在全球扩散蔓延，对世界经济造成严重冲击。国际货币基金组织预测2020年全球经济将急剧收缩3%，影响程度将超过2008年全球金融危机。[①]

---

\* 胡昭玲，南开大学经济学院教授，南开大学APEC研究中心专职研究人员。江璐，南开大学经济学院博士研究生。

① International Monetary Fund. World Economic Outlook, April 2020: The Great Lockdown[R]. Washington: International Monetary Fund, 2020-04.

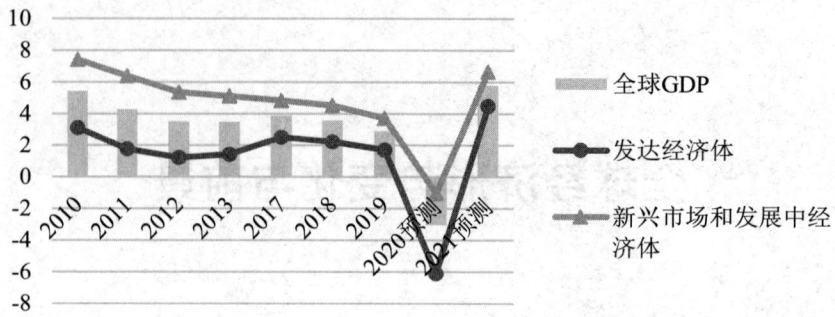

图 1　全球 GDP 增速（单位：%）

资料来源：根据国际货币基金组织世界经济展望数据库中不变价格 GDP 增速数据整理绘制，https://www.imf.org/external/pubs/ft/weo/2019/01/weodata/index.aspx。

自 2010 年以来，发达经济体及新兴市场与发展中经济体的国内生产总值（GDP）均逐年稳步上升。发达经济体的 GDP 占全球 GDP 的份额连续多年呈下降趋势，与此形成鲜明对比的是，新兴市场与发展中经济体占全球 GDP 的份额一直呈上升趋势（见图 2）。然而，新兴市场及发展中经济体经济下行风险仍占主导地位，主要影响因素包括全球贸易紧张局势再度升级的可能性、主要经济体的急剧衰退以及新兴市场和发展中经济体的金融动荡。如图 3 所示，新兴市场与发展中经济体的通胀水平始终保持在高位，远远高于全球及发达经济体的通胀水平。大多数新兴市场及发展中经济体潜在的价格压力正在积聚，如果金融市场压力再次来袭，政策空间将进一步受到侵蚀，难以应对负面冲击。如图 4 所示，发达经济体的失业率接近 10 年来的最低水平，劳动参与率持续攀升，劳动力市场表现良好。但是，新型冠状病毒肺炎疫情的冲击也将不可避免地导致发达经济体的失业率再次重回高位，IMF 预计 2020 年发达经济体的失业率将高达 8.263%[①]。

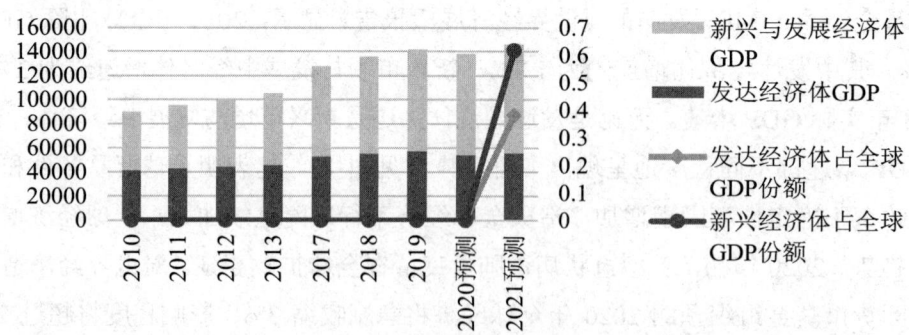

图 2　不同经济体的 GDP 及份额变化（单位：十亿美元）

资料来源：根据国际货币基金组织世界经济展望数据库中购买力平价 GDP 数据整理绘制，https://www.imf.org/external/pubs/ft/weo/2019/01/weodata/index.aspx。

---

① 根据国际货币基金组织世界经济展望数据库中发达经济体失业率数据整理绘制，https://www.imf.org/external/pubs/ft/weo/2019/01/weodata/index.aspx。

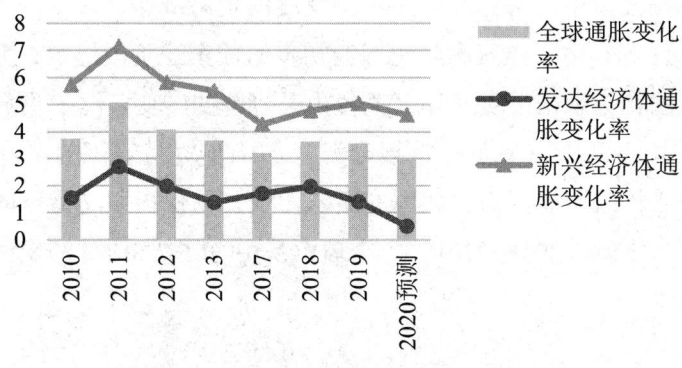

**图 3　全球通胀变化率（单位：%）**

资料来源：根据国际货币基金组织世界经济展望数据库中全球通胀变化率数据整理绘制，https://www.imf.org/external/pubs/ft/weo/2019/01/weodata/index.aspx。

**图 4　发达经济体失业率（单位：%）**

资料来源：根据国际货币基金组织世界经济展望数据库中发达经济体失业率数据整理绘制，https://www.imf.org/external/pubs/ft/weo/2019/01/weodata/index.aspx。

### （二）全球贸易和投资进一步下降

2017 年，全球贸易与投资增速达到了近 5 年来的最高点，但在 2018 年、2019 年并没有延续 2017 年的贸易回暖态势，连续两年呈下降态势（见图 5）。2019 年，受全球需求放缓、政策不确定性加剧以及关税水平整体上升的阻碍，全球经济增长明显放缓，全球资本和中间品生产率显著下降，全球贸易和投资持续疲软。世界银行发布的《全球经济前景报告》指出，2019 年相当长的一段时间内，制造业活动明显放缓，制造业产出疲软，全球商品贸易处于收缩状态，服务贸易也在一定程度上受到冲击。2019 年，近 90% 的发达经济体和 60%的新兴市场与发展中经济体经历了不同程度的贸易减速。①

2019 年 10 月 11 日，中美经贸高级别磋商初步达成第一阶段协议，美方将履行分阶段取消对华加征关税的相关承诺，实现加征关税由升到降的转变，这一进展缓和了此前的贸易紧张局势。此前由于两国贸易争端持续升温，加剧了贸易政策的不确定性，对国际贸易、投资和消费信心构成明显压力。如图 6 所示，受贸易保护主义措施的约束，全球贸易在很大程度上受到了影响，2018—2019 年全球贸易中有 6.7%的份额受到了贸易保护主义的影响②。

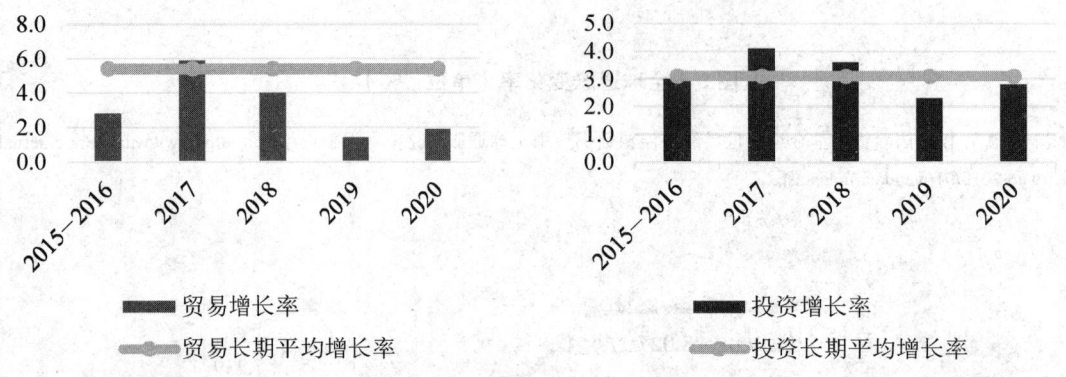

**图 5　全球贸易和投资增长率变化（单位：%）**

资料来源：根据世界银行《全球经济前景报告》中全球贸易和投资增长率数据整理绘制，http://pubdocs.worldbank.org/en/866561578589819286/GEP-January-2020-Chapter1-Fig1-1.xlsx。

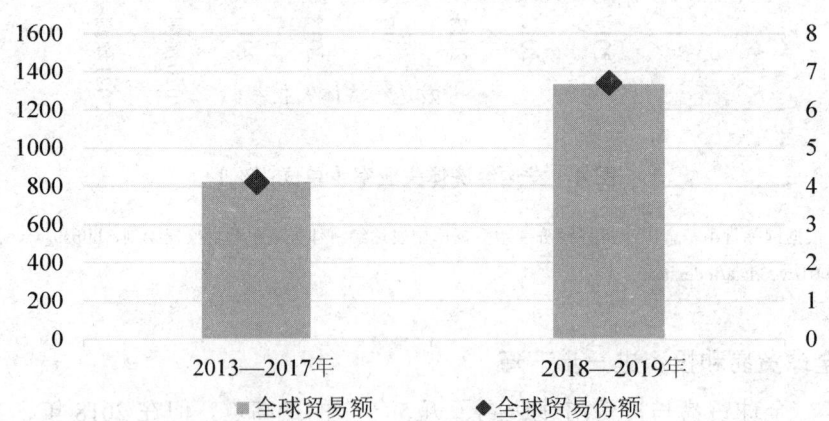

**图 6　受保护主义措施约束的全球贸易（单位：十亿美元，%）**

资料来源：根据世界银行《全球经济前景报告》中受保护主义措施约束的全球贸易额及贸易份额数据整理绘制，http://pubdocs.worldbank.org/en/866561578589819286/GEP-January-2020-Chapter1-Fig1-1.xlsx。

---

① World Bank. Global Economic Prospects[R]. Washington: World Bank, 2020.
② 由世界银行《全球经济前景报告》中受保护主义约束的全球贸易额及贸易份额数据整理得到。

如图 7 所示，自 2018 年末以来，制造业出口订单一直呈现下降趋势，服务业出口订单虽然弹性较强，但也有所收缩。迄今为止，服务贸易的疲软主要集中体现在全球金融交易、建筑业和旅游服务业上，这些行业合计占世界服务贸易的 1/3 以上。全球商品和服务贸易增长率大幅放缓，从 2018 年的 4%降至 2019 年的 1.4%，呈现出全球金融危机以来的最低增速，但是世界银行预计 2020 年全球商品和服务贸易的增速将有所恢复①。

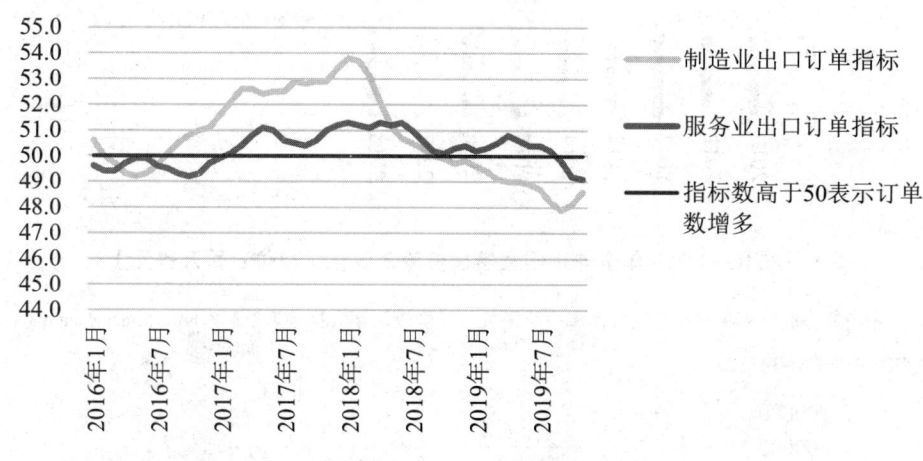

**图 7　全球制造业和服务业出口订单指标**

资料来源：根据世界银行《全球经济前景报告》中全球制造业和服务业出口订单数据整理绘制，http://pubdocs.worldbank.org/en/193581578589807466/GEP-January-2020-Chapter1-Fig1-7.xlsx。

经济合作与发展组织（OECD）统计数据显示，自 2015 年以来，由于全球政策的不确定性，跨国直接投资持续呈现收缩态势（见图 8）。2019 年，全球跨国直接投资继续下滑，降至 1.5 万亿美元，达到近 15 年来的最低点。②发达经济体跨国直接投资流入自 2015 年开始出现下降趋势，2016 年后下滑趋势明显增大；相对而言，发展中经济体的跨国直接投资变化趋势较为平缓。但从 2019 年的季度变化数据来看，自 2019 年第二季度开始，跨国直接投资流量呈现出小幅上升趋势（见图 9）。预计未来全球跨国直接投资流量可能继续出现反弹，但依然疲软的基本趋势不会改变。

---

① World Bank. Global Economic Prospects[R]. Washington: World Bank, 2020.
② 根据联合国贸易和发展会议数据库中跨国直接投资流入额数据整理绘制，https://unctadstat.unctad.org/wds/ReportFolders/reportFolders.aspx。

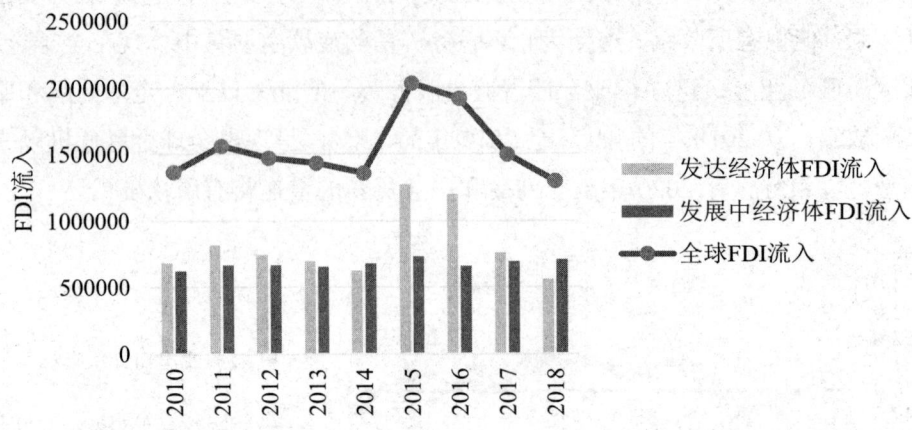

**图 8  2010—2018 年全球跨国直接投资流入变化（单位：百万美元）**

资料来源：根据联合国贸易和发展会议数据库中跨国直接投资流入额数据整理绘制，https://unctadstat.unctad.org/wds/ReportFolders/reportFolders.aspx。

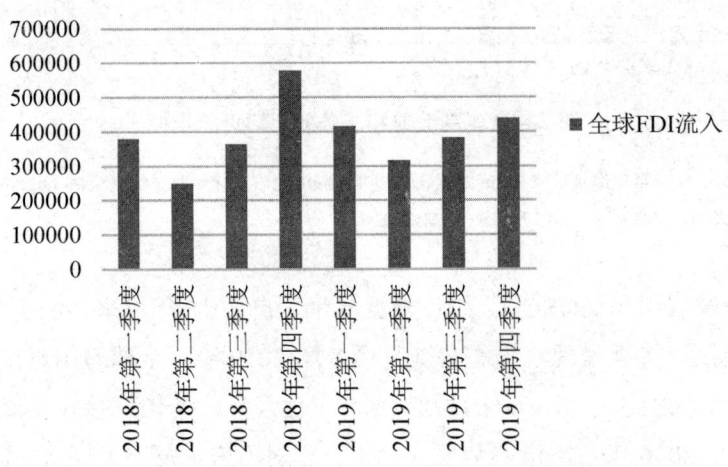

**图 9  2018—2019 年跨国直接投资流入季度变化（单位：百万美元）**

资料来源：根据经济合作与发展组织数据库中全球跨国直接投资流入数据整理绘制，https://stats.oecd.org。

全球各主要区域在吸收跨国直接投资方面表现迥异（见图 10、图 11）。2010—2018 年间，非洲跨国直接投资流入变化较为平缓，占世界跨国直接投资总流入的份额保持在 2.42%～3.97%。除 2017 年外，美洲跨国直接投资流入呈现小幅攀升趋势，占世界跨国直接投资总流入的份额保持在 28.39%～33.78%。相对来说，欧洲跨国直接投资流入波动起伏较大，自 2015 年以来呈连年下降趋势，2018 年占世界跨国直接投资总流入的份额跌至 15.16%。亚洲跨国直接投资流入自 2015 年以来呈现连续攀升趋势，2018 年占世界跨国直接投资总流入的份额达到 42.62%。①

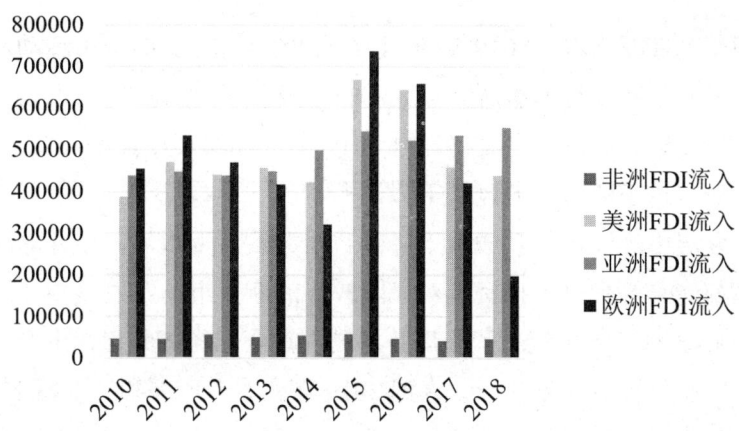

图 10　2010—2018 年各主要区域跨国直接投资流入变化（单位：百万美元）

资料来源：根据经济合作与发展组织数据库中全球各主要区域跨国直接投资流入数据整理绘制，https://stats.oecd.org。

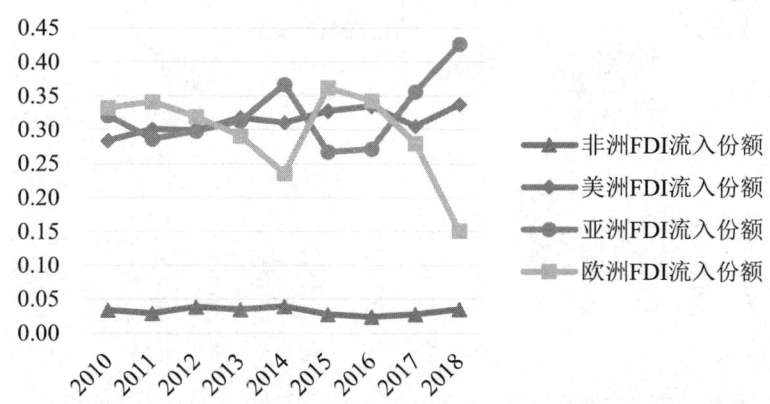

图 11　2010—2018 年各主要区域跨国直接投资流入份额变化（单位：%）

资料来源：根据经济合作与发展组织全球跨国直接投资流入数据整理绘制，https://stats.oecd.org。

## （三）金融市场情绪有所改善

2019 年，受主要经济体中央银行降息提振作用等因素影响，金融市场情绪改善，全球金融状况有所好转。总体来看，发达经济体和新兴市场经济体的金融条件均保持在相对宽松状态。发达国家的债券收益率降至前所未有的低点，直到 2019 年底才出现企稳。主要中央银行（包括美联储和欧洲中央银行）面对经济疲软的前景和下行风险，放松了货币政策。

---

① 根据经济合作与发展组织全球跨国直接投资流入数据整理绘制，https://stats.oecd.org。

许多国家的公司债务上升,特别是在一些高风险领域,如在美国和欧元区向高杠杆公司的借贷迅速增长。

就主要货币变动情况来看,2019年9月到2020年1月初的货币波动反映了金融市场情绪的好转以及贸易紧张局势的缓解。美元和日元贬值了2%左右,而人民币升值了1.5%左右。主要货币中变动最显著的是英镑,自2019年9月以来升值4%,主要原因是市场普遍认为英国"无协议退出欧盟"的风险下降。①

新兴市场及发展中经济体借款成本下降导致债券发行量增加,但并非所有的新兴市场及发展中经济体都能平等受益。投资者对风险较高的新兴市场及发展中经济体的股市投资尤其谨慎,2019年8月开始,贸易紧张局势加剧,对全球经济的担忧上升,导致新兴市场及发展中经济体的有价证券大量流出,直到2019年底才有所缓和(见图12)。新兴市场经济体的股票和债券市场表现因风险等级不同而存在明显差异,而许多新兴市场经济体的货币经历了贬值,对美元汇率达到了10年以来最低点的经济体比例有所上升(见图13)。

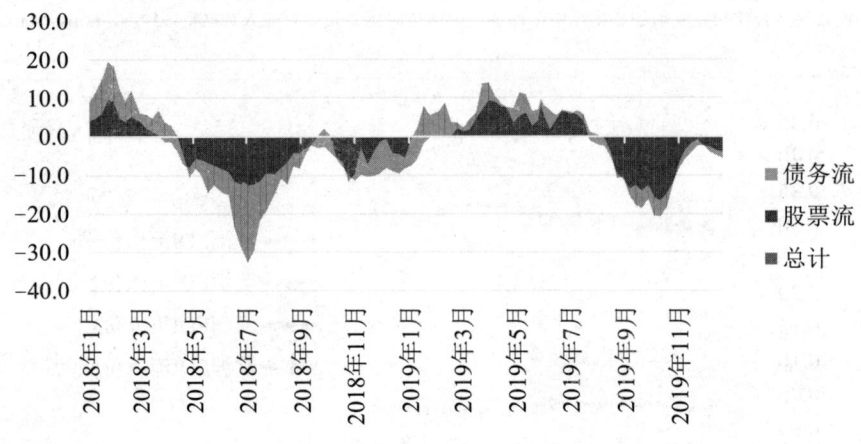

图12 新兴市场及发展中经济体有价证券流动(单位:十亿美元)

资料来源:根据世界银行《全球经济前景报告》中新兴市场及发展中经济体有价证券流动数据整理绘制,http://pubdocs.worldb-ank.org/en/356471578589797195/GEP-January-2020-Chapter1-Fig1-8.xlsx。

---

① International Monetary Fund. Global Financial Stability Report[R]. Washington: International Monetary Fund, 2020.

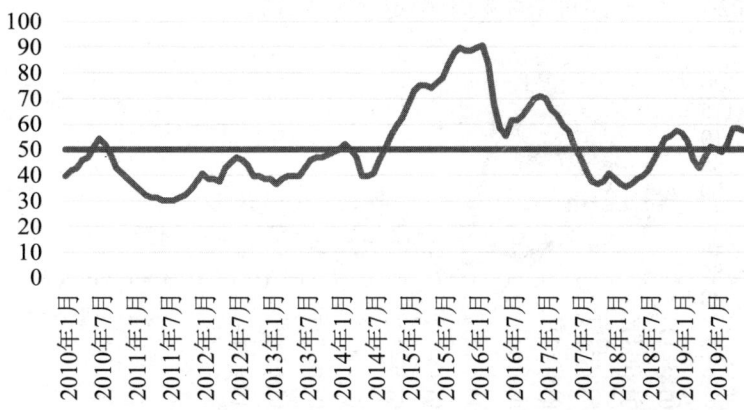

**图 13　2009 年以来对美元汇率达到最低点的新兴市场经济体货币占比（单位：%）**

资料来源：根据世界银行《全球经济前景报告》中对美元汇率达到最低点的新兴市场及发展中经济体货币份额数据整理绘制，http://pubdocs.worldbank.org/en/356471578589797195/GEP-January-2020-Chapter1-Fig-1-8.xlsx。

2020 年初，新型冠状病毒肺炎疫情给全球金融市场带来了前所未有的冲击。在高风险的信贷市场，风险资产价格暴跌，融资成本飙升。2 月中旬，受金融市场参与者信心的影响，股价从之前的较高水平大幅下跌。在高收益率债券、杠杆贷款和私人债务等高风险领域信贷市场利差飙升，导致该领域的债券发行活动基本停滞。此外，全球需求走弱以及石油输出国组织（OPEC）未能达成减产协议，进一步引发了石油价格暴跌，这导致风险偏好进一步恶化。动荡的市场条件导致投资者转向高质量资产，避险债券的收益率骤降。

（四）全球商品市场价格波动明显

2019 年，多数大宗商品价格下跌，这在一定程度上反映出经济增长前景恶化，特别是新兴市场及发展中经济体，原因是新兴市场及发展中经济体对大宗商品的需求往往具有较大的收入弹性。基于 2019 年大宗商品发展态势及当前新型冠状病毒肺炎疫情的影响，预计 2020 年大多数大宗商品的价格将继续下跌。

2019 年油价平均为每桶 61 美元，较 2018 年下跌 10%，较之前预测平均每桶低 5 美元。2019 年 12 月，OPEC 及其合作伙伴决定在 2019 年 1 月以来减产至每日 120 万桶的基础上，每日继续减产 50 万桶。OPEC 及其合作伙伴的石油减产对油价升高有明显促进作用。[1]然而，2020 年第一季度，受中东地缘政治的影响，沙特阿拉伯宣布扩大产能，降低石油出口价格，国际油价出现了暴跌。在金属价格方面，2019 年下半年多数金属价格走低，这主要反映出全球经济增长放缓和贸易局势紧张升级，预计 2020 年全球金属价格将进一步下跌。在农产品方面，由于天气状况改善，2019 年下半年粮食库存上升，农产品价格有

---

[1] International Energy Agency. Oil Market Report[R]. France, Paris: International Energy Agency，2019-09.

所回落，预计 2020 年农产品价格将趋于稳定（见图 14）。

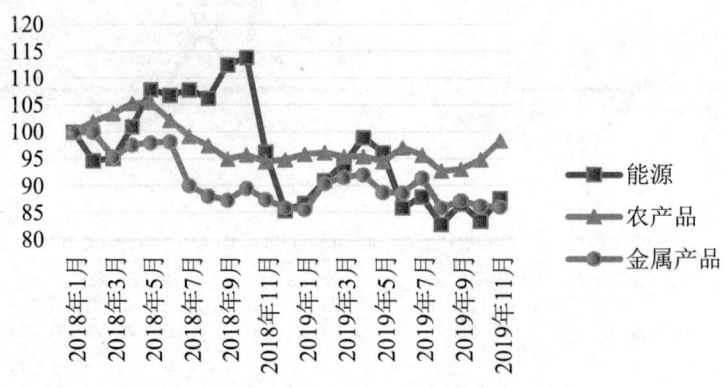

图 14　大宗商品价格指数变化（指数：100=2018 年）

资料来源：根据世界银行《全球经济前景报告》中大宗商品价格指数数据整理绘制，http://pubdocs.worldb-ank.org/en/627331578589789490/GEP-January-2020-Chapter1-Fig1-9.xlsx。

图 15 显示了 1964—2018 年间全球食品价格变化情况。2000—2008 年间，世界银行的食品价格指数实际上涨 80%；虽然 2009—2010 年间全球食品价格较 2008 年有所回落，但仍比 1985—2000 年的平均水平高出 40%；之后又在 2011 年达到周期性高点。近 10 年来，全球食品价格自 2011 年高点已大幅下降，但仍明显高于 21 世纪初的低点，特别是 2015 年后全球食品价格又呈现出小幅上涨趋势。全球食品价格的攀升直接影响全球营养不良比率，过去两年全球营养不良率有所上升，这一变化扭转了近 10 年来全球营养不良率的下降趋势。

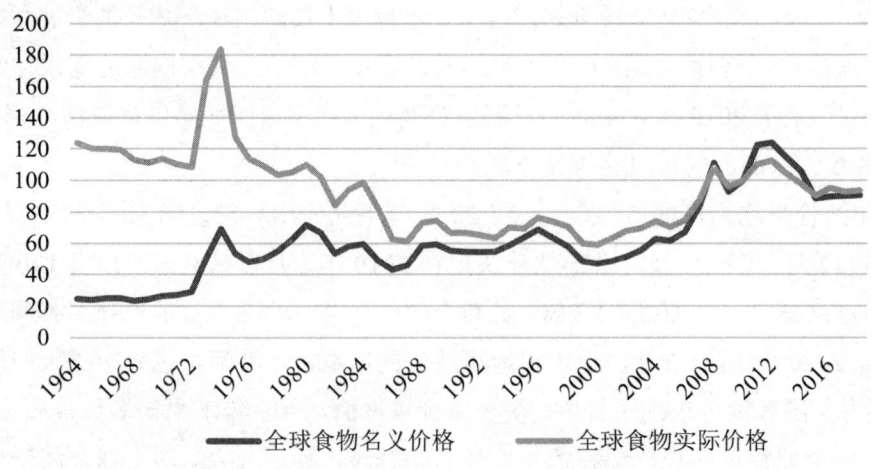

图 15　全球食品价格变化（单位：%）

资料来源：根据世界银行联合国粮食及农业组织披露的全球食品价格变化数据整理绘制，http://pubdocs.worldb-ank.org/en/367461555958670448/CMO-April-2019-special-focus.xlsx。

如图 16 所示，自 2010 年起，贵金属价格指数增长率始终处于下降趋势，在 2013 年 9 月前后跌至最低点，然后呈波动上升趋势。2019 年受新型冠状病毒肺炎疫情及全球贸易政策不确定性的影响，贵金属价格呈现持续走低趋势，但相对原油价格波动来说，价格下降幅度较小。

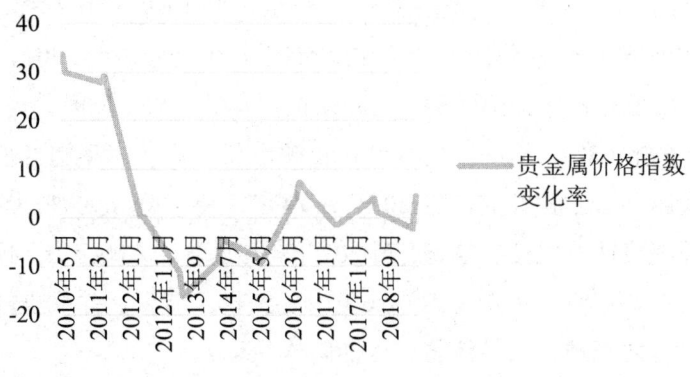

图 16　贵金属价格指数变化（单位：%）

资料来源：根据联合国贸易和发展会议数据库中国出口贸易总量数据整理绘制，https://unctadstat.unctad.org/EN/BulkDownload.html。

## 二、主要经济体经济状况分析

就各主要经济体的经济状况而言，经济活动放缓比此前预期更为明显。制造业活动疲软抑制了发达经济体的经济增长，与贸易局势紧张相关的政策不确定性因素对美国和中国的经济活动造成一定的压力。由于贸易和制造业活动低于预期，欧元区的投资和出口呈现疲软态势。

### （一）美国

如图 17 所示，2010—2019 年间，美国 GDP 保持稳定上升趋势，经济稳步增长。2019 年 GDP 增速虽有小幅回落，但总体来看，GDP 增长保持良好态势。2019 年美国经济增长有所放缓的主要原因是投资及出口放缓。尽管美国已与中国达成了贸易协议，但之前不断提高的关税增加了贸易成本。此外，政策的不确定性也影响了市场参与者的投资信心。与其他发达经济体一样，美国的制造业一直非常疲弱，这对经济增长也有一定的不利影响。尽管有一些不利因素，2019 年美国劳动力市场依然强劲，失业率达到近 50 年来的最低水平，工资增长也较为稳定，推动了国内消费增长。

出于对全球经济前景的担忧和受通胀水平回到目标值之下的影响，美联储自 2019 年年中以来将政策利率下调 75 个基点[①]。短期内，美国经济放缓反映出经济政策持续不确定

---

① World Bank. Global Economic Prospects[R]. Washington: World Bank, 2020.

性、停止减税以及政府支出逐渐减少的负面影响。宽松的货币政策有一定缓解作用,但也只是在一定程度上抵消了这些不利影响。图 18 反映了美国金融市场脆弱性指标,相比 1995—2018 年的平均值,2019 年美国企业债务高企和股票估值上升明显,这在一定程度上增加了美国经济对全球经济衰退的敏感性。

2020 年,受新型冠状病毒肺炎疫情影响,美国经济和金融市场都面临着较大的风险。新型冠状病毒肺炎疫情在全球暴发后,美股市场率先发生强烈波动,美股在 2020 年 3 月经历了四次熔断,其后虽然整体大幅回升,但波动依然较大。与此同时,美国 2020 年第一季度实际 GDP 环比下滑 4.8%,这在一定程度上反映出新型冠状病毒肺炎疫情对美国经济造成的负面影响巨大。① IMF 预计美国 2020 年 GDP 增速将下降 5.907%(见图 17)。同样,受新型冠状病毒肺炎疫情发展的影响,美国 2020 年失业率将大幅上升,预计失业率最高可达 10.36%(见图 19),这将不可避免地导致美国居民收入减少,并严重打击美国消费。如果美国政府不施以有力干预,其经济将有可能陷入衰退。

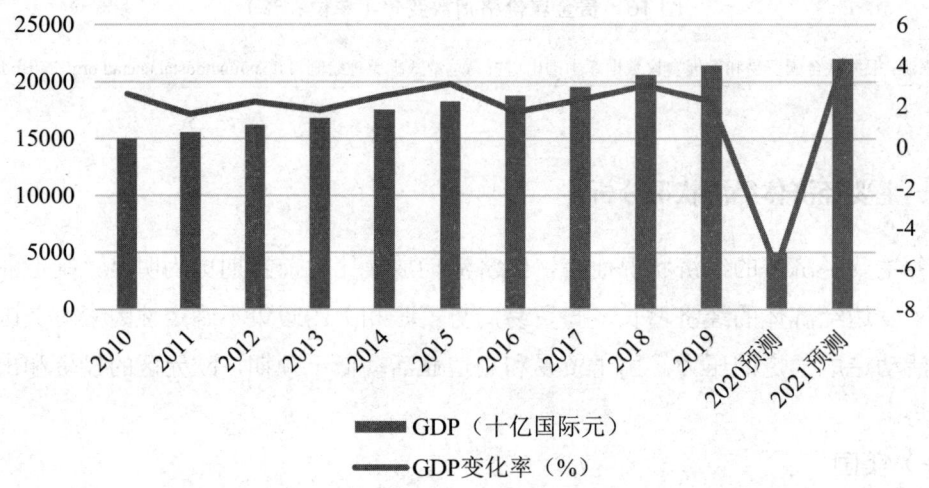

图 17 美国 GDP 年度变化(单位:十亿国际元,%)

资料来源:根据国际货币基金组织世界经济展望数据库中美国按购买力平价现价 GDP 数据整理绘制,https://www.imf.org/external/pubs/ft/weo/2020/01/weodata/weoselgr.aspx。

---

① 中国金融新闻网,https://www.financialnews.com.cn/hq/cj/202005/t20200519_191128.html。

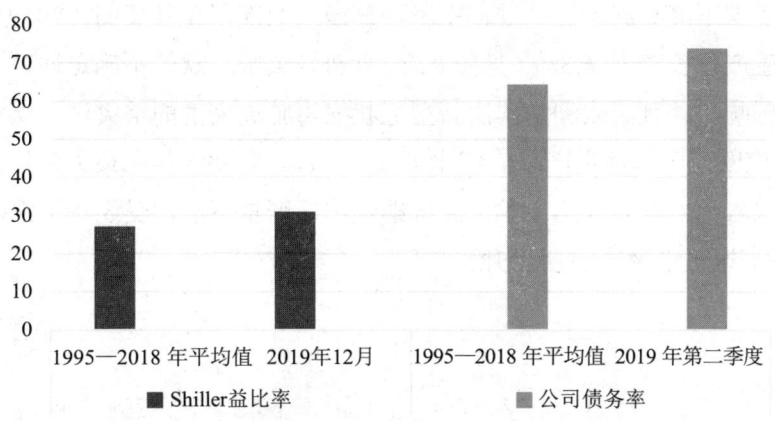

**图 18　美国金融市场脆弱性指标（占 GDP 比例）**

资料来源：根据世界银行《全球经济前景报告》中美国金融市场脆弱性指标数据整理绘制，http://pubdocs.worl-dbank.org/en/456421578589805369/GEP-January-2020-Chapter1-Fig1-16.xlsx。

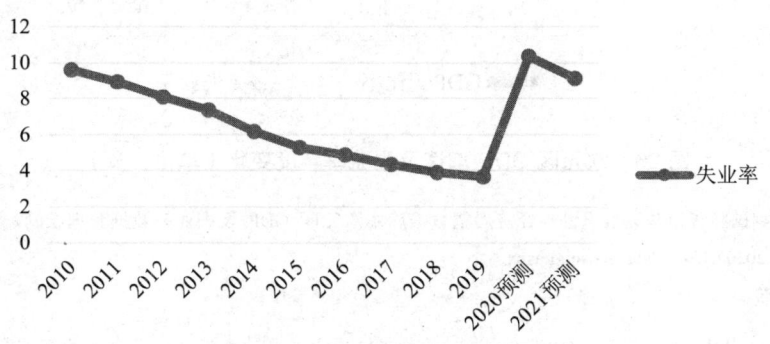

**图 19　美国失业率变化（单位：%）**

资料来源：根据国际货币基金组织世界经济展望数据库中美国失业率数据整理绘制，https://www.imf.org/e-xternal/pubs/ft/weo/2020/01/weodata/weoselgr.aspx。

### （二）欧元区国家

图 20 反映了欧元区的 GDP 增速及失业率变化，自 2017 年以来，欧元区的 GDP 增速一直处于下降态势，2019 年欧元区的经济活动进一步严重恶化，GDP 增速仅为 1.228%。世界银行《全球经济前景报告》中指出，欧元区经济增长前景面临的主要外部风险包括欧元区经济活动弱于预期的扩散效应和全球政策不确定性的升级，同时该区域也容易受到商品市场和金融市场无序发展的影响。但相对而言，欧元区的劳动力市场表现良好，2013—2019 年间欧元区失业率一直保持小幅下降趋势，2019 年欧元区的失业率降至 7.567%，但仍远远高于全球平均水平。

如图 21 所示，德国、法国、意大利等发达经济体对欧元区经济的贡献也逐年下降。由于来自亚洲的需求下降和汽车生产过程中断,德国工业部门尤其疲弱,2019 年 10 月,德国工业部门的生产增长率为-6.3%(见图 22)。此外,英国脱欧的不确定性也对欧元区经济增长造成不利影响。并且,欧洲是本次新型冠状病毒肺炎疫情的重灾区,受疫情的冲击,2020 年第一季度欧元区本地生产总值环比下降 3.8%,创 1995 年来最大跌幅,欧洲中央银行发布的经济报告称,欧元区第二季度经济继续出现严重下滑,受经济下滑冲击的影响,预计 2020 年欧元区失业率会有所上升。①

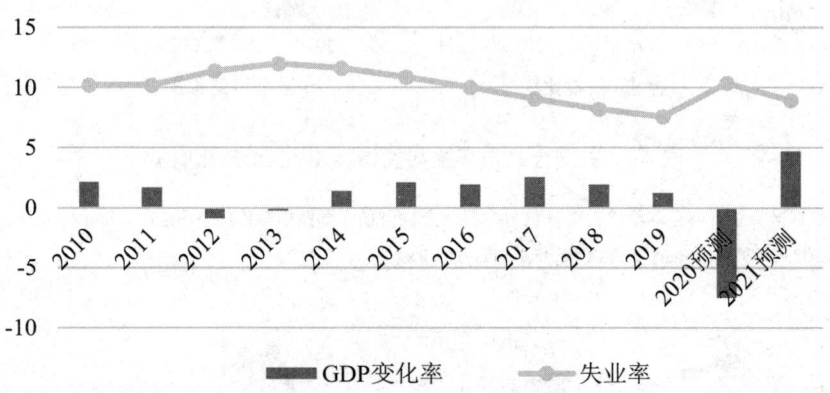

**图 20　欧元区 GDP 增速及失业率年度变化(单位:%)**

资料来源:根据国际货币基金组织世界经济展望数据库中欧元区 GDP 及失业率数据整理绘制,https://www.imf.org/external/pubs/ft/weo/2020/01/weodata/weoselgr.aspx。

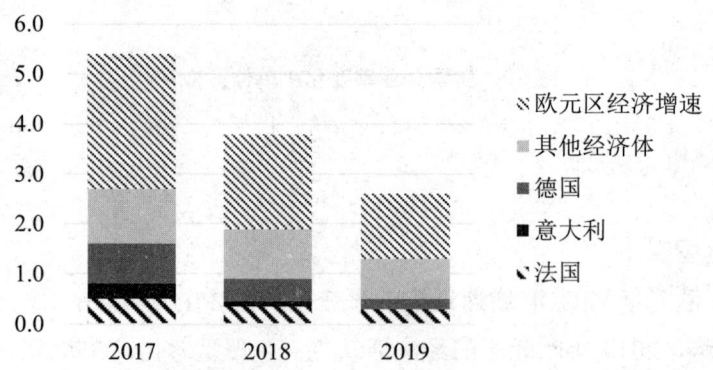

**图 21　代表性经济体对欧元区经济增长的贡献分析(单位:%)**

资料来源:根据世界银行《全球经济前景报告》中代表性经济体对欧元区经济增长的贡献数据整理绘制,http://pubdocs.worldbank.org/en/375021578589813292/GEP-January-2020-Chapter1-Fig1-5.xlsx。

---

① 数据来源于欧洲中央银行发布的 2020 年欧元区第一季度本地生产总值数据。

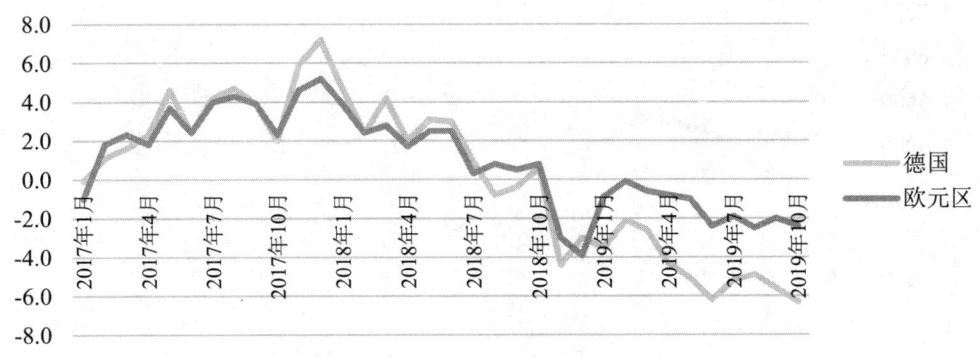

图22 欧元区和德国的工业生产分析（单位：%）

资料来源：根据世界银行《全球经济前景报告》中欧元区和德国的工业生产数据整理绘制，http://pubdocs.worldbank.org/en/375021578589813292/GEP-January-2020-Chapter1-Fig1-5.xlsx。

银行是欧元区的主要信贷来源，尽管股本回报率、资本充足率等银行健康指标有所改善，但银行的盈利率低、不良贷款比率较高，负利率可能进一步削弱银行盈利能力，而低收益将激化潜在风险、破坏金融系统稳定性，银行体系的脆弱性则可能导致欧元区经济进一步放缓。同时，该地区受德国工业部门疲弱及英国脱欧后资产价格剧烈波动的影响，银行意外倒闭可能引发更广泛的金融压力和市场信心丧失。同美国一样，欧元区经济的严重放缓将大大增加全球经济出现更严重衰退的可能性。

（三）日本

图23显示了2010—2019年间日本的GDP及其增速变化，自2010年以来，日本的GDP总量总体呈平缓上升趋势，2019年日本GDP总量为57119.29亿国际元，GDP增速为0.654%。尽管外部环境明显疲弱，日本的经济增长仍高于预期。私人消费和公共支出支撑了2019年前三季度的增长，而出口和出口驱动型投资则因外部环境恶化而有所放缓。2019年10月，受超强台风"海贝思"的影响，加之消费税税率上调（由8%上调至10%），日本经济活动遭受严重的冲击，特别是制造业生产和对中国的出口大幅下滑，同时国内消费者的信心也在下降。尽管近期日本经济表现疲弱，但失业率仍接近数十年来的最低点（见图24），劳动力参与率继续攀升，人均收入依然保持了良好的增长态势。

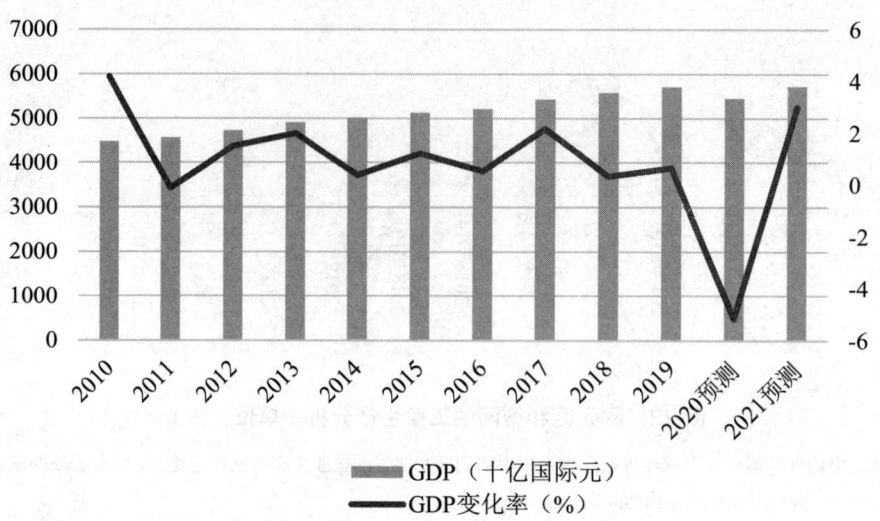

图 23　日本 GDP 年度变化（单位：十亿国际元，%）

资料来源：根据国际货币基金组织世界经济展望数据库中日本按购力平价现价 GDP 数据整理绘制，https://www.imf.org/external/pubs/ft/weo/2020/01/weodata/weoselgr.aspx。

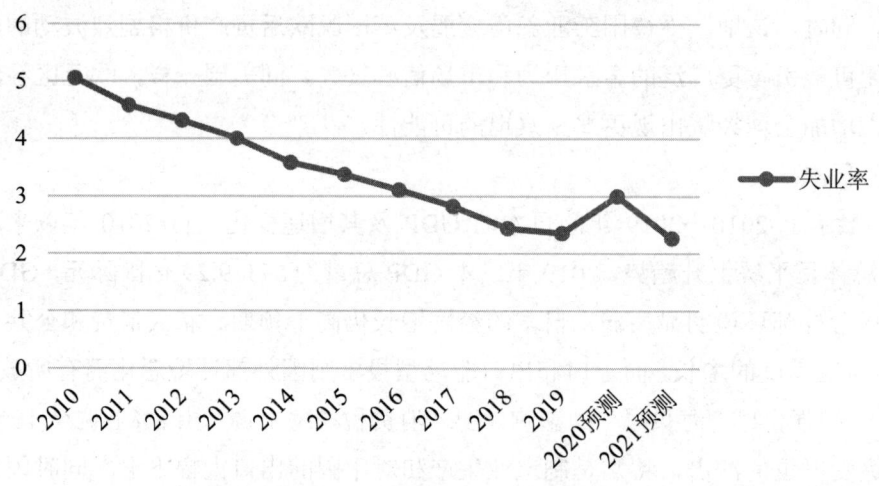

图 24　日本失业率变化（单位：%）

资料来源：根据国际货币基金组织世界经济展望数据库中日本失业率数据整理绘制，https://www.imf.org/e-xternal/pubs/ft/weo/2020/01/weodata/weoselgr.aspx。

2019 年，受汽车零部件、钢铁及成车出口明显下滑的影响，日本商品出口贸易下降 4.41%，贸易逆差约为 152.54 亿美元，逆差规模比前一年扩大 34.2%，这是日本连续第二年出现贸易逆差。从国家和地区来看，日本 2019 年对美国和欧盟的出口额分别下降 1.4% 和 2.8%，对亚洲地区出口额下降 7.6%，其中对中国、韩国和新加坡的出口降幅分别为 7.6%、

2.9%、14.9%。①

目前日本金融环境依然宽松，但是金融系统稳定性的风险上升。银行体系总体上资本充足，流动性良好，但持续的低收益和高度竞争的环境压缩了银行净息差，损害了银行的盈利能力，迫使银行承担更大的风险。在寻求收益的过程中，日本大型银行增加了对外国高收益证券，包括贷款抵押债券的投资，同时也增加了对外币融资的依赖；而地区银行则增加了对国内财务脆弱企业以及对房地产行业的贷款。

未来一段时间，日本经济也将继续面临重大风险。从国内看，消费税率上调后，消费下降幅度更大、持续时间更长，这将给日本经济直接造成下行风险。外部风险包括全球经济增长放缓、全球化程度降低和市场情绪的恶化，新型冠状病毒肺炎疫情的冲击更是加剧了经济衰退的风险。中期风险主要来自人口老龄化带来的劳动力萎缩及其造成的经济增长放缓，人口老龄化带来的财政压力也会进一步引起对债务持续性的担忧。金融系统的脆弱性、有限的货币政策空间以及财政方面的波动，使日本经济更容易受到不利冲击。

### （四）中国

2019年，中国经济运行总体平稳，GDP增速整体保持在6.0%~6.5%的目标区间内，GDP总量相比2018年增长6.11%左右（见图25）。就业情况保持相对稳定，城镇新增就业1352万人，失业率下降至3.6%左右，为近10年来的最低点（见图26）。居民消费价格上涨2.2%左右，社会消费品零售总额超过40万亿人民币，消费持续发挥主要拉动作用。②

但是，受全球经济放缓、中美贸易摩擦反复以及国内经济结构调整的影响，中国的工业生产、消费、投资、进出口等数据走弱，经济增长压力有所增大。2019年，在工业活动减弱的情况下，中国工业生产增长继续减速，2019年11月，工业生产增长率下降至5.61%。受中美贸易摩擦及内外需求疲弱的影响，中国进出口增速双双走低。2019年，以人民币计价的出口金额为15.56万亿元，同比增长4.5%，增速较2018年同期下降3.4%；人民币计价进口金额为12.95万亿元，同比增长0.0%，增速较2018年同期下降14.5%。由于进口增速下降更为明显，出现一定的"衰退式顺差"，为2.61万亿元，较2018年同期扩大0.68万亿元。③

---

① 数据由联合国商品贸易数据库中日本商品贸易与服务贸易出口额数据整理计算得到。
② 资料来源于2020年度《中国政府工作报告》。
③ 数据来源于Wind数据库披露的中国进出口月度数据。

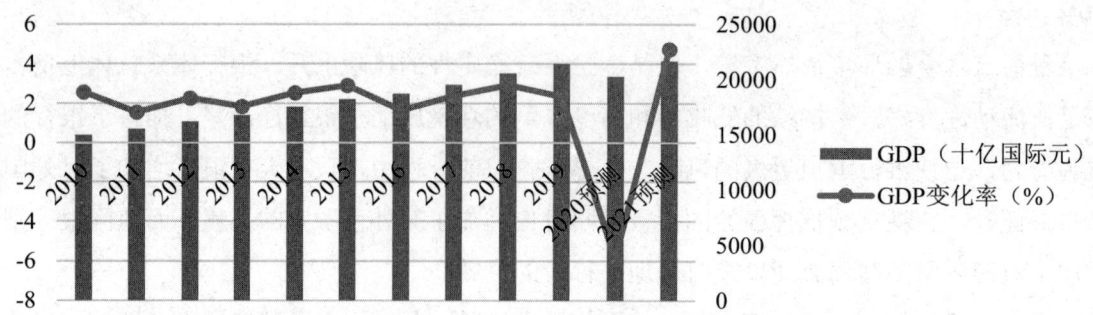

图 25　2010—2021 年中国 GDP 年度变化（单位：十亿国际元，%）

资料来源：根据国际货币基金组织世界经济展望数据库中国按购买力平价现价 GDP 数据整理绘制，https://www.imf.org/external/pubs/ft/weo/2020/01/weodata/weoselgr.aspx。

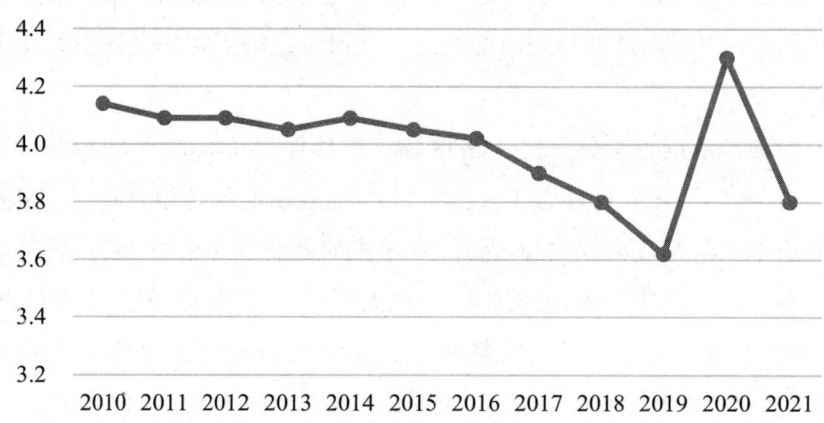

图 26　2010—2021 年中国失业率变化（单位：%）

资料来源：根据国际货币基金组织世界经济展望数据库中国失业率数据整理绘制，https://www.imf.org/e-xternal/pubs/ft/weo/2020/01/weodata/weoselgr.aspx。

自 2010 年以来，中国外商投资企业数量稳步上升，2018 年中国新设立外商投资企业 60560 家，较 2017 年增加 69.8%；截至 2018 年 12 月，累计设立外商投资企业 593276 家。2019 年，中国实际利用外商投资金额为 138.1 万亿美元，较 2018 年增长 2.32%。[①]

目前，新型冠状病毒肺炎疫情和相应的管控措施对中国国内实体经济的发展造成了较大程度的冲击，对餐饮、旅游、批发零售、交通运输等行业也造成一定的不利影响，但是预计这种影响是短期的。从中长期来看，疫情带来的不利影响在疫情结束后将很快消退，叠加政府出台的相关应对政策，中国经济长期向好并保持中高速、高质量发展的趋势不会改变。

---

① 根据中国国家统计局中国实际使用外资情况数据整理绘制，http://data.stats.gov.cn/easyquery.htm?cn=C01。

## 三、全球经济的影响因素

### （一）全球经济面临的挑战

#### 1. 新型冠状病毒肺炎疫情蔓延冲击全球经济

在新型冠状病毒肺炎疫情蔓延导致国际贸易陷入混乱之前，全球商品贸易在 2019 年末和 2020 年初曾一度出现温和复苏迹象。但疫情暴发后，全球贸易形势迅速发生变化。联合国贸发会议联合报告数据显示，受新型冠状病毒肺炎疫情影响，2020 年第一季度全球贸易额下降 3%；联合国统计活动协调委员会（CCSA）报告显示，预计 2020 年第二季度全球贸易环比下降 27%。世界各国应对新型冠状病毒肺炎疫情缓解措施的经济影响也已波及世界商品市场，并可能在较长期内继续发挥影响。全球贸易额下降的同时，大宗商品价格也出现了明显下滑，自 2019 年 12 月以来，大宗商品价格急剧下跌，2020 年 3 月份大宗商品价格创纪录下跌 20%[①]。2020 年 4 月 IMF 的《商品市场展望报告》显示，预计 2020 年下半年大宗商品价格会继续大幅下跌。当前大宗商品价格下跌和全球贸易下行趋势的持续时间和总体强度仍不确定。从全球产业链角度来看，截至 2018 年，全球中间产品出口贸易量已达到 9.7 万亿美元，占全球货物出口贸易量的 52%[②]。中国、美国、德国分别为东亚、北美以及西欧地区的产业链中枢；韩国、日本、中国香港、新加坡等国家和地区也依靠产业优势、地理位置等成为全球产业链的重要参与方。随着新型冠状病毒肺炎疫情发展，各经济体所采取的交通运输、人口流动等管制措施，不仅影响其自身的工业生产，也将使全球产业链受到一定的冲击。在资本市场方面，新型冠状病毒肺炎疫情开始在全球各主要国家蔓延以来，美股在短短两周内经历四次熔断，导致全球资本市场震荡。市场恐慌情绪蔓延导致流动性挤兑，债券、商品以及外汇市场同步下行。尽管欧美国家陆续出台大规模的刺激措施，但是实体经济受到的冲击持续增加，全球资本市场信心依然不稳。未来全球资本市场的走势取决于疫情影响的深度、广度以及持续性。

#### 2. 地缘政治和特定地区经济下行风险凸显

全球经济前景下行风险因地缘政治紧张局势和特定地区经济下行风险而加剧。2019 年，全球多国连续发生恐怖事件，对特定地区经济及市场信心造成严重冲击。例如，2019 年 4 月，斯里兰卡首都科伦坡发生连环爆炸袭击，造成超过 250 人死亡。除恐怖事件外，2019 年地缘政治风险也加剧升级。美国自退出伊朗核问题协议以来，逐步加大对伊朗"极限施压"力度。2019 年 5 月，伊朗宣布中止履行协议部分条款以反制美国。7 月以来，海湾地区先后发生油轮、油田遇袭等事件，地区局势剑拔弩张。美国又在霍尔木兹海峡拼凑

---

[①] UNCTAD. How Covid-19 is Changing the World: a Statistical Perspective[R]. New York: The Committee for the Coordination of Statistical Activities (CCSA), 2020-03.

[②] World Bank. Commodity Markets Outlook[R]. Washington: World Bank, 2020-04.

针对伊朗的所谓"护航联盟",海湾局势持续紧张。2019 年 9 月中旬,沙特阿拉伯的石油生产中断。石油生产的持续性中断可能会提高能源价格,对供应商和进口国造成冲击。此外,东欧和南亚的小规模冲突升级,也可能对相关地区的经济增长产生重要影响。由于对不平等、经济增长缓慢、国家治理和经济政策等方面的不满,越来越多地区出现社会动荡。社会动荡有可能扰乱经济活动,并破坏国家基础设施,这对试图通过财政整顿缓解紧张局势的政府来说更具挑战性。

3. 贸易壁垒上升及长期政策不确定性加剧

2019 年,全球贸易环境依然不佳并且与上一年相比出现一定程度的恶化。美国与其贸易伙伴之间贸易壁垒的抬高挫伤了商业情绪,加剧了 2018 年很多经济体经历的周期性和结构性经济放缓。美国延续了 2018 年的贸易保护主义政策,与部分经济体的贸易冲突加剧且反复无常。例如,与中国的贸易冲突由 2019 年上半年的缓和到 8 月冲突再次升级,而 10 月中美贸易磋商取得积极进展;与欧盟间的贸易谈判陷入停滞,并在 2019 年 4 月、7 月宣布新的加税清单,10 月对欧盟产民用飞机及部分农产品正式加征关税;美国与印度间贸易关系也进一步恶化,2019 年 6 月美国取消了印度的普惠制贸易待遇,而印度对美加征关税反制。此外,日本和韩国的贸易冲突在 2019 年 7 月明显升温,日本对出口韩国的半导体原材料进行管制,而后又将韩国移出贸易"白名单",而韩国将日本从其出口管理优待对象清单中剔除,并在贸易伙伴分级上对日本做降级处理。在贸易环境恶化的影响下,2019 年全球商品贸易增长明显下滑,导致全球制造业进一步收缩,并成为拖累全球经济增长放缓的重要原因之一。尽管各经济体在解决贸易冲突方面有一定进展,但由于长期的政策不确定性和信心下降,贸易保护主义对全球经济增长的影响依然显著(见图 27)。

**图 27 全球贸易政策的不确定性与商业信心指标**

资料来源:根据世界银行《全球经济前景报告》中全球贸易政策的不确定性与商业信心指标数据整理绘制,http://pubdocs.worldbank.org/en/811591578589787616/GEP-January-2020-Chapter1-Fig1-15.xlsx。

## 4. 生产率增长缓慢

自全球金融危机以来,劳动生产率增长全面放缓,主要原因是教育、城市化、制度等劳动生产率主要驱动因素的改善已放缓或停滞。全球劳动生产率增速从2007年的峰值2.7%放慢至2016年的谷底1.5%,此后一直处于低位,2018年也仅为1.9%(见图28)。发达经济体生产率放缓延续了自20世纪90年代末以来的趋势,在全球金融危机期间,发达经济体的生产率增长大幅下降,并且未能恢复到危机前的水平。2013—2018年期间,生产率平均增速为0.8%,是长期平均水平的一半,比全球金融危机前的平均水平低0.4%,这种相对长期平均水平的放缓影响了近90%的发达经济体。新兴经济体的生产率增长经历了反复的激增和下跌,生产率增长从峰值(2007年的6.6%)下降到低谷(2015年的3.2%)的速度是迄今为止的最快波动速度。新兴市场和发展中经济体生产率增长放缓,反映出投资疲弱、效率增长缓慢以及部门间资源重新配置效率降低。新兴经济体与发达经济体的劳动生产率差距仍然很大,平均来说,新兴经济体的生产率不到发达经济体的1/5。

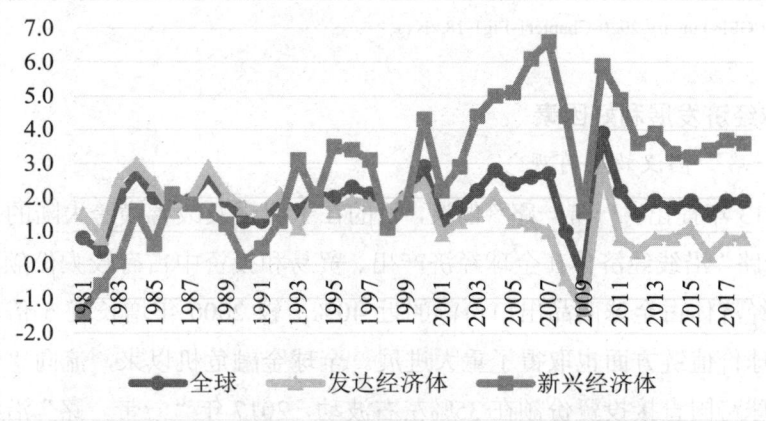

**图28 全球、发达经济体与新兴经济体生产率(单位:%)**

资料来源:根据世界银行《全球经济前景报告》中全球、发达经济体与新兴经济体生产率数据整理绘制,http://pubdocs.worldbank.org/en/1328 61578446927654/GEP-January-2020-Chapter3.xlsx。

## 5. 气候相关灾难频率提升、强度增大

气候变化导致一些地区恶劣天气事件的发生频率提升,给国家或地区经济活动带来不利影响,特别是对那些拥有大量弹性较差的基础设施、农业生产份额较大的国家或地区更为不利,这些国家往往经济效益差,并可能会因极端天气和农业歉收而导致收入锐减及基础设施状况恶化。同样,人口众多的沿海地区也面临着风险,除极端天气之外,海平面上升也会对当地的经济活动造成影响。过去5年时间里,全球自然灾害平均发生频率为749次,比过去30年中自然灾害发生率增长了49.80%,灾害导致的经济损失每年高达1850亿美元(见图29)。

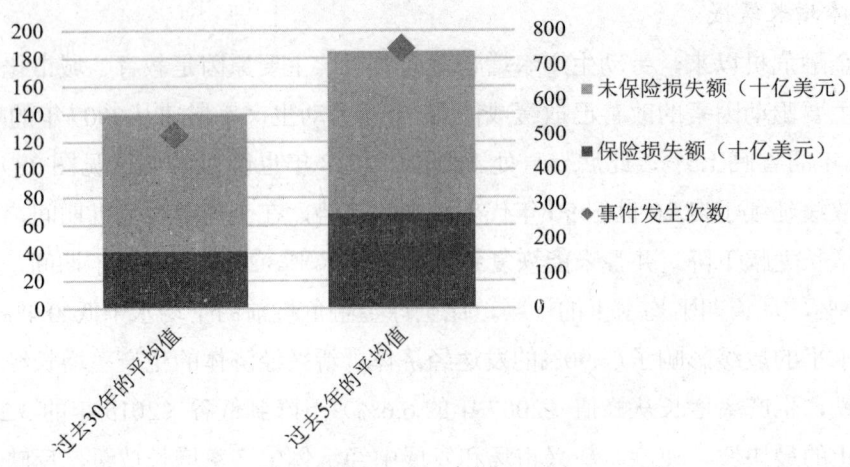

图29 自然灾害频度和成本损失（单位：十亿美元）

资料来源：根据世界银行《全球经济前景报告》中自然灾害频度和成本数据整理绘制，http://pubdocs.worldbank.org/en/983191578589815354/GEP-January-2020-Chapter1-Fig1-18.xlsx。

### （二）全球经济发展利好因素

**1."一带一路"倡议效益可观**

中国在2013年提出"一带一路"倡议，目的在于促进及改善横跨大陆的多区域连通和合作。"一带一路"沿线经济体在全球经济产出、贸易和投资中占有较大份额，2017年"一带一路"沿线经济体占全球商品出口份额的近40%，较2000年增长近5倍，在跨国直接投资及参与全球价值链方面也取得了重大进展。全球金融危机以来，流向"一带一路"沿线经济体的全球跨国直接投资份额在35%左右波动，2017年"一带一路"沿线经济体吸收了近6000亿美元的跨国直接投资。沿线经济体的对外直接投资在2017年达到近4亿美元，占全球跨国直接投资的25%左右，远高于2000年不到10%的水平。"一带一路"沿线经济体参与全球价值链的程度及全球价值链分工地位也在逐渐提升。20世纪90年代初，以经济体出口总额中国内增加值衡量的全球价值链前向参与程度为22%，此后呈现稳定增长，2011年以来一直保持在28%左右。贸易和投资的扩大有利于大多数沿线经济体的经济增长和收入增加，实际收入增幅可能高达3.4%，但这些增幅在不同国家间有所差异。研究表明，"一带一路"倡议项目可以帮助约760万人摆脱赤贫（日收入低于1.90美元）、3200万人摆脱中度贫困（日收入低于3.20美元）。[①]

**2.全球价值链贸易**

全球价值链（GVC）的兴起推动了国际贸易的快速增长，提供了更多的生产性就业机

---

① World Bank. Belt and Road Economics: Opportunities and Risks of Transport Corridors[R]. Washington: World Bank Group, 2019.

会，前所未有地缩小了全球经济差距。《全球经济前景报告》指出，2008—2009 年全球金融危机以来，全球价值链的增长速度有所放缓，但并未停止。2000—2007 年，全球价值链，特别是复杂价值链的扩张速度快于全球 GDP 增长速度；在全球金融危机期间，全球价值链扩张速度有所减缓，随后在 2010—2011 年间经历了快速复苏；2011 年以后，全球价值链增长速度呈现放缓态势；而 2017 年数据显示，复杂全球价值链的增长速度再次高于全球 GDP 的增长速度。目前，价值链贸易在很大程度上仍然是区域性的，然而这并非一成不变的。2000—2017 年，亚洲区域内全球价值链贸易有所增加；而欧洲和北美的区域内全球价值链贸易相对区域间全球价值链贸易略有下降，与亚洲经济体的联系更加紧密。

《全球经济前景报告》指出，全球价值链参与度每增加 10%，将推动人均收入增长 10%以上，约为标准贸易推动作用的两倍，其中全球价值链后向参与程度提高对人均收入增长的促进作用更大（见图 30）。融入全球价值链的企业往往生产率更高，且多为资本密集型企业，融入全球价值链的企业虽然只占所有参与贸易企业的 15%左右，但却拥有占全球总贸易额 80%左右的份额。[①]并且，全球价值链参与程度与欧洲、中东和北非地区的跨国直接投资以及全球技术、知识转让密切相关。

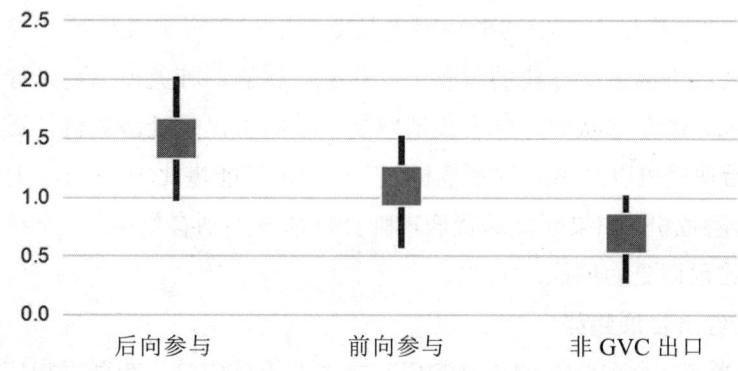

**图 30　全球价值链参与度提高 1%对人均 GDP 的影响（单位：%）**

资料来源：根据世界银行《全球经济前景报告》中全球价值链参与度提高 1%对人均 GDP 的影响数据整理绘制，http://pubdocs.worldbank.org/en/622271578589833307/GEP-January-2020-Chapter1-Fig1-25.xlsx。

3. 数字经济发展

数字经济是指以数字化的知识和信息作为关键生产要素，以现代信息网络作为重要载体，以信息通信技术的有效使用作为效率提升和经济结构优化的一系列经济活动。目前，全球正步入数字经济发展新时代，数字经济对全球经济增长的贡献不断增强，成为引领未

---

① World Bank. Global Economic Prospects[R]. Washington: World Bank, 2020.

来经济发展的新制高点和改变国际经济格局的重要力量。中国信息通信研究院发布的《全球数字经济新图景（2019 年）》显示，2018 年全球 47 个主要国家的数字经济总规模超过 30.2 万亿美元，占 GDP 的比重高达 40.3%，各国数字经济增速也都高于同期 GDP 增速。其中，英国、美国与德国的数字经济已经成为国民经济的重要组成部分，其规模占 GDP 的比重分别为 61.2%、60.2%和 60.0%；韩国、日本、爱尔兰及法国数字经济规模占 GDP 的比重超过 40%；中国数字经济规模占 GDP 的比重超过 30%。

但是，各国数字经济发展不均衡的趋势值得关注。2019 年 9 月联合国贸易和发展会议发布的《2019 年数字经济报告》指出，全球数字经济活动及其创造的财富价值增长迅速，且主要集中在中美两国，目前美国和中国占有超过 75%的区块链技术相关专利、50%左右的全球物联网支出以及 75%以上的云计算市场①。在全球 70 家数字平台公司中，7 个"超级平台"占总市值的 2/3，以规模排序依次是微软、苹果、亚马逊、谷歌、脸书、腾讯和阿里巴巴。如果沿着当前趋势发展，中美两国与其他国家之间的差距会越来越大，可能成为国际经济发展不均衡的重要原因。

### 四、全球经济前景分析

2020 年全球经济最大的不利影响因素是新型冠状病毒肺炎疫情暴发引发的一系列连锁反应冲击。在经济高度全球化的背景下，新型冠状病毒肺炎疫情蔓延导致开展国际合作的困难明显增加。新型冠状病毒肺炎疫情发展引发的不仅是经济危机，还有恐慌引发的社会危机、政治治理危机以及国际秩序危机，疫情冲击可能堪比 1929 年全球大萧条，其影响远超 2008 年金融危机。如果新型冠状病毒肺炎疫情得不到有效控制，全球经济的收缩幅度和复苏速度将比预期更为糟糕。

#### （一）全球经济发展趋势

2020 年下半年，全球经济增长预测仍有极大的不确定性。新型冠状病毒肺炎疫情发展已对全球制造业、服务业、居民信心、社会治理等造成全面冲击。受新型冠状病毒肺炎疫情发展、贸易局势紧张及长期政策不确定性的影响，国际货币基金组织预测 2020 年全球经济将急剧收缩 3%，其影响程度将超过 2008 年全球金融危机②。经济大幅下滑，也意味着破产和失业压力激增。新型冠状病毒肺炎疫情对全球经济的短期冲击非常大，各国经济都遭受了不同程度的负面影响。未来全球经济的发展情况取决于疫情得到遏制的速度。

#### （二）国际贸易发展趋势

在长期困局与短期冲击下，全球贸易局势更加严峻复杂。参与国际贸易的企业除了需

---

① UNCTAD. Digital Economy Report[R]. New York: United Nations Publications, 2019.
② International Monetary Fund.World Economic Outlook: The Great Lockdown[R]. Washington: International Monetary Fund, 2020-04.

要面临国内企业的诸多共性问题,如人员流动受阻、交通物流不畅、防疫物资紧缺、原材料供应不及时等,还要面对国际接单难、履约难、国际物流不畅、贸易壁垒增多等外部冲击。WTO最新公布的2020年第一季度货物贸易晴雨表指数为95.5,低于上一期指数(96.6);服务贸易晴雨表指数为96.8,低于上一期指数(98.4);二者均低于100的趋势线,并且未来还存在进一步走低的可能性。联合国贸发会议《全球投资报告》指出,新型冠状病毒肺炎疫情已导致全球出口额下降500亿美元;如果疫情上半年得到控制,预计全球跨国直接投资将下降5%,如果疫情持续全年,全球跨国直接投资很有可能降低15%。[1]

与疫情相关的医疗物资以及国际运输、外贸等行业受到的冲击最为直接,更加值得关注的是,因疫情全球蔓延导致原油、有色金属等大宗商品需求骤然萎缩、价格急剧下降。疫情也导致汽车、电子等行业的供应链受到严重阻碍,全球服务贸易也受到较大冲击。疫情对全球贸易格局的冲击和影响,很大程度上取决于疫情的演化发展。如果全球防疫能在短期内取得积极成果,其影响将局限于因经济急停及国家封锁而导致的贸易短期下滑,影响相对有限;反之,则将产生中长期乃至结构性影响。

### (三)国际金融发展趋势

2020年以来,全球金融形势发生剧烈变化。在新型冠状病毒肺炎疫情全球蔓延的背景下,国际金融市场在过去10年积累的各种矛盾和问题日益显现。实体产业、居民信心、社会治理等各领域遭受全方位冲击,国际金融市场剧烈震荡。从2月中旬开始,市场参与者开始担忧疫情可能演变成全球性流行病,股价从此前的过高水平大幅下跌。信贷市场利差飙升,特别是在高收益率债券、杠杆贷款和私人债务等高风险领域,以至于这些领域的发行活动基本停滞。由于全球需求走弱以及OPEC国家未能达成减产协议,石油价格暴跌,导致风险偏好进一步恶化。动荡的市场条件导致投资者转向高质量资产,避险债券的收益率陡降。尽管当前全球金融市场的问题更多表现在流动性层面,主要为资产价格的大幅调整,尚不构成严格意义上的金融危机,但未来国际金融市场走势将直接受到疫情演变趋势和全球经济发展前景的影响。

在全球经济前景阴霾笼罩下,金融风险急剧上升,叠加各国或地区的固有薄弱环节,极易引发系统性问题。目前,美欧日等发达经济体的利率已经为零或负值,全球债务规模急剧膨胀,并存在进一步放大的风险。美国高收益企业债券市场风险仍然高企,疫情冲击造成债务违约风险上升。新兴市场及发展中经济体不可避免地面临着全球金融环境的恶化。2020年4月IMF发布的《全球金融稳定报告》指出,由于全球避险情绪飙升,流向新兴市场及发展中经济体的资本正在迅速减少。各国已采取一系列政策应对来自疫情的不利冲击,但受经济增长、财政政策、货币政策及地缘政治等多重因素的相互作用,未来全球金融市

---

[1] UNCTAD. World Investment Report[R]. New York: UNCTAD, 2020.

场的走势仍具有极大不确定性。

**参考文献**

[1] International Energy Agency. Oil Market Report[R]. Paris: International Energy Agency, 2019-09.

[2] International Monetary Fund. Global Financial Stability Report[R]. Washington: International Monetary Fund, 2020.

[3] International Monetary Fund. World Economic Outlook: Slow Growth, Policy Challenges[R]. Washington: International Monetary Fund, 2020.

[4] International Monetary Fund. World Economic Outlook: The Great Lockdown[R]. Washington: International Monetary Fund, 2020-04.

[5] UNCTAD. How Covid-19 is Changing the World: a Statistical Perspective[R]. New York: The Committee for the Coordination of Statistical Activities (CCSA), 2020-03.

[6] UNCTAD. World Investment Report[R]. New York: UNCTAD, 2020.

[7] World Bank. Belt and Road Economics: Opportunities and Risks of Transport Corridors[R]. Washington: World Bank, 2019.

[8] World Bank. Commodity Markets Outlook[R]. Washington: World Bank, 2020-04.

[9] World Bank. Global Economic Prospects[R]. Washington: World Bank, 2020.

[10] World Bank. World Development Report: Trading For Development—In the Age of Global Value Chains[R]. Washington: World Bank, 2020.

[11] 何金中，孙田原. 中国宏观经济分析与展望[R]. 新世纪评级，2020-01, http://www.shxsj.com/.

# 中国宏观经济形势回顾与展望

曲如晓　李　雪*

**摘要：** 2019年，我国经济延续了2018年以来稳中有进的发展态势，总体保持中速增长，经济结构持续优化，发展动能不断提升。居民消费价格温和上涨，工业生产者出厂价格低位运行。就业形势基本稳定，预期目标超额完成。居民收入增长与经济增长同步性进一步增强，收入分配差距改善，扶贫攻坚工作取得突出成效。在国内需求方面，城乡消费增长放缓，农村消费潜力不断释放。消费结构持续优化，新兴消费增势强劲，低线城市消费潜力凸显。制造业投资低位回升，房地产开发投资稳中有升，基础设施投资整体企稳，民间投资走弱。在对外经济中，进出口低位企稳，内生动力增强，商品结构持续优化。非理性对外投资得到遏制，与"一带一路"沿线国家投资合作稳步推进，境外经贸合作区建设成效显著。除此之外，围绕着"巩固、增强、提升、畅通"的"八字方针"，供给侧结构性改革进一步深化，实体经济活力不断释放，取得突出成效。未来中国经济的增长潜力巨大，发展前景良好。

**关键词：** 宏观经济形势；国内需求；对外经济；供给侧结构性改革

## 一、总体经济形势回顾与展望

2019年，面对世界经济增长低迷、国际经贸摩擦加剧、国内经济下行压力加大的复杂局面，我国宏观经济运行总体平稳、稳中有进。经济结构发展新旧动能转换加快，发展新动能不断增强，民生进一步改善。经济发展由主要依靠第二产业带动转向依靠三次产业共同带动，主要经济指标保持在合理的运行区间。

---

\* 曲如晓，北京师范大学经济与工商管理学院教授、博士生导师，南开大学APEC研究中心兼职研究人员，研究方向：国际贸易与创新。李雪，北京师范大学经济与工商管理学院博士研究生，研究方向：国际贸易与创新。

## （一）经济增长与产业结构

### 1. 宏观经济中速增长

面对国内外经济发展不确定性持续上升的复杂局面，我国宏观经济顶住了持续加大的下行压力，保持了中速增长。2019年我国国内生产总值为99.09万亿元，增长6.1%，较2018年同期增速降低0.5个百分点。据国家统计局估测，2019年中国GDP占全球的比重预计超过16%，中国经济对世界经济增长贡献率达30%左右，是支撑世界经济增长的主要动力源（见图1）。

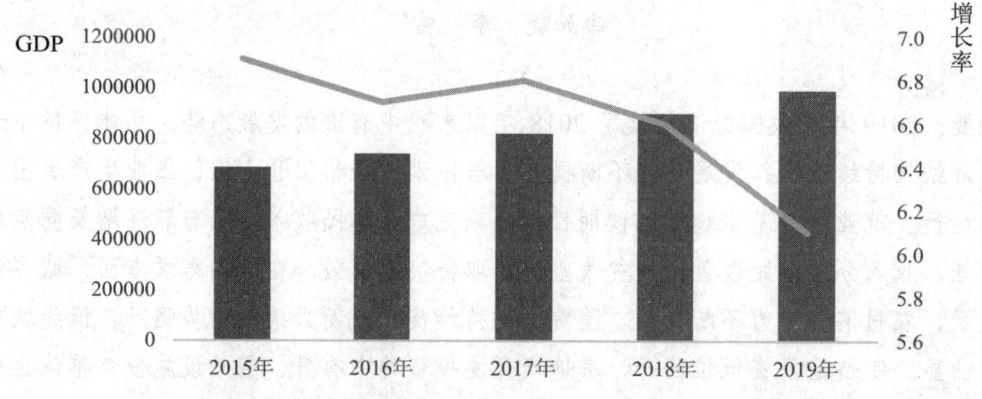

图1　2015—2019年国内生产总值与增速（单位：亿元，%）

资料来源：国家统计局. 国内生产总值年度数据[DB/OL]. [2020-05-22]. http://data.stats.gov.cn/easyquery.htm?cn=C01.

### 2. 经济结构持续优化

从三次产业分布来看，2019年第一、二、三产业增加值分别为7.05万亿元、38.62万亿元、53.42万亿元，较2018年分别增长3.1%、5.7%、6.9%，占比分别为7.1%、39.0%、53.9%。2015—2019年间，第一产业增加值占比不断下降，第三产业增加值占比显著提升，产业结构逐步优化，转型升级的步伐加快。随着传统产业转型升级步伐的加快，第二产业占比在2017年出现了小幅上升后，在2019年下降至39.0%（见图2）。

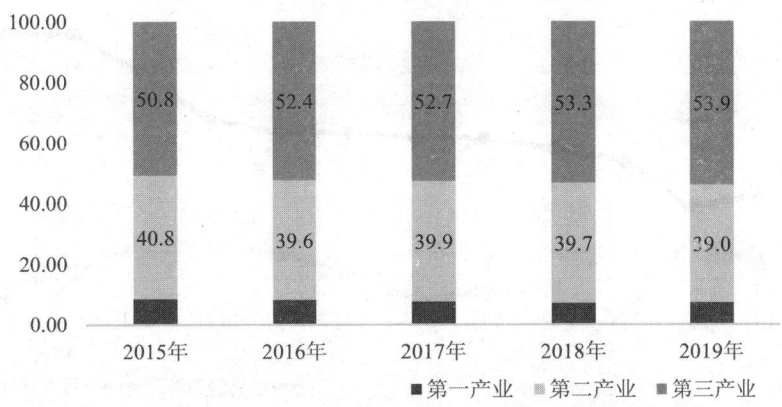

图2　2015—2019年国内三次产业占比（单位：%）

资料来源：国家统计局. 三次产业年度数据[DB/OL]. [2020-05-22]. http://data.stats.gov.cn/easyquery.htm?cn=C01.

3. 经济发展新动能增强

2019年全年战略性新兴产业增加值较2018年增长8.4%。其中，高技术制造业增加值、装备制造业增加值较2018年分别增长8.8%、6.7%，占规模以上工业增加值的比重分别为14.4%和32.5%。高技术产业投资增长17.3%，工业技术改造投资增长9.8%。服务机器人产量346万套，较2018年增长38.9%。

在创新驱动发展的大背景下，我国在创新领域取得新突破，成果丰硕。2019年研究与试验发展（R&D）经费支出2.17万亿元，较2018年增长10.5%。其中基础研究经费1209亿元，国家科技重大专项共安排234个课题，国家自然科学基金共资助4.52万个项目。2019年全年境内外专利申请438.0万件，较2018年增长1.3%。授予专利权259.2万件，较2018年增长5.9%。2019年全年商标申请783.7万件，较2018年增长6.3%。商标注册640.6万件，较2018年增长27.9%。

（二）物价形势回顾与展望

1. 居民消费价格指数（CPI）温和上涨

2019年居民消费价格指数总体表现为温和可控、平稳上涨，全年居民消费价格较2018年上涨2.9%，低于全年预期目标3%。其中，扣除食品和能源的核心CPI上涨1.6%，涨幅比上年回落0.3个百分点。CPI月度同比在2019年2月探至年内最低点1.5%后逐月上涨，攀升至年末的4.5%。2—12月每月增幅大致保持在1%以内。然而，全年CPI月度环比呈现出与月度同比相差较大的走势。CPI月度环比在2月达到了年内最高点1%后，急剧下跌至年内最低点-0.4%。在3—12月呈现"M"形走势，仅6月出现了负增长，其他月份均为正增长（见图3）。

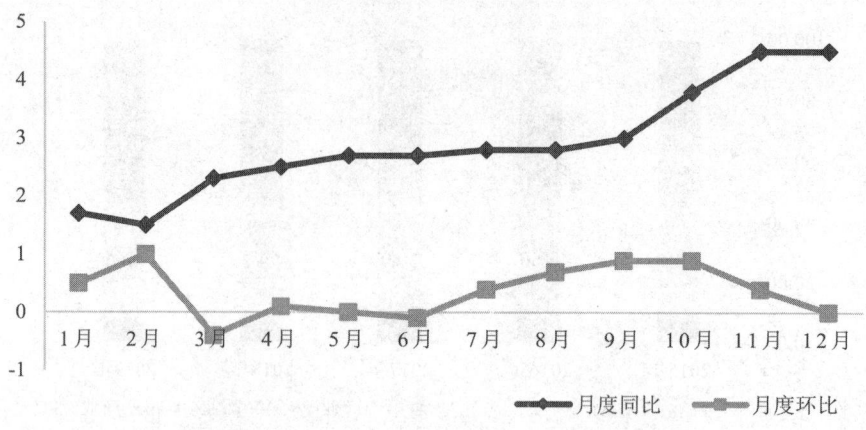

图3 2019年CPI月度变动图（单位：%）

资料来源：国家统计局. 2019年国民经济和社会发展统计公报[EB/OL]. [2020-05-24]. http://www.gov.cn/xinwen/2020-02/28/content_5484361.htm.

从CPI的构成上来看，受猪肉价格上涨和天气因素的影响，食品烟酒类消费品价格成为2019年CPI涨幅最高的项目（7.0%），是2019年推动CPI上涨的主要因素。医疗保健类消费品价格延续了近几年的增长趋势，较2018年价格小幅上涨，增长了2.4%。教育文化和娱乐类、衣着类、居住类消费价格涨幅较快，较2018年分别增加了2.2%、1.6%和1.4%。生活用品及服务类消费价格小幅上涨，增长了0.9%，交通和通信类消费价格较2018年下降1.7%（见表1）。

表1　2019年各类消费价格增幅　　　　　　　　　　　　单位：%

| 类别 | 增幅 |
| --- | --- |
| 食品烟酒类 | 7.0 |
| 衣着类 | 1.6 |
| 居住类 | 1.4 |
| 生活用品及服务类 | 0.9 |
| 交通和通信类 | -1.7 |
| 教育文化和娱乐类 | 2.2 |
| 医疗保健类 | 2.4 |
| 其他用品和服务类 | 3.4 |

资料来源：国家统计局. 2019年国民经济和社会发展统计公报[EB/OL]. [2020-05-24]. http://www.gov.cn/xinwen/2020-02/28/content_5484361.htm.

2. 工业品出厂价格指数（PPI）低位运行

2019年PPI全年保持低位运行，较2018年同比下降0.3%。PPI月度同比涨幅在4月升至年内最高点0.9%后，呈下降趋势，在7月、8月、11月出现了三次小幅下跌。PPI月度环比呈现出前高后低的"N"字形走势。从 2019 年 1 月的-0.6%上升至 4 月的年内最高点 0.3%后，逐步下降至 10 月的年内最低点-1.6%，并在 11—12 月呈现逆势上升。然而整体上，月度环比在 2019 年下半年表现为负增长（见图 4）。

就 PPI 的构成来看，生产资料价格较 2018 年下降 0.8%。其中，原材料价格下降 2.6 个百分点，是影响 PPI 下降的主要因素。采掘价格上涨 2.4 个百分点，加工价格下降 0.3 个百分点。生活资料价格较 2018 年上涨 0.9 个百分点，食品、衣着、一般日用品价格分别上涨 2.7%、1.1%和 1.4%。耐用消费品价格下跌 1.2%。

从主要行业出厂价格的变化幅度来看，化学纤维制造业，造纸和纸品制造业，化学原料和化学制品制造业，石油和天然气开采业，石油、煤炭及其他燃料加工业产品价格出现了较高程度的下跌，较 2018 年分别下跌 6.1%、5.0%、3.9%、3.6%和 3.5%，多为与原油价格密切的相关行业。PPI 价格波动受国际原油价格涨跌影响明显，呈现出结构性变化特征。

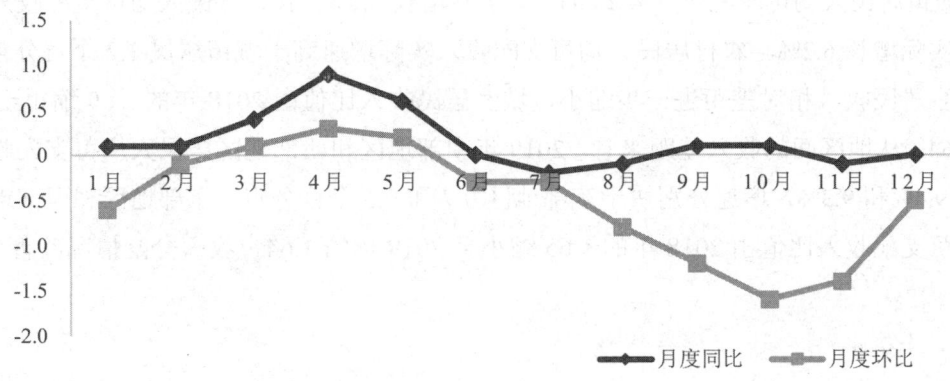

**图 4　2019 年 PPI 月度变化幅度（单位：%）**

资料来源：国家统计局.统计数据[DB/OL]. [2020-05-22]. http://www.stats.gov.cn/tjsj/zxfb/202001/t20200109_1721985.html.

未来物价指数的变化还存在较多的不确定因素。一方面，国内货币环境相对宽松，人民银行多次下调存款准备金率，居民通胀预期增强，将推升物价涨幅。但另一方面，受新型冠状病毒肺炎疫情影响，以及中小企业和实体经济经营困难，宏观需求总体偏弱，大宗商品需求不振，价格趋于下降，存在着抑制物价上涨等客观因素。据国家信息中心初步测算，2020 年 CPI 翘尾因素约为 2.5%，PPI 翘尾因素约为-0.1%。综合考虑翘尾因素和新涨价因素的影响，初步预计 2020 年 CPI 涨幅将保持在 3.5%左右，PPI 的跌幅将保持在 1.2%左右。

## （三）就业与居民收入形势回顾与展望

### 1. 就业形势基本稳定，预期目标超额完成

2019年全国就业人数达77471万人，较2018年减少115万人。其中，城镇、乡村就业人数分别为44247、33224万人，城镇就业人数与城乡就业人数总量的占比达到57.1%，比上年提高1.1个百分点。各项就业优先政策的落实，充分发挥了政策兜底的作用，有力地保障和稳定了就业。2019年全国城镇新增就业1352万人，比1100万人的预期目标多252万人，连续7年保持在1300万人以上。全年各月全国城镇调查失业率保持在5.0%～5.3%，均低于5.5%左右的预期目标。各项就业预期目标均顺利完成。

### 2. 居民收入增长与经济增长同步，收入分配状况改善

2019年全国居民人均可支配收入为3.1万元，比2018年增长8.9%，扣除价格因素实际增长5.8%，增速回落0.7个百分点，与经济增长基本同步，民生进一步改善（见图5）。其中，城镇居民人均可支配收入4.23万元，实际增长5.0%。农村居民人均可支配收入1.44万元，实际增长6.2%。农村居民人均可支配收入实际增速高于城镇居民1.2个百分点。

城乡居民收入相对差距进一步缩小，城乡居民收入比值由2018年的2.69缩小至2019年的2.64。从地区间的收入差距来看，2019年中部地区和西部地区居民人均可支配收入分别增长9.4%和9.3%，增速分别快于东部地区0.7和0.6个百分点，东部地区和西部地区居民人均可支配收入比值由2018年的1.65缩小至2019年的1.64，收入分配情况改善。

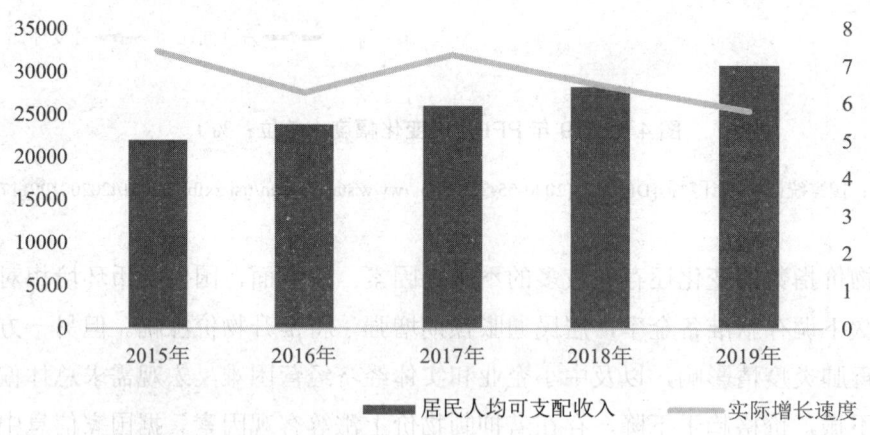

图5　2015—2019年全国人均可支配收入情况（单位：元，%）

资料来源：国家统计局. 全国人均可支配收入年度数据[DB/OL]. [2020-05-22]. http://data.stats.gov.cn/easyquery.htm?cn=C01.

### 3. 扶贫攻坚工作取得突出进展

2019年，脱贫攻坚工作取得了突出成效。截至2019年底，累计帮扶农村贫困人口实现就业1213万人，比上一年年底增加225万人。按照每人每年2300元（2010年不变价）

的农村贫困标准计算,年末农村贫困人口551万人,较2018年末减少1109万人。2019年贫困发生率为0.6%,较2018年下降1.1%。全年贫困地区农村居民人均可支配收入1.16万元,较2018年增长11.5%,扣除价格因素,实际增长8.0%。在不同收入来源中,贫困地区农村居民人均工资性收入、人均经营净收入、人均财产净收入和人均转移净收入分别为4082元、4163元、159元和3163元,分别较2018年名义增长12.5%、7.1%、6.5%和16.3%,对贫困地区农村居民增收的贡献率分别为38.0%、23.0%、1.9%和37.1%。在不同分组中,集中连片特困地区农村居民人均可支配收入1.14万元,增长11.5%;国家扶贫开发工作重点县农村居民人均可支配收入1.15万元,增长12.1%。

在2020年的政府工作报告中,中央再次强调要坚持就业优先政策,努力稳定现有就业,积极增加新的就业,促进失业人员再就业。财政、货币和投资等政策都要聚力支持稳就业。促就业举措要应出尽出,拓岗位办法要能用尽用。2020年预计城镇新增就业900万人以上,城镇调查失业率保持在6%左右。虽然受新型冠状病毒肺炎疫情的影响,中小企业会出现一定范围的减员和倒闭,普通劳动力就业形势不容乐观,就业总量压力增大,结构性矛盾更加凸显,但在稳就业、促就业政策的持续发力下,就业形势将继续保持总体稳定。

经济的高质量发展,改革创新红利的释放,稳就业政策的加力加效都将为城乡居民增收保驾护航。就业形势总体平稳将为居民工资性收入增长奠定坚实基础。"放管服"改革、减税降费、优化营商环境等政策红利不断释放,将进一步促进市场主体收入的增长。与此同时,部分省份进一步提高了基础养老金水平,上调了城市和农村低保平均标准,扩大了报销药品目录,提高了报销比例等。一系列惠民政策措施的相继出台也将进一步促进居民转移净收入增长。

## 二、国内需求形势回顾

### (一)消费需求

2019年消费作为经济增长主动力的作用进一步巩固,全年对国内生产总值的贡献率高达57.8%,高于资本形成总额26.6个百分点,成为国民经济稳定运行的"压舱石"。据国家统计局数据显示,2019年全社会消费品零售总额为41.16万亿元,较2018年同期增长8.0%。消费者趋势指数继续保持高位运行,延续了总体平稳发展的态势。

1. 城乡消费增长放缓,农村消费潜力不断释放

2019年居民人均消费支出增速出现了较大幅度的下降,全国增速为5.5%,较2018年下降2.9个百分点。从城乡情况来看,城镇增速在2018年上升至8.4%后,在2019年出现了一定程度的回落,年均增长约4.6%,增速下降2.2个百分点,出现低位企稳态势。2019年农村居民消费人均支出增长出现明显的放缓趋势,较2018年仅增长6.7%,增速下降4个百分点。尽管如此,2017—2019年三年间,农村居民人均消费支出始终以高于全国和城

镇平均水平的速度增长,城乡居民消费差距趋于缩小(见表2)。

表2 2017—2019年我国居民消费人均支出及增速　　　　　　　单位:元,%

| 年份 | 人均消费支出 | | | 较上年同比增速 | | |
|---|---|---|---|---|---|---|
| | 全国 | 城镇 | 农村 | 全国 | 城镇 | 农村 |
| 2017 | 18 322 | 24 445 | 10 955 | 7.1 | 5.9 | 8.1 |
| 2018 | 19 853 | 26 112 | 12 124 | 8.4 | 6.8 | 10.7 |
| 2019 | 21 559 | 28 063 | 13 328 | 5.5 | 4.6 | 6.7 |

资料来源:国家统计局. 居民消费支出 [DB/OL]. [2020-05-22]. http://data.stats.gov.cn/easyquery.htm?cn=C01.

**2. 居民消费结构持续优化,转型升级趋势延续**

食品烟酒支出、居住支出及交通通信支出三项传统支出依然是居民生活的首要开支,2019年三项支出合计占比64.94%,与2018年各项占比基本持平。医疗保健支出占比持续扩大,从2018年的8.49%提升至2019年的8.82%。教育文化娱乐支出占比小幅提升至11.66%,上升0.45个百分点。衣着支出占比降至6.21%,降低0.38个百分点(见图6)。

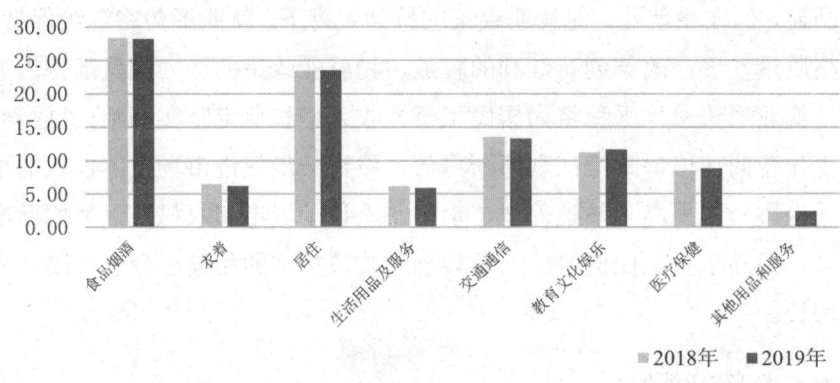

图6 2018—2019年居民人均消费各项支出占出(单位:%)

资料来源:国家统计局. 居民收支情况[DB/OL]. [2020-05-22]. http://data.stats.gov.cn/easyquery.htm?cn=C01.

2019年居民消费各项支出涨幅总体呈上升趋势,教育文化娱乐消费支出与医疗保健消费支出增长速度最快,均为12.9%。其中,教育文化娱乐消费支出较2018年增速加快了6.2个百分点。受教育培训等行业快速发展的带动,全国居民人均教育支出增长19.0%。升级类消费品需求旺盛,全国居民人均景点门票、体育户外用品、电影话剧演出票等支出分别增长27.2%、8.6%和15.7%。医疗保健消费支出由于近年来持续增长,扩张空间有限,增速趋稳。

食品烟酒消费稳中有升,全年增长8.0%,增速加快了3.2个百分点。其中,食品类商品零售额比上年增长9.7%,增速比上年加快0.2个百分点。交通通信消费支出增速与2018

年持平。衣着消费支出、居住消费支出和生活用品及服务消费支出增长势头受阻，增速分别下降至3.8%、8.8%和4.7%，较2018年分别回落0.3、4.3、4.7个百分点（见表3）。

居民总体消费情况呈现基本生活消费支出占比下降、消费结构不断优化、升级类消费增速加快、转型升级趋势明显等特征。

表3　2018—2019年居民消费各项支出增速　　　　　　　　　　　　　　单位：%

| 居民消费支出类别 | 2018年 | 2019年 |
| --- | --- | --- |
| 食品烟酒消费支出 | 4.8 | 8.0 |
| 衣着消费支出 | 4.1 | 3.8 |
| 居住消费支出 | 13.1 | 8.8 |
| 生活用品及服务消费支出 | 9.1 | 4.7 |
| 交通通信消费支出 | 7.0 | 7.0 |
| 教育文化娱乐消费支出 | 6.7 | 12.9 |
| 医疗保健消费支出 | 16.1 | 12.9 |
| 其他用品和服务消费支出 | 6.7 | 9.9 |

资料来源：国家统计局. 2019年居民收支情况 [DB/OL]. [2020-05-22]. http://data.stats.gov.cn/easyquery.htm?cn=C01.

3. 新兴消费增势强劲

随着互联网覆盖面的持续提升，居民消费的新业态新模式蓬勃发展。"618""双十一""双十二"等大型网购活动，以及淘宝、京东、拼多多等网购平台开始引领居民消费浪潮。2019年全国网上零售额为10.63万亿元，较2018年增长16.5%。其中，实物商品网上零售额为8.52万亿元，较2018年增长19.5%，增速比社会消费品零售总额快11.5个百分点，占社会消费品零售总额的比重为20.7%，比2018年提高2.3个百分点。其中，在实物商品网上零售额中，吃、穿和用类商品分别增长30.9%、15.4%及19.8%。据国家统计局测算，实物商品网上零售额对社会消费品零售总额增长的贡献率超过45%。

蓬勃发展的网络购物带动了快递业的发展。据国家邮政局统计数据显示，2019年全国快递企业日均快件处理量超1.7亿件，较2018年内同比增长25.3%。最高日处理量达5.4亿件，增长28.5%。全国快递业务量累计完成635.2亿件，突破600亿大关，增长25.3%，增量规模连续两年超过100亿件。快递业务收入累计完成7497.8亿元，增长24.2%，量收增速差从2018年的4.8%进一步缩小为1.1%，行业逐渐由规模单向驱动向规模效益双向驱动转变，成为经济增长的又一动力。

4. 低线级城市消费潜力凸显

持续的城市化进程释放了低线级城市的经济增长潜力，三、四线城市的消费能力逐步凸显，消费潜力人群稳步扩大，呈现出显著的消费下沉趋势。三、四线城市的"小镇青年"普遍对未来一年购买力持乐观态度，愿意尝试新品，接受消费结构的升级。与此同时，三、四线城市的网购普及率与一、二线城市相比，还存在较大扩展空间。活跃的下线城市市场是快消品市场的核心增长动力，成为居民消费增长的新亮点。

虽然当前出现了消费供给短板尚未补齐、就业压力上升、居民房价负担偏高等挤出消费的不利因素。但在总体上，宏观经济保持平稳运行，就业与居民可支配收入形势基本稳定，为消费需求的增长提供了稳固基础。不仅如此，随着互联网的深化发展，居民消费潜力的进一步释放将得到有效支撑。

（1）就业与居民收入形势稳定。受新型冠状病毒肺炎疫情和中美贸易摩擦的影响，部分企业陷入生产困境，用工规模缩减。但在政策托底的大背景下，不会出现大规模的失业风险。多项"稳就业"和"惠民生"政策的出台，对于稳定就业和居民增收形势、提振居民消费具有不可替代的积极作用。

（2）供给侧结构性改革继续深化。国内企业的中、高端供给逐渐增加，无效和低端供给开始减少，资源利用效率提升。持续深入推进的供给侧结构性改革，对于改善和提升国内商品服务供给质量、促进境外消费有序回流具有积极作用。

（3）消费业态方式不断革新。以"互联网+"为代表的信息技术革命，从产业生产和流通销售互联入手，改变了线下供应供货渠道与从生产到销售的服务模式，提高了居民消费的便利化程度，增加了居民消费的可选择性。传统企业与线上企业各取所长，开始融合形成以消费者为核心的全渠道服务模式的新型消费系统,为繁荣国内消费市场增添了新动力。

（4）促消费政策持续发力。2019年1月，国家发展和改革委员会同工业和信息化部、商务部等十部委联合印发了《进一步优化供给推动消费平稳增长、促进形成强大国内市场的实施方案（2019年）》，提出要推进老旧汽车的更新、加速老旧小区和老年家庭适老化改造、支持绿色智能家电销售、促进消费扶贫带动贫困地区产品销售等举措，为增强消费者信心、促进消费环境的优化升级带来了积极影响。

**（二）国内固定资产投资**

面对世界经济增长明显放缓、中美经贸摩擦升级扩大、国内总需求持续低迷的复杂局面，通过减税降费、加大基础设施建设等多项政策组合，2019年基本实现了"稳投资"的工作目标。2019年全社会固定资产投资56.09万亿元，较2018年增长5.1%，增速回落0.8个百分点。其中固定资产投资（不含农户）55.15万亿元，增长5.4%。分区域来看，东部、中部、西部固定资产投资额较2018年分别增长4.1%、9.5%、5.6%，东北地区固定资产投资额增长出现明显下降，较2018年下降3.0%。

1. 制造业投资低位回升

受新旧动能转换及发达国家制造业回流的影响，制造业投资增速趋缓。2019年制造业投资全年增长3.1%，增速回落6.4个百分点。市场主体投资方向向高科技行业倾斜，其中计算机、通信和其他电子设备制造业、专用设备制造业和医药制造业保持了较高的增长速度，较 2018 年分别增长 16.8%、9.7%和 8.4%。化学原料和化学制品制造业、通用设备制造业、有色金属冶炼和压延加工业增长速度放缓，分别增长 4.2%、2.2%和 1.2%。消费品制造业及交通运输设备制造业均出现了负增长态势，农副食品加工业、食品制造业、汽车制造业以及铁路、船舶、航空航天和其他运输设备制造业分别增长-8.7%、-3.7%、-1.5%和-2.5%。制造业投资质量逐步提高。

2. 房地产开发投资稳中有升

2019 年房地产开发投资 13.22 万亿元，较 2018 年增长 9.9%，增速加快 0.4 个百分点。其中，住宅投资 9.71 万亿元，较 2018 年增长 13.9%，增速加快 0.5 个百分点。办公楼投资 6163 亿元，较 2018 年增长 2.8%，增速加快 13.2 个百分点。商业营业用房投资 1.32 万亿元，较 2018 年下降 6.7%，增速加快 2.7 个百分点。东部、中部、西部以及东北地区房地产开发投资额分别为 6.93 万亿元、2.76 万亿元、3.02 万亿元、0.51 万亿元，较 2018 年分别增长 7.7%、9.6%、16.1%和 8.2%。西部房地产投资出现高增长的原因可能是经济下行压力导致其他领域投资机会减少，资金涌入了房地产政策宽松但经济欠发达的西部地区，由此带动西部地区房地产投资的增长。

3. 基础设施投资整体企稳

尽管积极的财政政策对冲了一部分投资下行压力，但随着近年来基建有效投资空间的收窄，基建投资呈现企稳态势。2019 年我国基础设施投资（不含电力、热力、燃气及水生产和供应业）同比增长 3.8%，增速较 2018 年基本持平。其中，道路运输业投资、公共设施管理业投资分别增长 9.0%、0.3%，增速分别加快 0.2、0.1 个百分点。水利管理业投资增长 1.4%，增速回落 0.3 个百分点。铁路运输业投资下降 0.1%，回暖幅度有限。

4. 民间投资走弱

在 2018 年民间投资逆势小幅上升后，2019 年民间投资较 2018 年增长 4.7%，增速下降了 4 个百分点。其中，社会领域民间投资、房地产开发民间投资、制造业民间投资较 2018 年分别增长了 16%、8.5%和 2.8%。然而与国有企业相比，民间投资的带动能力仍然有限，国有及国有控股单位投资较 2018 年增长了 6.8%，较民间投资高 1.9 个百分点，呈现出"国有快、民间慢"的固定资产投资发展趋势。民间投资走弱也意味着现阶段新旧动能转换的完成还需进一步优化民营企业经营环境，提振民营企业发展信心。

随着近年来投资转型升级步伐的加快，我国产业和地区投资结构调整取得一定进展。但现阶段投资增长的下行趋势凸显，而稳投资又是促进短期需求和稳定长期发展的关键。受多重因素影响，2019 年投资增长的"动力"与"阻碍"参半，就有利条件而言：

（1）新型基础设施投资建设为"稳投资"提供保障。围绕贯彻落实《中国制造 2025》，在 2020 年的政府工作报告中指出，要进一步加强新型基础设施建设，通过发展新一代信息网络、拓展 5G 应用、建设充电桩、推广新能源汽车等举措助力产业升级。为了充分发挥

"新基建"的乘数效应，已有20多个省份公布了规模达数万亿元的新型基础设施建设计划。基建投资的持续发力，对于增强经济发展动能、带动工业企业投资增长具有重要意义。

（2）新兴业态为企业投资提供新契机。在居民消费升级的促进下，旅游、文化、体育、教育培训等产业快速成长，改善供给质量、提供高端供给已经成为近年来的投资热点。新兴领域，如愈发受到重视的健康、养老行业，以及人工智能、区块链等应用问题蕴含着巨大的投资潜力，有望引领未来的投资浪潮。

（3）投资环境优化。围绕着营造公平竞争环境、加快审批流程和进度等内容，"放管服"改革进一步深化。2019年6月，党中央、国务院对深化"放管服"改革、优化营商环境工作做出了重要部署。例如，修订形成新版市场准入负面清单，缩减清单事项，以服务业为重点试点进一步放宽市场准入限制；修订《公平竞争审查制度实施细则（暂行）》，修改、废止一批不利于公平竞争的政策措施，加快研究制定实施竞争政策的指导意见等。全面深化的"放管服"改革，对于激发企业投资活力、增强经济发展内生动力具有重要作用。

然而，现阶段经济下行压力加大，宏观环境的不确定性增强。受新型冠状病毒肺炎疫情的影响，国内劳工成本上升，消费需求锐减，对中小企业和民营企业的打击颇大，由此会造成市场主体投资信心不足。同时，整体的外部环境也并不乐观。一方面，中美经贸摩擦升级，国际保护主义严重。另一方面，新型冠状病毒肺炎疫情在全球蔓延，国际商务往来受到极大的限制。这两方面加剧了对出口企业的负面影响，不利于企业投资预期的改善，可能会导致投资额的下滑。

## 三、对外经济回顾与展望

2019年世界经济复苏缓慢，全球经济下行压力持续加大，国际市场需求疲软，贸易摩擦不断，外贸发展面临着巨大的风险和机遇，对外经济发展的国际环境依然严峻，不确定性上升。

### （一）对外贸易

在国际经贸关系紧张、地缘政治冲突等多重因素的作用下，对外贸易发展趋缓。据国家统计局数据显示，2019年我国进出口货物贸易总额为31.55万亿元，较2018年增长3.4%。其中，出口货物贸易总额为17.23万亿元，增长5.0%；进口货物贸易额为14.32万亿元，增长1.6%，增速回落11.3个百分点。贸易顺差实现2.92万亿元，较2018年增加0.59万亿元。全年服务进出口总额为5.42万亿元，较2018年增长2.8%。其中，服务出口1.96万亿元，较2018年增长8.9%；服务进口3.46万亿元，较2018年下降0.4%。

#### 1. 进出口低位企稳

从进口的月度数据来看，月度同比增长在4月、11月、12月出现了三次正增长，分别为4%、0.8%、16.5%。月度累计增长在1月达到最高点-1.5%后，总体呈下降趋势，速度逐步趋缓,全年为负增长,大致保持在-4%左右(见图7)。

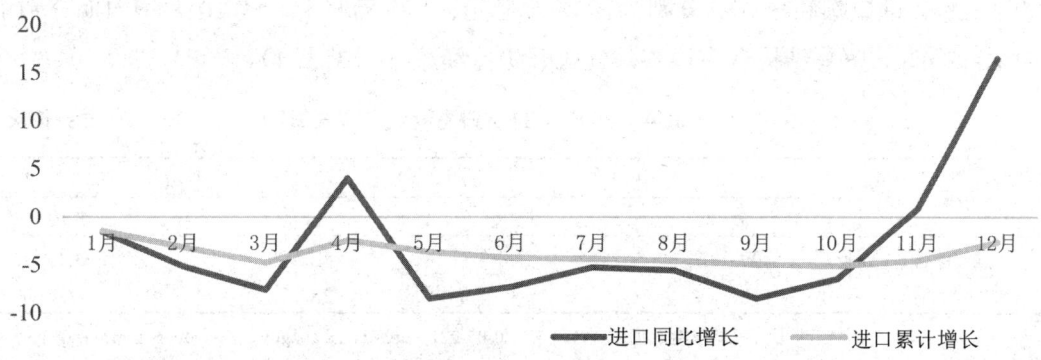

**图7　2019年进口总值的月度增长(单位:%)**

资料来源:国家统计局. 进出口贸易年度数据[DB/OL]. [2020-05-22]. http://data.stats.gov.cn/easyquery.htm?cn=C01.

从出口总值的月度数据来看,出口的月度同比与月度累计两项增长均在2月降至年内最低点,分别为-20.8%、-4.6%。之后,月度同比增长在3月增长至1.4%后,呈现低位企稳趋势,4—12月增长保持在-0.3%~0.6%。与此同时,出口总值的月度累计增长却出现了较大的波动幅度,在3月、5月、7月、12月出现了四次正增长,分别为14.2%、1.1%、3.3%、7.9%。在其他月份,月度累计增长均为负增长(见图8)。

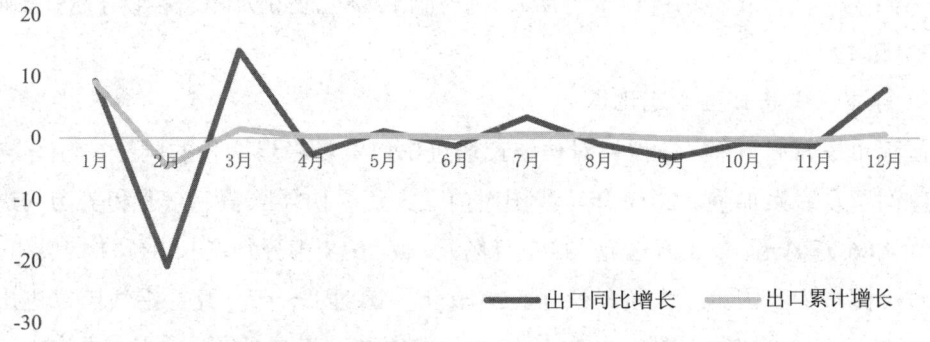

**图8　2019年出口总值的月度增长(单位:%)**

资料来源:国家统计局. 进出口贸易月度数据[DB/OL]. [2020-05-22]. http://data.stats.gov.cn/easyquery.htm?cn=C01.

**2. 一般贸易比重上升,贸易结构调整有序**

在贸易方式方面,一般贸易进出口占比进一步上升。2019年我国一般贸易进出口总额为18.61万亿元,占当年货物贸易总额的59.0%,较2018年提升了1.22个百分点,对外贸易自主发展能力不断增强。其中,一般贸易进口额为8.66万亿元,出口额为9.95万亿元,较 2018 年分别增长 7.8%、3.1%。加工贸易进出口总额为 7.95 万亿元，占当年货物贸易总额的 25.2%，进口额和出口额分别为 5.07 万亿元、2.88 万亿元，较 2018 年同期分别增长 -3.7%、-7.4%。贸易结构有序调整，优化升级持续进行（见表 4）。

表 4　2019 年进出口不同贸易方式总额　　　　　　　单位：亿元，%

| 方式 | 出口 | | 进口 | |
| --- | --- | --- | --- | --- |
| | 金额 | 增长 | 金额 | 增长 |
| 一般贸易 | 99 546 | 7.8 | 86 599 | 3.1 |
| 加工贸易 | 50 729 | -3.7 | 28 778 | -7.4 |

资料来源：国家统计局. 进出口贸易年度数据[DB/OL]. [2020-05-22]. http://data.stats.gov.cn/easyquery.htm?cn=C01.

3. 商品结构持续优化

在出口商品结构方面，机电产品依然是出口的主要产品。2019 年机电产品出口额为 10.06 万亿元，占比 58.4%。其中，集成电路、半导体器件、太阳能电池、金属加工机床、汽车出口值较 2018 年分别增长 25.3%、26.3%、47.5%、15%、8%。同期，纺织服装等七大类劳动密集型产品出口 3.31 万亿元，增长 6.1%。

在进口商品方面，能源资源性产品进口稳定增长，原油、天然气和铁矿砂等大宗商品进口量价齐升。2019 年我国进口原油 5.06 亿吨、天然气 9656 万吨、铁矿砂 10.69 亿吨，较 2018 年分别增长 9.5%、6.9%、0.5%。原油、天然气、铁矿砂进口价格分别上涨 4.6%、12.8%、39.6%。钢材和谷物进口量有所减少，进口钢材 1230 万吨、谷物 1785 万吨，分别减少 6.5% 和 12.8%。

4. 国际市场布局日益多元化

在国际市场布局方面，在保持对传统市场进出口贸易稳步增长的同时，与"一带一路"沿线国家的贸易联系加强。2019 年，我国对前三大贸易伙伴欧盟、东盟和美国的进出口总额分别为 4.86 万亿元、4.43 万亿元、3.73 万亿元，较 2018 年分别增长 8%、14.1% 和 -10.7%。东盟超过美国成为我国第二大贸易伙伴。2019 年中国对"一带一路"沿线国家进出口总额为 9.27 万亿元，较 2018 年增长 10.8%，较外贸整体增速高 7.4 个百分点，占进出口总额的近 30%，较 2018 年提升了 2 个百分点。我国与"一带一路"沿线国家的贸易合作潜力正在持续释放，成为拉动我国外贸发展的新动力。同时，对非洲、拉丁美洲等新兴经济市场的进出口总额分别增长了 6.8%、8%。

5. 外贸内生动力增强

2019 年民营企业首次超过外商投资企业，成为我国第一大外贸主体，是 2019 年外贸发展的一大亮点。全年民营企业进出口 13.48 万亿元，增长 11.4%，占外贸总额的 42.7%，较 2018 年提升 3.1 个百分点。其中，出口 8.9 万亿元，增长 13%，进口 4.58 万亿元，增长

8.4%。外商投资企业、国有企业进出口额分别为 12.57 万亿元、5.32 万亿元，占比分别为 39.9%、16.9%。

虽然全球经济已实现恢复性增长，但世界经济格局仍处于深度调整之中。国际贸易格局持续演变，全球价值链重构，经济全球化路径发生着深刻变化，就我国外贸发展的有利条件来看：

（1）国内经济保持中速增长。2019 年国内经济运行总体稳中有进，随着经济结构的不断优化，支撑经济发展的新旧动能接续转换，经济发展质量稳步提升。2019 年全国居民人均可支配收入为 3.1 万元，较 2018 年实际增长 5.8%，与经济增长基本同步，为外贸发展奠定了坚实基础。

（2）国际贸易布局进一步扩展。在巩固美、欧、日等传统市场的同时，随着我国与"一带一路"沿线国家以及非洲、拉丁美洲等新兴国家经贸往来的持续推进，形成遍布全球、多点开花的对外贸易新局面，为我国外贸发展提供了新机遇。

（3）进出口企业竞争优势增强。随着供给侧结构性改革的深化发展，进出口企业主动调整生产结构，经济发展的内生动力增强，经济转型和升级趋势明显。2019 年战略性新兴产业增加值较 2018 年增长 8.4%。高技术制造业增加值、装备制造业增加值较 2018 年分别增长 8.8%、6.7%，占规模以上工业增加值的比重分别为 14.4%和 32.5%。企业的转型升级、产品生产质量的提高，都将助力高附加值产品出口的快速增长。

（4）外贸政策环境优化。2018 年以来，我国出台了一系列稳外贸、稳外资的政策措施，包括先后两次提高部分产品出口退税率、自主降低日用消费品进口关税、取消部分药品进口关税等。与此同时，我国全面深化"放管服"改革，有效激发了市场主体活力，优化口岸营商环境，提升跨境贸易便利化水平。持续释放的政策效应促进了对外贸易的发展，有效巩固和提振了进出口企业的信心。

但近年来发达国家对外政策的变化将导致我国贸易发展面临的不稳定、不确定因素增多，下行压力加大，具体表现如下：

（1）世界经济复苏势头衰减。各国提出的促进经济复苏的宽松货币政策刺激效果减退，多数经济体的利率水平已降至零甚至负利率，但经济增长仍然没有起色，私人投资信心持续走低，下行压力加大。不仅如此，一些新兴经济体自身经济结构问题突出，也成为威胁世界经济稳定增长的风险性因素。

（2）贸易壁垒增加，国际贸易规则面临重塑。"逆全球化"思潮涌动，加剧了贸易保护主义的抬头，世贸组织成员纷纷采取提高关税、数量限制、增加进口环节税收、加强海关监管等贸易限制措施。世界贸易环境的动荡使得国际贸易规则面临重塑，多边贸易体制改革困境不断，改革方向不明。美国等少数发达经济体难以在世贸组织框架内实现自身利益诉求最大化，可能会采取实质性退出的方式，加强双边贸易谈判，限制其他成员的对外关系能力,这些因素都会增加发展对外贸易的不确定性。

(3)中美贸易形势不确定性增强。美国政府片面强调美国利益,忽视国际合作,增强贸易壁垒,中美贸易摩擦持续升温。尽管在2020年1月中美双方达成了第一阶段的中美贸易协定。但受新型冠状病毒肺炎疫情全球蔓延的影响,能否完成预定目标、未来如何推进并启动第二阶段贸易磋商仍存在着较强的不确定性。中美双方持续不断的贸易摩擦,不仅对双边经贸合作产生了不利冲击,甚至外溢到世界其他国家,严重破坏了全球经贸关系的正常往来。

## (二)对外投资

面对错综复杂的国内外形势,我国企业在政府对外投资方式政策的引导下,积极主动"走出去",逐渐成长为新兴经济体跨国公司的代表,对外投资由高速增长转向高质量发展阶段,对外投资大国的地位进一步巩固。

### 1. 非理性投资得到遏制

2019年我国对外全行业直接投资8079.5亿元人民币,较2018年同比下降6%。其中,我国境内投资者共对全球167个国家和地区的6535家境外企业进行了非金融类直接投资,累计投资7629.7亿元人民币,较2018年同比下降4.3%。非理性投资得到遏制,市场主体对海外投资愈发审慎。

从产业流向来看,对外投资主要流向租赁和商务服务业、制造业、批发和零售业及建筑业,占比分别为32.2%、18.2%、11.4%和7.7%。采矿业,电力、热力、燃气及水生产和供应业,批发和零售业,租赁和商务服务业对外直接投资额增速降幅明显,分别回落29.8、19.6、97、60个百分点。对外投资的质量和效益逐步提升(见表5)。

表5  2019年各行业对外直接投资额及其增速  单位:亿美元,%

| 行业名称 | 金额 | 增长率 | 占比 |
| --- | --- | --- | --- |
| 农、林、牧、渔业 | 15.4 | -13 | 1.4 |
| 采矿业 | 75.2 | -18.5 | 6.8 |
| 制造业 | 200.8 | 6.7 | 18.2 |
| 电力、热力、燃气及水生产和供应业 | 25.2 | -20.5 | 2.3 |
| 建筑业 | 85.1 | 15.6 | 7.7 |
| 批发和零售业 | 125.7 | 18.6 | 11.4 |
| 交通运输、仓储和邮政业 | 55.5 | -4.3 | 5.0 |
| 信息传输、软件和信息技术服务业 | 61.2 | -10.5 | 5.5 |
| 房地产业 | 48.2 | 22 | 4.4 |
| 租赁和商务服务业 | 355.6 | -20.3 | 32.2 |

资料来源:国家统计局. 2019年国民经济和社会发展统计公报[EB/OL]. [2020-05-24]. http://www.gov.cn/xinwen/2020-02/28/content_5484361.htm

## 2. 与"一带一路"沿线国家投资合作稳步推进

2019年我国企业在"一带一路"沿线对56个国家非金融类直接投资150.4亿美元，较2018年同比下降3.8%，占同期总额的13.6%，主要投向新加坡、越南、老挝、印度尼西亚、巴基斯坦、泰国、马来西亚、阿联酋、柬埔寨和哈萨克斯坦等国家。在对外承包工程方面，我国企业在"一带一路"沿线的62个国家新签对外承包工程项目合同6944份，新签合同额为1548.9亿美元，占同期我国对外承包工程新签合同额的59.5%，较2018年同比增长23.1%。2019年完成营业额979.8亿美元，占同期总额的56.7%，较2018年同比增长9.7%。与"一带一路"国家持续推进的投资合作成为我国对外投资发展的亮点和新方向。

## 3. 境外经贸合作区建设成效显著

境外经贸合作区是中国企业集群"走出去"的重要平台，商务部印发的《境外经济贸易合作区发展布局指引（2016—2025年）》为推进境外经贸合作区建设，指导企业实施建设运营一体化项目指明了方向。截至2019年11月，被纳入商务部统计的境外经贸合作区累计投资超过410亿美元，入区企业近5400家，上缴东道国税费43亿美元，为当地创造就业岗位近37万个。境外经贸合作区的相继建成，不仅扩大了我国优势产业在海外的集聚效应，也进一步降低了中国企业"走出去"的风险与成本，成为中国企业"走出去"的平台和名片。

虽然近年来我国对外投资规模稳居世界前列，但与发达国家相比还存在很大差距，国内的跨国企业仍处于成长阶段，国际运营能力有待提升，未来我国对外直接投资的发展风险与机遇并存。一方面，受逆全球化影响，欧美国家以国家安全为由纷纷出台投资限制，将关键基础设施、关键技术、敏感数据等领域的外商投资纳入审查范围，极大限制了我国的对外投资活动。另一方面，"一带一路"建设、境外经贸合作区、第三方市场合作、多元化融资体系、高标准自贸区网络等对外开放与合作平台的发展，有助于持续优化企业"走出去"环境，促进集群式投资，进一步释放企业的对外投资潜力。

## 四、供给侧结构性改革现状及展望

2019年围绕着"巩固、增强、提升、畅通"的八字方针，供给侧结构性改革进一步深化，实体经济活力不断释放。2019年供给侧结构性改革的重点在于巩固"三去一降一补"成果，持续加大"破、立、降"力度，推动更多产能过剩行业加快出清，降低全社会各类营商成本，加大基础设施补短板力度等方面。这一方针对于畅通国民经济循环，加快建设统一开放、竞争有序的现代市场体系，提高金融体系服务实体经济能力，形成国内市场和生产主体、经济增长和就业扩大、金融和实体经济良性循环具有重要意义。2019年供给侧结构性改革成绩亮眼，取得了更大进展。

在"去产能"方面，2019年全国工业产能利用率为76.6%，较2018年提高0.1个百分点。其中,黑色金属冶炼和压延加工业产能利用率为80.0%,较2018年提高2.0个百分点;煤炭开采和洗选业产能利用率为70.6%,与2018年持平。2019年,"煤炭大省"山西省全省煤炭退出产能2745万吨,煤炭先进产能占比达到68%,淘汰落后煤电机组110万千瓦。"钢铁大省"河北省去产能压减退出钢铁产能1402万吨。

在"去库存"方面,房地产行业发展受政策引导明显,房地产投资涨幅得到控制。2019年末商品房待售面积为49 821万平方米,比2018年末减少2593万平方米。其中,商品住宅待售面积22 473万平方米,比2018年减少2618万平方米。

在"去杠杆"方面,2019年7月国家发改委、中国人民银行、财政部及中国银行保险监督管理委员会联合发布了《2019年降低企业杠杆率工作要点》,强调加大力度推动市场化法治化债转股,综合运用各类措施如战略重组、结构调整等降杠杆,完善企业债务风险防控机制,引导相关市场主体深入推进去杠杆工作。截至2019年末,规模以上工业企业资产负债率为56.6%,比2018年末下降0.2个百分点。

在"降成本"方面,随着"放管服"改革持续深化,微观主体活力不断增强。2019年全年新登记市场主体2377万户,日均新登记企业2万户,年末市场主体总数达1.2亿户。2019年全年减税降费2.36万亿元,超过原定的近2万亿元规模。减税降费的持续推进,显著降低了实体经济成本,将进一步激发企业的市场活力。

在"补短板"方面,2019年脱贫攻坚工作成效明显。2019年末农村贫困人口551万人,较2018年减少1109万人,贫困发生率为0.6%,比2018年下降1.1个百分点。2019年贫困地区农村居民人均可支配收入为1.16万元,较2018年实际增长8.0%。

2020年政府工作报告中供给侧结构性改革的主要工作体现在降成本上,提出要加大减税降费力度,下调增值税税率和企业养老保险费率等制度,增加减税降费5000亿元,包括免征中小微企业养老、失业和工伤保险单位缴费,减免小规模纳税人增值税,免征公共交通运输、餐饮住宿、旅游娱乐、文化体育等服务增值税,减免民航发展基金、港口建设费等,预计为企业新增减负超过2.5万亿元,并将降低工商业电价5%的政策延长到2020年底;宽带和专线平均资费降低15%;减免国有房产租金,鼓励各类业主减免或缓收房租。现有政策方针指导,对于稳定中小企业经济增长,持续释放经济增长活力,增强经济发展新动能具有重要意义。

**参考文献**

[1] 国家统计局.2019年国民经济和社会发展统计公报[EB/OL].[2020-05-24].http://www.stats.gov.cn/tjsj/zxfb/202002/t20200228_1728913.html.

[2] 国家统计局.就业形势总体稳定 就业预期目标较好完成[EB/OL].[2020-05-24].http://www.stats.gov.cn/tjsj/zxfb/202001/t20200119_1723773.html.

[3] 国家统计局.全国居民收入和消费稳定增长 居民生活水平再上新台阶[EB/OL].[2020-05-24]. http://www.stats.gov.cn/tjsj/zxfb/202001/t20200119_1723769.html.

[4] 国家统计局.2019年贫困地区农村居民收入情况[EB/OL].[2020-05-24]. http://www.stats.gov.cn/tjsj/zxfb/202001/t20200123_1724697.html.

[5] 国家统计局. 2019年全国贫困人口减少1109万人[EB/OL].[2020-05-24]. http://www.stats.gov.cn/tjsj/sjjd/202001/t20200123_1724700.html.

[6] 国务院.2020年政府工作报告[EB/OL].[2020-05-29].

[7] http://www.gov.cn/premier/2020-05/29/content_5516072.htm.

[8] 国务院.2019年进出口情况[EB/OL].[2020-05-24].

[9] http://www.gov.cn/xinwen/2020-01/14/content_5468996.htm.

[10] 胡祖铨.2019年固定资产投资分析及2020年展望[J].发展研究,2019（12）：27-32.

[11] 金柏松.2019年中国对外贸易形势与2020年展望[J].国际商务财会,2019（12）：3-8.

[12] 孔亦舒，李大伟.2019年外贸形势分析与2020年展望[J].中国物价,2020（1）：21-23.

[13] 李大伟，季剑军，孔亦舒，等.2020年世界经济形势与展望[J].中国发展观察,2020（1）：20-25.

[14] 李莹.2019年房地产投资对经济增长影响分析[J].贸易投资,2020（1）：79-81.

[15] 李湛. 慎终如始：2020年固定资产投资走势展望[J].施工企业管理,2020（1）：27-29.

[16] 陆燕.2019年世界经济形势回顾与展望[J].国际经济合作,2020（1）：4-12.

[17] 邱海锋."八字诀"推进中国经济供给侧改革[J].中国工程咨询,2019,223（1）：110-111.

[18] 清华大学中国经济思想与实践研究院（ACCEPT）宏观预测课题组.2019年上半年中国宏观经济形势分析及其未来展望[J].改革,2019（8）：27-47.

[19] 上海财经大学高等研究院"中国宏观经济形势分析与预测"课题组.中国宏观经济形势分析与预测报告（2019—2020）[J].新金融,2020（2）：12-16.

[20] 商务部.中国对外贸易形势报告（2019年秋季）[EB/OL].[2020-05-24]. http://zhs.mofcom.gov.cn/article/cbw/.

[21] 商务部.2019年我国对"一带一路"沿线国家投资合作情况[EB/OL].[2020-05-24]. http://www.mofcom.gov.cn/article/tongjiziliao/dgzz/202001/20200102932445.shtml

[22] 王蕴. 2019年消费形势分析及2020年展望[J].中国物价,2020（1）：18-20.

[23] 张前荣.2019年物价形势分析与2020年展望[J].中国物价,2020（1）11-14.

[24] 中国宏观经济研究院宏观经济形势课题组. 2019 年经济形势分析与 2020 年展望[J]. 中国物价，2020（1）：3-6.

[25] 邹蕴涵. 2019 年消费形势分析与 2020 年展望[J]. 发展研究，2020（12）：33-37.

[26] 许晓芹，周雪松. 经济全球化下对外投资促进我国商贸流通发展问题探讨[J]. 商业经济研究，2020（1）.

# 美国经济形势与中国的应对方案

毛其淋　杨晓冬*

**摘要**：2019年，美国经济高开低走，增速有所放缓，制造业也出现了衰退的迹象，虽然美联储三次降息，但仍然难以挽回美国后半年投资和GDP增长的颓势。特朗普政府减税等一系列政策对经济的提振作用已然减弱，而贸易保护主义和经济内向主义政策的不利影响开始显现，美国经济增长动能减弱。不过美国就业市场表现良好，失业率维持在低位；后半年随着美国与中国等主要贸易伙伴国的谈判取得实质性进展，2019年末美国经济有回暖迹象，然而这一切都在2020年初因为一场全球大流行病的暴发戛然而止。新型冠状病毒肺炎疫情使得美国乃至全球经济陷入了罕见的寒冬，随着疫情蔓延，美国经济的波动以及美国政府在非常时期采取的一系列举措对中国乃至世界经济形势都将产生巨大的影响。本文首先回顾了2019年美国经济的基本情况，然后结合2020年新型冠状病毒肺炎疫情的冲击对美国2020年经济运行状况做出判断，认为2020年美国经济增长前景堪忧，衰退在所难免，但是疫情冲击带来的萧条和以往的经济危机有本质区别，如果疫情能够尽快得到有效控制，后半年美国经济预计会有所反弹。疫情期间，特朗普政府的单边主义行为愈演愈烈，对2019年中美两国经贸关系取得的成果带来新的考验，面对中美关系的新变局和日益严峻的世界经济形势以及防疫形势，中国政府应积极应对，妥善处理，在变局中牢牢把握机遇，实现自身发展的同时带动世界经济的复苏。

**关键词**：美国经济形势；新型冠状病毒肺炎疫情；中国的应对方案

在特朗普政府推出的减税、贸易保护等一系列政策的影响之下，美国经济在2018年表现强势，GDP增长率、失业率和通货膨胀率都处于令人满意的水平。2019年伊始，美国经济维持了较为强劲的上行势头，从分季度环比折年率来看，第一季度美国经济实际增长3.1%，但是后续动力出现不足，后三个季度的增长率均在约2%的水平，全年GDP增长率

---

\* 毛其淋，南开大学国际经济研究所副教授、博士生导师，南开大学APEC研究中心兼职研究人员。杨晓冬，南开大学国际经济研究所研究生。

为 2.3%，相比 2018 年有所放缓，但是仍然在全球主要经济体中位居前列。值得一提的是，2019 年美联储降息三次，即便在利率调整的刺激下美国经济增长仍然放缓，一定程度上说明特朗普减税等一系列组合拳政策的效果已经逐渐减弱，对美国经济的提振作用也越来越小。由于特朗普政府对于美国经济基本面和贸易逆差的错误认识而采取的贸易保护主义政策对全球和美国经济的不利影响逐渐显现出来，美国经济下行压力增大。

2020 年初，新型冠状病毒肺炎疫情在全球肆虐，对世界各国的人民生活产生巨大的影响，对于各国的经济社会生活是一次始料未及的冲击。疫情之下，多地采取严密的隔离和防控措施，经济活动不得不停摆，给世界经济蒙上了一层阴影。随着疫情的蔓延，美国逐渐成为疫情"震中"，经济社会损失严重。在第一季度，美国实际国内生产总值按年率计算下降了 4.8%，是自 2008 年金融危机以来最大的季度降幅，大部分经济指标都出现了萎缩。疫情对经济的负面影响将是深远的，加之全球经济进入严冬，美国 2020 年经济前景不容乐观。

本文首先对 2019 年以来美国的宏观经济指标进行了解读，在此基础上结合疫情的外来冲击，对美国 2020 年的经济前景进行判断。本文认为特朗普政府"一揽子"政策给美国经济带来的推动是短期和有限的，美国经济在 2019 年的增长势头已经有所减缓，反观特朗普政府的外贸和产业政策导向，由于对美国经济与对外贸易问题认识的偏差，其经济政策倾向于贸易保护主义与经济内向主义，美国长期的经济增长动能不足，新型冠状病毒肺炎疫情的突然来袭更是给 2020 年美国经济带来沉重打击。作为世界第一经济大国，美国的经济波动也势必对包括中国在内的其他国家造成影响。基于上述分析，本文将进一步提出中国的应对策略及措施。

## 一、2019 年美国宏观经济指标分析

2008 年全球金融危机以来，美国经济经历了第二次世界大战以来最为缓慢的复苏。表 1 中的 10 个经济指标展示了美国经济复苏状况。这些指标反映出在 2008－2009 年危机期间美国经济严重衰退，GDP 增长率、个人消费支出增长率、出口增长率和进口增长率均有所下降，失业率在 2009 年一度上升到 9.3%。此后短期内少数指标受政策影响快速修复，并伴有波动下降，经济整体上趋于缓慢复苏。2019 年美国 GDP 增长率为 2.3%，相比特朗普政府一系列政策刚推出的前两年有所下滑，但仍然维持增长态势。此外，美国个人消费支出稳步扩大，在 2012 年，该指标达到 1.6%，已恢复到金融危机之前的水平，此后该指标一直维持在危机前水平以上，在 2019 年该指标增长率达到 2.6%，这表明消费者对美国经济复苏前景较为乐观。私人投资在危机期间出现了负增长，其后虽然波动较大，但恢复了正增长，反映出投资者对未来有充足的信心，但是在 2019 年，私人投资增长率再次出现负增长，这与当年世界投资经贸环境不佳有很大关系，特朗普贸易保护主义和经济内向主

义政策的负面影响初现端倪。CPI 增长率较前几年增幅变大，由 2008 年的不到 1%扩大到 2019 年的 2.3%。失业率继 2018 年达到近 50 年最低点（3.9%）之后，2019 年稳中向好，进一步降低至 3.7%。与之对应，工资增长率达到了 2016 年以来的最高水平（1.2%）。通过对以上诸多指标的分析可以发现，2019 年美国经济虽然增速有所放缓，但是总体上仍然保持了稳定的增长态势，处于逐步扩张的稳定阶段。接下来，本文将从多个维度详细分析美国 2019 年以来经济发展状况。

表 1　美国主要经济指标（2007–2019 年）　　　　　　　　　　　单位：%

| 年份 | GDP增长率 | 个人消费支出增长率 | 私人投资增长率 | 出口增长率 | 进口增长率 | 政府消费与投资增长率 | CPI | 失业率 | 工资率变化（非农行业周变化） | 联储基准利率 |
|---|---|---|---|---|---|---|---|---|---|---|
| 2007 | 2 | 1.6 | -1.8 | 9.2 | 1.3 | 2.3 | 4.1 | 4.6 | 1 | 5.02 |
| 2008 | -2.8 | -1.8 | -15.3 | -2.4 | -5.5 | 2.5 | 0.1 | 5.8 | -1 | 1.92 |
| 2009 | 0.2 | -0.1 | -9.2 | 1.2 | -5.7 | 3 | 2.7 | 9.3 | 2.1 | 0.16 |
| 2010 | 2.6 | 2.7 | 12.1 | 9.9 | 12 | -1.3 | 1.5 | 9.6 | 1.2 | 0.18 |
| 2011 | 1.6 | 1.2 | 10.4 | 4.6 | 3.8 | -3.4 | 3 | 8.9 | -0.9 | 0.1 |
| 2012 | 1.5 | 1.6 | 4 | 2.1 | 0.6 | -2.1 | 1.7 | 8.1 | -0.1 | 0.14 |
| 2013 | 2.6 | 1.9 | 9.3 | 6 | 3 | -2.4 | 1.5 | 7.4 | 0.4 | 0.11 |
| 2014 | 2.9 | 3.8 | 5.3 | 2.9 | 6.5 | 0.3 | 0.8 | 6.2 | 1 | 0.09 |
| 2015 | 1.9 | 2.9 | 1.5 | -1.5 | 3.2 | 2.3 | 0.7 | 5.3 | 2.4 | 0.13 |
| 2016 | 2.0 | 2.8 | 1.5 | 1.1 | 3.4 | 1.5 | 2.1 | 4.9 | 1 | 0.39 |
| 2017 | 2.8 | 2.9 | 4.8 | 5.5 | 5.6 | 0.8 | 2.1 | 4.4 | 0.5 | 1 |
| 2018 | 2.5 | 2.6 | 5.1 | 0.4 | 3.2 | 1.5 | 1.9 | 3.9 | 0.7 | 1.83 |
| 2019 | 2.3 | 2.6 | -1.9 | 0.2 | -2.2 | 3 | 2.3 | 3.7 | 1.2 | 2.16 |

资料来源：Advisors C O E. Economic Report of the President 2019[J]. Claitors Pub Division, 2020.

## （一）产出与经济增长

2019 年第一季度，美国 GDP 增长率达到 3.1%，一度扭转了 2018 年第四季度经济增速放缓的趋势。如表 2 所示，第一季度拉动经济增长的主力是个人消费支出和私人投资，其对第一季度经济增长贡献率分别为 0.78% 和 1.09%，显示出 2019 年伊始消费者和投资者对经济前景较为看好。然而这样的高增长只是昙花一现，2019 年后三个季度经济增长率均在约 2% 的水平浮动，私人投资的下降是经济增速下滑的主要原因之一，第二季度美国私人投资对经济增长的贡献为 -1.16%。美联储在 7 月进行了金融危机后的首次降息，私人投资贡献率一度回升至 -0.17%，但是好景不长，尽管美联储年内又降息两次，私人投资贡献率还是再度回落到了接近第二季度的水平，私人投资的波动下降反映了投资者对美国经济的担忧。与之相比，第一季度贡献率稍低的个人消费支出在后三个季度的贡献率分别达到了 3.03%、2.12% 和 1.24%，成为支撑美国后三个季度经济增长的重要推力。2020 年，新型冠状病毒肺炎疫情在全球蔓延，3月以后美国逐渐成为重灾区。尽管美国疫情暴发较晚，2020年第一季度美国经济仍然出现了负增长，下降4.8个百分点，其中消费贡献率为-5.26%，下降较为严重，投资贡献率稍好，但仍为负值（-0.96%）。预计第二季度美国经济各项指标下滑会更为严重。

表2　美国相关经济指标环比变化率　　　　　　　　　　　　　单位：%

| 指标 | 2017年 | 2018年 | 2019年第一季度 | 2019年第二季度 | 2019年第三季度 | 2019年第四季度 | 2020年第一季度 |
|---|---|---|---|---|---|---|---|
| GDP及其构成增长率（经季节调整折年率） | | | | | | | |
| 实际GDP | 2.9 | 2.3 | 3.1 | 2 | 2.1 | 2.1 | -4.8 |
| 个人消费支出 | 3 | 2.6 | 1.1 | 4.6 | 3.2 | 1.8 | -7.6 |
| 私人投资 | 5.1 | 1.8 | 6.2 | -6.3 | -1 | -6 | -5.6 |
| 固定资产投资 | 4.6 | 1.3 | 3.2 | -1.4 | -0.8 | -0.6 | -2.6 |
| 非住宅固定资产投资 | 6.4 | 2.1 | 4.4 | -1 | -2.3 | -2.4 | -8.6 |
| 住宅固定资产投资 | -1.5 | -1.5 | -1 | -3 | 4.6 | 6.5 | 21 |
| 出口 | 3 | 0 | 4.1 | -5.7 | 1 | 2.1 | -8.7 |
| 商品 | 4.3 | 0.2 | 4.6 | -5.9 | 2.1 | -0.6 | -1.2 |
| 服务 | 0.7 | -0.4 | 3.3 | -5.1 | -1.3 | 7.2 | -21.5 |
| 进口 | 4.4 | 1 | -1.5 | 0 | 1.8 | -8.4 | -15.3 |
| 商品 | 5 | 0.3 | -2.8 | 0.1 | 1.1 | -11.4 | -11.4 |
| 服务 | 1.6 | 4.2 | 4.5 | -0.7 | 4.8 | 4.9 | -29.8 |
| 政府消费支出与投资 | 2.9 | 3.5 | 2.2 | 8.3 | 3.3 | 3.4 | 1.7 |
| 联邦政府 | 3.3 | 4.9 | 7.7 | 3.3 | 2.2 | 4.4 | 0.8 |
| 州和地方政府 | 1 | 1.6 | 3.3 | 2.7 | 0.7 | 2 | 0.1 |
| GDP构成对经济增长的贡献 | | | | | | | |
| 个人消费支出 | 2.05 | 1.76 | 0.78 | 3.03 | 2.12 | 1.24 | -5.26 |
| 私人投资 | 0.87 | 0.32 | 1.09 | -1.16 | -0.17 | -1.07 | -0.96 |
| 固定资产投资 | 0.78 | 0.22 | 0.56 | -0.25 | -0.14 | -0.09 | -0.43 |
| 非住宅固定资产投资 | 0.84 | 0.28 | 0.6 | -0.14 | -0.31 | -0.33 | -1.17 |
| 住宅固定资产投资 | -0.06 | -0.06 | -0.04 | -0.11 | 0.17 | 0.24 | 0.74 |
| 出口 | 0.37 | 0 | 0.49 | -0.69 | 0.11 | 0.24 | -1.02 |
| 商品 | 0.34 | 0.02 | 0.36 | -0.48 | 0.17 | -0.04 | -0.08 |
| 服务 | 0.03 | -0.02 | 0.13 | -0.21 | -0.05 | 0.28 | -0.93 |
| 进口 | -0.66 | -0.15 | 0.23 | 0.01 | -0.26 | 1.27 | 2.32 |
| 商品 | -0.61 | -0.04 | 0.36 | -0.02 | -0.13 | 1.41 | 1.35 |
| 服务 | -0.05 | -0.12 | -0.13 | 0.02 | -0.13 | -0.14 | 0.96 |
| 政府消费支出与投资 | 0.3 | 0.41 | 0.5 | 0.82 | 0.3 | 0.44 | 0.13 |
| 联邦政府 | 0.19 | 0.23 | 0.14 | 0.53 | 0.22 | 0.22 | 0.12 |
| 州和地方政府 | 0.11 | 0.18 | 0.36 | 0.29 | 0.08 | 0.22 | 0.02 |

资料来源：BEA. Gross Domestic Product: First Quarter 2020 (Advance Estimate) [R/OL]. [2020-04-29]. https://www.bea.gov/news/2020/gross-domestic-product-1st-quarter-2020-advance-estimate.

特朗普自上任以来一直采取贸易保护主义政策，引发了与许多贸易伙伴国的摩擦，也招致了一系列贸易伙伴国的反制措施。2019年美国与中国的贸易摩擦愈演愈烈，自2019年5月10日起，美国对从中国进口的2000亿美元清单商品加征的关税税率由10%提高至25%。5月13日，经党中央、国务院批准，国务院关税税则委员会决定，自2019年6月1日0时起，对已实施加征关税的600亿美元清单美国商品中的部分，提高加征关税税率，分别加征25%、20%或10%关税。对之前加征5%关税的税目商品，仍继续加征5%关税。8月1日，美国总统特朗普表示，美国从2019年9月1日起，对从中国进口的3000亿美元商品加征10%的关税。由于美方严重违背了中美两国元首大阪会晤共识，国务院关税税则委员会对8月3日后新成交的美国农产品暂不排除进口加征关税，中国相关企业已暂停采购美国生产的农产品。8月24日，美国宣布将提高对约5500亿美元中国输往美商品加征关税的税率。

在一系列外贸摩擦的影响下，美国贸易环境的不确定性逐步增大，进口、出口在第一季度对美国经济增长的贡献率分别为0.23%和0.49%，其中大部分为商品贸易；第二、第三季度，进口和出口的贡献率均出现了大幅下滑，甚至出现负值；直到第四季度，美国主动缓和贸易争端，如10月的中美经贸高级别磋商调和了部分贸易摩擦，美国贸易状况才有所回暖，进口贡献率为0.17%，出口贡献率更是高达1.32%。疫情之下的2020年，世界外贸环境急剧恶化，美国出口、进口量分别下滑了8.7%和15.3%，出口贡献率下滑幅度达到1.02个百分点。2019年美国政府支出始终维持在较高水平，四个季度对经济增长的贡献率分别为0.5%、0.82%、0.3%和0.47%，在特朗普政府减税等措施后劲不足的情况下，政府强劲的刺激政策在一定程度上支撑了美国2019年的经济增长。2020年第一季度政府支出贡献增长0.13个百分点，疫情期间美联储采取一系列投放流动性的政策，预计会提高后续的政府支出。

（二）劳动力与就业市场遭受重创

2008年金融危机爆发后，美国劳动力市场受到巨大冲击。图1展示了金融危机以来美国失业率的变化情况。2009年，美国失业率上升到9.3%，其中10月失业率达到10%的顶峰，远远超过2001—2007年扩张期的平均水平（5.3%）。2010年全年失业率为9.6%，此后逐渐降低，至2015年中期失业率已下降到危机前水平。2019年4月，美国失业率进一步降至3.6%，创49年来新低。虽然美国2019年经济增速放缓，但是就业市场表现良好，全年失业率仅为3.7%，可见特朗普减税等一系列政策的影响还在持续。此外，美联储于2019年进行的三次降息也对市场具有相当的刺激效果。2020年新型冠状病毒肺炎疫情重创美国经济，经济整体运行受阻，就业状况急转直下。因为美国疫情大规模暴发较晚，所以第一季度的数据尚未受到明显影响。截至2020年3月，美国的失业率依然维持在4.4%的水平。进入4月，随着疫情不断蔓延，美国多地进入紧急状态，经济生活无法正常运行，失业率飙升至14.7%，环比飙升10.3个百分点，这一数值远远超过了金融危机时期乃至大萧条时期的最高水平。图2的美国非农就业人数变化显示，2019年美国非农就业人数始终保持正向增长，2020年4月陡然出现断崖式下跌，4月美国非农就业岗位减少2050万个，劳动参与率下降至60.2%，仅4月一个月的失业人数总数就在大萧条期间失业人数总数的2倍以上。截至4月18日当周，过去5周以来报告的初请失业金人数累计已超过2600万（见图3），这已经完全抵消了2009年11月以来创造的2242.4万个非农就业岗位。新型冠状病毒肺炎疫情令美国长期平稳的就业市场经历了罕见的寒冬。

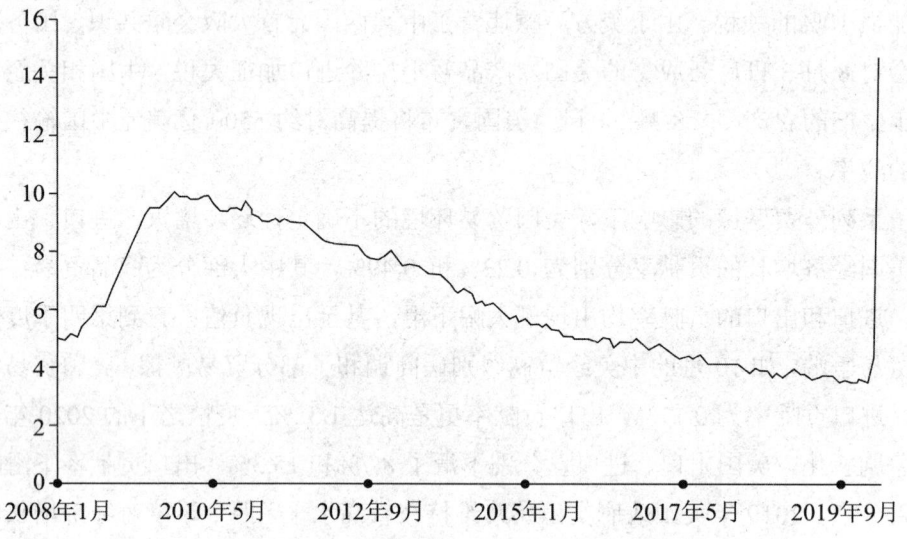

**图1　2008年金融危机以来美国失业率变化情况（单位：%）**

资料来源：美国劳工统计局. [2020-05-08]. https://www.bls.gov.

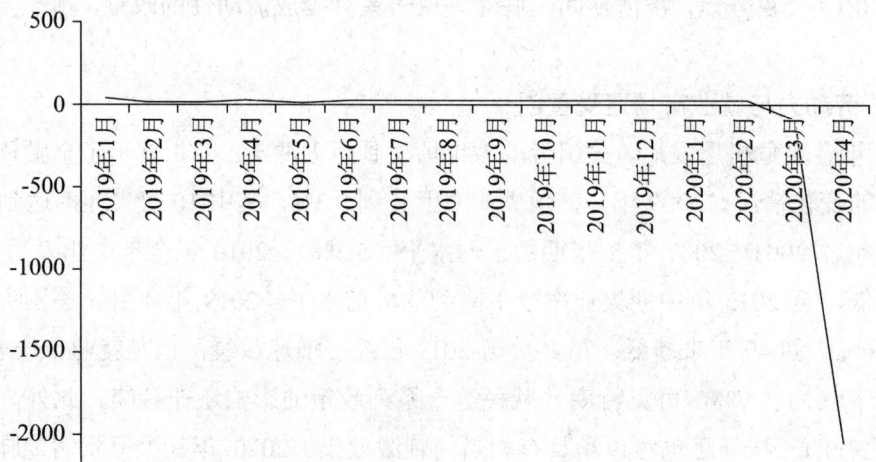

**图2　2019年1月至2020年4月美国非农就业人数变化情况（单位：万人）**

资料来源：美国劳工统计局. [2020-05-08]. https://www.bls.gov.

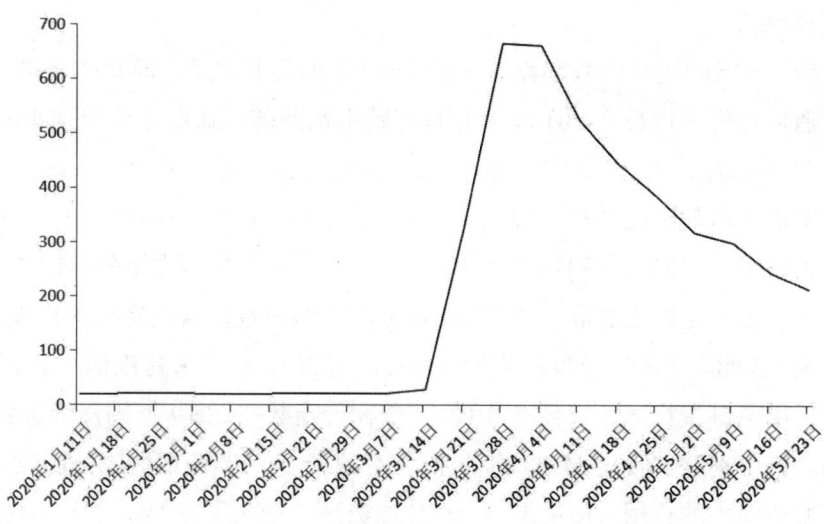

**图3 美国每周首次申领失业救济金人数（单位：人）**

资料来源：Federal Reserve Bank of St.Louis.

随着金融危机后劳动力市场的复苏，美国工人的实际工资也呈现出上升趋势。2015年美国工资率涨幅高达2.4%，就业和实际工资的加速增长，使得美国家庭收入呈现强劲增长。2014—2015年，实际家庭收入中值同比增长了5.2%，涨幅为2800美元，创历史最快增速。从图4的工资率涨幅月度变化可知，2015年以来的大多数时间，美国实际工资率仍然保持正向增长，美国劳动力市场表现出失业率降低、工资走高的良好势头。2020年第一季度美国工资率仍然在上涨，在4月出现就业断崖式下跌后，工资率保持了0.4%的增长，5月的工资率涨幅更是高达4.7%，这反映了疫情之下人口流动与劳动力就业受限，企业复工复产困难，劳动力需求缺口过大的实质（见图4）。

**图4 美国工资率变化百分比（单位：%）**

资料来源：U.S. Bureau of Labor Statistic，Department of Labor.

## （三）通货膨胀

疫情期间，美国的通货膨胀率没有延续2019年的温和趋势，而是明显走低。如图5所示，美国的消费者价格指数从2018年10月开始小幅回落，通胀压力呈现小幅下滑态势，2019年重新开始上升。从图6可以看到，CPI增速从2018年7月开始下降，至2018年12月，美国消费价格指数同比增长率降为1.9%。2019年1月和2019年2月，美国消费价格指数同比增长率进一步降低，回落至2017年6月的水平，分别为1.6%和1.5%，此后一直保持平稳，增长率变化较为温和。直到2020年，美国消费价格指数增速出现大幅回落，3月涨幅下降至1.52%，4月进一步跌落到0.38%，为2016年以来首次低于0.5%。作为美联储加息最看重的关键指标之一，图7中的PCE物价指数在2019年同样增长受限，每个月的同比增幅均低于美联储设定的2%的目标。虽然在年底受节假日购物的影响，家庭消费发挥了经济主要驱动力的作用，使得11月PCE指数环比增长了0.2%，同比升幅为1.5%，略高于预期水平，12月同比升幅进一步上涨至1.6%，但是仍然没有达到2%。2020年在美国疫情大规模扩散前PCE指数延续了2019年末的走强态势，1月和2月分别同比上涨了1.7和1.8个百分点，但在2020年3月PCE指数环比下降了0.1%，同比涨幅由2月的1.8%再度回落至1.7%，接近2019年全年的平均水平，4月进一步跌回1.6%。上述指标的变化说明美国通胀在2018年末和2019年初较为疲软，2019年总体温和，但是增长乏力，在疫情冲击之下的2020年初紧缩趋势加剧。

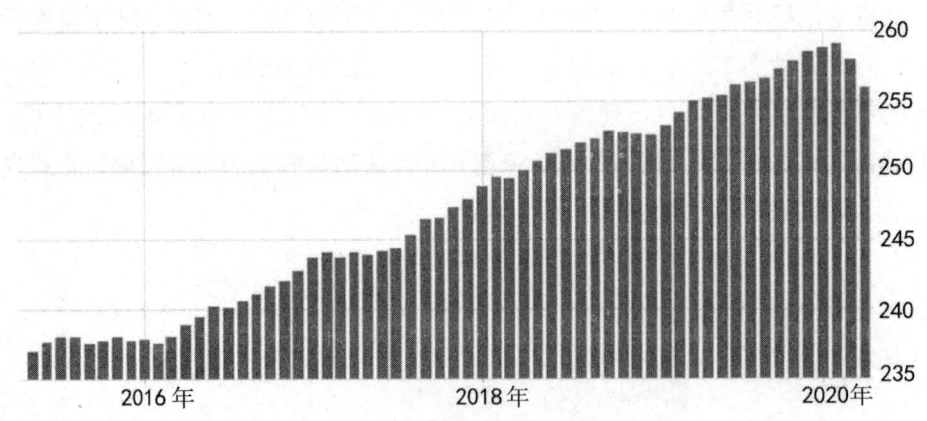

图5 美国近期CPI（月度）

资料来源：U.S. Bureau of Labor Statistic.

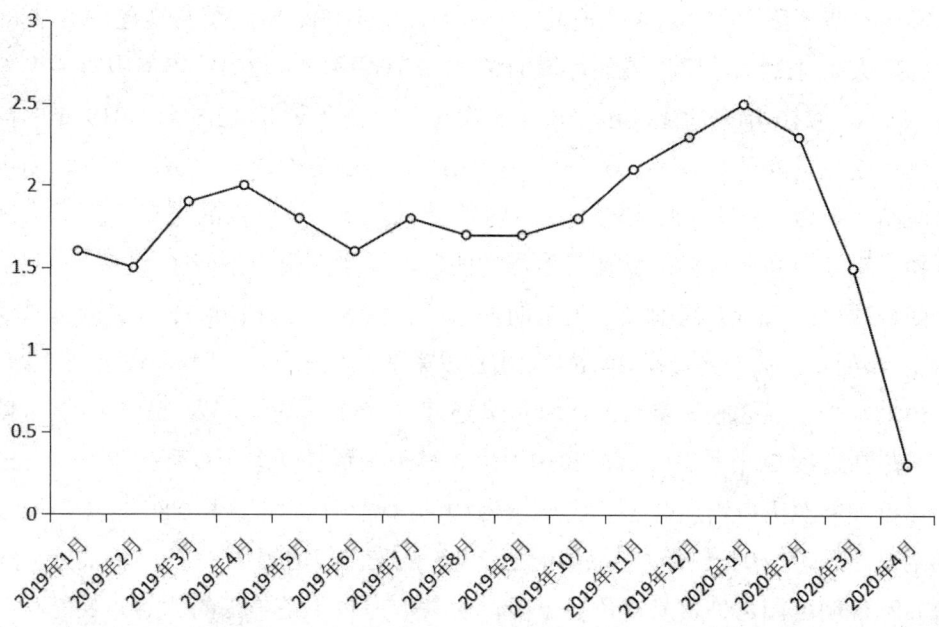

图 6  2019—2020 年美国 CPI 变化率（单位：%）

资料来源：https://www.ceicdata.com/.

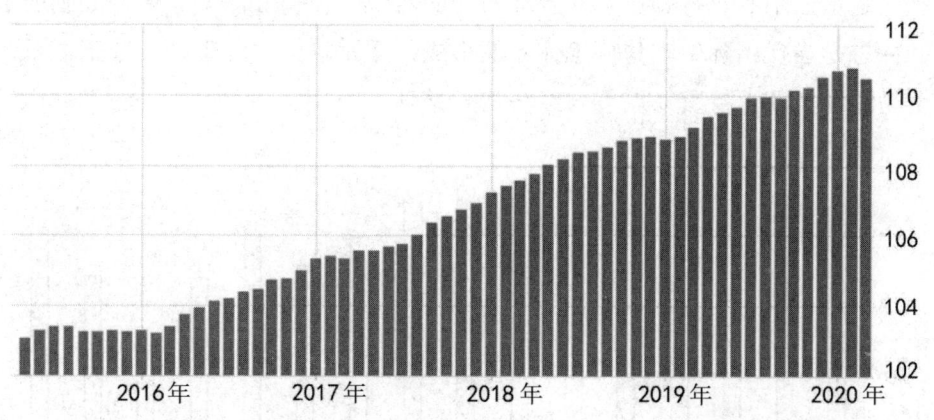

图 7  美国近期 PCE 物价指数（月度）

资料来源：U.S. Bureau of Labor Statistic.

### （四）贸易摩擦

特朗普自上任以来挑起并不断升级全球贸易争端，其错误地认为贸易逆差是经济疲软的表现，力求通过加征关税、限制相关商品进口来减少贸易赤字，但同时招致了相关国家的反制措施，使得美国对外贸易逆差额一直不降反升。2018 年 10 月，美国贸易逆差扩大至 960 亿美元，为 6 个月以来的最高水平，接近历史最高纪录。2018 年 12 月，美国货物出口金额进一步下降至1344.64亿美元，同比下降了1.1%；货物贸易逆差额达788.54亿美元，同比扩大了12.1%，增幅较上月增加了19.9个百分点。2018年美国贸易逆差飙升至6210亿美元，为10年来的最高水平，全年美国贸易逆差增长12.5%。2019年的情况有所好转，贸易逆差下降至6168亿美元，降幅为1.7%，这是6年来的首次下降。由于工业原料及供应品、消费品和其他商品的进口急剧减少，2019年美国商品进口下降了1.7%。由于资本货物、工业用品和材料，以及其他货物的运输减少，出口下降了1.3%。

特朗普政府的政策大幅削减了美国的进口（见图8）。2019年11月美国贸易逆差减少了8.2%，降至431亿美元，是2016年10月以来的最低水平，月度降幅也是2018年1月以来的最大水平。经通胀调整后的货物贸易逆差为753亿美元，为2017年3月以来最低水平。但是在连续3个月下降后，2019年12月美国贸易逆差再度环比增长了11.9%。其中，受飞机和能源出口增加提振，出口额为2096亿美元，增长了0.8%；进口回升是逆差增长的主要原因，12月美国进口额攀升至2585亿美元，增幅达2.7%。事实上，美国的贸易逆差并不说明美国对外贸易地位的下降，贸易逆差也不是美国的软肋。长期存在的美国贸易逆差本身是美国经济国际化与经济全球化的必然产物。20世纪50年代以后，伴随着发达国家迅速发展的对外直接投资及其引致的资本、技术、产品、人才等各种资源要素的全球流动，制造业中心及核心技术的全球布局的实现，使得经济全球化发展到前所未有的水平。其标志是当代国际生产与分工体系的形成，正是这一国际生产与分工体系，使得美国对外贸易能够长期保持贸易逆差与经济增长并存。

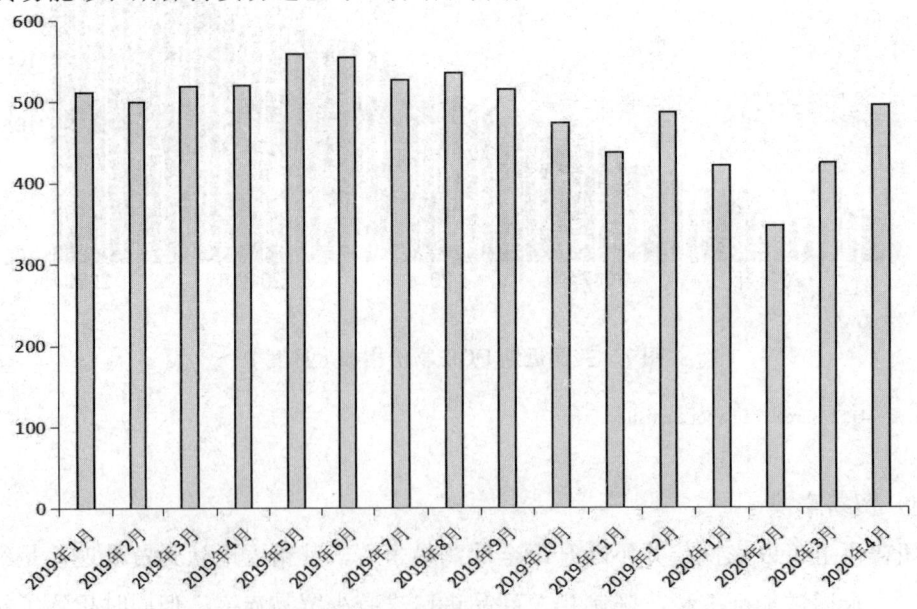

图8　2019—2020年美国贸易逆差（单位：亿美元）

资料来源：https://www.ceicdata.com/.

当代国际生产体系以全球生产网络、全球价值链治理和产业内分工为典型特征，国际贸易更多地发生在同一产品内部价值链中，中间品贸易成为国际贸易的主要组成部分。在这一体系中，美国的众多产业都处于产业链的高端，经年的产业内贸易使美国和主要贸易伙伴国（如中国）形成了相互依赖的分工与产业结构。在特朗普政府看来，美国的贸易赤字缘于贸易伙伴国对美国的不公平贸易，因此要想改变现状，减少贸易赤字，就必须对贸易伙伴国实施严厉的制裁，彻底改变美国的贸易地位。但毋庸置疑的是，美国优先与实施制裁的结果事与愿违。全球生产体系下，美国已经形成了对外依赖的产业结构，这是市场选择的结果，不是任何贸易保护措施能够轻易改变的。美国企业的海外生产基地也不可以随意转移，必然受到既有全球产业链的约束。因此，尽管 2019 年美国贸易赤字出现了久违的下降，但是 12 月底依然出现了进口和贸易逆差的大幅反弹，美国的贸易逆差终归是经济运行的自然结果，特朗普政府基于错误认知采取的措施很难具有实质性的长期效果。2020年 1 月，在出口增长和原油价格下降等因素的刺激下，美国商品和服务贸易逆差环比下降 14.6%，至约 511 亿美元，2 月进一步下降至 399 亿美元，为近三年半低位。同年 3 月，受疫情影响，美国出口较前一个月出现了 9.6% 的创纪录降幅，金额为 1877 亿美元，进口额下降了 6.2%，降至 2322 亿美元，而且进口降幅也为 11 年来最大，贸易逆差再度扩大，环比上涨了 1.5%。疫情的冲击是难以预料的，如果没有这一外界因素的干扰，特朗普政府的贸易政策在短期内可能会取得缩减贸易赤字的效果，但是其政策出发点没有认识到问题的本质，遇到贸易逆差反弹也是无法避免的，长期来看更难维持其效果，最终美国经贸发展将无法悖逆全球化产业链分工的大趋势。

（五）投资疲软

特朗普政府在 2017 年 12 月通过了《减税与就业法案》，这是 20 世纪 80 年代里根政府减税以来美国最大规模的减税法案，旨在刺激美国投资，带动实体经济增长。但是其实际效果不及预期，私人投资增长率在 2018 年第三季度达到 13.7 个百分点的高峰，随后呈波动下滑趋势，尽管美联储三度降息，2019 年后三个季度美国私人投资均出现负增长，第二季度-6.3%的增长率也是 2010 年以来的最低水平，2020 年第一季度依然减少了 5.6 个百分点。受疫情影响，预计 2020 年上半年美国乃至全年投资活动都将处于比较低迷的状态。特朗普减税法案不仅着眼于提振美国国内投资，也寄希望于通过低税率来吸引国际直接投资和美国海外企业的资金回流。然而如图 9 所示，实际上 2018 年流入美国的投资并没有增加，相比 2017 年反而下降了 18.4%，来自中国的投资更是下降了 83%。2019 年的情况有所改观，上升至 3100 亿美元，但是仍然低于 2017 年的水平。可见，贸易保护主义破坏了美国的投资环境，降低了美国的投资吸引力。在美国发动贸易摩擦之后，美国的多家企业为了规避贸易摩擦的风险不得不到美国之外的国家或地区进行投资，而 2020 年的美国在疫情冲击之下更加命运多舛，外商投资活动前景悲观。

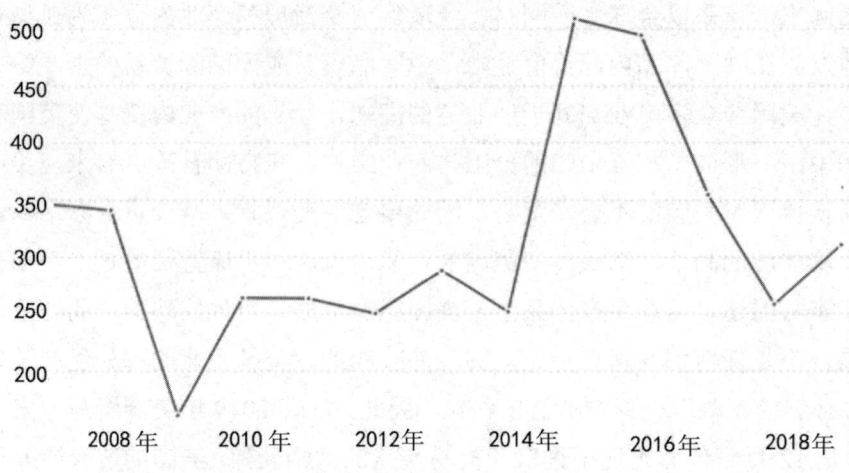

图 9 金融股危机后美国外商直接投资（单位：十亿美元）

资料来源：世界银行，https://data.worldbank.org.cn/.

### （六）房地产业经历寒冬

2018 年末和 2019 年初，美国房地产投资出现疲软迹象。从图 10 可以看出，2018 年 12 月，美国成屋销售年化总数降为 499 万户，3 年来首次低于 500 万户大关，创下 3 年来最大同比跌幅（10.3%），2018 年三十年期固定抵押贷款利率上涨超 60 个基点，至约 4.63%，房贷利率走高和房价过高导致美国楼市持续降温。2019 年 1 月，美国成屋销售总数进一步下滑至 494 万户，2 月反弹回升至 551 万户。由图 11 的美国成屋销售年化月率可知，美国 2019 年 2 月成屋销售量环比上涨 11.8%，创 2015 年以来最大增幅，之后直到 2019 年底一直都维持在 500 万户以上，增长率也较为平稳。

上述指标说明 2019 年美国房地产市场相比 2018 年底有所回暖，在这一轮投资升温中，美联储 2019 年三次降息对于房贷利率的影响非常关键。2020 年以来，随着疫情不断蔓延，美国房地产市场受到的影响也逐渐加深，2020 年 3 月美国成屋销售下降了 8.5%，降幅超出了预期，年化销售量为 527 万套。销售额仅比 2019 年 3 月高 0.8%，待售房屋的供应量急剧下降了 10.2%。2020 年 4 月，受疫情影响，美国成屋销售延续了两个月的销售下滑。四个主要地区的月度销量和同比销量均出现下降，其中西部地区的跌幅最大，成屋销量再度跌破 500 万美元大关，降至 433 万户，相比 2018 年底和 2019 年初的低点水平进一步降低，相比 2019 年同期下降了 17.2 个百分点，环比下降了 17.8 个百分点。美国房地产经纪人协会的数据显示，2020 年 4 月美国成屋销售量是自 2010 年 7 月以来的最低水平，也创下自 2010 年 7 月以来的最大单月跌幅。事实上，从 3 月中旬到 4 月的大多数州经济活动停摆，房屋销售也中断，但市场上的挂牌仍在吸引买家，并在无限量化宽松货币政策、低抵押贷款利率等一系列政策刺激背景下推高了房价，4 月美国所有房屋类型的现房价格中位数为286800美元，比2019年4月（267000美元）增长了7.4%，实现了连续第98个月的同比增长。

疫情对于房地产市场的冲击很难在短期内消除，美国房地美发布的数据显示，2月美国30年期抵押贷款固定利率为3.47%，3月进一步下降到3.45%，截至5月20日，最新发布的利率已经低至3.41%，疫情期间居民收入受到更大的负面影响，难以应对继续上升的房价。据美国劳工部4月公布的最新数据显示，美国初请失业金人数连续5周破百万，5周内初请失业金人数已累计2620.9万。2018年美国三十年期抵押贷款固定利率水平高达4.63%，但是2020年房地产业在如此低利率环境下却在经历更为严酷的寒冬。预计前半年美国房地产投资很难回暖，后半年随着经济逐步恢复及低利率政策的维持，房地产成交量会有所反弹，价格仍有上升空间。

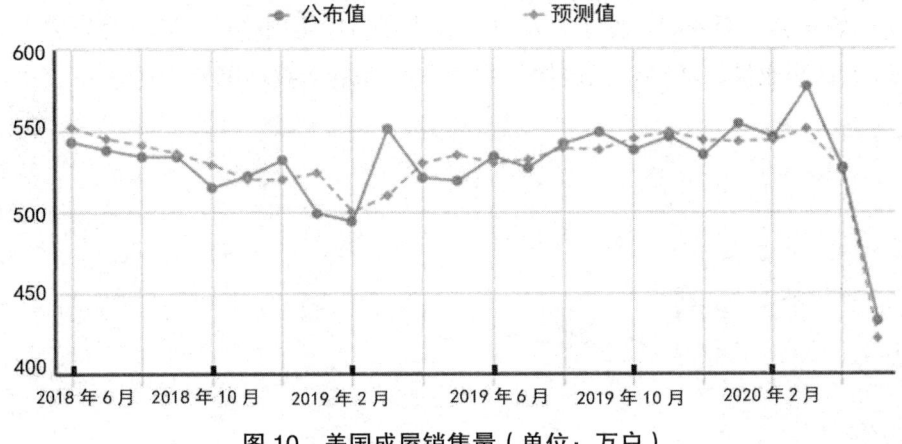

图10 美国成屋销售量（单位：万户）

资料来源：汇通财经. https://rl.fx678.com/id/112015032410000108.html.

注：本图横座标代表数据的公布时间，所公布数据为前一个月的数值。下同。

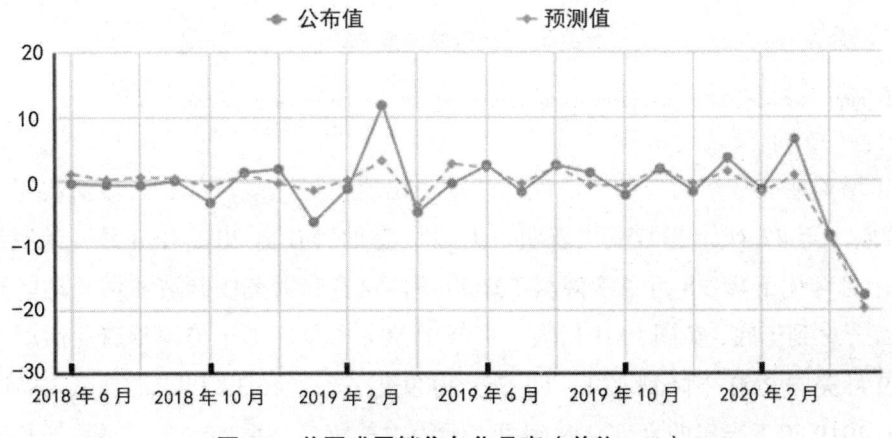

图11 美国成屋销售年化月率（单位：%）

资料来源：汇通财经. https://rl.fx678.com/id/112015032410000107.html.

## （七）制造业萎靡不振

供应管理学会（Institute for Supply Management）发布的 ISM 美国制造业指数是衡量经济健康最重要的指标之一，它是即将到来的衰退或增长的早期指标。采购经理人是最先知道市场状况何时出现变化的人，因为他们在短期内可以评估经济状况变化的趋势，数值高于 50 意味着行业状况有所改善，低于 50 的指数预示着经济生产形势出现紧缩。该值距离 50 标准值越远，说明经济状况改变的幅度越大。图 12 展示了美国 2018 年 6 月以来的 ISM 制造业 PMI 指数的变化趋势，2018 年 12 月，由于市场对美国制造的产品需求放缓，美国工厂活动减弱，美国制造业 PMI 指数结束了一年来 60 左右波动的高水平，下降至 54.1，低于经济学家预期的 57.9。2019 年，由于受到贸易摩擦不断加剧、投资疲软等因素的影响，美国 PMI 指数总体上呈现下降趋势，处于较低水平，2019 年 8 月美国制造业 PMI 较上月下降了 2.1 个百分点，至 49.1，低于经济学家预期的 51，创下 2016 年 1 月以来的新低。分项指数显示，制造业供需活动明显放缓，生产和新订单指数均降至 50%以下。

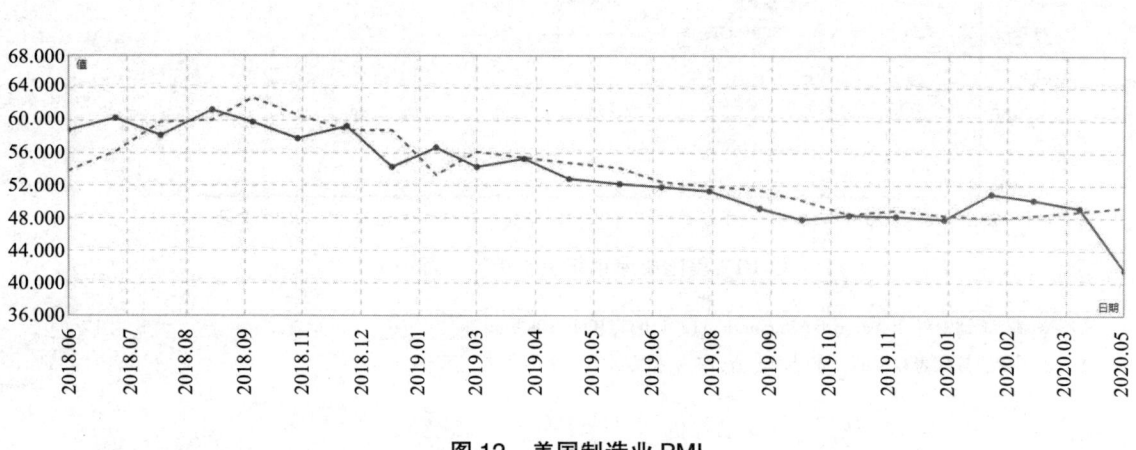

图 12　美国制造业 PMI

资料来源：https://www.mql5.com/zh/economic-calendar/united-states/ism-manufacturing-pmi.

在供需增速明显放缓的带动下，就业活动也出现明显回落。从业人员指数环比下降了 4.3 个百分点，至 47.4%。指数变化表明，美国制造业 PMI 自 2019 年 4 月开始明显回调，且连续 5 个月环比下降，8 月首次降至 50%以下，这意味着美国制造业增长动能开始由强转弱，此后一直到年底，美国 PMI 指数一直低于 50，整个后半年美国制造业活动都处于颓势。其中 9 月美国 PMI 下降到 47.8，创下自 2009 年 6 月（46.3）以来的新低，美国制造业加剧萎缩。2019 年下半年的大部分时间里，因为中美贸易关系导致全球经济增长降温，美国制造业一直承受着压力，11 月在中美达成第一阶段贸易协议后，美国 ISM 制造业 PMI

为48.1，可是事实表明贸易摩擦的不确定性迷雾消散仍不足以照亮美国制造业的前景，美国制造业已经受到新油气钻探崩溃及通用汽车工人罢工的沉重打击。12月美国制造业PMI为47.2，自9月之后再次刷新了2009年6月以来的最低水平，且远低于路透社调查的经济学家预估值（49）。此外，ISM制造业就业指数从1月的46.6降至12月的45.1。2019年12月的制造业新订单指数为46.8，为2009年4月以来的最低水平，且全美国工厂就业人数出现了连续第五个月下降。

此外，ISM公布的数据还显示，美国2019年12月制造业生产指数为43.2，相比11月的49.1继续下降。2020年，由于受新型冠状病毒肺炎疫情和能源市场疲软影响，美国制造业活动继续萎缩，2020年初回升到50点以上的PMI指数从3月的49.1降至4月的41.5，为2009年4月以来最低水平。从分项来看，4月制造业新订单指数下降15.1～27.1，生产指数下降20.2～27.5，雇佣指数更是创1949年2月以来的最低水平，下降16.3～27.5。2020年美国非制造业采购经理人指数也从3月的52.5点骤降至4月的41.8点，创下自2009年3月以来的最低水平，这也是该指标自2009年12月以来首次跌到50点以下。不过，尽管制造业PMI指数一落千丈，但是数据结果要相对优于36点的预期。目前美国多个州已经准备重启经济活动，有望在2020年5月陆续恢复，因此5月的制造业数据可能会看到起色，如果数据出现回升，那么有理由认为数据在4月已经触底。

2020年4月16日，美国总统特朗普宣布重新开放美国指南，认为疫情高峰期已过，美国各州可视情况逐渐将重启经济提上日程。该指南将分三阶段重启当地经济，每个阶段至少14天。第一阶段仍执行现有大部分封锁令，若新增确诊病例连续14天递减即允许逐步开放，具体行动将由各州州长决定。重启计划的推出，意味着美国企业复工有望，但实际上，美国的疫情发展不容乐观。截至2020年5月下旬，确诊人数已超过160万，总死亡人数已超9万，形势愈发严峻，很多企业已经在疫情中倒闭。对于经历萧条的整个行业而言，疫情带来的创伤可能需要数月的时间恢复，而什么时候回归到正常水平则取决于疫情何时真正受控以及整体经济的复苏进程如何，美国制造业的复苏依然任重道远。

**（八）金融市场遭受冲击**

2018年美联储过快加息导致金融环境收紧，美国股市结束了多年的持续上涨势头，出现剧烈波动。2019年美股没有延续这样的颓势，而是克服了经济增长与贸易关系等方面的不确定性因素，三大股指迭创新高并获得巨大涨幅。图13展示了2019年美国三大股指的走势，标准普尔500指数涨幅达28.88%，取得6年来最大年度涨幅，道琼斯指数累计上涨22.34%，纳斯达克指数涨幅也高达35.23%。宽松利率政策是2019年美国股市良好表现的重要支撑。2019年7月31日，美联储宣布2008年12月以来的首次降息，将联邦基金利率目标区间下调25个基点，至2%～2.25%的水平。9月18日，美联储再次宣布下调联邦基金利率25个基点，至1.75%～2%的水平。10月30日联邦基金利率目标区间进一步下调

25 个基点,至 1.5%~1.75%的水平。由于经济前景改善、贸易谈判取得进展,以及美联储的三次降息,投资者更有信心,经济将持续扩张,标普 500 指数于 2019 年 35 次创下历史收盘新高,为 2017 年以来次数之最。2020 年伊始,美股继续高歌猛进,2 月 19 日,标准普尔 500 指数达到了有史以来的最高点(3393 点)。随后,伴随着全球新型冠状病毒肺炎疫情的暴发,美国逐渐成为疫情"震中"。此外,石油输出国组织(OPEC)会议谈判破裂后,由于 OPEC 成员沙特阿拉伯无法与非成员俄罗斯就石油减产达成一致,沙特阿拉伯决定报复性增加石油开采量,加上疫情冲击导致原油需求大减,因而引发了此次国际油价大幅下跌。

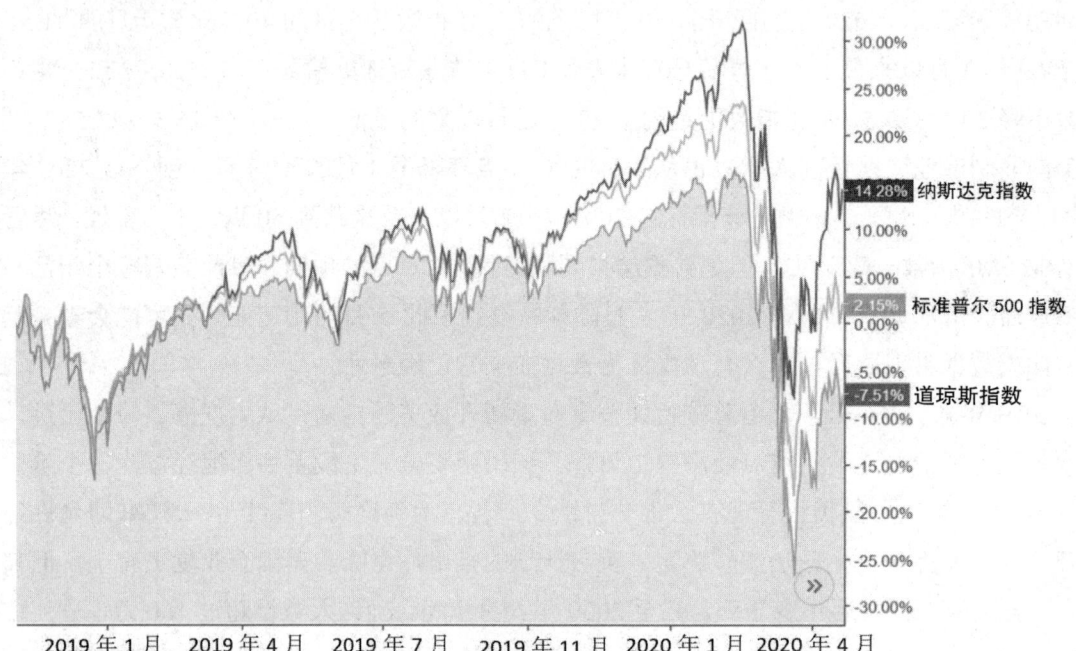

图 13　2019 年美国三大股指走势曲线(单位:%)

资料来源:https://finance.sina.com.cn/stock/usstock/c/2020-01-01/doc-iihnzahk1249290.shtml.

美股乃至全球金融市场受疫情和油价波动影响一泻千里,2020 年 3 月 18 日,美国股市、债市和大宗商品市场同时下跌,盘中标准普尔 500 指数(S&P 500)下跌了 7%,触动熔断机制,市场交易暂停 15 分钟。美股盘中道琼斯指数一度跌超 10%,先后击破 20 000 点、19 000 点的重要关口,最低报 18 917.46 点。截至收盘,三大股指跌幅有所收窄,道琼斯指数收盘下跌 1338.4 点,至 19 898.9 点,跌破 19 000 点大关,较 2 月高点已跌近一万点;标准普尔 500 指数收跌 5.17%,报 2398.3 点;纳斯达克综合指数跌 4.7%,报 6989.8 点。这是 10 天来第四次熔断,至此美股历史上一共发生五次熔断,其中四次发生在 2020 年 3 月。美股的跳水式下跌一方面是受疫情的影响,全球经济进入停滞状态,估值支撑因企业盈利下滑而不再稳固,股价逐渐回归了理性状态;另一方面则是由于资产价格剧烈波动,投资者开始恐慌地抛售股票和赎回基金,加剧了股票价格的下跌速度。美股的接连下跌暗示着美国新一轮经济衰退的风险。

为应对新型冠状病毒肺炎疫情对美国经济的冲击以及股市暴跌带来的金融市场波动,美联储在2020年3月3日宣布紧急降息50个基点,15日,美联储将联邦基准利率进一步下调了100个基点,至0~0.25%的水平。这是美联储史上最大单次降息力度,同时美联储宣布将重启量化宽松政策,然而市场对美联储如此罕见的紧急降息并不买账,当日美国三大股指期货仍然低开低走,暴跌4%左右,一度触发交易限制。可见市场对美联储政策效果的信心十分有限,对美国经济的前景依然悲观。对比历史上两次大危机,金融危机的前兆可能已经出现。从市场表现来看,目前美国市场投资者情绪危机不断恶化,流动性危机逐渐酝酿,存在向金融危机演变的可能。如果能尽快控制疫情,全球货币政策加强协调,避免流动性和资产价格相互恶化,才有可能走出危机模式。

## 二、对2020年美国经济运行状况的基本判断

### (一)2020年美国经济增长的预测

特朗普自上任以来采取减税、贸易及基建等方面的政策来提振美国经济,取得了一定效果。2018年美国经济表现强劲,但是随着减税的经济效应逐渐减弱,贸易摩擦导致投资环境恶化,国内、国际投资疲软等,美国2019年的经济增速高开低走。由图14可知,虽然在第一季度美国GDP增长率高达3.1%,但是进入第二季度后,由于贸易摩擦升级打击了企业和消费者信心,加上全球制造业普遍陷入萎缩、海外经济增长放缓等因素拖累,美国经济增长势头明显放缓,在美联储三次加息的背景下,第二季度GDP增速为2.0%,第三和第四季度增速均为2.1%,全年GDP增长了2.3%,较2018年有所放缓,低于特朗普设定的3%的目标。可见2019年特朗普新政的影响已经在逐步消退,贸易保护主义倾向政策的不利影响开始显现,美国经济增长动能有所减弱。市场在2019年也表现出了对美国经济长期增长前景的悲观,3月,用于预测未来经济活动的指标——美国3个月与10年期国债收益率曲线出现倒挂,为2007年来首次,8月又出现了10年期国债与两年期国债收益率曲线倒挂,这些迹象反映出市场对美国长期的经济增长形势不看好。虽然经济衰退的警钟已经敲响,但总体来看,2019年美国经济保持了温和扩张势头,只是增速较年初已明显放缓,加上美联储宽松货币政策支撑及贸易谈判取得的积极进展,到年末市场对美国经济前景预期有所好转。但展望2020年这个大选年,美国经济仍面临诸多不确定性,新型冠状病毒肺炎疫情的肆虐更是给美国经济社会带来了巨大的阴霾,导致美国经济形势急转直下,年内经济发展预期悲观。

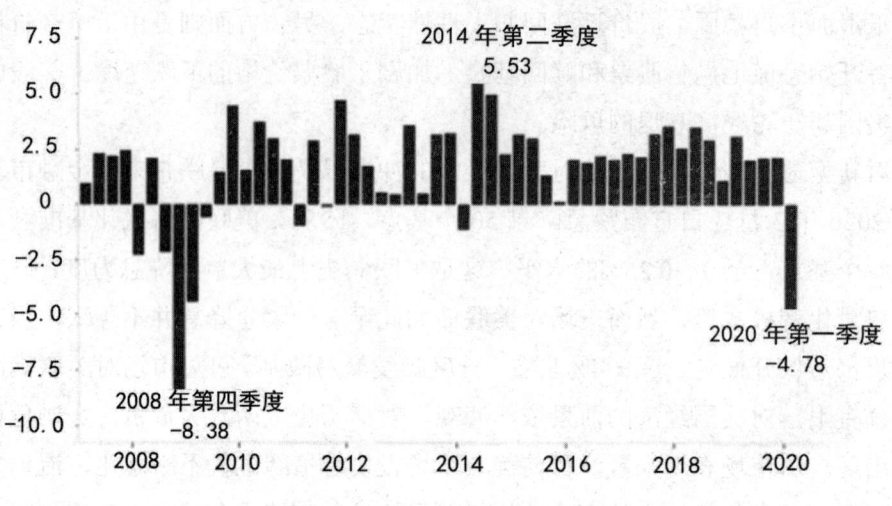

图 14 美国年化 GDP 季度增长率（单位：%）

资料来源：招商银行研究院。

早在新型冠状病毒肺炎尚未在美国大范围传播之前，债券市场再次表现出了担忧。2020 年 1 月 31 日，10 年期美债收益率下跌至 1.51%，而 3 个月美债收益率为 1.55%，美债收益率曲线出现了二次倒挂，实际利率也重新回到负区间并创下 2012 年以来的新低。本次倒挂的主要原因在于，新型冠状病毒肺炎疫情暴发，并具备世界大流行的可能，导致市场避险情绪迅速升温，从而压低了长期债券收益率。2020 年 4 月底，美国经济分析局公布 2020 年第一季度美国经济数据，实际 GDP 环比年化增速初值为-4.8%，降幅超出市场预期的-4.0%。国际货币基金组织（IMF）也在 4 月发布了最新一期世界经济展望，预计 2020 年全球经济急剧萎缩 3%，为大萧条以来最严重的经济衰退，预计 2020 年美国经济将萎缩 5.9%。新型冠状病毒肺炎疫情在美国的大规模暴发始于 3 月，而各州的居家令直至 3 月中旬之后才陆续颁布。尽管如此，第一季度美国 GDP 增速仍然大幅负增长，跌幅仅次于 2008 年第四季度（-8.4%），终结了次贷危机后美国史上历时最长的经济扩张。

事实上，美国 GDP 通常以环比数据统计发布，如果按照同比计算，2020 年第一季度实际 GDP 增长为 0.32%，说明公共卫生事件冲击效果并未在第一季度完全显现，而在第二季度乃至后半年，美国经济势必受到疫情更为深远的影响。据美国国会预算办公室（CBO）预测，美国实际 GDP 年化增速将在第二季度跌至-39.6%（同比-11.7%），在第三季度反弹至 23.5%（同比-7.4%），第四季度有所回落（10.5%，同比-5.5%），全年增速预计为-5.6%。上述数据和预测显示了新型冠状病毒肺炎疫情给美国经济带来了严重冲击，多项指标创下历史新低。但是这次由疫情带来的衰退是一个全新的经济冲击，很多以往经济周期中的经验不能完全适用，也不能完全通过简单的数值对比评估这一周期，最终对经济的破坏程度和经济的恢复速度取决于疫情多快可以得到控制。如果隔离措施能够取得良好预后效果，各州经济能够在5月后逐步重启，美国经济预计将会有一定程度的反弹，尤其是疫情造成的失业阵痛会迅速缓解，其长期危害要小于以往两次经济危机中的失业危机。如果疫情持续蔓延，引发下半年公司大幅裁员，则美国经济有可能进入一个至少两年的中期衰退[①]。

## （二）通货紧缩可能性较小

### 1. 美国通货膨胀的制约因素

2019年美国的个人消费支出物价指数（PCE）总体温和，增长受限，每个月的同比增幅均低于美联储设定的2%的目标，总体来看2019年美国通胀较为疲软。2019年末和2020年初通胀的抬头趋势也由于受新型冠状病毒肺炎疫情蔓延的影响并未得到维持，整体CPI通胀率从2月的2.3%降至3月的1.5%，剔除食品和能源的核心CPI通胀率则由2月的2.4%降至3月的2.1%，整体通胀仍显乏力。市场上随之出现了2020年美国是否会面临通货紧缩的担忧，从供给的角度看，这样的担忧存在一定的合理性。作为重要的工业原料，原油价格3月初以来由于OPEC谈判破裂引发的价格战和疫情引起的需求下降大幅下跌，美国原油期货价格在3月21日首次跌为负值，原油价格的波动很容易通过传导作用影响通胀。此外，美国供应管理协会（ISM）公布的美国PMI指数显示，美国制造业和非制造业自2020年1月以来一直呈现衰退之势，4月的制造业和非制造业PMI指数都处于50的荣枯线以下，该水平明显地指向了通缩的可能。

### 2. 美国通货膨胀的支撑因素

2019年美联储就针对美国经济增速放缓、制造业衰退、通胀乏力的状态做出了反应。2019年7月31日，美联储宣布2008年12月以来的首次降息，将联邦基金利率目标区间下调25个基点到2%～2.25%的水平；9月18日，美联储再次宣布下调联邦基金利率25个基点到1.75%～2%的水平；10月30日又宣布了年内第三次降息，将联邦基金利率目标区间下调25个基点到1.5%～1.75%的水平。2020年随着疫情对经济的影响逐渐深入，美联储采取了更加强有力的"组合拳"措施。2020年3月3日，美联储宣布将联邦基金利率目标区间下调50个基点到1%～1.25%的水平，以应对新型冠状病毒肺炎疫情对美国经济造成的影响；3月15日美联储再次将联邦基金利率目标区间下调1个百分点至0～0.25%。美联储在短时间内接连出手，降息幅度之大、密度之高历史罕见。此外，美联储还宣布启动量化宽松计划，将在未来数月分别购入约5000亿美元美国国债和2000亿美元抵押贷款支持证券，并将从3月26日起将存款准备金率下调至零。与此同时，从3月16日起将一级信贷利率下调150个基点至0.25%，以帮助满足家庭和企业信贷需求。4月9日美联储再放大招，为稳定经济向美国企业、家庭、州和地方政府提供高达2.3万亿美元的贷款，美国国会也在3月通过了耗资约2万亿美元的《新型冠状病毒援助、救济和经济保障法案》

---

[①] 王健，叶珺珩. 2020美国4月经济情况分析及政策展望[J]. 深圳高等金融研究院宏观金融稳定与创新研究中心，2020-04-28.

（CARES），旨在为大型和小型企业、医疗保健行业以及个人和家庭提供救济，为美国经济多方面注入资本和联邦支出。美联储和美国政府采取一系列的举措旨在为市场注入大量流动性，一部分流向美国企业，让这些企业在疫情中维持生存，减少裁员；一部分流向美国家庭，维持困难家庭在疫情期间的生活；还有一部分流向美国州和地方政府，以缓解州和地方政府在应对由新型冠状病毒肺炎大流行引起的现金流压力。不同于次贷危机时期主要着眼于金融市场的救市措施，在此次疫情引发的经济衰退中更为重要的是维持人民生活和经济的运转，美联储释放的资金都会很快流入消费领域。因此，虽然美国目前通胀疲软，但在未来几个月 CPI 应该会有相当程度的提升，通货出现紧缩仍是小概率事件。

### （三）金融和外汇市场不确定性较大

#### 1. 资本市场剧烈震荡

2020 年 3 月 15 日，美联储宣布降息至 0~0.25%的接近零利率水平后，市场反应并不佳，10 年期美国国债收益率下跌 32 个基点。16 日亚市早盘，美股股指期货持续下行，触发交易限制。道琼斯指数期货、纳斯达克综合指数期货均跌超 4%，标准普尔 500 指数期货跌近 4%。可见资本市场短期内并不会对美联储刺激政策买账，投资者信心的恢复更多地取决于疫情的发展。不过在 4 月，美股出现大幅反弹，标准普尔 500 种股票指数和道琼斯工业平均指数分别累计上涨 12.7%和 11.1%，创 1987 年以来最大单月涨幅。当月纳斯达克综合指数累计上涨 15.5%，为 2000 年以来表现最好月份，5 月 26 日标准普尔 500 指数升破 3000 关口，为自 3 月以来首次上穿这一水平，美联储的零利率和无限期量化宽松政策初见成效，有望成为美股在 2020 年的重要支点。虽然有刺激政策支持，但这一轮反弹行情缺乏基本面支撑，近期公布的美国国内生产总值、个人消费支出、PMI 指数等主要经济数据均不理想。新型冠状病毒肺炎疫情的冲击仍未消退，美国经济仍处在较差阶段，疫情何时得到有效控制、经济何时恢复运转依旧是一个未知数。除了疫情以外，还有其他若干掣肘美国股市在 2020 年上行的因素，如特朗普坚定推行"美国优先"政策对经贸环境的潜在危害、全球贸易局势和经济前景不佳、中东等地缘政治局势存在恶化的迹象等。2020 年美国总统大选也会给美国资本市场带来不确定性。

#### 2. 美元指数的支撑面与不利面

外汇市场方面同样存在着诸多支撑因素和制约因素，令 2020 年美元走势前景不明朗。回顾 2019 年，美元指数全年上涨了约 0.24%，整体波动幅度很小，基本以持平收场。2019 年全球经济与贸易环境恶化，市场避险情绪不断升温，成为美元指数在 2019 年关键的上行推力，不过下半年中美贸易谈判等一系列贸易磋商取得了实质性进展，市场信心有所回升。与此同时，美联储在 2019 年内连续降息三次，令美元指数承受了不小的下行压力。在多重因素的叠加作用下，美元指数在 2019 年不温不火。

事实上，美元指数在 2019 年的大部分时间内还受益于表现相对强劲的美国经济，然而

2019年末和2020年初的数据显示,虽然美国就业和消费等数据差强人意,但美国制造业已经显露出下滑趋势,陷入10多年来最严重的衰退。2019年美国ISM制造业指数从11月的48.1下降至12月的47.2,创下自2009年6月以来的最低水平,随着新型冠状病毒肺炎疫情的逐渐扩散,美国2019年第一季度经济数据出现全面崩盘,GDP负增长4.8个百分点,就业也受到严重冲击,实体经济基本面难以支撑美元指数走强。此外,为了应对疫情冲击造成的流动性恐慌,美联储短时间内接连降息,将基准利率下调至接近零利率水平,继推出1.5万亿美元流动性支持措施后再度加码5000亿美元回购计划,各国央行也下调了货币互换额度的定价,以便更容易地向全球金融机构提供美元。新型冠状病毒肺炎疫情必将成为2020年美国经济的"拦路虎",年内预计美联储将在很长时间内保持低利率,并根据情况持续采取量化宽松政策,年内美债收益率将走低的可能性较大,市场对于流动性的紧缺状态也会得到相当程度的缓解,这些因素都会推动美元指数走低。

在第一季度美国经济下行的背景下,美联储在2020年3月两次采取"鸽派"行动降低利率,并计划向市场释放大量流动性。美元指数自2月以来一路下跌,其中3月9日跌破96关口至94.63,创2019年2月以来新低。此后出现反转,进入上升通道,3月18日美元指数仍升破100大关,摸高100.61,为2017年4月以来首次,自2018年9月以来的最低水平反弹回升了近5%,接下来美元指数相继突破101、102,到3月20日,美元指数已经站上103。可见货币和财政政策的"组合拳"可能短暂提振市场情绪,但还远不能恢复市场长期信心。在新型冠状病毒肺炎疫情得到有效控制之前,市场避险情绪将持续蔓延,传统的避险资产,如美债、贵金属等也遭大幅抛售。在不明朗的疫情局势面前,增加持有美元现金已成为各个机构的首选操作。根据摩根大通的计算,全球美元短缺数量自金融危机以来已经翻了一番,截至目前为12万亿美元,约占美国GDP的60%。在"美元荒"难缓解的情况下,美指持续走高也就不难解释。近45年来,世界范围内共发生了8次大的经济危机,其中5次发生在美元指数破百期间,其余3次发生在美元指数低于100时发生的危机期间。美元指数也在上涨,但是目前谈危机还为时尚早,市场目前最多处于向流动性危机过渡阶段,况且此次衰退持续多久、影响多深很大程度上取决于疫情的进展。这与历史上经济周期波动带来的危机有本质区别,不过可以肯定的是,尽管美联储一再出手,短期内依然是市场的恐慌和避险情绪在外汇市场起主要作用,将美元指数维持在高位,长期走势随着疫情得到控制和经济恢复有可能下降,但具体情况尚不明朗。

**(四)就业市场受到的冲击有限**

金融危机以来,美国就业市场近10年连续保持扩张,就业人口连续113个月增加,这样的趋势正在被新型冠状病毒肺炎疫情打破。一周首次申领失业救济数字被普遍认为是反映当前经济状况的最快窗口,也是衡量全美范围内裁员情况的可靠指标,而根据美国劳工部数据,截至2020年3月21日的一周,美国首次申领失业救济人数飙升至328万人,远超 2009 年经济危机时期 66.5 万人的峰值，甚至打破了 1982 年 10 月创下的 69.5 万人的历史最高纪录。然而，这个记录仅保持了一周就再次被打破，截至 3 月 28 日一周，美国首次申请失业救济人数倍增，比前一周增加 334.1 万，激增至 664.8 万，再度刷新了历史纪录。

虽然美国就业市场遭受重创，但是由于新型冠状病毒肺炎疫情造成的失业属于历史上绝无仅有的外来冲击，与经济危机时期的失业有本质区别。美国员工能否重返工作岗位、美国就业市场能否恢复健康、美国经济能否重回扩张，很大程度上取决于美国政府能以多快速度控制疫情。真正值得担心的问题是，疫情期间企业是否会大规模破产，进而导致经济萎缩、就业岗位减少，这样的创伤即便在疫情得到控制后也很难愈合。数据显示，2020 年 3 月，美国申请破产保护的企业数量与去年同期相比增加了 18%。此外，原油市场崩盘又让美国能源行业陷入了前所未有的困境，多家能源企业已经申请破产保护。虽然有些企业可能在破产重组后得以继续经营，但大多数还是将会被迫清算。

同时，美国就业市场也并非一片惨淡，包括沃尔玛、亚马逊在内的十余家大型企业表示，由于食品和其他日用品需求激增，商店和仓库不堪重负，未来几周将招聘近 50 万名员工。如果美国政府能进一步控制疫情蔓延，餐饮、交通、酒店等经济活动将逐步得到恢复，企业将有可能很快重新雇用在危机期间解雇或暂时解雇的员工，失业率在短期飙升后有望出现回落。另外，美联储以前所未有的力度采取了零利率和无限量量化宽松等措施重拳出击，金额庞大的一系列救助法案也将为市场注入大量现金流，帮助美国家庭和企业渡过难关，尤其对于疫情期间维持企业生存将起到关键作用。然而，具体效果取决于政策执行力度及疫情的发展，目前美国政府的首要任务是控制疫情，这是恢复经济的先决条件。如果美国政府能够做好政策的协调，在防疫的前提下最大限度地保护经济实体，鉴于疫情对就业的冲击不同于传统意义上的摩擦性和结构性失业，预计疫情对就业市场的影响是短暂而有限的，后半年其影响会逐渐减小。最新数据显示，截至 2020 年 5 月 21 日，美国上周首次申领失业救济人数为 243.8 万，连续第 7 周环比下降，虽然仍维持在高位，但与 3—4 月相比已经有较大幅度降低。无论如何，这从某种意义上讲是一个积极的信号。

## 三、中国的应对方案

特朗普自上任以来，奉行贸易保护主义与经济内向主义，遵循"美国优先"的行事原则，采取了一系列单边主义举措，影响了世界自由贸易格局与全球化进程，尤其是主动挑起了中美之间的多轮贸易摩擦，严重破坏了中美关系。中美之间关系的走向不仅牵扯中美双边利益，更关乎全球经济发展。面对此种情形，中国应最大限度地维护自身利益和名誉，抵制一切以邻为壑、损人利己的单边主义行为，同时以务实态度发挥负责任的大国作用，增强双边互信，谋求经济发展稳定环境，在困难重重的一年中发挥全球经济压舱石的作用，促进中国及世界经济增长，引领和带动全球经济尽快走出阴霾。

## （一）严厉抵制美方单边政策，坚定保持合作共赢立场

### 1. 对美方不负责任言论和行为予以坚决回击

事实上，新型冠状病毒肺炎疫情给了中美两国一个暂时搁置争端、共同合作抗疫的机会，但特朗普政府从一开始就站到了合作的对立面，这令中美之间的分歧反而加剧，使得在 2019 年刚刚达成经贸第一阶段协议的中美两国，再度面临紧张的双边关系。在疫情席卷全球期间，美国对部分中国商品重新加征 25%关税。对于美方的无理与狭隘，中方应在舆论上予以强硬回击，澄清事实、摆出证据，揭穿美国政客的谎言，引导世界民众理性地看待疫情，避免被别有用心之人煽动和误导。在卫生领域，中国应加强与各国的合作，积极向世界输送防疫物资，并大力支持世界卫生组织进行疫情的统筹和引领工作，配合世界卫生组织和各国流行病学家科学追溯疫情源头，为世界防疫工作做出积极贡献。

### 2. 秉持开放合作态度，加强中美互信

在中美关系问题上，虽然对于美国两面三刀、疫情期间狭隘而没有担当的表现应予以一定的回击，但是中国的决策应更加灵活，更具备有行动力、决断力和战略眼光。中国应力求在竞争与摩擦加剧的环境下寻求一个兼具合作与竞争、相对稳定的中美关系，保持自身战略定力，瞄定自身战略目标，抓住时机扩大合作面、缩小竞争面，避免两国关系滑向全面对抗。中国应本着对人类、对历史、对人民负责任的态度认真对待并妥善处理中美关系，以一个负责任大国的姿态坚持开放、包容的态度，积极向美方释放合作讯号。中国驻美大使崔天凯表示，美国一些人把防疫当作政治游戏来玩，想利用疫情实现一己私利，推进他们狭隘的政治议程，这是中美在抗疫合作甚至国际合作中面临的一个最大障碍，也是必须要克服的障碍。

中美两国的当务之急是要进一步加强防疫合作，因为这是全人类共同面对的挑战，任何一个国家没做好防疫工作，全世界都不得安宁。为了中美两国人民的根本和长远利益，为了人类的未来与福祉，中美双方应当也必须寻找一条不同社会制度、不同文化背景、不同意识形态国家之间和平共存、互利共赢的相处之道。中国应力求同美国在防疫上实现合作，继续支持世界卫生组织，加强防控信息和经验交流，加快科研合作，推动完善全球卫生治理；同时加强宏观经济政策协调，确保全球供应链开放、稳定、安全。中美应始终在重要问题上保持沟通和协调，合作是中美两个大国控制竞争风险、降低竞争损失、促进双赢的唯一途径。因此，在中美双边关系问题上，坚持沟通、加强对话机制建设是首要的原则。在沟通对话渠道方面，中美除了坚持政府间高级别对话外，还应该积极拓宽沟通渠道，加强民间多渠道、立体化沟通对话。行业组织、智库团体、跨国公司等都可以成为中美沟通对话的有效渠道。加强中美各方面的沟通交流，增进两国行业、企业、民众间的相互了解，增强双边互信，促进双边合作，推进双边互利共赢。

## （二）有限度地下调利率

为了应对新型冠状病毒肺炎疫情的肆虐蔓延，美联储继 2020 年 3 月 3 日降息 50 个基点后，于 3 月 15 日进一步宣布降息至 0～0.25%，这是 2008 年全球金融危机以来美联储第二次将利率降至零，其力度之大、速度之快，历史罕见。美联储的举措将对全球经济和国际市场产生重大影响。美联储降息有利于资金从银行流出，存款将转化为投资或消费，市场的资金流动性也会随之增加。同时，美联储的降息给中国的货币政策也留出了更多的调控空间，证券和债券市场都有望获得利好支撑，在美元可预期的持续贬值下，人民币当前的贬值压力也会相应降低。更为重要的是，在全球宽松货币政策的背景下，配置中国资产的吸引力上升，美联储降息和未来进一步放松银根所带来的过剩流动性，很有可能流入预期回报较高的中国市场。不过，随着人民币升值压力和金融开放压力进一步增强，国际资本在中国市场投资价值提升的背景下，会进一步要求中国金融改革提速，中国股票市场和房地产市场也有可能出现投机势力更趋活跃、资产泡沫不断形成的发展趋势，这都将加大中国经济可持续增长的周期性风险。

面对外汇和资本市场的种种波动迹象，必要时中央银行可以适度降低利率，防范系统性金融风险的发生。此外，疫情期间中国不少企业，尤其是服务行业遭受了不小的冲击，虽然疫情得到了较快控制，但是出于防变需要，许多隔离措施短时间内仍将延续，很多企业复工客观上存在困难，出于支持经济复苏、帮助企业有序复工复产、降低企业融资成本的需要，适当地下调利率水平是可以考虑的货币政策选择。事实上，为维护银行体系流动性合理充裕，中央银行已经进行了一系列操作，2020 年 2 月初，中央银行先行下调逆回购利率 10 个基点，当月中期借贷利率（MLF）随后同幅下调，进而带动 2 月贷款市场报价利率（LPR）下调，1 年期 LPR 下行幅度与逆回购、MLF 利率一致，5 年期以上 LPR 品种下行幅度小于 1 年期 LPR。时隔一个多月，中央银行再度下调逆回购利率，于 3 月底将逆回购利率降息幅度扩大一倍至 20 个基点，随后的 4 月 15 日，中央银行按惯例新做 MLF 时随之下调其利率 20 个基点。2020 年 3 月 30 日，中国人民银行以利率招标方式开展了 500 亿元逆回购操作，公开市场操作中标利率下降 20 个基点，中标利率为 2.2%。4 月 20 日，LPR 在改革后，迎来了第九次报价，1 年期 LPR 为 3.85%，此前为 4.05%，5 年期 LPR 为 4.65%，此前为 4.75%。

美联储连续大幅度的宽松政策确认了疫情大流行对经济冲击的严重性，给市场带来更为负面的预期。同时，美国货币政策具有显著的外溢效应，可能对世界其他国家的货币政策、外汇市场及资本市场带来实质性冲击，国际资本流动将更加脆弱，资产价格可能会产生较为明显的波动。虽然如此，美联储货币政策调整对中国的影响相对有限，原因在于：首先，中国经济的基本面能够提供保障，在疫情防控上成效显著，已经能够有效遏制病毒扩散，而美国等国家仍处于疫情暴发阶段或中期。其次，在经济增长方面，中国较为注重疫情防控和复工复产的平衡，为经济增长及就业提供了较为稳定的支撑，相关部门此前在货币、财政、产业等领域已做出积极安排和有效统筹，积极应对疫情冲击。最后，在金融市场方面，过去几年严格的金融监管和系统性风险防控使得中国金融体系的风险暴露水平相对较低。因此，目前国内货币市场、资本市场及外汇市场整体较为稳定，股票市场相对欧美股市波动较小。

总之，虽然面临世界疫情的蔓延带来的经济前景预期下降以及美国金融风险扩散的可能，适度下调利率不失合理性，但是中国经济抗风险水平较高，经济内生韧性较强，疫情缓解后中国经济将迅速企稳，并出现补偿性恢复。此外，中国宏观经济政策准备较足，政策调整空间较大，没有必要盲目跟风下调太多，急于向市场释放过多流动性。未来面对疫情影响，应认真分析和评估疫情对经济的影响，进行政策储备，政策的运用应当更为多元化和灵活，可以考虑通过货币政策稳定金融市场，提高流动性，为复工复产、经济增长和就业等提供低成本的信贷支持。通过针对性的社会保障政策，为疫情较严重地区家庭提供基本民生保障，同时在公共服务、卫生安全和社会服务等领域提供资源和资金支撑。此外，政府应实施更为积极的财政税收政策，将全面性和结构性相结合，通过降低企业税费负担，提高企业复工复产的力度和水平，牢控风险底线，在疫情防控、就业扩大、经济下行、市场波动、民生保障、国际收支、资本流动及外部冲击等领域做好充足的政策准备，保障经济社会平稳发展。

### （三）恢复贸易，扩大内需

新型冠状病毒肺炎疫情影响下，包括中国在内的许多国家采取了较为严格的隔离措施，许多国际航班等运输线被限制或取消，给世界贸易带来了严重的负面影响，除医用物品外的其他商品国际流动阻碍重重，外贸发展面临严峻挑战。根据海关统计，在1~2月，以人民币计，中国进出口额、出口额和进口额分别下降9.6%、15.9%和2.4%。从近期商务部对重点省市、各进出口商会和重点企业的摸底调研情况来看，外贸企业普遍面临在手订单取消或延期、新订单签约困难、物流运输不畅等诸多问题。为此，中国政府应高度重视，积极应对，在尽力保障和恢复贸易的同时，积极开发国内市场，扩大内需，保障企业的正常运行。

#### 1. 加强国际合作，多渠道畅通贸易

面对全球贸易困境，中国应与国际社会加强疫情防控的国际合作，及时沟通疫情的情况和有关措施，解除不必要的管制，推动全球产业链、供应链顺畅运转。在此基础上加强国际经济贸易合作，共同促进国际产业链、供应链、物流链的畅通，降低关税，减少贸易壁垒，维护自由贸易和多边贸易，反对贸易保护主义，完善合作机制，畅通贸易渠道，大力拓展外贸多元化。此外，要积极推动与更多国家商建贸易畅通工作组，实现各贸易伙伴之间快速响应、信息对接，解决贸易中存在的突出问题，为全球经济贸易稳定做出贡献。

新型冠状病毒肺炎疫情中，为了避免感染人数爆炸式增长，各地政府实施了一系列的管控和隔离措施，社交、娱乐、餐饮、贸易均受到一定程度的限制甚至禁止，以防止人口流动和聚集。在此情形之下，许多领域的活动场所由线下改为线上，如网上教学、网上办公等，最大限度保持了疫情期间各项活动的正常运转。外贸的运转与恢复同样可以借助网络信息工具，尽力减少进出口企业在疫情期间的损失，通过扶持和推广跨境电商平台的应用，帮助外贸企业维持日常交易，充分发挥线上作用，尽快研究搭建数字外贸服务平台，充分应用各种技术手段，通过举办各类网上展会，引导企业做好展前对接、线上推介、现场直播、远程洽谈，便于企业新接订单。应加强贸易促进等公共服务，及时更新发布国别贸易投资环境信息、对外投资合作国别指南等市场信息，支持地方、行业组织、贸促机构加快搭建公共服务平台，为企业提供法律和信息服务，帮助企业参加境内外贸易促进活动。同时，跨境电商的运转是全方位、多环节的，在做好平台建设与企业对接的同时，还要从两个方面予以支持和保障：一是尽力保证物流渠道的畅通和迅捷，以及国际物流供应链稳定，要及时有效对接国际物流供需信息，重点保障外贸产业链关键产品的生产和进出口，优化提高国际航空货运能力，提升中欧班列等货运通道的能力，全力承接海运、空运的转移货源。二是充分发挥海外仓的作用，支持企业在相关国家和地区新建高质量海外仓，鼓励企业建立和完善国际营销网络。

2. 打通企业内销路径，扩大内需

中国拥有超大规模的国内消费市场，拥有全球最大中等收入群体，消费升级方兴未艾，目前已成为全球第二大消费市场。消费对经济发展具有基础性作用，连续多年成为中国经济增长的第一拉动力。在疫情冲击外贸的情况下，引导外贸企业出口转内销，充分利用国内市场潜力是解决当前困境的一条思路。政府应推动企业加大与国内大型电商平台合作，将优质外贸产品通过电商进行线上线下同步展示销售，培育新的品牌，更好地满足国内消费需求，同时加快国际标准与国内标准的对接，加速外贸产品进入国内市场。

在需求侧，要坚定实施扩大内需战略，这不仅有助于消化外贸企业受疫情困扰难以出口的产品，同时着力扩大国内需求也是对冲世界经济下行风险的必然选择，是我们应对各种风险挑战的战略基点。把中国超大规模市场优势和内需潜力充分激发出来，将有力推动中国经济攻坚克难，把疫情造成的损失和外部环境影响降到最低。为此，地方政府要采取有力举措释放消费潜力，扩大居民消费，适当增加公共消费，疫情期间可以采用价格补贴、发放消费券等方式促进消费。要积极扩大有效投资，实施老旧小区改造，加强传统基础设施和新型基础设施投资，促进传统产业的改造升级，同时扩大战略性新兴产业投资。要充分调动民间投资的积极性，加大对民间资本参与重点领域项目的支持力度。此外，要保持中国产业链供应链的稳定性和竞争力，促进产业链协同复工复产达产。要做好民生保障工作，加大脱贫攻坚的力度，复工复产中应优先使用贫困地区劳动力，确保如期全面完成脱贫攻坚任务。要做好重点行业、重点人群的就业工作，尤其是要把高校毕业生就业作为重中之重。要完善社会保障，做好低保工作，及时发放价格临时补贴，确保群众的基本生活。

当前，中国疫情防控已经取得明显成效，率先进入疫情防控后期，为世界做出了表率。同时，中国经济社会秩序在常态化疫情防控中逐步趋于正常，生产、生活秩序加快恢复，复工复产正在逐步接近或达到正常水平，中国经济在疫情冲击下仍然展现出巨大韧性。只要我们坚定必胜信心，迎难而上，众志成城，把中国发展的巨大潜力和强大动能充分释放出来，着力推进各项保障措施落实，坚持全面深化改革，牢牢把握发展的主线，就一定能掌握主动权，迎来更好发展。

**参考文献**

[1] 冯彦明. 从经世济民的经济观看美国金融形势[J]. 金融与经济，2020（6）：75-81.

[2] 杰罗姆·鲍威尔. 美国经济形势与前景展望[J]. 当代金融家，2020（6）：156-159.

[3] 李馥伊. 当前美国经济形势和未来研判[J]. 中国经贸导刊，2019（18）：60-62.

# 日本经济发展形势及经济合作分析

于 潇 曾 成[*]

**摘要**：受 2019 年世界经济复苏缓慢的影响，日本经济复苏也相对缓慢，主要经济指标出现萎缩，消费税提高，物价温和上涨，进出口额下降，制造业活动持续低迷，但失业率整体处于较低水平。2020 年初，新型冠状病毒肺炎疫情席卷全球，不断扩大的疫情使突发的公共卫生事件成为全球关注的焦点，对全球的经济流通造成了重大影响。受此影响，日本政府和医疗卫生部门从采取措施阻截病毒，到发布一系列公共政策正面应对，最终取得了一定成效。由于中国在全球供应链、旅游业和大宗商品市场中具有重要地位，全世界都感受到了中国产出收缩带来的负面影响及连锁反应。疫情的暴发对其他经济体也产生了同样的负面影响，全球经济增长前景面临高度的不确定性。中国应采取有效的国内应急措施及宽松的货币政策来面对新一轮危机。

**关键词**：日本经济；消费税；国际经济形势

## 一、日本经济形势分析

### （一）整体经济复苏脚步放缓

从经济长期增长角度看，据日本中央银行与 IMF 等机构测算，日本潜在经济增速为 0.8%左右（2018—2025 年），远低于 20 世纪 80 年代 4%的平均潜在增长率。2018 年以来，世界经济复苏整体放缓，外部需求降低导致日本经济复苏步伐放缓。日本内阁府于 2020 年 2 月 17 日发布的最新数据显示，日本 2019 年第四季度国内生产总值（GDP）年季环比下降 6.3%，是五个季度以来的首次下滑。2019 年第一季度 GDP 环比折年率为 2.2%，第二季度为 1.3%，第三季度为 1.8%。此外，日本主要经济指标出现萎缩，加快进入衰退周期。然而，除了高企的财政赤字，日本经济还面临着诸多难题和挑战。虽然提高消费税可以增加

---

[*] 于潇，吉林大学东北亚研究院院长、教授、博士生导师，南开大学 APEC 研究中心兼职研究人员，研究领域为东北亚区域经济、人口与经济发展。曾成，吉林大学东北亚研究院人口资源环境专业博士研究生。

政府收入，减轻财政压力，但家庭消费的增长不足以抵消净出口额，全球需求短期内难以反弹，消费税上调将会降低国内消费水平。

### （二）消费税提高，物价温和上涨

消费税上调的负面影响仍将持续。2014年，日本上调消费税后连续三个季度GDP负增长。为抵消消费税上调带来的负面效应，政府虽然出台了包括幼儿园免费、发行商品券、优惠购房等措施，但目前来看仍然无法抵消消费税上涨带来的负面影响。2018年10月10日，日本宣布将消费税由8%上调至10%，新税率将于2019年10月实行。随着消费税上调，私人消费和政府消费分别增长0.1%及1.9%，在2019年前三个季度GDP虽小幅度增长，但在2019年第四季度，日本GDP同比下降0.4%，环比下降1.6%。提高消费税也会在短期内推高物价水平，物价水平的提高虽然有利于日本走出通货紧缩困局，但因增加消费者支出成本，会导致消费需求的下降。2019年，日本核心CPI同比涨幅保持在0.4%～0.9%，物价运行整体稳定，通缩情况得到缓解；其中10—12月，核心CPI同比分别上涨0.7%、0.8%、0.9%。分部门来看，食品、交通、租金费用上涨对通胀贡献度较大，教育费用下降速度较快。

受2019年下半年以来全球原油价格上涨的影响，10—12月，生产价格指数（PPI）同比分别上涨-0.4%、0.1%、0.9%，呈加速趋势。分部门来看，石油、化学品是拉升PPI的主要动力，肉类产品价格降幅较大。2020年1月，日本核心CPI、PPI分别同比上涨0.8%、1.7%。短期内，消费税增加会对消费支出产生负面影响，导致经济活力和景气度下降，长期影响相对较弱。一方面是通过降低居民的可支配收入，减少消费支出，引起经济增长率下降；另一方面是由于增税前对耐用消费品和住房等消费品的提前抢购，导致增税前消费增加，而增税后这些需求会迅速减少，使得经济增长率出现暂时的大幅波动。增税后通常会在短期内推高物价水平，减少消费支出并导致经济出现整体下滑，但从中长期看，消费和经济增长通常会回升到增税前水平。提高消费税也会在短期内推高物价水平，物价水平的提高虽然有利于日本走出通货紧缩困局，但因增加消费者支出成本，可能导致消费需求的下降。2019年，日元呈先升后贬的走势。2019年初，世界贸易环境恶化，全球避险情绪高涨，日元呈升值趋势，对美元汇率在8月初达到105.9的高点，比1月初升值1.3%；进入8月后，经贸摩擦趋于缓和，美元进入降息通道，日元逐渐走低，年底比8月初贬值1.4%。2020年2月，新型冠状病毒肺炎疫情导致全球市场避险情绪高涨，日元再度升值。

### （三）失业率处于低位

2019年以来，日本劳动就业稳定增加，就业形势出现了切实改善。2019年应届毕业生就业率高达89.1%，较2018年增长0.7个百分点。其中，2019年春季毕业的大学毕业生就业率高达78.0%，连续9年保持增长，连续6年失业人数占总劳动人口比例持续走低（见图1）。

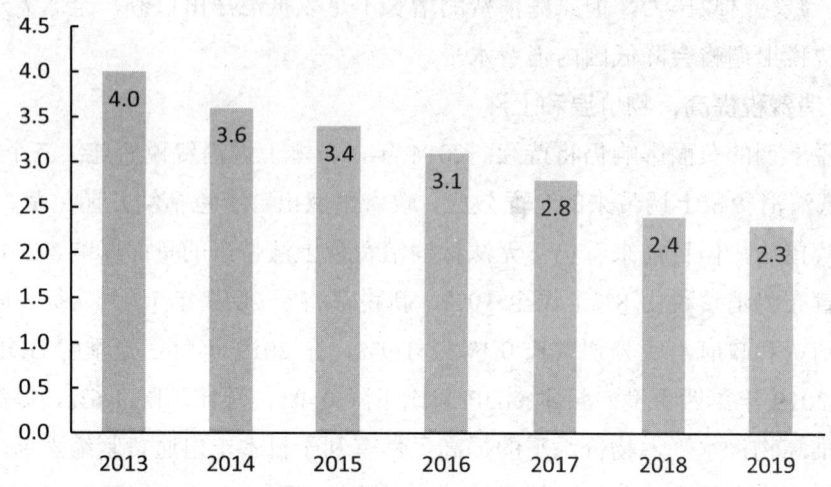

**图 1　日本总失业人数占劳动力总数的比例（单位：%）**

资料来源：https://databank.shihang.org/reports.aspx?source=world-development-indicators.

2019 年第四季度，日本月平均就业人口为 6762 万人，至 12 月已连续增加。失业率继续维持在超低水平，10 月、11 月、12 月分别为 2.4%、2.2%、2.2%，就业压力不大。同年 10 月，日本政府开始实施幼儿教育免费政策，免除部分低收入家庭的税收，与地方自治团体、企业合作为儿童提供必要的免费托管服务，进一步增强女性就业意愿，扩大就业人口（见图 2）。

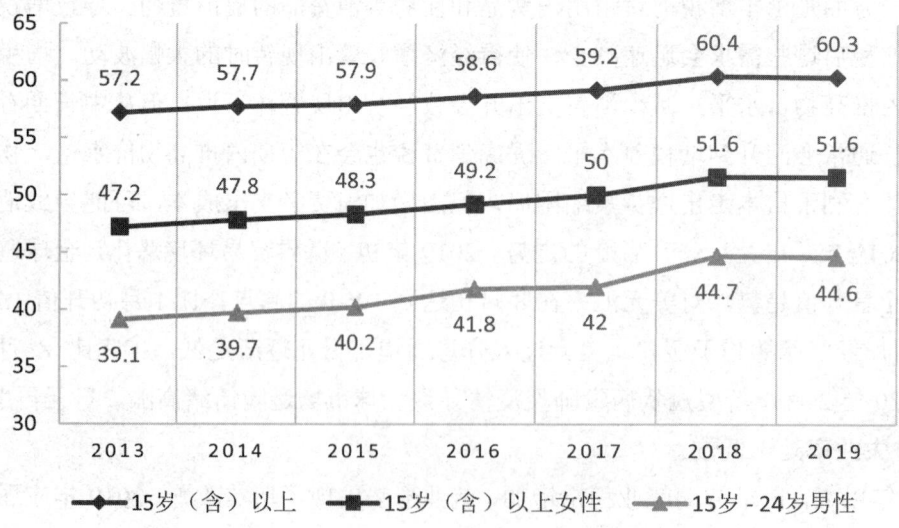

**图 2　日本 15~24 岁人口就业比例（单位：%）**

资料来源：https://databank.shihang.org/reports.aspx?source=world-development-indicators.

## （四）进出口贸易收缩，外贸形势严峻

长期以来，日本一直是多边自由和开放贸易体系的支持者。2018 年 7 月 17 日，日本和欧盟在东京签署了经济合作协议，计划取消几乎所有关税，打造全球最大的贸易开放区。2019 年，日本货物进出口 1.4 万亿美元，下降 3.9%，贸易逆差为 151.1 亿美元。2019 年第四季度，日本贸易加速收缩，进出口同比下降 9.0%；其中，出口、进口同比分别下降 7.8%、11.9%。受全球贸易摩擦影响，运输设备、机电产品、电子产品出口"量价齐跌"，造成出口持续收缩；由于暖冬、内需不振导致能源资源产品进口量大幅下降，以及受台风等因素影响，进口规模大幅萎缩。当季，随着中美两国贸易关系的缓和，日本对华出口迅速攀升，中国在继续保持日本最大进口来源国的基础上，超越美国重新成为日本最大的出口对象国。2020 年 1 月受新型冠状病毒肺炎疫情影响，日本进出口额仅为 1116.9 亿美元，同比、环比分别下降 3.1%、8.4%。2019 年，日元呈先升后贬的走势。2019 年初，世界贸易环境恶化，全球避险情绪高涨，日元呈升值趋势，对美元汇率在 8 月初达到 105.9 的高点，比 1 月初升值 3%。但日本对外贸易仍然面临较强的不确定性。从进口方面看，2020 年 1 月 1 日，日美贸易协定开始生效，美国输日农产品关税大幅度下调，而关于日本输美汽车等产品的磋商仍在继续，可能造成日本对美顺差迅速收窄。

从出口方面看，受日韩经贸摩擦的影响，韩国正在加紧扶持中国台湾企业作为替代供应商，日本对韩出口规模下降的趋势恐将持续在高标准多边贸易协定的背景下进一步消除关税和非关税壁垒以促进日本的投资和增长，抵消短期内国内消费和投资的下降。美国单边主义和贸易保护主义盛行，日本需要坚持自由贸易，促进对外直接投资增长。日本在政府债务如此高企的情况下仍然没有发生债务危机，很大程度上也得益于其庞大的海外资产规模。开放贸易、鼓励投资也可以有效增强经济活力，避免消费税增加成为经济增长的阻碍。2019 年 8 月以后，经贸摩擦趋于缓和，美元进入降息通道，日元逐渐走低，年底比 8 月初贬值 1.4%。2020 年 2 月，新型冠状病毒肺炎疫情导致全球市场避险情绪高涨，日元再度升值。

## 二、日本经济面临的机遇与挑战

2019 年日本 GDP 实际增长 0.7%，对于日本经济来说，2019 年是机遇和挑战并存的一年。从近期来看，2% 的消费税提高会增加政府收入，提高财政政策空间，成为短期提高财政收入的新动能。然而，加税对居民消费和投资活动的抑制也是可以预期的，需要配套的财政和货币扩张政策，防止削弱经济增长势头。此次加税会在短期内改善日本政府负债情况，但从中长期来看，随着日本经济增速放缓至 1% 以下，加税成效可能会相对有限。考虑到安倍的刺激政策和 2020 年东京奥运会对日本经济的部分提振作用，2020 年对于日本经济是关键的一年。然而新型冠状病毒肺炎疫情造成的消费市场萎缩及通货紧缩风险，消费

税增加带来的国内需求不振,以及日美贸易协议、日韩经贸摩擦引起的不确定风险也不容忽视。

## (一)全球经济波动对日本经济的影响

2018 年 8 月,美联储于本年内第二次加息,将利率提高 25 个基点。从 2015 年底至今,美联储已经连续加息 7 次。美国及其他国家的加息将导致世界长期利率走高,这将减弱市场信心,降低资产估值,扩大风险溢价,从而对宏观经济活动造成负面影响。在日本政府债务负担再创新高的背景下,美国加息将加剧日本的金融压力。2019 年是全球经济动荡前行的一年,2018 年后美联储紧缩周期持续,英国和欧盟深陷脱欧谈判泥潭,新兴市场货币贬值、资本大量流出,全球需求疲弱,特朗普贸易保护主义举措不断推行,全球经贸前景充满风险和变数。一旦贸易战打响,世界各国都不能置身事外,尤其是外向型特征明显的日本经济或将遭受重大损失。金融危机结束后,世界经济总体在低速中增长、在调整中蓄势、在竞合中演化。全球化面临严重挑战,各种形式的贸易保护主义此起彼伏,国际经济治理遭遇显著难题。无论是世界经济增速,还是国际贸易增速,抑或是全球投资增速,总体上都在低位徘徊。2020 年世界经济发展形势更为复杂,受到多重因素制约。研判 2020 年的世界经济,既要看到之前,尤其是 2019 年世界经济的延续性发展,也要看到 2020 年初突发的新型冠状病毒肺炎疫情冲击,还要评估贯穿始终的若干结构性和政策性因素。总体而言,2020 年世界经济,有利因素和不利因素兼具,困难和挑战增多,需要各国协调合作,维持世界经济稳中有进。

世界贸易组织预计,2020 年的全球商品贸易量将增长 2.7%,这说明国际贸易的动能仍在。对于未来一年世界经济走势的预判,国际货币基金组织和世界银行分别认为增长速度将达 3.4%和 2.7%。美联储虽然在最新的议息会议声明中表示 2020 年会维持利率不变,但如果经济出现下行行情,依然不排除美联储有进一步降息的可能,而且 2020 年还是美国大选的敏感时期,特朗普为了不让经济出现变数而影响自己的选票,也会向美联储不断施压,尽管美联储也会坚持自我独立性,但总体看美国货币政策宽松周期不会出现逆转[1]。

尽管 2018 年日本通胀水平出现回升,但回升速度缓慢,离政府制定的 2%的通胀目标仍较远。而且,从目前工资上涨速度看,预计通胀短期出现较大回升的可能性较小。日本央行将继续推行大规模宽松政策,以刺激经济,实现通胀目标。日本央行 6 月货币政策会议决定,继续实施基于收益率曲线管理的量化加质化宽松(QQE)政策,以实现价格稳定在 2%水平上的目标。实施-0.1%的短期政策利率,并通过购买日本政府债券将 10 年期债券利率维持在 0 附近。央行将继续扩张基础货币数量,直至 CPI 水平达到 2%的年增长率并稳定在该水平之上[2]。但是,宽松货币政策作用于经济增长的后续力度正在不断走弱是必

---

[1] 张锐. 多空对弈下的 2020 年全球经济[J]. 现代商业银行, 2020(3): 22-24.
[2] 原倩. 当前日本经济萎缩态势与 2018 年经济形势展望[J]. 中国经贸导刊, 2018(21): 30-32.

须面对的严峻现实。一方面，货币政策的总体宽松空间受到压抑，特别是许多主要经济体的货币利率都分布于-1%～-0.75%，继续降低的空间十分有限。

除了新型冠状病毒肺炎疫情的负面冲击外，世界经济还面临较大的下行风险。国家和地区的双边贸易紧张局势也在继续蔓延，特别是美国和欧洲之间，进一步增加了全球贸易形势的不确定性。此外，英国与欧盟能否在2020年底过渡期结束前完成脱欧协议的谈判，仍存在不确定性。另外，最近金融市场对新型冠状病毒肺炎疫情蔓延的剧烈波动，加剧了经济下行和企业债务风险。此外，逆全球化和地缘政治等外部风险，也是影响2020年日本经济复苏的重要因素。日元具有避险资产的特征，一旦中美之间贸易摩擦升级，日元升值压力有所增加，将进一步打击日本的贸易出口。受新型冠状病毒肺炎疫情全球扩散的影响，2020年2月26日美国道琼斯指数下跌1031点，下跌幅度达到3.56%。新型冠状病毒肺炎疫情已经成为全球性问题，需要世界各国联防联控。世界贸易组织预计，全球货物贸易在2020年第一季度延续疲弱态势，受新型冠状病毒肺炎疫情影响进一步走弱。全球货物贸易疲软只是疫情溢出的初步表现，疫情造成的部分产业需求爆发和部分产业生产中断，正引起全球经济的供给端出现调整。

因此，贸易保护主义及日韩贸易摩擦等仍将是2020年日本经济面临的最大外部风险。外部需求疲软正在进一步影响日本经济复苏，预计2020年国际贸易仍将延续低迷态势，而日韩贸易争端加剧也会在很大程度上抑制日本出口增加。

## （二）新型冠状病毒肺炎疫情对日本经济的影响

2020年2月，日本内阁府公布的景气先行指数为91.3，3个月移动平均值连续19个月下降，一致指数为94.7，3个月移动平均值连续7个月下降，表明现阶段经济增长已经进入下行通道。2020年1月，国际货币基金组织将日本2020年经济增速下调1.1个百分点至0.7%；2月，日本瑞穗银行将2020年日本经济增长下调0.2个百分点至0.3%。综合来看，2020年日本经济增长面临严峻挑战，私人消费、外部需求疲软，仅依靠投资无法支持经济增长。根据日本内阁府的调查，2020年2月消费者信心指数较上月下降0.7。随着新型冠状病毒肺炎疫情在日本呈扩散态势，国内消费增长将受到进一步打压。

新型冠状病毒肺炎疫情对日本经济产生严重冲击，主要体现在以下三个方面：

第一，新型冠状病毒肺炎疫情对日本的旅游业产生了巨大冲击。2020年第一季度日本入境中国旅游人数为17.56万人次、中国入境日本旅游人数为233.27万人次、韩国入境日本旅游人数为160.65万人次、日本入境韩国旅游人数为86.83万人次。由于新型冠状病毒肺炎疫情的突发，2020年1月27日后，中国包括出境游在内的所有团队游及"机+酒"服务全部暂停。2020年3月9日到3月底，日本官方宣布已发给中国、韩国公民的旅游签证将失效。三国间的旅游业均受到了近乎归零的打击。而随着新型冠状病毒肺炎进入全球大流行阶段，其影响范围、持续时间和程度上都将远远超过之前的全球性流行病，三国的旅游通道重启尚难以预期,很有可能全年基本处于冰封状态,即使在第三、四季度重启,损失也是惨重的①。

第二,新型冠状病毒肺炎疫情通过供应链传导影响日本部分产业发展。受新型冠状病毒肺炎疫情影响,日本部分汽车企业的国内工厂已经停产。随着日本经济增长出现的不确定性,钢厂和贸易商都对原材料的需求和供应感到担忧。工厂能否快速产生废钢引起了贸易商的担忧,因为如果制造业持续放缓,则可能会影响到新废料和边角料等优质废钢的产生。东京奥运会基础设施建设完成后,日本建筑业需求已经放缓。同时,日本的钢材出口也走弱。中国春节长假以及随后受疫情影响的企业复工复产延迟,导致汽车零部件供应短缺。日产汽车此前表示,由于中国汽车零部件供应短缺,导致其位于福冈县的九州工厂部分产线于2020年2月14日和2月17日临时停产,不过这种短缺状况会随着中国各地企业逐步复工复产而有所缓解。日本经济产业省称,日本政府计划成立一个工作组,以应对新型冠状病毒肺炎疫情对日本汽车业的影响。进入2020年后,日本国内的废钢价格已降至近三年来的低点,这在很大程度上归咎于该国钢铁需求的进一步萎缩以及钢材出口下滑。日本的主要电炉钢厂在近期短短一个半月内将废钢价格下调7次,涉及各等级废钢,平均下调价格40~45美元/吨。日本是亚洲最大的废钢出口国之一,2019年废钢出口总量为766万吨,主要买家为韩国、越南、中国台湾和孟加拉国,占其总出口量的92%。日本的优质废钢主要由该国特钢制造商或感应炉企业消耗。②

第三,新型冠状病毒肺炎疫情通过大宗商品价格传导造成通货紧缩。根据日本通产省的研究,2020年全球原油产量将上涨13%的背景下,新型冠状病毒肺炎疫情带来的需求下降将造成油价近一年来的最大年度跌幅,日本面临巨大的通缩压力。日本央行行长黑田东彦称,如果疫情对日本经济产生重大影响,将考虑可能的货币政策选项。随着疫情在全球蔓延,其造成的医疗资源挤兑和企业复工困难,会促使各国采取扩张性的财政政策和货币政策,支持医疗用品生产并补贴企业经营。

假设新型冠状病毒肺炎疫情及早得到有效控制,东京奥运会将显著拉动国内消费市场、基础设施建设和相关产业发展。根据日本瑞穗银行预测,2020年访日游客规模将达到创纪录的3629万人次,人均消费将增加28%;基础设施建设刺激服务业、房地产业、运输业、通信业、医疗业等多个行业发展,未来10年日本国内投资将增长100万亿日元以上。

### 三、新型冠状病毒肺炎疫情影响下日本的应对措施

新型冠状病毒肺炎疫情暴发后,日本政府于2020年1月中旬召开阁僚会议,根据疫情传播信息研究对策。进入2月又针对新型冠状肺炎疫情不断扩大的状况,调拨5000亿日元

---

① 刘淑芳,杨虎涛. 新冠疫情对中日韩三国旅游业的影响研究[J]. 亚太经济,2020(2):21-29.
② 日本经济增速放缓叠加新冠肺炎疫情令市场忧心[N]. 世界金属导报,2020-03-10(A01).

的专项资金，开展简易检测试剂盒和疫苗的开发、摸索新的诊断及治疗方法，同时为中小企业提供紧急贷款，以维护医疗体系与生产生活的稳定。本轮疫情发生后，日本中央政府在第一时间成立了由安倍首相牵头，垂直领导厚生劳动大臣，联络相关部门的对策本部，并在1月23日国会上正式宣布"政府要加强对新型冠状病毒肺炎疫情防控"。1月28日，安倍政府以"内阁政令"的形式发布"新型冠状病毒肺炎适用于《传染病法》"，要求相关省厅从2月1日起将其作为处理疫情的基本准则。此后又陆续召开疫情对策本部会议及听证会，通过媒体向社会公布相关情况（见表1）。

表1 日本采取的防疫措施（2020年）

| | |
|---|---|
| 2月22日 | 开始的3周内东京都主办的室内活动原则上中止或延期；日本环球影城与迪士尼闭园至3月15日 |
| 2月28日 | 北海道宣布进入紧急状态；全日本所有国家直辖的公共设施项目停工至3月15日 |
| 3月2日 | 呼吁远程办公、错峰出勤，不强制要求主办方取消各类活动；呼吁全日本中小学停课至春假结束，对停工请假的家长给予每天最多8330日元资助 |
| 3月3日 | 日本内阁会议决定从本年度预算的预备费中支出22亿日元作为口罩购买费用等 |

然而，由于日本政府早期应对本次疫情的立足点在于"防"而不是重视程度更高的"控"，政府决策部门根据2009年世界范围新型流感（H1N1）大暴发时防止流感进入日本国内的成功经验，再次采用所谓的"水际対策"①。此次政策重点旨在机场、港口加强检疫，希望通过堵截的手段将病毒隔离。新型冠状病毒肺炎疫情暴发后，日本政府及时召集专家论证了日本应当采取的对策，论证的结果是"日本无法学习中国或新加坡方式尽灭病毒疫情"，于是提出了符合自己国情和社会环境实际状况的策略。日本通过对第一批百余名患者做出细致的分类跟踪调查研究，得出以下结论：80%以上的感染者并未造成大量传播，其余10%以上的感染者有大量接触人或没有大量接触人之别。因此，日本政府于2020年1月21日召开阁僚会议，决定贯彻边境口岸对策，切实把握患者情况，彻底收集信息，一面向国民迅速公开准确信息，一面紧盯感染者行踪，严控超级感染者出现。同时，日本国立传染病研究所传染病流行病学中心发布了《对新型冠状病毒肺炎患者实施流行病疫学调查的概要（暂定版）》。1月28日，日本政府宣布将新型冠状病毒肺炎列为"指定传染病"，参照《传染病法》分别制定出"患者检查应对流程"和"接触人群检查流程"。日本对"钻石公主号"游轮感染的不力处理客观上推动了日本朝野对政府做法的反思，日益严重的疫情也促使政府不得不加大应对力度。2月下旬是日本政府疫情防控的分水岭与政策转折点。2月24日，日本厚生劳动省加藤胜信大臣召集了以日本国立感染症研究所所长胁田隆字等为首的14人专家会议，指出目前的首要目标是尽量拖延感染峰值的到来，并在峰值到来之前增强医

---

① 高洪．日本的危机管理体制与新冠肺炎疫情防控[N]．人民政协报，2020-05-11（002）．

疗机构的应对能力。

为了从根本上扫清抗"疫"道路，安倍政府一面公布追加 4408 亿日元财政投入，其中包括"口罩生产及病毒检测" 400 亿日元、"疫情受困中小企业及自由职业远程办公补贴款"约 4000 亿日元，并计划为"中小学校停课造成监护人带薪休假"追加 2400 亿日元，并将社会上出现的高价倒卖口罩定性为违反《国民生活安定紧急措施法》行为，处以一年以下有期徒刑或 100 万日元以下罚款；一面推动适应性相关法律的修改以解燃眉之急，修订通过了《新型流感对策特别措施法》。2020 年 4 月，新型冠状病毒传染病对策日本政府专家会议发布了新的建议，安倍首相在"新型冠状病毒肺炎在日本国内的感染事态扩大至能够预见巨大危机"的前提下，按照"咨询专门委员会意见—得到咨询委员会肯定答复—发布针对特定实施区域与限定时间范围的宣言—地方政府行政长官依宣言落实"的四步程序，发布"全国进入紧急状态宣言"。针对局部地区和产业的"柔性封闭"后产业减量与人员流动限制对服务业造成的损失，动用国家财政为每位国民发放人均十万日元的临时补贴，以缓解老百姓的生活压力及疫情下出现的社会不满情绪。以东京为首的地方政府也在此前专家论证的基础上，大力呼吁民众尽量避免进入"密闭空间"，不要形成人员"密集场所"，不可与他人"密切接触"。

**四、新型冠状病毒肺炎对中国的经济影响以及应对政策措施**

2020 年，新型冠状病毒肺炎疫情暴发，由于其暴发期短、传播速度快，加之对这种新型病毒缺乏足够的认识和应对手段，多国政府都采取了不同程度的限制举措，酒店、旅游业、民航客运在极短的时间进入"暂停"时刻。2 月，IMF 已初步将全球经济增长较 1 月预测调降 0.1 个百分点，疫情的全球蔓延使得经济预测更加悲观。中国作为世界第二大经济体，疫情管控要求下的商品流动和人员流动都受到了严格控制，这不仅对中国经济，同时也对世界经济，尤其是亚太经济造成了深刻而全面的影响。

（一）采取有效的国内应急措施

此次新型冠状病毒肺炎疫情扩大的原因是公共卫生应急响应机制失灵。失灵原因在于以下两个方面：一是新型冠状病毒超出人们既有认知，无法判断其特征与影响；二是有关地方机构反应迟缓，影响了对病毒及疫情的研判。

面对此次疫情，政府应形成民生应急保障机制。民生保障涉及人民生产生活的方方面面，非常态时期经济社会秩序的重塑会对民生产生重大影响，因此需要形成一套科学有效、无缝对接、有法可依的民生应急保障机制，总结联防联控机制运行经验与教训，并将其流程化、法治化。加强非常态社会保障启动、流程等方面的法治建设，将其纳入常规化政府治理内容，并对各相关主体进行非常态社会保障制度运行演练，不断完善社会保障制度应急运行能力。①

临时增加的政府支出应优先投向医疗卫生部门,以支持预防、控制和缓解疫情方面的所有必要支出,包括确保充足的医疗卫生服务人员配备和检测设备、为一线人员和研究人员提供更高的加班工资和更好的工作环境等。

对弱势群体和受影响企业的支持也必不可少。政府出台的遏制疫情发展的措施和对疫情的恐惧可能会导致正常的经济活动戛然而止。除了健康之外,最重要的应该是人。可供选择的政策选项包括:采用短期工作计划以提高工作时间的灵活性,尽可能保留工作岗位和保障劳动者工资;为弱势家庭提供临时的直接现金支持,以帮助他们渡过因停工和裁员导致的收入减少的困境;政府还可以向所有新型冠状病毒肺炎患者提供免费医疗服务,如果条件允许,该政策可以覆盖政策出台前的患者。增加受影响部门的企业的流动性缓冲也是必要的,以避免其他受影响较小企业遭受债务违约的波及。降低固定税费、提供适度的宽容性信贷或降低企业运营成本(如能源成本)将有助于缓解企业面临的需求突然下降的压力。为支持金融系统向现金流出现问题的企业,尤其是中小型企业提供帮助,中央银行可以暂时性调低存款准备金率。全球主要中央银行之间的货币互换额度可能也需要调整,在贸易临时中断或投资者转向更安全资产的背景下,对美元的需求会增加。

（二）采取宽松货币政策

2019年全球经济动力不足,增速有限。以国际货币基金组织年内不断调低全球经济增速为标志,悲观和不确定性成为贯穿2019年全球经济的主线。国际货币基金组织一年之内三度下调其对2019年世界经济增速的评估。从2019年初的3.5%修正为3.3%,再到3%,反映了世界经济发展情况的不断恶化。无论是发达经济体,还是发展中国家,都面临着增长动力不足的问题,两者2019年经济增速分别为1.7%和3.7%,与2018年相比,分别下降了0.5%和0.8%。如果2019年世界经济增速最终确认为2.9%,这将是金融危机以来全球经济增速最为孱弱的年份。世界经济长期稳定增长根本上有赖于更深层次的结构改革和更为显著的技术变革。只有在结构改革推动和技术变革推动下,经济才能实现较为长期的强劲增长。2020年在看不到全球宏观经济结构改革出现重大进展,也无法迎来全球技术变革获得重大进步的情况下,可能维持经济增长或者说避免经济衰退的最后手段是全球主要经济体更大力度地实施宽松货币政策。这意味着如果全球经济出现严重下滑迹象,各主要经济体可以通过降息等方式支持经济,在技术指标上避免经济在2020年走向衰退。在全球经济低迷、贸易增长缓慢、各国工业体系深嵌于全球价值链的大背景下,新型冠状病毒肺炎疫情在全球非同步扩散和大规模蔓延,增加了价值链上游的零部件加工企业关闭风险,位于价值链下游的制造业企业同样面临关闭与财务困境,企业连锁倒闭的概率增加,并正

---

① 何志鹏,贾玉娇,于君博. 国家治理现代化与应对新冠肺炎疫情(笔谈)[J]. 吉林大学社会科学学报,2020, 60 (3): 19-27.

诱发金融恐慌。

为了缓解新型冠状病毒肺炎疫情对经济的影响，中国已推出多次财政补贴，并放松货币政策，为市场和企业提供流动性。截至2020年2月14日，各级财政已安排疫情防控补助资金901.5亿元，其中中央财政安排252.9亿元。2020年1月31日，中国人民银行安排3000亿元专项再贷款，支持金融机构向疫情防控重点企业提供优惠利率贷款。为确保流动性充足供应，2020年2月3日，中国人民银行开展1.2万亿元公开市场逆回购操作投放资金；2月4日中国人民银行继续增加流动性供应，当日公开市场操作逆回购投放资金5000亿元。2020年2月20日，中国一年期贷款市场报价利率（LPR）为4.05，下调了10个基点。

宽松的货币政策环境为实施积极的财政政策支持短期需求提供了机会。随着疫情影响的逐渐消退，财政支持需要综合考虑发展周期、财政规模、债务可持续性等因素，进行政策组合的权衡。对于那些可能引发债务风险的国家，可以在不影响债务可持续性的基础上加大财政刺激。对于那些债务和预算赤字较大的国家，政府实行进一步宽松财政政策的空间有限，但是可以通过调整支出结构和税收结构来支持经济活动。一些新兴市场国家不具备实施宽松财政政策的条件，但可以向低收入群体提供转移支付，并加大对公共与私人部门投资的支持。总而言之，在未来一段时期内，很多国家需要通过加强公共投资来支持需求的改善。很多发达经济体的长期利率接近零，从而让公共投资变得有利可图。对那些具有较大正外部性和可能出现市场失灵领域的投资尤为重要，如卫生、教育、数字和环境基础设施等。

（三）加强应对疫情国际合作

虽然世界卫生组织（WHO）不建议针对中国实施旅游或贸易禁令，但仍有部分国家对中国采取人员禁航限制。部分国家放大中国疫情的影响，限制中国出口，使得中国商品无法进入国际市场。2020年1月30日，美国商务部部长罗斯接受美国福克斯新闻网采访时表示，新型冠状病毒肺炎疫情的发生将有助于加速制造业回流美国。路透社于2020年2月16日报道，美国政府正在考虑是否阻止通用电气继续为中国一款新型客机提供发动机，且美国欲对飞机零部件的销售实施新的限制。疫情全球蔓延造成的社会和经济影响，正成为部分国家实施贸易保护的借口和武器，全球贸易摩擦加剧的可能性在增加。统计表明，受疫情影响，2020年中国第一季度GDP增速为-6.8%。美国和欧洲预计第一季度GDP也为负增长。疫情冲击之下，全球主要经济体面临着严重的经济衰退风险。如果主要经济体应对新型冠状病毒肺炎疫情致使经济停摆一个季度甚至更长时间，全球经济增速将更低，有可能进入衰退。

受新型冠状病毒肺炎疫情在全球接连暴发影响，相比正常年份，2020年全球贸易将可能在数月之内处于异常状态。从各主要经济体的疫情发展阶段看，先是中国无法有效出口，然后是欧美国家无法有效进口,其他经济体为抗击疫情也采取了不同程度的贸易限制措施。多重影响之下,世界贸易短期内出现严重停滞,市场主体间合同履行、货物交付或者难以实现,或者面临通关时间延长等问题,从而可能引发世界范围内企业间的大量贸易争端。

中国作为全球最大的中间产品制造出口国,在全球价值链中占据重要地位,全球计算机、电子产品、医药、运输设备的生产商尤其依赖中国生产的零部件。受新型冠状病毒肺炎疫情影响,中国为控制疫情传播不得不暂时关闭工厂、延迟复工,导致工作时长被迫减少,可以看作是供给端的不利冲击。供应链的临时中断在短期内可以靠库存来解决,但考虑在全球运输所需的时间,许多国家制造业部门将受到供给的影响。同时,需求端也会受到抑制。消费信心下降、工人失去收入、对旅游服务的需求下降,都将影响消费支出。现金流的减少和不确定性的上升,促使企业不得不推迟投资。因国外原材料供应商推迟发货和运输成本提高,中国进口商品价格显著上升,引起人民币的对外贬值压力增加;国外疫情蔓延和经济形势变化,增加了人民币对外升值压力;人民币面临的贬值压力和升值压力在交错出现。人民币汇率波动增加了中国进出口贸易的不确定性。

新型冠状病毒肺炎疫情暴发不可避免地导致协商确定的履行进程有所延后,甚至某些受疫情影响严重的领域可能需要重新谈判。新型冠状病毒肺炎疫情导致的生产不足和供应滞后使部分中国出口商品无法满足世界需求,手机、家电、高新技术产品和服装等商品的世界价格面临上涨压力。中国作为口罩生产大国,全国口罩产量和产能已双双突破1亿只,为全球口罩产能最大的国家。疫情在各国蔓延,口罩等医疗用品价格在全世界范围内大幅度提高。口罩等医疗用品价格提升正带动上下游产品成本和价格轮番上涨。2020年1月20日,人民币对美元中间汇率为6.8664人民币/美元,2020年2月27日在岸人民币对美元平均汇率约为7.01人民币/美元,2020年3月2日人民币对美元中间汇率为6.9811人民币/美元;人民币对外汇率变动显著增加。

而中美签署并落实双边第一阶段经贸协议,有利于中美经济,也有利于世界经济的发展。制约2019年世界经济发展的重大负面因素是贯穿全年的中美贸易摩擦。随着2020年初两国正式签署并逐步落实第一阶段经贸协议,中美贸易摩擦有所缓和。虽然最终解决中美贸易争端尚需时日,但中美第一阶段协议对世界经济的积极作用显而易见。

中国在应对疫情及其影响方面,不断加强与欧盟、东亚、南亚、非洲等国家和地区的合作,不仅在疫情防控物质、医护人员、诊疗经验等方面提供力所能及的援助,而且在应对产业链、供应链断裂、消费停滞、经济衰退等方面发挥积极作用,通过加快复工复产提高供应能力、扩大消费等方式支持全球经济发展。

**(四)积极推动东亚合作**

中日韩作为亚洲三大主要经济体,对外贸易战略迥然不同。总体来看,日本贸易自由化水平高于韩国和中国,但就区域经济一体化发展来看,韩国更为领先。韩国在不断优化经济结构的同时致力于贸易自由化发展，逐渐自 20 世纪 50 年代的进口替代战略过渡为当前进出口高度开放战略。从区域经济合作层面来看，无论是早期局部自由贸易协定（PSA）或当前双边自由贸易协定（FTA），韩国均积极参与，以通过深层次、全方位的贸易合作达到有效开拓市场、增强国际影响力及避免被周边大国边缘化的目的。至今，韩国已由早期关税及贸易总协定（GATT）、WTO 等多边自由贸易体系转变为多双边体系并举，签订自由贸易协定规模达世界第二。

2019 年 3 月，中国再次提出希望推动建设中日韩自由贸易区。通过中日韩自贸区的建设，加强深层次的经济联系，加强政治对话协商，从长远来看符合三国的政治经济战略目标。伴随区内关税和贸易限制措施的降低和取消，三国之间的商品流通更为顺畅和便利，同时由于中韩日分别位于产业链的低端、中端和高端，经济具有互补性，因此，建立自贸区后，三国相关经济指标将有明显提升，贸易关系将更为密切。一方面会为中国出口企业创收，出口厂商的成本会降低，市场利益会增加，企业动力增加；另一方面能刺激消费增长，消费者可以在自贸区内买到价格更低的商品，消费热情更大。中日关系回温，朝鲜半岛形势转好，中日韩自贸协定的谈判也出现了重大契机。加速中日韩自由贸易区能够为中国提供稳定的周边环境，结合"一带一路"倡议与有关国家战略相连能够为中国拓宽更大的通路。此外，中韩自贸区已经签署，以此为契机，可以加快缔结中日韩自由贸易区。包括中国等 15 个经济体在内的《区域全面经济伙伴关系协定》（RCEP）有望在 2020 年签署，这些重要的贸易协定将会给世界经济带来更大的发展动力。如果中日两国能够推动 RCEP 如期签署，并加快中日韩 FTA 的谈判进程，将有效刺激经济全球化发展，为两国经济增长注入新的动力。

**参考文献**

[1] 张锐. 多空对弈下的 2020 年全球经济[J]. 现代商业银行，2020（3）：22-24.

[2] 原倩. 当前日本经济萎缩态势与 2018 年经济形势展望[J]. 中国经贸导刊，2018（21）：30-32.

[3] 刘淑芳，杨虎涛. 新冠疫情对中日韩三国旅游业的影响研究[J]. 亚太经济，2020（2）：21-29.

[4] 日本经济增速放缓叠加新冠肺炎疫情令市场忧心[N]. 世界金属导报，2020-03-10（A01）.

[5] 高洪. 日本的危机管理体制与新冠肺炎疫情防控[N]. 人民政协报，2020-05-11（002）.

[6] 何志鹏，贾玉娇，于君博. 国家治理现代化与应对新冠肺炎疫情（笔谈）[J]. 吉林大学社会科学学报，2020，60（3）：19-27.

# 近期东盟国家经济形势的分析与预测

王 勤[*]

**摘要**：随着新型冠状病毒肺炎疫情的全球扩散，东盟国家经济增速急转直下，各国官方和国际经济组织均大幅下调2020年经济增长的预期。由于各国实施防控疫情的举措，东盟国家的经济增长动力减弱，国内消费和投资下滑，生产与出口骤降，服务业遭受重创，失业和民生问题凸显。为应对全球疫情扩散对经济的影响，东盟国家将抗击疫情列为国家议程的头等大事，全力以赴抗疫情、稳经济、稳社会和稳民生。各国纷纷推出经济援助配套计划，调整宏观经济政策工具，加大财政支出，降低基准利率，稳定汇率和金融市场，援助中小企业和弱势群体，加强区域合作，共同应对疫情的影响。展望2021年，东盟国家经济增长仍存在较大不确定性，经济增速将取决于全球疫情的消退尤其是重要贸易伙伴国的经济复苏。

**关键词**：全球疫情扩散；东盟国家；经济形势

在跨入21世纪第三个十年的开局之年，新型冠状病毒肺炎疫情的全球扩散导致世界经济陷入全面衰退，而发达经济体、新兴市场和发展中经济体同步衰退则是自20世纪30年代世界经济大萧条以来首次出现的。随着全球疫情扩散，东盟国家经济增速急转直下，各国官方和国际经济组织均大幅下调近期经济增长的预期，新型冠状病毒肺炎疫情对这些国家近期和中期经济发展将产生深刻的影响。

## 一、全球疫情扩散下东盟经济增速急转直下

近年来，在世界经济增长放缓和国际市场萎缩的形势下，东盟国家经济增长率普遍下滑，但各国经济仍然保持了弹性，多数国家经济保持中速增长，少数国家经济持续低迷。据统计，2012—2018年东盟国家经济年增长率分别为6.2%、5.2%、4.7%、4.8%、4.9%、

---

[*] 王勤，经济学博士、厦门大学东南亚研究中心教授，博士生导师，南开大学APEC研究中心兼职研究人员。

5.3%和 5.2%。①据各国官方统计，2019 年印度尼西亚经济增长率为 5.02%，马来西亚为 4.3%，菲律宾为 5.9%，新加坡为 0.7%，泰国为 2.4%，越南为 7.02%。进入 2020 年，随着新型冠状病毒肺炎疫情的全球扩散，东盟国家经济增速急转直下，各国官方和国际组织均对未来经济走势表露出悲观的预期。

自从 2020 年 1 月 4 日新加坡出现新型冠状病毒肺炎疑似病例，到 3 月 23 日老挝确诊两例新型冠状病毒肺炎病例，疫情已席卷全部东盟 10 国。截至 2020 年 7 月 29 日，东盟国家累计确诊病例达 254891 例，累计死亡 7155 例。其中，印度尼西亚、菲律宾和新加坡是确诊病例最多的三个国家。在全球疫情扩散的形势下，东盟国家均大幅下调 2020 年经济增长的预期。印度尼西亚政府预计全年 GDP 增长率为 0.4%~2.3%，原定目标为 5.3%，政府预期经济增速将创下 1999 年以来的最低点；老挝将全年经济增长率从 6.5% 下调至 3.3%~3.6%；马来西亚预计经济增速为-0.5%~3.8%，原定目标为 4.8%，政府认为马来西亚经济将陷入 10 年来的首次衰退；菲律宾预计 GDP 增速-0.8%~0%，原定目标为 6.5%~7.5%，政府判定国内经济将出现 20 多年的首次负增长②；新加坡一再下调经济增速，从 0.5%~2.5%调至-1.5%~0.5%，再从-4%~-1%调至-7%~-4%，政府警示新加坡将面临独立以来最严重的经济萎缩；泰国央行预计 GDP 增速为-6%~-5%，此前预测为 2.8%；越南认为经济增速仍可达到 5%以上，但要完成原定的 6.8%目标难度较大。据各国官方的最新统计，2020 年第一、二季度，印度尼西亚经济增长率为 2.97%，马来西亚为 0.7%，菲律宾为-0.2%，新加坡为-2.2%和-12.6%，泰国为-1.8%，越南为 3.82%和 0.36%。

面对疫情的全球扩散，国际经济组织均大幅下调了东盟国家经济增长的速度。据国际货币基金组织预测，2020 年文莱经济增长率为 1.3%，柬埔寨为-1.6%，印度尼西亚为-0.3%，老挝为 0.7%，马来西亚为-3.8%，缅甸为 1.8%，菲律宾为-3.6%，新加坡为-3.5%，泰国为-7.7%，越南为 2.7%（见表 1）。据世界银行预测，2020 年柬埔寨经济增长率为-1%，印度尼西亚为 0%，老挝为 1%，马来西亚为-3.1%，缅甸为 1.5%，菲律宾为-1.9%，泰国为-5%，东帝汶为-4.8%，越南为 2.8%。③据亚洲开发银行预测，2020 年东盟国家的经济增长率为 1%，其中文莱为 2%，柬埔寨为 2.3%，印度尼西亚为 2.5%，老挝为 3.5%，马来西亚为 0.5%，缅甸为 4.2%，菲律宾为 2%，新加坡为 0.2%，泰国为-4.8%，越南为 4.8%。④

---

① ASEAN Secretariat (2018). ASEAN Statistical Highlights 2018. Jakarta: ASEAN Secretariat.
② 乐观情绪消散，财长：GDP 成长最高是 0%[N]. 菲律宾商报，2020-04-10.
③ World Bank. Global Economic Prospects, 2020-06: 207.
④ Asian Development Bank. Asian Development Outlook, 2020.

表1  2002—2021年东盟国家的实际国内生产总值增长率                单位：%

| 国家 | 2002—2012 | 2012 | 2013 | 2014 | 2015 | 2016 | 2017 | 2018 | 2019 | 2020 | 2021 |
|---|---|---|---|---|---|---|---|---|---|---|---|
| 文莱 | 1.5 | 0.9 | -2.1 | -2.5 | -0.4 | -2.5 | 1.3 | 0.1 | 3.9 | 1.3 | 3.5 |
| 柬埔寨 | 7.9 | 7.3 | 7.4 | 7.1 | 7.0 | 6.9 | 7.0 | 7.5 | 7.0 | -1.6 | 6.1 |
| 印度尼西亚 | 5.7 | 6.0 | 5.6 | 5.0 | 4.9 | 5.0 | 5.1 | 5.2 | 5.0 | -0.3 | 6.1 |
| 老挝 | 7.5 | 7.8 | 8.0 | 7.6 | 7.3 | 7.0 | 6.8 | 6.3 | 4.7 | 0.7 | 5.6 |
| 马来西亚 | 5.1 | 5.5 | 4.7 | 6.0 | 5.0 | 4.4 | 5.7 | 4.7 | 4.3 | -3.8 | 6.3 |
| 缅甸 | 10.0 | 6.5 | 7.9 | 8.2 | 7.5 | 6.4 | 5.8 | 6.4 | 6.5 | 1.8 | 7.5 |
| 菲律宾 | 4.8 | 6.7 | 7.1 | 6.1 | 6.1 | 6.9 | 6.7 | 6.3 | 6.0 | -3.6 | 6.8 |
| 新加坡 | 6.6 | 4.5 | 4.8 | 3.9 | 3.0 | 3.2 | 4.3 | 3.4 | 0.7 | -3.5 | 3.0 |
| 泰国 | 4.3 | 7.2 | 2.7 | 1.0 | 3.1 | 3.4 | 4.1 | 4.2 | 2.4 | -7.7 | 5.0 |
| 越南 | 6.8 | 5.5 | 5.6 | 6.4 | 7.0 | 6.7 | 6.9 | 7.1 | 7.0 | 2.7 | 7.0 |

资料来源：根据IMF World Economic Outlook April 2020, World Economic Outlook Update June 2020数据编制。

注：2002—2012年为年平均增长率；2020年、2021年为预测数。

由于各国实施严厉的防控疫情举措，东盟国家的经济增长动力减弱，国内消费和投资下滑，生产与出口骤降，服务业遭受重创，失业和民生问题凸显。东盟国家是全球价值链和区域生产网络的重要节点，疫情对区域产业链和供应链造成较大的冲击，各国的外向型企业生产与出口停滞。[①]众多中小微企业面临着生存问题，据越南工商会（VCCI）调查显示，2020年头3个月，越南有近3.5万家企业退出市场，创历史新高；泰国官方预估2020年泰国失业人数可能高达840万人；柬埔寨共有约180家纺织厂停产和近60家纺织厂准备宣布停产，直接影响15万名工人的就业；印度尼西亚的鹰航公司（GIA）、民房建设公司（Perumnas）、印尼铁路公司（KAI）、努山达拉国有农园公司（PTPN）、粮储公共公司（Bulog）和卡钢公司（KS）等国有企业深受疫情的负面影响，需通过财政部给予注资。各国的旅游、交通运输、金融业等受到较大冲击，东盟国家的旅游业收入占GDP的13%，疫情使得东盟最大的旅游国泰国全年接待的外国游客数量大幅减少，旅游业将损失800亿～1000亿泰铢（约26亿～32.4亿美元）；新加坡航空公司已削减其运力的96%，印度尼西亚鹰航也面临着破产的危机。全球疫情引发了各国汇率和金融市场的急剧波动，印度尼西亚中央银行估计在疫情最严重的时期印尼盾币对美元汇率可能会降至1美元对1.75万盾，甚至达到2万盾。不过，由于美国调整货币政策导致美元汇率持续下滑，一些国家的货币汇率急剧上升，如菲律宾比索对美元的汇率已创下两年多来的最大涨幅。受疫情扩散导致欧美股市大跌的影响，东盟国家股市均出现了抛售潮，多国股市暴跌触发熔断机制，股指创下近年新低。各国房地产市场萧条，越南2020年首季度房地产市场处于4年来最暗淡的时期，约五成交易平台暂时停业。联合国亚太经社理事会预计，东盟国家将有数百万

---

① ASEAN Secretariat (2020). Economic Impact of COVID-19 Outbreak on ASEAN. ASEAN Policy Brief, 2020-04.

个工人面临失业危机,区域内跨境劳工深受影响。新型冠状病毒肺炎疫情使印度尼西亚的贫穷人口比率回升为两位数,即从2019年的9.22%回升至2020年的13.22%。受新型冠状病毒肺炎疫情的影响,2020年菲律宾海外劳务人员汇款回国金额将损失45亿美元。

全球疫情加剧了逆全球化和贸易保护主义倾向,这对高度外向型东盟国家的进出口贸易影响深远。早在疫情暴发前,美国就宣布将在2020年4月取消对泰国573种商品的普惠制关税优惠待遇(GSP),这些商品将被征收4.5%的进口关税。同时,美国对印度尼西亚享有普惠制的124种产品进行资格审查。疫情暴发期间,美国仍向东盟国家挥舞反倾销的大棒。2020年5月,美国宣布对从越南进口的不锈钢板带材涉嫌避税发起贸易调查,相关产品可能涉嫌规避反倾销税和反补贴税。此次贸易调查类似于美国2016年以来对中国产不锈钢板带材征收139%~267%的反倾销税和反补贴税。同时,美国发起对越南轮胎的反倾销调查,被调查产品为乘用车和轻型卡车轮胎产品。2019年,越南被调查产品对美国出口额达1210万美元,占美国乘用车和轻型卡车轮胎进口额的6.7%。①

## 二、东盟应对全球疫情扩散的经济政策

面对疫情全球扩散的形势,东盟国家将抗击疫情列为国家议程的头等大事,全力以赴抗击疫情,努力稳经济、稳社会和稳民生。

### (一)各国纷纷推出经济援助配套计划,实施积极的财政政策

在新型冠状病毒肺炎疫情肆虐全球的背景下,东盟国家积极调整宏观经济政策,各国均扩大了财政支出,加大疫情防控的投入,援助受疫情影响的部门行业、中小企业和弱势群体。印度尼西亚于2020年2月和3月分别推出了10.3万亿印尼盾和120万亿印尼盾的经济刺激配套政策,政府削减了2020年国家和地方预算的非优先支出;4月发行近450万亿印尼盾(约272亿美元)的债券专门用于应对新型冠状病毒肺炎疫情,政府还为21个工业、农业和服务业领域提供了税务优惠。马来西亚于2020年2月宣布了200亿林吉特(约47亿美元)的经济振兴配套方案以应对疫情的影响,3月新政府出台2500亿林吉特(约583亿美元)的"一揽子"刺激计划,4月政府又公布了100亿林吉特(约合23亿美元)的刺激计划。菲律宾于3月出台271亿比索(约5.26亿美元)"一揽子"援助计划,其中31亿比索用于防疫扩散、20亿比索用于弱势群体、12亿比索用作失业救济金、140亿比索用于旅游业、28亿比索和10亿比索分别为农民、渔民和中小微型企业提供无息贷款。新加坡于2020年2月推出40亿新元的援助配套措施,3月出台了484亿新元的第二个经济援助计划,4月又公布了51亿新元的第三个经济援助计划,由此政府应对疫情的纾困资金达599亿新元,相当于新加坡GDP的12%。泰国政府连续出台了两个疫情纾困计划,包

---

① 美国宣布对从越南进口的不锈钢板带材涉嫌避税发起贸易调查[N]. 越通社,2020-05-17;美国发起对越南轮胎的反倾销调查[N]. 越通社,2020-05-18。

括贷款、减税和为员工发放现金补贴等,援助规模分别为 4000 亿泰铢和 2070 亿泰铢,6月泰国国会批准了 1.9 万亿泰铢的"一揽子"经济刺激计划,涉及金额占泰国 GDP 的 11.4%,是现政府出台的最大规模经济刺激计划,主要用于公共卫生和救济措施、重建经济和创造就业机会,以及贷款和企业债券支持等。

### (二)普遍降低利率,推行稳定本国汇率和金融市场的措施

面对全球疫情的扩散,2020 年各国普遍降低基准政策利率和存款准备金率,实施稳定本国汇率和金融市场的政策措施。印度尼西亚中央银行在 2019 年四次降息的基础上,2020 年 3 月再次降息 25 个基点至 4.75%,并认为仍有进一步降息的空间。同时,印度尼西亚中央银行发布了七项金融措施,以维持本币币值和金融市场的稳定。① 作为 2019 年首个降息的东盟国家,马来西亚中央银行分别在 2020 年 1 月和 3 月宣布降息 25 个基点,5 月降息 50 个基点,7 月再降息 25 个基点至 1.75%。菲律宾在 2019 年两次降息和分三个阶段降低存款准备金率后,2020 年 2 月降息 25 个基点,4 月、5 月和 6 月又分别降息 50 个基点。泰国在 2019 年两次降息,将基准利率分别下调 25 个基点,2020 年 2 月、3 月和 5 月又三次降息,基准利率已降至 0.5%,创下历史新低。越南于 2020 年 3 月宣布降息,融资利率、贴现率、银行间市场隔夜拆借利率和公开市场操作利率等均下调。其中,融资利率由 6% 降至 5%,贴现率由 4% 降至 3.5%,银行间市场隔夜拆借利率由 7% 降至 6%,公开市场操作利率由 4% 降至 3.5%。此外,新加坡金融管理局下调了政策区间内新元名义有效汇率的升值幅度,同时保持新元汇率可波动政策区间的宽度与中点不变,汇率调节向来是新加坡金融管理局主要的货币政策工具。

### (三)援助中小企业和弱势群体,打造社会保障安全网

为援助中小企业和弱势群体,东盟国家采取了一系列政策措施。印度尼西亚先后推出的两次经济刺激配套政策均以中小企业为援助重点,印度尼西亚金融服务权威机构(OJK)放宽了对低于 100 亿盾的中小企业信贷条件。马来西亚出台 2500 亿林吉特的"一揽子"刺激计划,其中 1000 亿林吉特用于支持中小型企业;随后马来西亚宣布 100 亿林吉特的刺激计划,专项援助受疫情影响而陷入困境的中小型企业。泰国公布了应对疫情第一轮 1500 亿铢的援助措施,为企业提供最高授信为 2000 万铢的优惠贷款,在疫情期间支付员工工资可以 3 倍额度减免企业所得税。与此同时,印度尼西亚实施六项家庭和社会援助计划,政府提高低价基本食品卡的补贴,加快分发待业卡,持卡者每月可获得 100 万印尼盾的补助金。2020 年 4 月,印度尼西亚政府宣布将向 370 万名雅加达市民和周边四个城市的 164 万名居民提供 60 万印尼盾的三个月补贴。目前,印度尼西亚政府以日常必需品卡、待业卡、电费减免和社会援助纲领等的形式,向国内 1.03 亿居民提供大约 65 万亿印尼盾价值的援助,

---

① 央行七措施减轻疫情负面影响,保持经济增长势头和维持金融体系稳定[N]. 印尼国际日报,2020-03-20.

约有55%的人口已从中央政府得到了社会援助,此数据尚未包括由地方政府所提供的社会援助。①菲律宾推出2000亿比索的社会救济计划,旨在为低收入家庭和受疫情影响行业提供援助,该计划也是菲律宾历史上规模最大、覆盖面最广的社会救济计划。新加坡向失业者提供每月800新元,以帮助他们寻找新工作或参加职业培训。泰国将向约900万名失业者提供每月5000泰铢的援助。越南出台了史无前例的62万亿越南盾的救济计划,预计将有2000万人从中受益。

### (四)在防控疫情的同时,采取逐步开启经济恢复的措施

2020年5月起,东盟国家疫情防控的形势有所好转,各国逐步开启经济恢复进程,并积极寻找疫情后的发展方向。印度尼西亚政府成立国家经济复苏及处理疫情工作组,通过总统条例出台国家经济复苏计划,国家经济复苏的预算开支多达318.09万亿盾(约212.8亿美元),主要涉及9个领域:①为中小微企业提供34.15万亿盾贷款利息津贴,其中包括人民贷款银行(BPR)和融资企业的贷款利息津贴27.26万亿盾、人民营业贷款(KUR)、超微型贷款(UMi)、福利家庭经济援助(Mekaar)和国有典当公司共6.4万亿盾,在线中小微企业、周转基金管理机构(LPDB)和合作社共4900亿盾;②为中小微企业、业界和民众提供税务津贴优惠;③为混合30%棕榈油的生物柴油计划提供2.78万亿盾津贴;④加速偿还国有企业和民众的垫付或补偿金共94.23万亿盾;⑤为旅游业提供25万亿盾津贴;⑥为中小微企业的新营运资本贷款提供担保和利息津贴约6万亿盾;⑦为国电公司、胡达玛卡亚公司、印尼巴哈纳基金(Bahana Pembinaan Usaha Indonesia)公司、曼达尼国际集团(Permodalan Nasional Mandani)和印尼旅游业发展公司五家国有企业提供国家注资金25.27万亿盾;⑧为鹰航公司(GIA)、民房建设公司(Perumnas)、印尼铁路公司(KAI)、努山达拉国有农园公司(PTPN)和卡钢公司(Krakatau Steel)五家国有企业提供32.65万亿盾营运援助;⑨为需要资金重组的银行提供35万亿盾的国家注资金。②

经过90多天抗击疫情后,越南于2020年5月提出国家正式步入经济复苏时期,政府提出力争2020年GDP增长5%以上,使经济回到新常态,从而实现突破性发展。越南提出经济增长的两大方案,即越南重要的贸易伙伴国在2020年第三季度和第四季度基本控制疫情下,前者的经济增长为4.4%~5.2%,后者为3.6%~4.4%。政府要求化解生产经营中的困难,加快公共投资到位进度,保障民生和社会秩序,坚决打赢疫情防控阻击战。在当前维持生产经营活动的同时,为疫情结束后经济复苏创造条件。受到疫情的影响,越南全社会投资资金到位率增速创近年来最低水平,政府要求加大公共投资项目资金到位进度,以拉动国内经济增长。据统计,如果公共投资到位率提升1%,越南GDP增速将增加0.06

---

① 政府拨款65万亿盾支持消费市场[N]. 印尼国际日报,2020-05-13.
② 府会拟订国家经济复苏纲领[N]. 印尼国际日报,2020-05-13.

个百分点。①

菲律宾财政部部长指出，政府将继续推行"大建特建"计划，在2019年该方案整改的基础上，加大基础设施重点项目的建设，以刺激国内经济的复苏。②菲律宾工商部通过小型企业公司推出了新型冠状病毒肺炎重启企业协助方案，该方案旨在提供10亿比索的低息贷款以支持受到疫情影响的中小微企业，资产规模不超过300万比索的中小微企业可借贷1万~20万比索，资产规模不超过1500万比索的企业可借贷20万~50万比索③。

（五）加强区域的多领域合作，共同防控和应对疫情的影响

疫情暴发后，东盟国家将疫情防控放在优先地位，使得2020年东盟工作计划和东盟共同体建设活动受到影响。据东盟秘书处统计，东盟的200多项活动因此延期或取消。④自2020年2月起，东盟开始寻求区域合作，共同应对疫情的影响，时任越南政府总理阮春福以东盟轮值主席国的身份发布了有关应对全球疫情的主席声明，各国领导人承诺将应对防控疫情置于高度优先的地位，呼吁国际社会共同携手参与，各国部长还发布了关于防控疫情中防务、经济、旅游等领域合作的联合声明。东盟协调委员会（ACC）成立了东盟公共卫生协调委员会紧急情况工作组（ACCWG-PHE），旨在促进东盟共同体跨部门合作。东盟各国外长一致同意建立新型冠状病毒肺炎疫情应对基金。第26届东盟经济部长非正式会议及其相关会议发表了关于增强东盟经济恢复能力以应对新型冠状病毒肺炎疫情的联合声明，强调各国需要加强协调配合有效减少疫情对区域经济产生的不利影响，各国同意实施各项具体行动，如继续维持东盟区内的贸易与投资开放，与各国企业、协会保持联系沟通以巩固东盟的区域贸易、投资和旅游中心地位，利用科技与数字经济协助企业维持生产经营活动，落实2025年东盟互联互通总体计划，加强区域供应链的建设，利用东盟一站式机制为区内经贸活动提供便利，确保货物与必用品供应，减少人员跨境流动，巩固东盟与区外伙伴国的经济合作等。4月，东盟抗击新型冠状病毒肺炎疫情领导人特别会议召开，通过了《东盟领导人共同应对新冠肺炎疫情特别会议联合声明》。该宣言强调，东盟应集中采取减轻疫情扩散对经济社会造成影响的措施，各国应保持密切配合，保护人民生命安全和身体健康，协助中小型企业渡过难关。6月，东盟国家经济部长会议通过了《河内行动计划》，旨在落实东盟抗击新型冠状病毒肺炎疫情领导人特别会议的指示精神。该行动计划提出恢复东盟经济的具体措施，包括保持开放市场的承诺，确保粮食安全，加强区域供应链的恢复能力和可持续性，避免采取不必要的非关税政策，促进区域贸易便利化，促进供应链对接，利用技术和数字商务来助力企业，尤其是中小微型企业正常运营。此外，东盟旅

---

① 加大公共投资资金到位力度[N]. 越通社，2020-05-11.
② 财长：大建特建方案将带动菲经济反弹[N]. 菲律宾商报，2020-04-14.
③ 政府拨10亿供微型和中小企业贷款复业[N]. 菲律宾商报，2020-05-14.
④ 东盟与新冠肺炎疫情防控阻击战[N]. 越通社，2020-05-31.

游部长会议通过了"加强合作致力于恢复东盟旅游业的联合声明",东盟劳务部长会议通过了"东盟劳务部长关于应对新型冠状病毒肺炎疫情对劳动者和就业机会产生影响的联合声明"。

面对疫情的全球扩散,东盟与主要伙伴国展开相关的合作。2020年4月,东盟与中日韩(10+3)领导人发布了《东盟与中日韩抗击新冠肺炎疫情领导人特别会议联合声明》,各方在遏制疫情扩散蔓延、提高公共卫生治理水平、推动东亚尽快恢复经济发展三个方面达成共识;6月,东盟与中日韩(10+3)经济部长会议通过了关于在新型冠状病毒肺炎疫情背景下减少对经济影响的联合宣言,旨在推动落实4月各国领导人特别会议的指示精神,并提出具体措施;东盟与日本发布了《东盟-日本经济部长关于应对新型冠状病毒肺炎疫情,促进经济复苏倡议的联合声明》,旨在实现维持东盟与日本之间的紧密经济合作关系,减轻新型冠状病毒肺炎疫情对经济造成的影响,增强经济复苏能力;中国-东盟经贸部长发表《关于抗击新型冠状病毒肺炎疫情加强自贸合作的联合声明》,承诺保持市场开放,消除不必要的贸易限制措施,营造良好的贸易投资环境,充分发挥中国-东盟自贸区在应对疫情中的重要作用,力促区域经济早日复苏。此外,中国-东盟交通部部长也发表了《应对新冠疫情,确保物流链畅通,助力复工复产联合声明》,强调加强合作,共同努力保障中国与东盟之间运输和物流体系畅通,维护全球产业链供应链稳定。

### 三、全球疫情扩散对东盟中期经济发展的影响

2020年新型冠状病毒肺炎疫情的全球扩散,对东盟国家短期经济增长造成严重的冲击,也将对中期经济发展产生深刻的影响。由于无法判定新型冠状病毒肺炎疫情的持续时间,它对东盟国家中期经济发展的影响仍存在明显的不确定性。从中期看,全球疫情扩散将使东盟国家实现中期经济发展目标的难度增大,减缓各国经济转型与产业升级的进程,制约区内商品、资本和劳动力的自由流动,对各国参与全球价值链和区域生产网络造成较大的影响。

首先,全球疫情扩散对东盟国家实现中期经济发展目标的影响。

进入21世纪,东盟国家经济迅速崛起,其经济增长率高于全球平均增速,成为世界经济重要的增长极。目前,东盟是世界第五大经济体(仅次于美国、欧盟、中国和日本),是世界上第四大进出口贸易地区(仅次于欧盟、中国和美国),是世界上第三大吸收外国直接投资(FDI)流量的地区(仅次于欧盟和美国),也是第六大对外直接投资的地区[①]。经历了21世纪前二十年的发展,东盟国家提出了未来中长期经济发展的战略目标。印度尼西亚政府提出,2018—2030年实现GDP年均增速达6%~7%,到2030年跻身全球十大经济体。

---

① ASEAN Secretariat.ASEAN Integration Report 2019[M]. Jakarta: ASEAN Secretariat, 2019: 6-7.

在2016年脱离低收入国家而进入下中等收入国家行列后，柬埔寨提出到2030年要达到上中等收入国家的水平。早在2010年，马来西亚提出到2020年人均收入达到1.5万美元，跨入高收入国家的行列。菲律宾提出，2018—2022年国内生产总值年均增长率达到7%～8%，2020年进入上中等收入国家，到2022年人均收入达到5000美元。泰国的《国家20年发展战略规划（2018—2037年）》提出，泰国的人均GDP每年平均增加7万泰铢（约合2200美元），从2019年的29万泰铢（约合8800美元）增至2030年的36万泰铢（约合10100美元）。越南提出，到2025年越南人均GDP要达到4500美元，成为上中等收入国家，到2035年人均GDP达到1万美元，到2045年跻身高收入国家之列。

在21世纪第三个十年的开局之年，新型冠状病毒肺炎疫情的全球扩散打乱了东盟国家经济与社会发展的常态，阻滞了各国经济转型和结构调整的进程，因此实现中期经济发展目标将面临严峻的挑战。作为东盟最大的经济体，印度尼西亚近20年来经济快速增长，2010—2012年经济增速曾超过6%，此后持续下滑。尽管2020年7月世界银行首次将印度尼西亚归入上中等收入国家的行列，但全球疫情扩散加大了印度尼西亚实现未来10年经济增长指标的难度。马来西亚现有人均收入已超过1万美元，但距离到2020年进入高收入国家仍有一步之遥。世界银行预计，马来西亚要在2021—2024年才能跨入发达国家的行列，疫情可能会进一步延缓这一时点。自2012年起菲律宾经济开始加速增长，连续七年经济增速超过6%，疫情暴发将使菲律宾经济出现20多年的首次负增长，菲律宾拟跨入上中等收入国家的时间可能延后。在经历了疫情重挫后，泰国国内普遍认为泰国经济全面复苏至少需要三年时间，政府正被敦促对国家发展战略进行适当调整。越南是东盟国家中遭受疫情冲击最小的国家，但疫情全球扩散可能阻断越南经济高速增长的势头，到2025年能否跨入上中等收入国家行列的不确定性加大。

其次，全球疫情扩散将减缓东盟国家经济转型与产业升级的进程。

近年来，东盟主要国家在尚未完成工业化的情况下普遍出现了去工业化现象，主要表现为工业部门，尤其是制造业发展减速或停滞，工业部门的增加值比重趋于下降，尤其是制造业的增加值比重下滑较快[①]。为了扭转或延缓去工业化的进程，东盟国家纷纷出台"工业4.0"战略与政策，试图把握第四次工业革命所带来的机遇，促进传统工业转型和新兴工业发展，以加快迈向"工业4.0"时代。印度尼西亚公布了"工业4.0"路线图，马来西亚推出了"工业4.0国家政策"（National Policy on Industry 4.0），新加坡出台了面向"工业4.0"的"产业转型计划"（Industry Transformation Programme），泰国实施了"泰国4.0"战

---

① 据世界银行统计，1996—2016年，印度尼西亚的工业部门增加值占国内生产总值（GDP）的比重从43%降至40.6%，马来西亚从44.1%降至38.9%，菲律宾从35.6%降至33.8%，新加坡从33.3%降至26.3%，泰国从43.4%降至36.1%。其中，制造业占GDP的比重也出现了先升后降的现象。2000—2016年，印尼制造业增加值占GDP的比重从26%降至21%，马来西亚从31%降至22%，菲律宾从24%降至20%，新加坡从28%降至20%，泰国从29%降至27%。

略，越南共产党中央政治局颁布了关于主动参与第四次工业革命的决议。2019年11月，第35次东盟峰会发布了《东盟面向"工业4.0"的产业转型宣言》，提出实施东盟第四次工业革命的综合战略，通过采用"工业4.0"的创新和技术，促进数字价值链的互联互通，推动创新和技术驱动型产业的发展，增强企业尤其是中小微企业的能力建设，以建立繁荣和公平的东盟共同体。①

东盟国家的"工业4.0"战略提出了经济转型和产业升级的目标，确立了面向"工业4.0"的主导产业。印度尼西亚的"工业4.0"路线图提出要优先发展电子、汽车、纺织服装、食品和饮料、石化工业的数字建设，马来西亚重点发展电子电气、机械设备、化工、医疗器械、航空航天等高增长和有潜力行业，新加坡的"产业转型计划"选择23个制造业和服务业行业，"泰国4.0"确定新一代汽车制造、智能电子、未来食品加工、农业和生物技术、高端旅游、生物能源与生物化工、数字经济、工业机器人、航空物流、医疗卫生产业等。新型冠状病毒肺炎疫情全球暴发后，各国以"工业4.0"为主导的产业转型升级项目被迫停滞，多数国家固定投资明显下滑或小幅增长。2020年第一季度，印度尼西亚、越南的固定资产投资分别仅增长1.47%和2.2%，泰国"工业4.0"的旗舰项目东部经济走廊（EEC）投资下滑近50%，印度尼西亚一些需要大量资金的项目将推迟到2022—2023年启动②。雅万高铁是印度尼西亚基础设施的重点项目，尽管疫情暴发后雅万高铁项目并未停工，但疫情造成了铁路技术人员和物资的短缺，一定程度上阻碍了施工进展。2019年7月复工的马来西亚的东海岸铁路（ECRL），因当地政府疫情防控措施被迫停工，现仅恢复部分工程建设。

再次，全球疫情扩散将制约东盟区内商品、资本和劳动力的自由流动。

东盟区域经济一体化的目标在于打造区域单一的市场，促进区内商品、资本和劳动力的自由流动。近年来，各国加快削减关税和非关税壁垒，积极实施贸易便利化，建立开放、自由和透明的投资体制，扩大专业人员和熟练劳动力的区域流动。截至2019年5月，东盟区内98.6%的商品实现了零关税，其中东盟六国（文莱、印度尼西亚、马来西亚、菲律宾、新加坡和泰国）99.3%的商品取消了关税，东盟四国（柬埔寨、老挝、缅甸和越南）97.7%的商品取消了关税。同时，东盟区域内资本流动加快。2018年，东盟区内FDI流入量达245亿美元，占FDI总量的15.9%，高于区外FDI流入量，当年欧盟的FDI流入量为220亿美元（占14.2%），日本为212亿美元（13.7%），中国为102亿美元（6.6%）③。不过，全球疫情的扩散使得东盟国家生产要素市场停摆，区内贸易与投资急剧减少。2020年第一季度，

---

① ASEAN Secretariat (2019). ASEAN Declaration on Industrial Transformation to Industry 4.0. https://asean.org/storage/2019/11/1-issued-ASEAN-DECLARATION-ON-INDUSTRIAL-TRANSFORMATION-TO-INDUSTRY-4.pdf.
② 耗资巨大项目将推迟两三年[N]. 印尼国际日报，2020-07-11.
③ ASEAN Secretariat. ASEAN Integration Report 2019[M]. 2019: 19-20, 38.

印度尼西亚、泰国出口贸易分别仅增长 0.24% 和 0.9%，新加坡、越南进出口贸易分别下降 0.2% 和 0.7%；流入印度尼西亚的外国直接投资（FDI）额下降 9.2%。越南吸收 FDI 协议额下降 20.9%。

尽管东盟共同体区域劳动力自由流动仅限于技能劳动力，但实际上区域内跨境劳工的流动已颇具规模。据世界银行的研究报告，东盟区内国籍的劳工有 700 多万，已形成了以泰国、马来西亚和新加坡为中心的三大跨境劳工流动的走廊。东盟区内三大跨境劳工流动走廊的流向如下：柬埔寨、老挝和缅甸劳工流向泰国，印度尼西亚、缅甸和越南劳工前往马来西亚，印度尼西亚和马来西亚劳工迁移新加坡。[1] 这次疫情的扩散对区域内跨境劳工的流动造成较大的影响，也使一些国家的疫情防控面临严峻的挑战。据报道，目前印度尼西亚在马来西亚的劳工数量达 120 万，许多劳工的合同期限已到，超过 8.87 万名劳工已返回印度尼西亚，这部分人将面临就业问题；新加坡的外籍劳工数量约为 100 万，此次外国劳工感染者约占新加坡病例总数的 94%[2]。

最后，全球疫情暴发对各国参与全球价值链和区域生产网络造成较大影响。

随着国际产业分工格局的变化，以跨国公司为主导的全球价值链和区域生产网络迅速形成与发展，跨国公司通过垂直一体化、生产外包和零部件全球性购买的方式实现最终产品的全球化生产。当今世界，全球价值链由欧盟、北美和东亚三大区域生产网络构成，以美国、德国、中国和日本为四大生产中心，东盟国家也成为全球价值链的重要节点。由于东盟国家无法通过工业化建立其完整的工业体系，各国的工业化主要通过参与全球价值链和区域生产网络来实现，一些先进国家从加工组装环节开始逐渐向零部件生产环节攀升，而后进国家也开始参与到全球价值链的进程中，大力发展辅助工业，承接劳动密集型产业和生产工序[3]。疫情全球暴发后，全球价值链几近中断，区域产业链和供应链遭受巨大的冲击，东盟国家的外向型企业生产与出口近乎停滞。尽管越南接收了大量产业转移，但多以组装为主，大量原材料和零部件都依赖进口，疫情暴发后中间产品进口受阻，工厂被迫关闭。例如，韩国三星集团在越南设立 8 家工厂和 1 家研发中心，主要生产手机与电子零件。尽管越南当地有上万家三星的供应商，但 30% 的中间产品依然要从中国进口，而疫情暴发后三星在越企业的供应链遇到了阻碍。

世界范围内的疫情扩散对全球价值链造成了严重的冲击，它暴露出全球价值链的高度脆弱性，疫情后以跨国公司为主导的全球价值链重构必将加快，跨国公司的价值链重构将更加关注安全，促进本土化，重视东道国的制度环境因素，甚至涉及大国关系的政治因素。

---

[1] Testaverde M, Moroz H, Hollweg C H, et al. Migrating to Opportunity[M]. World Bank Publications, 2017.
[2] 我国昨天新增 218 病例 客工宿舍病例近 4 万占总数 94%[N]. 新加坡联合早报，2020-06-23.
[3] OECD-UNIDO. Integrating Southeast Asian SMEs in Global Value Chains Enabling Linkages with Foreign Investors. Paris: OECD, 2019: 23-24.

美、日等发达国家实施了鼓励本国跨国公司从中国回归本土或转向东盟国家的措施,这将有助于东盟国家扩大参与全球价值链和区域生产网络的规模,进一步促进这些国家融入全球价值链中。不过,在疫情前全球价值链的重构与调整已经开启,中美贸易战加速了这一进程。一些跨国公司逐步将部分生产过程和工序从中国转向东盟国家,但中国既是全球制造大国,又是全球最大消费国,使得跨国公司又要保留中国的生产和经营基地,部分中间产品(半成品和零部件)仍需要由跨国公司在中国的投资企业和中国当地企业来提供。因此,此次疫情后全球价值链的修复和重构难以在短期内完成,这可能会减缓西方跨国公司将产业链撤离中国转向东盟国家的进程。

### 四、2021年东盟经济发展展望

2020年,全球的疫情扩散导致世界经济陷入全面衰退之中,其严重程度超过2008年全球金融危机。此次疫情使得发达经济体、新兴市场和发展中经济体同时陷入衰退。由于新型冠状病毒肺炎疫情的持续时间无法判定,它对世界经济的影响仍存在明显的不确定性,因而全球疫情扩散下东盟国家经济发展的前景也难以预料。

在全球疫情扩散的形势下,2020年世界经济将受到严重的冲击,而2021年全球经济增速将出现一定程度的反弹。据国际货币基金组织预计,2020年全球经济将萎缩4.9%,其中发达经济体经济将萎缩8%,新兴市场和发展中经济体经济将萎缩3%。到2021年,世界经济将增长5.4%,发达经济体经济将增长4.8%,其中美国为4.5%,欧元区为6%,日本为2.4%;新兴市场和发展中经济体的经济增长率为5.9%,其中亚洲新兴市场和发展中经济体为7.4%,中国为8.2%,印度为6%。[①]世界银行预计,2020年世界经济将萎缩5.2%,其中发达经济体经济将萎缩7%,新兴市场和发展中经济体经济将萎缩2.5%,东亚和太平洋地区经济增长率为0.5%;到2021年,世界经济增长率为4.2%,其中发达经济体经济将增长3.9%,新兴市场和发展中经济体经济将增长4.6%,东亚和太平洋地区经济将增长6.6%。[②]即使是在全球疫情消退的情形下,国际市场需求难以迅速扩大,全球价值链面临着重构与调整,商业和消费者信心恢复还需时日,贸易保护主义日益抬头,金融市场更趋于规避风险,国际旅游和商务旅行需求萎缩,因而2021年世界经济增长前景不容乐观。

2021年,东盟国家的经济复苏仍取决于全球疫情的消退,经济增长的不确定性增大。疫情过后,印度尼西亚、马来西亚、菲律宾和越南等国经济可能出现明显反弹,新加坡和泰国经济增长仍将低迷。据国际货币基金组织预测,2021年文莱的经济增长率为3.5%,柬埔寨为6.1%,印度尼西亚为6.1%,老挝为5.8%,马来西亚为6.3%,缅甸为7.5%,菲律

---

① IMF. World Economic Outlook Update June 2020, 2020: 7.
② World Bank. Global Economic Prospects June 2020, 2020: 207.

宾为 6.8%，新加坡为 3.0%，泰国为 5%，越南为 7.0%①；据世界银行预测，2021 年柬埔寨的经济增长率为-1%，印度尼西亚为 0%，老挝为 1%，马来西亚为-3.1%，缅甸为 1.5%，菲律宾为-1.9%，泰国为-5%，越南为 2.8%②。据亚洲开发银行预测，2021 年东南亚的经济增长率为 4.7%，其中文莱为 3%，柬埔寨为 5.7%，印度尼西亚为 5%，老挝为 6%，马来西亚为 5.5%，缅甸为 6.8%，菲律宾为 6.5%，新加坡为 2%，泰国为 2.5%，越南为 6.8%③。

由于东盟国家属于高度外向型经济，各国疫情后的经济增长很大程度上取决于主要贸易伙伴的经济复苏。据统计，2018 年东盟国家对外依存度（进出口贸易占 GDP 比重）高达 94.3%，其中新加坡为 215%、越南为 199.1%、马来西亚为 129.7%、柬埔寨为 122.6%。与之相比，美国对外依存度为 20.9%、澳大利亚为 34.7%、中国为 34.5%、日本为 29.9%、欧盟为 68.7%，韩国为 70.4%。④目前，东盟国家的进出口贸易地区集中在东亚和欧盟国家，其中东盟内占 23%、中国占 17.1%、欧盟占 11.2%、美国占 9.3%、日本占 8.2%、韩国占 5.7%（2018 年）。如果疫情后东亚地区经济率先复苏，将有利于东盟进出口贸易恢复，但若欧美国家疫情久拖未决，势必会影响东盟的对外贸易，从而拖累国内经济的复苏。

总之，在全球经济仍处于疫情防控的形势下，2020 年东盟国家经济将出现严重衰退，2021 年经济复苏仍存在较大的不确定性。进入 21 世纪的第三个十年，新型冠状病毒肺炎疫情的全球扩散打乱了东盟国家经济发展与合作的进程，阻滞了各国经济转型和结构调整的进程，制约了区域生产要素的自由流动，全球价值链的重构给各国工业化带来的机遇与挑战并存。因此，东盟及其成员国要实现中长期经济发展和区域合作的目标仍任重道远。

**参考文献**

[1] ADB. Asian Development Outlook 2020. Manila：Asian Development Bank, 2020.

[2] ASEAN Secretariat. ASEAN 2025: Forging Ahead Together. Jakarta: ASEAN Secretaria, 2015.

[3] ASEAN Secretariat. ASEAN Declaration on Industrial Transformation to Industry 4.0. Jakarta： ASEAN Secretariat, 2019.

[4] ASEAN Secretariat. ASEAN Integration Report 2019. Jakarta: ASEAN Secretariat, 2019.

[5] ASEAN Secretariat. First ASEAN Policy Brief: Economic Impact of COVID-19 Outbreak on ASEAN, 2020. https://asean.org/storage/2020/04/ASEAN-Policy-Brief-April-2020_FINAL.pdf.

---

① IMF. World Economic Outlook April 2020, 2020: 151. World Economic Outlook Update June 2020, 2020.
② World Bank. Global Economic Prospects June 2020, 2020: 207.
③ ADB. Asian Development Outlook 2020, 2020: 350.
④ ASEAN Secretariat. ASEAN Integration Report 2019, 2019: 19.

[6] ASEAN Secretariat. Second ASEAN Policy Brief: Assessing ASEAN Economic Policy Responses in a Pandemic, 2020. https://asean.org/storage/2020/05/ASEAN-Policy-Brief-2_FINAL.pdf.

[7] ASEAN Secretariat. Third ASEAN Policy Brief: Trade Measures in the Time of COVID-19: The Case of ASEAN, 2020. https://asean.org/storage/2020/07/ASEAN-Policy-Brief-3_FINAL_.pdf.

[8] Elisabetta Gentile. Skilled Labor Mobility and Migration: Challenges and Opportunities for the ASEAN Economic Community. Manila: Asian Development Bank, 2020.

[9] IMF. World Economic Outlook April 2019. Washington, D.C, 2020.

[10] OECD -UNIDO. Integrating Southeast Asian SMEs in Global Value Chains Enabling Linkages with Foreign Investors. Paris: OECD, 2019.

[11] World Bank.East Asia and Pacific Economic Update April 2020: East Asia and Pacific in the Time of COVID-19. Washington, DC: World Bank, 2020.

[12] World Bank. Global Economic Prospects June 2020. Washington, DC: World Bank, 2020.

[13] World Economic Forum and ADB. ASEAN 4.0: What does the Fourth Industrial Revolution mean for Regional Economic Integration? Geneva and Manila: WEF and ADB, 2017.

# 推动"后2020"时代APEC合作

# 推进数字经济全球治理体系建设问题研究

李文韬*

**摘要：** 伴随着数字经济在全球经济发展中地位的不断提升，推进相关的全球治理体系建设迫在眉睫。数字经济的全球治理既应包括各国政府监管，还应当引入操作平台、第三方评估机构、企业和消费者等数字经济参与者，共同探索如何营造一个可持续发展的健康生态体系，更好地发挥数字经济在经济动能转换过程中的作用。本文概述了构建数字经济全球治理体系的背景和意义，以及国际组织、区域经贸协定和各国在该领域的进展和基本立场。展望未来，推进数字经济全球治理体系的建设也存在多方面的挑战，道路艰难而曲折。

**关键词：** 数字经济；全球治理体系；APEC

随着大数据、云计算、物联网、人工智能、量子科学等前沿技术不断获得革命性突破，催生出的数字经济成为未来全球经济进一步增长的源泉和全球化进程的核心推动力。数字经济在引领经济全球化新发展的同时，也带来了全新挑战。如果无法在全球层面开展高效的规制治理合作，势必威胁全球经济增长。因此，伴随数字经济在全球经济发展中地位的不断提升，推进相关的全球治理体系和具体制度建设迫在眉睫。

数字经济治理泛指对一切与数字相关的经济活动的治理。2018年，联合国发布了促进全球数字经济发展的纲领性报告，强调对数字经济进行全球治理，敦促各成员共同努力解决数字技术给社会、道德和经济带来的不利影响，最大限度地发挥数字经济在提升社会福利方面的作用。

## 一、数字经济全球治理体系的意义

从20世纪90年代起，以互联网为平台、电子商务为代表的新商业模式不断衍生，"新

---

\* 李文韬，南开大学APEC研究中心副教授。

经济"和"互联网经济"等概念逐渐确立。进入 21 世纪以来，随着云计算、大数据、物联网、人工智能等技术的发展，现代信息和网络技术对人类社会与经济活动的影响越来越广泛和深入。这一现象被定义为数字经济。具体而言，数字经济是指以使用数字化的知识和信息作为关键生产要素、以现代信息网络作为重要载体、以信息通信技术的有效使用作为效率提升和经济结构优化推动力的一系列经济活动。

在数字经济条件下，云、网、端成为新一代基础设施，大规模的数据成为重要生产资料，计算能力则成为生产力的代表。推动生产工具不断升级的智能化改造，以及促使分工组织方式发生变化的网络连接，在创新增长模式、提高劳动生产率、培育新市场和产业新增长点、实现包容性增长和可持续增长方面都发挥着重要作用。数字经济成为世界经济增长日益重要的驱动力。

数字经济的蓬勃发展也推动了全球经贸模式的革命性变革——数字产品和数字服务贸易的大规模跨境移动，进一步扩大了全球贸易和投资总量增长。数字经济与传统经济的深度融合则促进了传统产业的新发展，也不断创造出前所未有的崭新行业及相关的经贸往来。数字经济使得更多社会阶层，尤其是弱势群体人员加入商业活动更为便利，使全球经济向更具包容性方向的转型具有了坚实基础。

然而，数字经济也为全球层面的规制治理合作带来了巨大挑战。数字技术应用所创造的增长机会与其严重的滥用和意想不到的后果同在，数字技术的红利与其造成的鸿沟并存。首先，数字经济对全球贸易投资生态体系带来了新挑战，将全面地变革传统的经济增长模式，并造成全球供应链和价值链的重构。其次，基数设施接入和质量、数字技术普及程度和数字素养等"数字鸿沟"仍未得到解决，将可能在各个层面加剧全球不平等。再次，信息安全领域的"木桶原理"日益显著，全球经济因数字化而必须面对日益增加的安全威胁。据有关方面估计，网络犯罪、黑客攻击等典型的数字安全危机使得全球经济每年损失 4000 多亿美元。最后，数字经济作为一种新经济形态，产生了众多超出现有法律法规范围的新型产权及经济主体交易模式，全球统一的制度协调机制处于缺位状态。

技术变革在不断加速，但相应的合作机制和治理体系建设却未能跟上其步伐，至今仍缺乏一个全球性的治理体系协调议程。2015 年，联合国确认了 680 个与数字经济相关的合作机制，目前该数字已上升到 1000 多个。在纷繁复杂的各种竞合机制中，主流体系和利益协调模式尚未确认。

数字时代的本质特征就是互联性，而各种差异明显的竞争与合作机制破坏了这种互联性，甚至造成了主导权争夺、互信下降以及原有的合作进程受阻。直到在 2016 年召开的二十国集团（G20）杭州峰会上，《二十国集团数字经济发展与合作倡议》首次被提出，标志着世界主要经济体真正开始在数字经济领域展开政策协调合作。2018 年，联合国秘书长首次发表有关数字经济全球治理的讲话，这也被看作数字经济全球治理体系建设的起点。

近年来,数字经济的重要性已经取得全球共识,包括G20、亚太经合组织(APEC)在内的众多国际多边合作平台均将数字经济列为不可或缺的优先议题,积极讨论新型数字经济带来的机遇和挑战,探索完善数字经济全球治理的途径,致力于秉持真诚合作、互信互利的理念,推动建立有利于全人类福祉的新型数字经济全球治理体系。

## 二、数字经济全球治理体系的演进与发展现状

### (一)WTO针对全球数字贸易的谈判与协调

世界贸易组织(WTO)作为传统贸易治理体制的核心,正致力于构建多边数字贸易规则体系,以应对数字经济发展对全球经济治理的挑战。

目前,WTO并没有就数字经济治理问题形成专门的规则,与之相关的规则散见于其他协定及其附件中。《服务贸易总协定》(GATS)(第1、2、3、6、14条款和电信附件5)中针对"公共电信网络准入""跨境数据传输""数字服务市场准入"和"数据本地化措施"等内容做出了原则性规定。《信息技术协定》(ITA)在"信息技术产品关税减免"方面也取得了一定进展。《与贸易有关的知识产权协议》(TRIPs)中的原则性条款同样适用于数字贸易。而在《全球电子商务宣言》框架下,WTO成员也就"电子商品传输免征关税"合作取得了共识。

然而,上述数字贸易规则并非是针对数字贸易最新发展做出的规定,且受限于"多哈回合"谈判的缓慢进展,这些规则也难以对全球数字经济的未来发展实践形成实质性约束。此外,WTO成员在GATS中所做承诺都是以正面清单模式列明的,无法涵盖刚出现的大部分数字贸易形式。TRIPs中关于知识产权保护和执法的规则在数字贸易领域中部分适用,但实际上还需要具体的细则作为指导。1998年达成的《全球电子商务宣言》虽然就"电子商品传输免征关税"做出了声明,但该政治承诺并不具备真正意义上的国际法律效力。

尽管WTO在全球数字经贸规则治理方面所取得的成果难以令人满意,但对于建设未来数字经济多边治理体系而言,WTO仍然是最重要的平台之一。事实上,许多经济体已经在WTO框架下做出了一系列努力。例如,2016年7月以来,中国、美国、欧盟、俄罗斯等WTO成员提交了30多份有关多边数字贸易治理的提案。2017年12月召开的WTO第十一次部长级会议一致同意将电子商务作为核心议题,71个WTO成员联合发布了《关于电子商务的联合声明》(以下简称《联合声明》),旨在共同探索WTO框架下的电子商务议题。

得益于中国、美国、欧盟、俄罗斯等经济体的努力,近年来WTO已经在推进数字贸易治理体系建设方面取得了诸多进展。

第一,WTO成员同意将电子产品传输免税声明的有效期延长。WTO成员虽然未能一致同意将电子产品传输免税声明上升为国际法,但主要成员都对此表示赞成,并就延长该

声明的有效期取得了共识。此外,WTO 的相关研究报告结论明确指出:"建议电子产品传输永久免税。这有利于提高企业参与国际贸易的确定性,同时进一步促进全球数字贸易发展。"

第二,WTO 成员普遍认可 WTO 框架在数字贸易治理上具有独特优势。多数 WTO 成员认为,以互联网和跨境数据流动为基础的全球数字贸易天然具有多边属性,适宜在多边框架下逐步建立并完善统一的治理体系。作为多边治理体系的替代,双边治理体系若要达到相同的规则覆盖率所需的谈判更耗时耗力,而且更为复杂的贸易规则和执行标准必然会导致"意大利面碗"效应的出现。自由、开放和内在协调一致的多边数字贸易规制,虽达成难度较大,但有条件成为最理想的全球数字贸易体系框架。换言之,只有成熟的 WTO 多边体制才具有推进数字贸易多边治理体系建设的独特优势。

第三,部分成员已经就数字贸易的规制治理提出了具有可操作性的提案。近期,部分 WTO 成员正致力于从"ITA 协议扩围""升级 TRIPs""构建新的跨境数据流动协调机制""合理界定和阐释 GATS 规则及承诺的适用范围"等方面,构建和变革多边层面的数字贸易规制治理体系。

未来 WTO 在数字经济治理领域可能取得的进展参见表 1。

表 1　WTO 成员在数字贸易治理领域的潜在合作进展

| 领域 | 具体内容 |
| --- | --- |
| (1) | "数字传输免关税"方面的共识永久化与法定化 |
| (2) | ITA 的关税减让范围涵盖更多新型信息通信产品,ITA 新一轮谈判的成员覆盖率得到扩充 |
| (3) | TRIPs 进一步强调"保护源代码"并引入"互联网中介责任"界定条款 |
| (4) | 亚太经济合作组织框架下的跨境隐私规则体系在 WTO 成员间推广,以促进跨境数据自由流动与隐私安全保护之间平衡 |
| (5) | 形成专门规则,削减直至完全消除成员方不必要的数据存储本地化要求 |
| (6) | 以数字方式实现的服务提供被视作"模式 1"并自动适用 GATS 成员在该服务部门的"模式 1"上所做出的承诺 |

注:作者整理。

## (二)二十国集团针对数字经济发展的协调与合作

二十国集团(G20)由中国、阿根廷、澳大利亚、巴西、加拿大、法国、德国、印度、印度尼西亚、意大利、日本、韩国、墨西哥、俄罗斯、沙特阿拉伯、南非、土耳其、英国、美国以及欧洲联盟等二十个成员组成,其成员国民生产总值之和占全球比例高达 85%,其人口总和占全球人口的 2/3。G20 已经成为全球经济治理体系的重要组成部分。

G20 对数字经济全球治理的贡献肇始于 2016 年 G20 杭州峰会期间通过的《二十国集团数字经济发展与合作倡议》。2016 年,中国作为当年的主席国首次将"数字经济"列为"G20 创新增长蓝图"的一项重要议题。在本次会议上,《二十国集团数字经济发展与合作倡议》获得一致通过，预示着"数字经济"议题正式成为 G20 成员间开展经济合作不可回避的必要组成内容。

《二十国集团数字经济发展与合作倡议》阐述了数字经济的概念、意义和指导原则，提出了创新、伙伴关系、协同、灵活、包容、开放和有利的商业环境、注重信任和安全的信息流动等七大原则，明确了宽带接入、ICT 投资、创业和数字化转型、电子商务合作、数字包容性、中小微企业发展等数字经济发展与合作的关键议题。与此同时，该倡议还在知识产权保护、尊重自主发展道路、数字经济政策制定、国际标准的开发使用、增强信心和信任、无线电频谱管理等六大领域，鼓励全体成员加强政策制定和监管领域的交流，营造开放和安全的全球治理体系。面向未来，G20 也鼓励各成员开展多层次合作，不断深化在政策制定、立法经验和最佳实践、培训和研究领域的交流协同。在此基础上，G20 会继续加强与国际组织及其他团体的积极互动，共同推动数字经济快速健康发展。[①]

自 2016 年杭州峰会后，G20 历次会议都把数字经济列为重点关注与讨论的话题。2017 年和 2018 年召开的 G20 峰会均发布了《G20 数字经济部长宣言》，持续深化杭州峰会关于数字经济的成果。

2019 年 6 月 28 日至 29 日，在日本大阪举行的 G20 领导人第十四次峰会将"全球数字治理"提为首议。在中国、美国、日本等国家领导人的共同见证下，各国代表在峰会上签署了《大阪数字经济宣言》（以下简称《宣言》），正式启动"大阪轨道"。该宣言强调，电子商务问题的讨论应以建立国际贸易规则为目标，呼吁各国在 2020 年举行的第 12 届 WTO 部长会议上取得实质性的谈判进展，以促进各国数字经济发展。

日本作为东道国提出了"基于信任的数字流动"概念，主张建立允许数据跨境自由流动的"数据流通圈"，在兼顾了个人隐私、伦理、知识产权、网络安全的基础上，推动全球数据的自由流通并制订可靠的规则。欧盟更加关注数据本地化和隐私保护问题，而美国则更关心是否能获得无歧视的市场准入和实现数据自由流动。[②]印度没有参加此次会谈，而印度尼西亚和南非则拒绝签字认可《宣言》。由此可见，建立一个能够调和各方矛盾的数字经济全球治理体系还有很长的路要走。

《宣言》的"治理创新"部分强调数字时代的全球治理是创新型的。新兴技术潜力的充分利用只能从更多的创新支持方法和政策制定中受益。G20 将努力争取创新友好型的政策来挖掘数字技术的潜力，并期待以此来消除对创新的障碍。各国已采取诸如监管沙盒（Regulatory Sandboxes）等措施促使政策方法更加灵活、全面和敏捷。政策、条例或监管障碍的消除可以促进和加快发展中国家和中小微企业（MSME）的经济增长和包容性发展。

---

[①] 冯孔. G20 杭州峰会通过《二十国集团数字经济发展与合作倡议》为世界经济创新发展注入新动力[EB/OL]. 中国日报网，2016-09-28.

[②] 东艳，张琳. 构建全球数字经济规则[N]. 光明日报，2019-07-15.

数字时代的全球治理不仅需要是创新友好型的，同时也不能丧失法律的确定性。可互操作的标准、框架和监管合作可以在这方面提供帮助。在所有发挥不同作用的利益攸关者共同参与下，协调一致的国际和国家政策的制定有助于应对广泛的社会挑战，并有助于将不断升级的新技术纳入未来政策的讨论范畴内。

### （三）APEC 鼓励亚太地区数字经济发展的合作措施及成果

APEC 是当前亚太地区级别最高的经济、贸易和投资合作平台。该组织对数字经济的关注始于 20 世纪末，经过多年探索已进入数字经济合作的具体实施阶段。

APEC 数字经济合作进程中的重要战略、蓝图、倡议和行动议程参见表 2。

表 2　APEC 在数字经济领域的合作进展

| 阶段及年份 | | 主要合作内容 |
| --- | --- | --- |
| 起步阶段 | 1998—2000 年 | 发布《APEC 电子商务行动蓝图》 |
| 全面探索阶段 | 2000—2010 年 | 通过《APEC 新经济行动议程》《数字 APEC 战略》 |
| 具体实施阶段 | 2010 年至今 | 2010 年制定《亚太经合组织领导人增长战略》<br>2014 年通过《APEC 促进互联网经济合作倡议》<br>2017 年通过《APEC 数字时代人力资源开发框架》《APEC 跨境电子商务便利化框架》《APEC 互联网和数字经济路线图》<br>2018 年制定《APEC 数字经济行动议程》 |

注：作者整理。

#### 1. 起步阶段（1998—2000 年）

1998 年，APEC 发布了首个数字经济合作行动计划——《APEC 电子商务行动蓝图》，标志着 APEC 成员经济体在电子商务领域达成初步的合作共识。数字经济合作自此成为 APEC 的重要合作议题之一。该蓝图从企业、政府、市场三个维度规定了基于信息与通信技术发展电子商务的主要原则，并提出了"文莱目标"——APEC 发达成员在 2005 年之前、发展中成员在 2010 年之前实现无纸化贸易。囿于互联网，特别是移动互联网技术发展阶段及应用范围的限制，这一阶段 APEC 数字经济合作的领域集中于推进新兴的全球电子商务。

#### 2. 全面探索阶段（2000—2010 年）

进入 21 世纪后，《APEC 新经济行动议程》和《数字 APEC 战略》先后通过，标志着 APEC 进入对数字经济合作的全面探索阶段。《APEC 新经济行动议程》和《数字 APEC 战略》在互联网基础设施建设、机制创新、人力资源等优先领域制订了具体行动计划。在数字基础设施建设方面，计划 2005 年前使亚太地区互联网接入数增至 2000 年的 3 倍，2010 年前使各经济体城乡居民能够通过个人或社区等途径使用互联网获取信息及服务。在机制创新方面，制订了以"探路者方式"推动数字经济合作的方案，即鼓励有条件、有意愿的 APEC 成员经济体率先实践，待积累足够成功经验或条件成熟后，再扩展至全体成员。除这两项标志性成果外，APEC 在本阶段还出台了一系列数字经济合作相关议程和行动计划，拓展了合作范围、创新了合作机制。

3. 具体实施阶段（2010年至今）

2010年，《亚太经合组织领导人增长战略》的制定标志着APEC在数字经济合作方面进入了框架建设阶段。在《亚太经合组织领导人增长战略》中，APEC首次将增长战略纳入正式议题，提出要在亚太区域实现平衡增长、包容性增长、可持续增长、创新增长和安全增长。以密切合作为特征的数字繁荣是创新增长目标的重要组成部分，其提出正是基于互联网和数字经济快速发展的大背景。这意味着数字经济在APEC合作中的层次显著提升，并随着全球数字经济的快速发展逐步成为APEC增长战略中的重要支柱。

此后，APEC先后通过了《APEC促进互联网经济合作倡议》（2014年）、《APEC数字时代人力资源开发框架》（2017年）、《APEC跨境电子商务便利化框架》（2017年）和《APEC互联网和数字经济路线图》（2017年）等一系列倡议和行动路线图，明确了数字经济合作的优先领域和具体措施。数字经济合作相关的优先领域包括数据和隐私保护、电子商务和数字贸易、数字经济相关法律框架、创业和创新、人力资源开发、互联网金融、中小微企业发展等。2017年，岘港会议制定的《APEC互联网和数字经济路线图》则确定了数字基础设施、电子商务、信息安全、包容性、数据流动等11个重点领域，是指导未来APEC互联网和数字经济合作的重要规划。2018年，在东道国巴布亚新几内亚的推动下，APEC制定了《APEC数字经济行动议程》。作为当年APEC主席声明的唯一附件，该议程表明了APEC对数字经济合作议题的深度关切。此外，随着认识的不断深化及合作的深入，APEC就亚太地区数字经济合作已制订出完整的合作框架和明确的合作机制。

2017年APEC成员经济体的数字经济发展指数及全球排名情况参见表3。

表3 2017年APEC成员经济体的数字经济发展指数及全球排名

| 成员 | 发展指数 | 排名 | 成员 | 发展指数 | 排名 |
|---|---|---|---|---|---|
| 美国 | 0.837 | 1 | 智利 | 0.413 | 45 |
| 新加坡 | 0.609 | 9 | 泰国 | 0.411 | 46 |
| 中国香港 | 0.484 | 22 | 俄罗斯 | 0.446 | 38 |
| 加拿大 | 0.590 | 12 | 墨西哥 | 0.466 | 29 |
| 韩国 | 0.621 | 4 | 越南 | 0.367 | 67 |
| 澳大利亚 | 0.584 | 15 | 秘鲁 | 0.387 | 59 |
| 新西兰 | 0.586 | 24 | 印度尼西亚 | 0.391 | 54 |
| 日本 | 0.615 | 7 | 文莱 | 0.304 | 89 |
| 中国 | 0.718 | 2 | 菲律宾 | 0.376 | 63 |
| 马来西亚 | 0.459 | 32 | 巴布亚新几内亚 | — | — |

资料来源：《2018全球数字经济发展指数》，阿里研究院、毕马威合作制定，2018年12月。

**（四）CPTPP关于数字经济发展的协定内容及其影响**

虽然美国在特朗普政府上台后即退出了"跨太平洋伙伴关系协定"（TPP），但其余11

国迅速签署了新的"全面与进步跨太平洋伙伴关系协定"(CPTPP),后者依然是全球自由化水平最高的区域贸易协定之一。新签署的 CPTPP 协定暂停了原 TPP 协议中的 22 项条款,但仍保留了原有协定中超过 2/3 的内容。例如,"电子商务章节"(即对通过数字贸易创建的数据提供广泛保护)、"政府采购章节"(规定向外国投标人同等开放政府采购合同),以及"国有企业章节"(主要体现在限制成员方政府补贴国有企业和限制成员方政府干预市场方面)等都是其他区域经济合作协定中所没有的。

CPTPP 协定中关于数字经济合作的规则也是当前全球数字经济治理中最全面、适用范围最广的区域规则之一。CPTPP 继承了美国倡导的通过调整新贸易规则降低数据流动的壁垒、由此推进数字贸易自由化的原则,并可能在未来国际贸易规则的制订中产生重大影响。其规则主要包括:一是坚持因特网应保持自由开放;二是对数字产品禁收关税;三是确保贸易伙伴不会采取进一步的保护性措施,如不能将缔约方数字产品置于竞争劣势地位,不能对跨境信息流建立歧视和保护主义壁垒,禁止强迫本国公司在计算服务中采取本地化策略,禁止要求公司向本国个人转让技术、生产流程或专有信息等。其中,电子商务章节共有 15 条规范电子商务政策的条款,包括减少数字贸易壁垒的条款、保护网络消费者权益的条款、促进数字贸易便利化的条款以及促进国际协调合作的条款等。

全球重要经贸协定涵盖数字贸易条款的情况参见表 4。

表 4 全球重要经贸协定涵盖数字贸易条款的情况

| 数字贸易条款 | USMCA | CPTPP | KUFTA | EUJEPA | EUSFTA |
|---|---|---|---|---|---|
| 取消数字产品和/或电子传输关税 | 是 | 是 | 是 | 是 | 是 |
| 数字商品非歧视性原则 | 是 | 是 | 是 | 否 | 否 |
| 电子认证和电子签名 | 是 | 是 | 是 | 是 | 部分 |
| 无纸化交易 | 是 | 是 | 是 | 否 | 部分 |
| 国内电子交易框 | 是 | 是 | 是 | 部分 | 否 |
| 在线消费者保护 | 是 | 是 | 是 | 是 | 否 |
| 个人资料保护 | 是 | 是 | 否 | 是 | 是 |
| 打击未经请求的商业电子通信措施 | 是 | 是 | 否 | 是 | 否 |
| 网络安全 | 是 | 是 | 否 | 否 | 否 |
| 信息的跨国界转移 | 是 | 是 | 部分 | 是 | 是 |
| 禁止数据本地化要求 | 是 | 是 | 否 | 否 | 否 |
| 中介服务提供者的责任 | 是 | 否 | 否 | 否 | 部分 |
| 不披露软件源代码和相关算法 | 是 | 部分 | 否 | 部分 | 否 |
| 开放的政府数据 | 是 | 是 | 否 | 否 | 否 |
| 合作 | 是 | 是 | 是 | 是 | 是 |

资料来源:Comparing Digital Rules in Trade Agreements. Asian Trade Center, 2019-07-24. http://asiantradecentre.org/talkingtrade/comparing-digital-rules-in-trade-agreements. 最后访问日期:2020-05-28。

注:USMCA 代表美国-墨西哥-加拿大协定,KUFTA 代表韩国-美国自由贸易协定,EUJEPA 代表日本与欧盟经济伙伴关系协定,EUSFTA 代表欧盟与新加坡自由贸易协定。

## （五）美日欧三方针对数字经济发展的政策协调

2020年1月14日，日本经济产业大臣梶山弘志、美国贸易代表莱特希泽和欧盟贸易专员郝根在美国华盛顿举行会晤并发表联合申明。这是美日欧三方针对国际经济治理体系发布的第七份联合声明，体现了美日欧等经济体在面对WTO等多边贸易机制进展受阻，难以应对世界政治经济新形势之时，对重塑国际规则的迫切希望。在历次美日欧三方联合声明中，涉及数字贸易与电子商务的内容包括：2017年在布宜诺斯艾利斯发布的《电子商务联合声明》，以及2019年在达沃斯发布的《关于电子商务的联合声明》。这些声明指出，要加深WTO成员对未来数字贸易协议重大经济效益的共识，努力在尽可能多的成员参与下达成高标准协议，通过促进数据安全来改善商业环境等。①

2019年1月9日，日本、美国和欧盟在华盛顿召开贸易部长会议，确认了为构建允许个人和企业数据跨境自由流通的"数据流通圈"而展开合作的方针并发布联合声明。

跨境数据流动问题一直是各国严重关切且极为敏感的问题，各国的战略考量也并非完全一致。在此议题上，美国和日本早在"跨太平洋伙伴关系协定"谈判中已就此初步达成一致。欧盟委员会则在2019年1月23日通过了和日本的"适当性决议"，允许个人数据在强有力的保护保障的基础上在两个经济体之间自由流动。但是，美国和欧盟在跨境数据流动问题上依然存在分歧。2018年5月，欧盟出台了加强个人信息保护的《通用数据保护条例》，原则上禁止个人数据转移至欧盟以外，这与美国支持跨境数据全球自由流动的立场相左。

美日欧此次联合推动建立的"数据流通圈"将推动化解美日欧在数据流通问题上存在的分歧，有助于促进区域经济一体化和全球经济一体化。

## 三、世界主要经济体对数字经济全球治理主导权的争夺

### （一）欧盟

欧盟希望建立的数字经济全球治理体系以《通用数据保护条例》（GDPR）为核心。欧盟致力于通过提升数据治理水平促进欧盟单一市场战略的推进，并强化欧盟对于数据的绝对控制权，进而获取全球治理体系的主导权。在GDPR的产生和发展过程中，逐渐展现了其广泛的影响力和全面的覆盖力。该条例的重要特征如下：一是GDPR条文规定欧盟个人数据管控具有"长臂管辖"功能，即对于所有储存欧盟个人数据的国家均有管控功能。二是欧盟数据安全问题执法机制结合《布达佩斯公约》并加以强化，成为实施高额处罚的先驱。三是GDPR在实施过程中将充分发挥弹性约束功能，优化国际对话机制，进而在国际数字经济治理体系中获得更大的主导权。

---

① 刘明. 对2017年以来美欧日三方贸易部长联合声明的分析[J]. 国家治理, 2019 (21): 13-15.

此外，欧盟还主导建立了"单一数字市场"（Digital Single Market，DSM）战略。"单一数字市场"是指满足以下三项条件的市场：商品、人员、服务和资本可以保证自由流通；居民、个人和商家能无缝衔接；所有线上活动都是在公平竞争条件下进行的。单一数字市场是欧盟统一市场、促进贸易、推动经济增长的一项长期而重要的工作，共包括如下三个支柱：①为个人和企业提供更好的数字产品和服务，其中包括出台措施促进跨境电子商务发展；保障消费者权益；提供速度更快、价格更实惠的包裹递送服务；打破地域界限，改变同种商品不同成员不同价的现状；改革版权保护法；推动提供跨境电视服务。②创造有利于数字网络和服务繁荣发展的有利环境，包括全面改革欧盟的电信领域规章制度；重新审查视听媒体组织框架以适应时代需求；全方位分析评估搜索引擎、社交媒体、应用商店等在线平台的作用；加强数字化服务领域的安全管理，尤其是个人数据等。③最大化实现数字经济的增长潜力，包括提出"欧洲数据自由流动计划"，推动欧盟范围的数据资源自由流动；在电子医疗、交通规划等对单一数字市场发展至关重要的领域，推动建立统一标准和互通功能；建成一个包容性的数字化社会，使民众能抓住互联网发展带来的机遇和就业机会。

围绕"单一数字市场"，欧盟出台了一系列的重要措施。在平台管理方面，欧盟认为网络平台的数据收集等行动对互联网的生态环境系统影响深远，使其成为互联网生态系统的主要角色。在这里，所谓网络平台（Online Platform）包括搜索引擎、社交媒体、电子商务、应用商店以及价格对比网站等。欧盟最主要的担忧是那些大型网络平台一旦在多个经济领域利用其市场力量发展壮大，可能就会导致《竞争法》的适用难题。对此，欧盟正在考虑实施一系列的管理措施，包括交易实践、接入条款和合同条款（提高透明度、禁止不公平交易等）、限制垂直一体化公司的歧视做法、修改欧盟竞争法以更好地用于网络平台、设立欧盟网络平台的圆桌会议、促进欧盟网络平台的发展等。

在电子商务方面，欧盟委员会将修正关于消费者网络购物及增值税相关的规则。首先，欧盟将进一步优化关于在网络上购买数字内容的规则，如关于网络瑕疵内容（Online Defective Content）的售后救济问题。其次，欧盟还将引入一系列法定合同权利，涉及保修期、违约救济等。再次，欧盟还将审议《消费者保护合作规定（2011）》。这一规范的出台将加强执法机关的权力并增强在监控、预警等方面的协调程度。2015年，欧盟初步建成了泛欧洲网络纠纷的解决机制平台。值得一提的是，欧盟还在2016年实现了对增值税机制的调整，减轻了各成员政府的压力。这意味着欧盟未来有可能会将数字产品纳入增值税体系之中。最后，欧盟还于2016年引进了关于包裹快递（Parcel Delivery）的相关措施。这些措施重点关注了价格透明度、快捷交货以及商品追踪等方面。

在地域屏蔽（Geo-blocking）①方面，部分欧盟成员反对这一限制措施，认为有些地域屏蔽措施会妨害欧洲内部贸易。事实上，这些限制正在适用于各成员孤立的市场上，并且导致了价格差异（Price Differentiation）以及其他不利于竞争的效果。针对这一问题，欧盟正着手修改目前实施的、致力于建立一个统一的内部市场框架的"电子商务条令"，以及有关内容接受者的非歧视条款的"服务条令"第20条。通过这些修改，将会减少网络卖家拒绝消费者获取网络服务的正当理由。此外，欧盟还正在审查1993年设立的"卫星和有线电视条令"，以评估其是否有利于消费者在欧洲跨境获取卫星广播服务，并有望在未来扩大适用范围至某些广播公司的网络服务。

（二）美国

特朗普总统上台后即宣布美国退出TPP协议，并宣布重启NAFTA谈判。这两项举措对于美国在数字贸易领域的全球领导力产生了极大冲击。奥巴马政府签订TPP协议，意在以此为支点推行美国在数字经济全球治理体系的领导力，在全球范围内强化符合美国利益诉求的贸易规则。2017年美国宣布正式退出TPP后并未提出替代性战略，无疑标志着美国在数字经济全球治理体系的主导权弱化。尽管重启的NAFCA谈判中已经植入了原TPP协定中的部分数字贸易规则，并试图将"美式模板"多边化，但美国在数字贸易治理领域的主导权弱化仍是毋庸置疑的。

在国际层面上，尽管美欧在数字经济全球治理的基本理念上存在一致立场，却并未达成实质性共识。例如，美国特别强调"隐私盾协议"的执行效果，但经历了"安全港协议"破裂之后，欧盟对于该协议的态度仍极为不满。美国和欧盟对于人权和市场的根本认识差异，也为未来国际数字经济治理的发展埋下隐患。

（三）中国

中国在数字经济国际治理体系建设中的主要贡献体现为中国最新签署的双边自由贸易协定中都制定了单独的数字贸易章节。例如，在"中韩自由贸易协定""中澳自由贸易协定"等约束性贸易协定中均使用了电子商务条款并且采用了单独章节模式，涉及数字贸易的电信和金融领域也采用了单独章节模式。目前，中国还积极推进十余个自贸协定的电子商务议题谈判。至今，已完成了中国-格鲁吉亚、中国-智利自贸协定和中国-欧亚经济联盟经贸合作协议的电子商务议题谈判。

另一方面，中国也积极在国际数字经济治理体系的讨论中建言献策，促进国际数字贸易规则的制定进程。2016年11月，中国向世界贸易组织总理事会提交了"中国关于电子商务议题的提案"，就电子商务相关议题的讨论提出了意见和建议。提案使用了跨境电子商务的概念，主要包括企业对用户（B2C）和企业对企业（B2B）的跨境电子商务交易，涉及

---

① 地域屏蔽（Geo-blocking），是指根据用户的地理位置限制其获取网络资源的做法。用户的地理位置会根据定位技术计算出，并随后根据这一结果来判断是否允许该用户获取内容。

内容包括营造便利跨境电子商务发展的贸易政策环境、提高跨境电子商务政策框架的透明度，以及改善跨境电子商务发展的基础设施和技术条件等。2017年12月，中国推动世界贸易组织第十一届部长级会议达成了电子商务工作计划等部长决定。此外，中国积极参与世界贸易组织、上海合作组织、澜-湄合作等多边贸易机制和区域贸易安排框架下电子商务议题磋商，促成金砖国家电子商务工作组成立并达成《金砖国家电子商务合作倡议》。2016年7月在上海召开的二十国集团贸易部长会议批准了《G20全球贸易增长战略》，将"促进电子商务发展"列为合作支柱之一，承诺深化电子商务合作，加强公私对话，研究讨论与贸易相关的政策、标准和方法，适应全球经济贸易发展的新趋势。目前中国借助"一带一路"建设契机，开始在数字贸易领域构建完善的规则体系，内容包括数字产品部门分类、跨境数字传输贸易壁垒、关税、个人数据隐私保护、互联网使用规则、新金融服务及知识产权等7个方面。

**四、数字经济全球治理体系建设的主要挑战**

综上所述，近年来各种国际组织和多边机制均已将数字经济繁荣作为促进贸易投资自由化和经济技术合作的优先议题。诸多区域和双边经济合作协议也同样将数字经济作为重要的谈判议题。

然而，数字经济的全球治理仍存在多方面挑战。

首先，主要经济体对数字经济全球治理的立场依然难以调和。从电子商务诸边谈判过程来看，美国的竞争优势在数字产品和数字贸易方面。为充分发挥比较优势，美国主张推动数字贸易自由化，强调跨境数据自由流动、禁止数字基础设施本地化、保护源代码等措施。欧盟则更重视在电子商务活动中维护公平原则和保护个人隐私。事实上，欧盟在2016年推出并于2018年生效的《通用数据保护条例》中，已经对数据保护和隐私做出较为严格的规定，其目的是确保公民和住民对个人资料的控制，以及为了扩大国际经贸往来而简化在欧盟内的统一规范①。此外，欧盟也提出将电信议题纳入电子商务的谈判范围，确保政府对电信市场监管的非歧视性。日本则以TPP/CPTPP条款为基准，提出政府不得限制特定网站和互联网服务、不得违反正当程序要求企业披露数据和商业秘密等数字贸易领域的高标准。俄罗斯强调应首先厘清现有WTO框架下电子商务的规则及其适用性，弥补规则漏洞。中国主张应坚持发展导向，重点关注通过互联网实现交易的跨境货物贸易及物流、支付等相关服务；关注发展中国家面临的挑战，制定发展合作条款，解决数字鸿沟问题，加强对

---

① Presidency of the Council: "Compromise text. Several partial general approaches have been instrumental in converging views in Council on the proposal for a General Data Protection Regulation in its entirety. The text on the Regulation which the Presidency submits for approval as a General Approach appears in annex," 2015-06-11: 201.http://data.consilium.europa.eu/ doc/document/ST-9565-2015-INIT/en/pdf.

发展中成员技术援助与能力建设。

其次,数字经济发展的核心资源——数据仍未能实现全球自由流动。这主要体现在地方性、行业性的立法层面。地方立法缺乏全球共识与讨论,仍处在各自立法,以罚款、禁入等方式强制其他实体遵从相关要求的"关门立法"阶段[1]。而行业之间也有不同的限制数据流动的规定,加大了数据全球化的难度。在数据就是生产力的数字经济时代,没有全球化的数据就没有全球化的数字经济。因此,协调各国在数据自由流动方面的矛盾将一直是数字经济全球治理的重点议题。

最后,各方对数字经济全球治理的探索缺乏整体规划。大量地区性规则互相交织,各国参与全球数字经济治理的出发点也不明确。这些问题都制约着全球数字经济的未来可持续发展。

## 五、APEC 推进数字经济全球治理体系建设的政策建议

为克服在建设数字经济全球治理体系方面的各种现实挑战,APEC 在推进数字经济合作时应将以下几点核心理念落实到具体实际工作中:

第一,尊重数字空间国家主权。数字经济已逐渐成为各国人民经济合作乃至工作生活的核心,数字安全必然会成为未来国家安全的重中之重。在技术无法杜绝数字安全事件发生的当下,数字经济繁荣的基本前提是实现各经济体,特别是技术水平相对落后的发展中经济体参与全球数字经济进程中的基本安全。因此,APEC 推进全球数字经济治理体系建设首先应以满足各经济体保卫数字安全的需要、尊重数字空间国家主权为前提,构建安全的数字经济环境,发展安全的数字经济基础设施。

第二,加速数字基础设施建设,弥合"数字鸿沟"。数字化在为世界带来新的发展生机与活力的同时,也加剧了不同国家、地区、行业、企业和社区之间的不平等。APEC 只有加速数字基础设施建设领域的广泛合作,保证人们能够平等地使用数字技术,弥合"数字鸿沟",才可能避免数字技术滋生新的全球分化。

第三,促进数字技术交流,共享数字经济成果。普惠性是数字经济的基本属性。因此,大力发展数字经济在本质上要求不断促进数字经济与各产业深度融合、保障网络空间数据流动的自由和有序、早日形成联通全球的数字市场,从而为全球经济持续健康发展提供有力支撑。数字新技术极大地减少了空间、距离以及信息形式对商务交流的阻碍。在"万物互联"的背景下,APEC 应鼓励以数字化形式对全人类优秀的社会经济文化成果加以传承和弘扬,这有助于促进人类文明的多样性和繁荣发展,将数字空间建设成为人类共同的家园。

---

[1] 韩博,金文恺. 加强跨国合作,实现全球数字经济治理[N]. 经济参考报,2019-08-01.

第四，构建高效的合作机制。目前，世界主要经济体推进数字经济全球治理体系建设仍明显缺乏整体规划性。这主要体现在以下两个方面：一方面，仍未制订出完整的"数字经济全球治理"的全局规划，各领域、各层次有关的合作项目之间缺乏系统联系；另一方面，完善数字经济全球治理的合作机制尚不明确，操作流程和各经济体、各组织之间分工配合都有待改进。这不仅容易导致该领域合作的整体效率不高，同时也容易造成规则重叠和冲突。未来，APEC可发挥自身优势，重视各合作平台之间的沟通与协调，不断提升规划设计和组织运作机制的效率。

第五，鼓励工商界积极参与数字经济全球治理合作项目。数字经济合作项目离不开工商界的参与。但就目前的项目合作实践来看，数字经济合作项目与商业、私人部门的相关性较低，不同合作项目的商业相关性和参与度也存在很大差距。例如，工商界对数字经济浪潮下的企业自身适应性转型、政策咨询、职业资格认证以及员工职业培训计划等项目兴趣很大，而对数字技术基础教育、非熟练劳动力开发、妇女融合等公益性项目兴趣不大。究其原因，主要是项目实施过程中存在着严重的沟通阻碍——工商部门不能将其感兴趣的项目高效、实时地传递到合作方，使得项目参与率较低。因此，未来APEC应积极推动工商界和政府部门之间的沟通协调，促使工商部门随时了解自身感兴趣的项目情况，提高工商部门参与本领域合作的热情。

总体而言，数字经济是未来全球经济发展的基础，全球治理规则的制定必须由多方参与，在平衡利益诉求的过程中寻求共识。只有这样才能促进数字经济良性发展，缩小而非扩大全球裂痕，在全球范围内实现均衡、有序、协调的包容性发展。

**参考文献**

[1] 冯孔. G20杭州峰会通过《G20数字经济发展与合作倡议》为世界经济创新发展注入新动力[N]. 中国日报网，2016-09-28.

[2] 东艳，张琳. 构建全球数字经济规则[N]. 光明日报，2019-07-15.

[3] 刘明. 对2017年以来美欧日三方贸易部长联合声明的分析[J]. 国家治理，2019（21）：13-25.

[4] 韩博，金文恺. 加强跨国合作，实现全球数字经济治理[N]. 经济参考报，2019-08-01.

# APEC 成员经济体应对新冠肺炎疫情政策及影响研究

张靖佳　袁　芳*

**摘要**：新型冠状病毒肺炎疫情的暴发给全球经济带来巨大冲击，为了应对此次疫情，APEC 成员经济体中的美国、日本和加拿大均采取了量化宽松政策和积极的财政政策。此次量化宽松政策较金融危机期间的量化宽松政策规模更大。发达经济体的量化宽松政策会产生溢出效应，影响新兴经济体的汇率、国际资本流动、通货膨胀和资产价格。新兴经济体在应对疫情和实行量化宽松政策时，多个政策目标之间存在矛盾，导致新兴经济体的政策选择出现"囚徒困境"。新兴经济体在采取宽松的财政和货币政策的同时，有必要继续提高政策沟通透明度，对国际资本流入实施适度监管政策，警惕资本的非正规渠道流入带来的资本市场泡沫和通货膨胀压力。

**关键词**：APEC；新型冠状病毒肺炎疫情；量化宽松政策；溢出效应

新型冠状病毒肺炎疫情使全球正在面临前所未有的健康和经济危机。截至 2020 年 4 月，全球共有 200 多万人受到影响，其中 40%来自亚太经合组织（APEC）地区[①]。自从新型冠状病毒肺炎疫情在全球蔓延以来，APEC 成员经济体的实体经济和金融市场均遭受了巨大的冲击。首先，为了减缓疫情蔓延所采取的防控措施影响了实体经济。从需求方面看，居家隔离导致居民失业或收入下降，进而导致消费需求骤减。从供给方面看，企业生产被迫中断，产业链和供应链出现断裂。供给和需求的同时下降导致各国经济出现下滑。预计 2020 年 APEC 地区的增长率将下降 2.7%，而 2019 年的增长率为 3.6%，这是自 2008 年全球金融危机期间接近零增长率以来的最大降幅。这意味着由于新型冠状病毒肺炎疫情的影响，估计 APEC 地区 2020 年的产出损失为 2.1 万亿美元，失业人数将达到 2300 万人[②]。牛

---

\* 张靖佳，南开大学 APEC 研究中心副研究员。袁芳，南开大学国际经济研究所硕士生。
① Hernando, R C, E A San Andres. APEC in the Epicentre of COVID-19. APEC Policy Support Unit Policy Brief No.31[R]. 2020.
② APEC News Releases. APEC Faces USD 2.1 Trillion in Output Loss to COVID-19 [EB/OL]. [2020-04-20]. https://www.apec.org/Press/News-Releases/2020/0420_PSU.

津经济（Oxford Economics）对2020年全球GDP增长的预测从2019年12月预测的2.5%修正为2020年2月预测的2.3%，同期亚太地区从4.3%修正为3.8%。

从各个经济体的具体经济数据来看，中国国家统计局公布的数据显示，我国2020年第一季度GDP为206504亿元，同比下降6.8%。其中，住宿和餐饮业遭受的损失最严重，同比下降35.3%。我国二、三月份的城镇调查失业率分别为6.2%和5.9%。美国劳工部公布的数据显示，截至2020年5月7日，过去7周美国首次申请失业救济人数已经突破3300万。美国商务部公布美国第一季度GDP为5.26万亿美元，环比下降4.8%，同比实际增长了0.5%。但是由于美国疫情从三月开始蔓延且至今没有得到有效控制，所以第二季度的经济情况不容乐观。国际货币基金组织（IMF）在2020年4月《世界经济展望》报告中称，新型冠状病毒肺炎疫情将严重影响全球所有地区的经济增长，预计2020年全球经济将急剧收缩3%，比金融危机期间的情况还要糟糕。IMF对世界各国2020年的GDP增长做出了预测：发达经济体中，美国为-5.9%、日本为-5.2%、加拿大为-6.2%；新兴市场和发展中经济体方面，中国为1.2%、东盟五国[①]为-0.6%、俄罗斯为-5.5%、墨西哥为-6.6%。[②]

其次，实体经济的下行风险冲击了金融市场。由于新型冠状病毒肺炎疫情悲观预期和石油价格暴跌，美股于2020年3月9日、12日、16日以及18日出现四次熔断。股票市场的美元流动性出现短缺，债券市场的美元现金融资成本上升。投资者对现金避险功能需求上升，市场进入"现金为王"的状态。3月20日，两年期美国国债期货与现金利差大幅下降到29.4个基点，十年期美国国债期货与现金利差大幅降至71.8个基点，这说明市场预期美国国债价格将不断走低，而现金融资成本将进一步走高[③]。

## 一、APEC主要成员应对新型冠状病毒肺炎疫情的政策

为了应对新型冠状病毒肺炎疫情给实体经济和金融市场带来的冲击，APEC成员经济体纷纷采取了宽松的货币政策和财政政策。部分发达经济体除传统的货币政策外，还使用了量化宽松政策，这是继2008年金融危机之后发达经济体再一次启动量化宽松政策。

### （一）美国

由于疫情影响和石油价格暴跌，美国股市于2020年3月多次熔断，为了避免市场流动性短缺和恐慌情绪蔓延，美联储于3月16日紧急启动了第五轮量化宽松政策（QE5）。QE5具体包括：①于3月16日开始5000亿美元国债和2000亿美元机构抵押贷款支持证券（MBS）的购买计划，于3月23日开启开放式资产购买，按需增加美国国债和MBS购买，即无上限QE。②全面启动信贷宽松政策工具，包括一级交易商信贷工具、商业票据融资工

---

① 东盟五国包括印度尼西亚、马来西亚、菲律宾、泰国、越南。
② International Monetary Fund. World Economic Outlook: Chapter 1 The Great Lockdown[R]. 2020.
③ Morgan Stanley. Cash is Mightier than the Sword[N]. 2020.

具、货币市场共同基金流动性工具、一级市场企业信贷便利、二级市场企业信贷便利、定期资产支持证券信贷便利。③央行流动性互换，与加拿大、英国、日本、欧元区和瑞士长期美元流动性互换，每周提供1周期限（3月23日操作频率为每天）和84天期限的美元流动性，以及向澳大利亚储备银行、巴西中央银行、韩国银行、墨西哥银行、新加坡金融管理局和瑞典中央银行提供高达600亿美元的流动性，向丹麦国家银行、挪威银行以及新西兰储备银行提供300亿美元的流动性。④为中小企业提供信贷支持，包括公众商业借贷计划、《冠状病毒援助救济和经济安全法案》（CARES法案）、经济损害灾难贷款计划。⑤为外国和国际货币当局设立临时回购协议工具（FIMA回购工具）。

除了量化宽松政策之外，美国还实施了传统的货币政策和财政政策。传统的货币政策包括将基准利率降低100个基点至0~0.25%；将贴现窗口中一级信贷利率下调150个基点，至0.25%；存款准备金率降至零；将央行美元流动性互换协议利率下调25个基点。财政政策包括：①小微企业贷款和工资补贴3770亿美元，占GDP的1.8%。②支付给个人的退税款项2690亿美元，占GDP的1.3%。③增加失业保险2500亿美元，占GDP的1.2%。④救济特定的困境行业460亿美元，占GDP的0.2%。⑤税收延期和税收减免6680亿美元，占GDP的3.2%。⑥外汇平准基金、美联储和市政信贷4540亿美元，占GDP的2.2%。⑦联邦支出和对各州的援助4900亿美元，占GDP的2.3%。

这是美联储继金融危机之后再次实施量化宽松政策，第五轮量化宽松政策（QE5）与前四轮量化宽松政策有所不同。从政策实施的强度来看，不同于金融危机期间美联储逐步调低利率，在此次疫情期间美联储直接将基准利率降低100个基点至0~0.25%。国债和机构抵押贷款支持证券（MBS）的购买计划规模从7000亿美元调整为无上限约束。除在金融危机期间使用的政策工具外，还增加了货币市场共同基金流动性工具（MMLF），以便提高货币市场基金的流动性和功能，以支持家庭和企业的信贷。从市场针对性来看，前四轮量化宽松政策主要针对金融市场，而QE5更加重视向实体经济输入流动性，通过多种信贷便利工具以及一些直接和间接的政策来支持企业和家庭流动性（见表1）。

表1 美联储对企业和家庭支持政策

| 政策类别 | 发布时间 | 政策名称 | 具体内容 |
| --- | --- | --- | --- |
| 美联储直接支持政策 | 2020.03.23 | 通过多种信贷便利工具支持雇主、消费者和企业 | （1）提供合计3000亿美元支持雇主、消费者和企业信贷，财政部提供300亿美元作为股本<br>（2）设立两大工具支持大型雇主。一级市场企业信贷便利（PMCCF），通过特殊目的实体（SPV）支持企业新债券和贷款发行，为投资级企业提供4年的过桥融资；二级市场企业信贷便利（SMCCF），通过SPV购买美国投资级公司的企业债以及美国企业债上市交易基金（ETE）。3月23日开始实施，9月30日结束 |

续表

| 政策类别 | 发布时间 | 政策名称 | 具体内容 |
|---|---|---|---|
| 美联储直接支持政策 | | | （3）重启定期资产支持证券信贷便利（TALF），通过 SPV 给 AAA 级的券商和资产支持证券（ABS）的持有者 3 年期贷款（以持有的 ABS 担保），支持消费者和企业信贷（学生贷款、汽车贷款、信用卡贷款、小企业贷款等），初始规模为 1000 亿美元。3 月 23 日开始实施，9 月 30 日结束 |
| | 2020.04.03 | CARES 法案 | 在联邦支持的抵押贷款中，直接或间接因新型冠状病毒肺炎蔓延而遭受财务困难的借款人，可以向其抵押贷款服务商提出请求暂缓，服务商必须提供"关怀法案"，允许借款人将其抵押贷款延期 180 天甚至更长时间 |
| | 2020.04.06 | 经济损害灾难贷款计划 | 为小企业提供资金，以弥补灾难造成的经济损害，如收入损失；工资保障计划，提供贷款，鼓励某些合格的小企业留住员工，包括在某些条件下的贷款免除 |
| 美联储间接支持政策 | 2020.03.26 | 延长金融机构报表提交时间 | （1）美联储对总资产不超过 50 亿美元的金融机构在正式提交截止日期后提交其 2020 年 3 月 31 日的银行控股公司合并财务报表（FR Y-9C）或美国银行控股公司的非银行子公司财务报表（FR Y-11）不会采取行动，只要适用的报告在正式提交截止日期后 30 天内提交即可<br>（2）五个联邦金融监管机构发表联合声明，鼓励银行、储蓄协会和信用社针对向消费者和小企业提供负责任的小额贷款。此类贷款可以通过多种结构提供，包括开放式信贷额度、封闭式分期贷款或结构适当的单一支付贷款 |
| | 2020.03.27 | | 允许银行机构在其监管资本中减轻"当前预期信贷损失"（CECL）会计准则的影响 |
| | 2020.04.01 | 放松监管 | （1）美联储临时修改其补充杠杆率规则，把美国国债和美联储银行存款排除在控股公司规则的计算范围之外，有效期至 2021 年 3 月 31 日<br>（2）补充杠杆比率一般适用于合并资产总额超过 2500 亿美元的金融机构，要求它们持有的最低比率为 3%，以杠杆敞口总额衡量，对规模最大、系统性最强的金融机构的要求更为严格。这一变化将暂时使控股公司的一级资本要求总体减少约 2% |
| | 2020.04.08 | 修改部分银行资产增长限制 | 对富国银行（Wells Fargo）的增长限制进行临时和狭义的修改，以便为小企业提供额外支持。这一变化只允许该公司作为工资保障计划（PPP）和美联储即将推出的主要街道贷款计划的一部分，提供额外的小企业贷款 |

资料来源：根据美联储网站公开信息整理。

## （二）日本

为了应对新型冠状病毒肺炎疫情，日本银行也采取了量化宽松政策：①通过购买日本政府债券（JGB），使其未偿金额以每年约 80 万亿日元的速度增长。②与五国中央银行[①]进

---
① 加拿大银行（BOC）、英格兰银行（BOE）、欧洲中央银行（ECB）、美联储和瑞士国家银行（SNB）。

行美元流动性互换,进一步提供充足的资金。③促进公司融资的措施,包括以企业债务(截至 2020 年 2 月底,约 8 万亿日元)为抵押,利率为 0,期限最长为一年,未偿贷款两倍金额将被纳入银行金融机构经常账户的宏观附加余额中;将购买商业票据和公司债券的上限总额提高 2 万亿日元,并以未偿金额上限分别约 3.2 万亿日元和约 4.2 万亿日元进行购买。两项操作将持续至 2020 年 9 月底。④积极购买交易所交易基金(ETF)和日本房地产投资信托基金(J-REIT),使其未偿金额以每年约 12 万亿日元和约 1800 亿日元的上限递增。⑤央行将继续实施"量化质化宽松货币政策"(QQE)。除了实施量化宽松政策,日本银行还降低了利率,包括将金融机构存放在央行的准备金适用-0.1%的利率,将 10 年期日本国债收益率保持在 0 左右。日本 2020 年度财政补充预算于 4 月 30 日通过,日本政府将向全国国民一律支付 10 万日元(约合 6600 元人民币)补助金,预计总额为 25 兆 6914 亿日元(约合 1.7 万亿元人民币)。

日本自 2008 年金融危机之后一直实施量化宽松政策。2008—2010 年期间,日本银行推出了企业发行的商业票据和公司债券购买计划、"固定利率抵押品融资支持操作"以及金融资产购买计划,累计量化宽松规模达到 35 万亿日元。在之后的三年里,日本银行先后 4 次增加资产购买的规模。2013 年 3 月,日本银行开启了 QQE。2019 年初,日本银行将购买国债的规模维持在 80 万亿日元,购买 ETF 的规模维持在 6 万亿日元,购买 J-REIT 的规模保持在 900 亿日元。日本银行此次量化宽松政策不仅在 2019 年的基础上扩大了规模,其中 ETF 和 J-REIT 的购买规模翻了一倍。此外,还增加了促进公司融资的措施。

(三)加拿大

为了应对新型冠状病毒肺炎疫情,加拿大启动了量化宽松政策,包括资产购买和流动性供给。具体操作如下:①在二级市场购买加拿大政府证券计划。②金融机构使用加拿大抵押债券(CMB)为其向加拿大房主提供的抵押贷款融资。③银行承兑汇票购买贷款(BAPF)为中小企业借款人提供了一个重要的融资来源。④省级货币市场购买(PMMP)计划支持流动性和运作良好的短期省级贷款市场。⑤商业票据购买计划(CPPP)通过缓解加拿大商业票据市场的压力来支持信贷向经济的流动。⑥加强标准流动性工具,如定期回购操作和标准流动性工具,延长向银行放贷的期限,扩大接受的提供贷款的抵押品,并扩大能够获得贷款的合格机构名单。⑦建立了一个新的长期流动性工具(STLF),以帮助银行更好地管理其流动性风险,并继续为其客户提供信贷。⑧启动了或有定期回购工具(CTRF),该工具在长期、双边基础上,针对加拿大政府或省级政府发行或担保的证券向合格的交易对手提供流动性。除量化宽松政策外,加拿大银行在 2020 年 3 月 4 日、13 日和 27 日下调隔夜利率目标,最终隔夜利率目标为 0.25%,相应的银行利率为 0.5%,存款利率为 0.25%。

## 二、APEC中发达经济体量化宽松政策的溢出效应

为了应对新型冠状病毒肺炎疫情,美国、日本和加拿大等发达经济体都采取了量化宽松政策。考察此次量化宽松政策的溢出效应,就需要回顾次贷危机之后发达经济体的量化宽松政策对其他经济体产生的溢出效应。自美联储在2007—2009年全球金融危机中率先大规模使用量化宽松政策以来,其他经济体,尤其是新兴市场中的经济体深切感受到该政策带来的冲击。量化宽松政策的实施和退出都对新兴经济体的宏观经济产生了影响。量化宽松政策引发了资本流向新兴市场的"海啸",导致新兴经济体通货膨胀、货币升值和资产价格上涨[1]。当美联储宣布退出量化宽松政策时,外国投资者开始撤出其中一些基金,导致新兴市场资本外流、货币贬值和股市下跌,债券收益率上升[2]。巴西财政部部长曼特加在2010年9月含蓄地提出批评,美联储旨在抵御通货紧缩、刺激低迷经济的非传统货币政策是以邻为壑。

首先,量化宽松政策将使新兴市场的经济体面临本币升值的压力。如果新兴经济体想要保持汇率稳定,就需要对外汇市场进行干预,导致外汇储备的大幅增加,本国的货币供应量也随之被迫增加,进而可能带来输入性通货膨胀[3]。发达经济体的量化宽松政策通过国际大宗商品价格和汇率渠道影响新兴经济体的通货膨胀水平[4]。如果新兴经济体放任本币升值,那么本国产品价格上升,产品在国际市场中竞争力下降,出口贸易将受到不利影响。

从官方汇率的数据[5]来看,可以将APEC成员经济体分为三组。第一组的经济体包括中国、韩国、泰国、墨西哥、秘鲁和智利,在2009—2018年期间,这些经济体的汇率呈现先下降后上升的趋势。当美国于2008年采取量化宽松政策后,这些经济体的汇率呈现逐渐下降的趋势,即美元相对本币贬值;当美国于2014年退出量化宽松政策后,这些经济体的汇率又呈现出上升的趋势,即美元相对本币升值。第二组经济体包括中国香港、澳大利亚、新加坡、菲律宾、印度尼西亚和巴布亚新几内亚,在2009—2018年期间这些经济体的汇率一直保持稳定。第三组经济体包括新西兰和越南,新西兰从2011年放弃固定汇率之后,汇率处于持续上升的趋势;越南自2008年之后汇率也呈现持续上升的趋势。

---

[1] Tillmann P. Unconventional Monetary Policy and the Spillovers to Emerging Markets[J]. Journal of International Money and Finance, 2016: 136-156.

[2] Rai V, L Suchanek. The Effect of the Federal Reserve's Tapering Announcements on Emerging Markets[J]. Staff Working Papers, 2014.

[3] Eichengreen B, P Gupta. Tapering Talk: the Impact of Expectations of Reduced Federal Reserve Security Purchases on Emerging Markets[J]. Emerging Markets Review, 2015: 1-15.

[4] Zhu L, X Yang. The Study of American Quantitative Easing Monetary Policy's Spillover Effects on China's Inflation[J]. International Conference on Educational Technology and Management Science, 2013.

[5] 官方汇率数据来源于世界银行,俄罗斯、马来西亚、文莱、中国台湾的数据缺失。

从通货膨胀数据①来看，APEC成员经济体在2008年的通货膨胀水平明显高于正常时期，部分经济体在2011年、2015年也出现了较高的通货膨胀。第一组经济体中，除特殊年份CPI异常高之外，墨西哥和智利的CPI比较高时达到4%左右，其他经济体的CPI均在4%以下。第二组经济体中，印度尼西亚和巴布亚新几内亚的CPI较高，在6%左右，新加坡、菲律宾和中国香港的CPI比较高时达到4%左右，澳大利亚的CPI在4%以下。新西兰、马来西亚和文莱的CPI较稳定，而越南和俄罗斯的CPI相对较高且波动更明显。金融危机之后，通货膨胀率超过10%的经济体有4个，多数经济体2008年的通货膨胀水平几乎是平时的两倍甚至更多。

其次，发达经济体的量化宽松政策会使新兴经济体的国际资本流入显著增加。既有研究发现，美国的量化宽松政策使新兴经济体的国际资本流入显著增加②，而量化宽松政策的退出则引发了新兴经济体和欧元区的国际资本流出③。根据世界银行外国直接投资净流入的数据④可以发现，发达经济体实施和退出量化宽松政策期间，APEC成员新兴经济体的资本流入随之发生波动。

从外商直接投资净流入的规模来看，可以将APEC地区新兴经济体大概分为四组。其中，中国属于千亿美元级别；中国香港、俄罗斯、新加坡、澳大利亚、墨西哥和智利属于百亿美元级别，但2014—2017年中国香港的外商直接投资净流入高达千亿美元；马来西亚、韩国、泰国、印度尼西亚、越南、秘鲁、新西兰和菲律宾属于十亿美元级别，其中某些经济体的资本流入最高值可能会达到百亿美元；巴布亚新几内亚和文莱属于亿美元级别。

从外商直接投资净流入变化趋势来看，大致分为三种情况。菲律宾、越南和新加坡的外商直接投资净流入呈持续上升趋势。巴布亚新几内亚、新西兰、泰国和韩国的外商直接投资净流入呈现持续波动状态。其余经济体的外商直接投资净流入在2009—2016年期间呈现出先波动上升后波动下降的趋势，各经济体资本流入转折点对应的时间略有不同。例如，马来西亚于2011年达到峰值，而印度尼西亚和澳大利亚于2014年达到峰值（见图1）。

最后，发达经济体的量化宽松政策将通过资产组合再平衡渠道、信号渠道和风险渠道来影响新兴市场经济体的资产价格。⑤全球流动性扩张对中国和巴西的股市资产泡沫均有溢出效应，且对巴西的影响大于中国。而在发达经济体退出量化宽松政策时，极易产生国际资本流动逆转，导致资产价格泡沫破裂。新兴市场经济体有必要警惕这种溢出效应可能

---

① 通货膨胀数据来源于世界银行，中国台湾数据缺失。
② Ramírez C, M González. Have QE Programs Affected Capital Flows to Emerging Markets: A Regional Analysis[J]. International Spillovers of Monetary Policy, 2017.
③ Khatiwada S. Quantitative Easing by the Fed and International Capital Flows[J]. IHEID Working Papers 02-2017, 2017.
④ 外国直接投资净流入的数据来源于世界银行，中国台湾数据缺失。
⑤ Chari A, K D Stedman, C T Lundblad. Taper Tantrums: QE, Its Aftermath and Emerging Market Capital Flows[J]. NBER Working Papers, 2017, 23474.

造成的不良影响①。

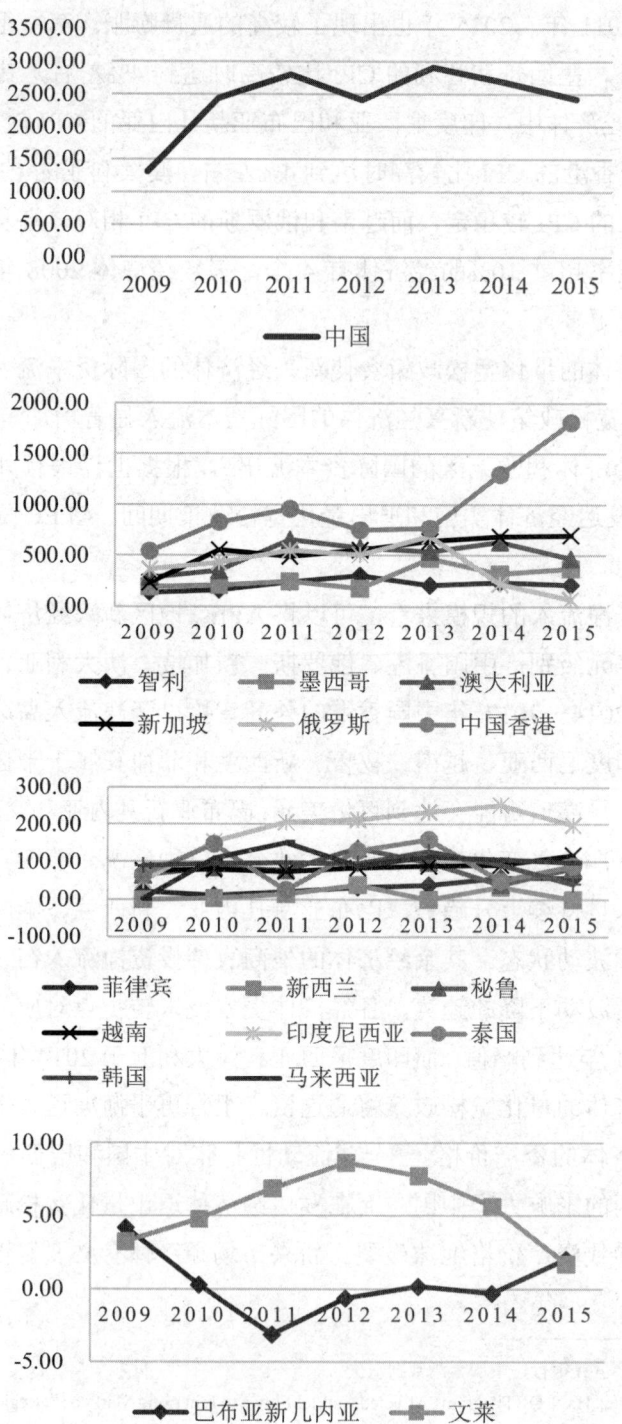

**图1 外商直接投资净流入（2009—2016年）（单位：亿美元）**

---

① 刘兰芬，韩立. 量化宽松货币政策对新兴市场的溢出效应分析：基于中国和巴西的经验研究[J]. 管理评论，2014（6）.

从 S&P（标准普尔）全球股票指数的年变化率[①]来看，APEC 成员经济体该指数的变化趋势大致相似，2008—2009 年呈现上升趋势，2009—2011 年呈现下降趋势，2009 年之后持续波动并且波动幅度有所减小。2008 年发达经济体采取了量化宽松政策之后，各个经济体的 S&P 全球股票指数的年变化率从负数变为正数，且增长幅度很大。其中新兴经济体中，S&P 全球股票指数年变化率超过 100%的有俄罗斯和印度尼西亚；新西兰和越南的增长幅度分别为 40.43%和 46.93%；其余新兴经济体的增长率均超过 50%。然而，美国和日本的股票指数增长率却只有 23.45%和 16.40%。2009—2011 年各个经济体的股票增长率下跌，甚至变为负数。总体来说，新兴经济体的股票变动率幅度要大于发达经济体（见图 2）。

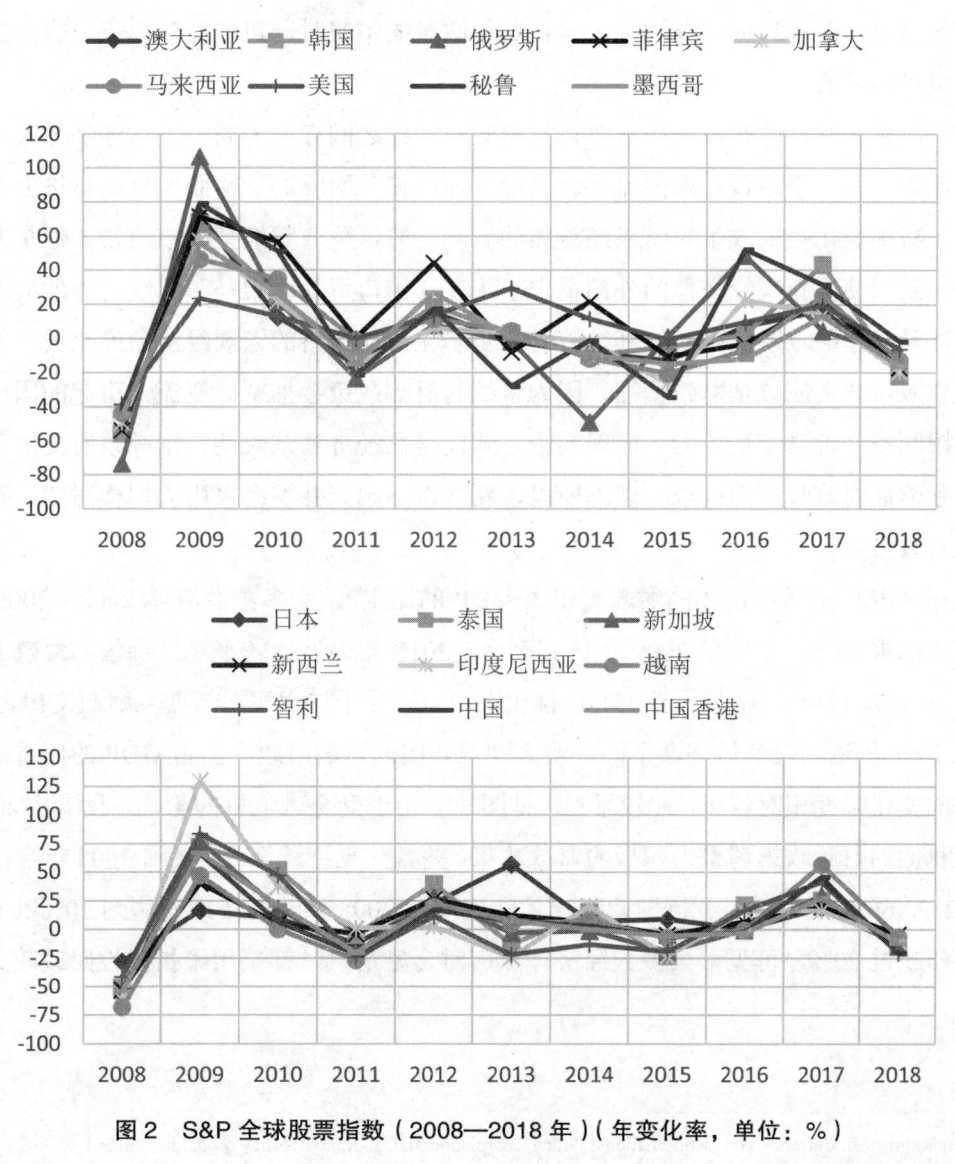

**图 2　S&P 全球股票指数（2008—2018 年）（年变化率，单位：%）**

---

① S&P 全球股票指数的年变化率数据来源于世界银行，文莱、巴布亚新几内亚、中国台湾数据缺失。

### 三、新兴经济体政策目标与调控工具的矛盾

从全球治理和政策协调角度来看,发达国家实施量化宽松政策将迫使新兴市场国家采用跟随的策略进行应对。将大萧条时期的国际货币政策协调与全球金融危机时期全球货币政策进行对比,发现与不采取应对政策的国家相比,放弃金本位制、贬值货币、扩大国内货币和信贷供应的国家从大萧条中恢复得更快[1]。虽然新兴市场应对发达国家量化宽松政策的最佳选择是采取紧缩的货币财政政策,但是通常由于历史和政策偏好原因,新兴市场国家并不会选择紧缩,而是选择外资管制这种国际货币政策协调次优政策。对我国等新兴市场国家来说,在选择应对发达国家量化宽松政策的策略时,可能面临以下三方面的货币财政政策目标矛盾。

第一,扩张性财政政策与应对量化宽松政策目标之间存在矛盾。发达经济体采取的量化宽松政策会使大量热钱短期内流入新兴经济体,使其面临通货膨胀及资产价格上升的压力,为了减小量化宽松政策对新兴经济体的影响,应该采取紧缩型财政政策。但是发达国家经济不景气使得新兴经济体的外部需求下降,在出口贸易这架马车已经乏力的情况下,如果采取紧缩型财政政策则会使其经济进一步恶化。从严格的宏观经济角度来看,新兴国家的最佳应对政策应该是财政紧缩,因为紧缩的财政政策会抑制外资流入引起的国内支出反应和限制资产价格上涨压力。而现实中,即使是在经济繁荣时期,削减政府支出和提高税收的紧缩性财政政策都很难实现。所以,新兴市场国家并不会采用大规模财政调整这种最佳应对政策[2]。

根据 APEC 成员经济体的财政支出占 GDP 的比重[3],大多数经济体 2008—2009 年的财政支出比重上升,并且在 2009 年达到高峰,2010 年之后比较平稳。韩国的财政支出占 GDP 比重于 2012 年大幅上升至 25%,且在之后一直处于该水平。新西兰财政支出占 GDP 比重在 2011 年达到峰值后逐渐下降。澳大利亚和墨西哥的财政支出占 GDP 的比重在金融危机期间变化幅度相对较小,比较平稳(见图 3)。由于受金融危机的影响,我国从 2009 年开始将稳健的财政政策调整为积极的财政政策,并且一直持续至今。我国 2008 年全国财政支出 62592.66 亿元,并且我国财政支出增长速度在 2008—2013 年期间达到 10% 以上,其中有 3 年超过 20%。可见,大多数经济体在应对金融危机时都采用了扩张性财政政策。

---

[1] Eichengreen B. Currency War or International Policy Coordination [J]. Journal of Policy Modeling, 2013: 1-9.
[2] Eichengreen B. Currency War or International Policy Coordination [J]. Journal of Policy Modeling, 2013: 1-9.
[3] 财政支出占 GDP 的比重数据来源于世界银行,巴布亚新几内亚、文莱、越南、中国、中国香港、中国台北数据缺失。

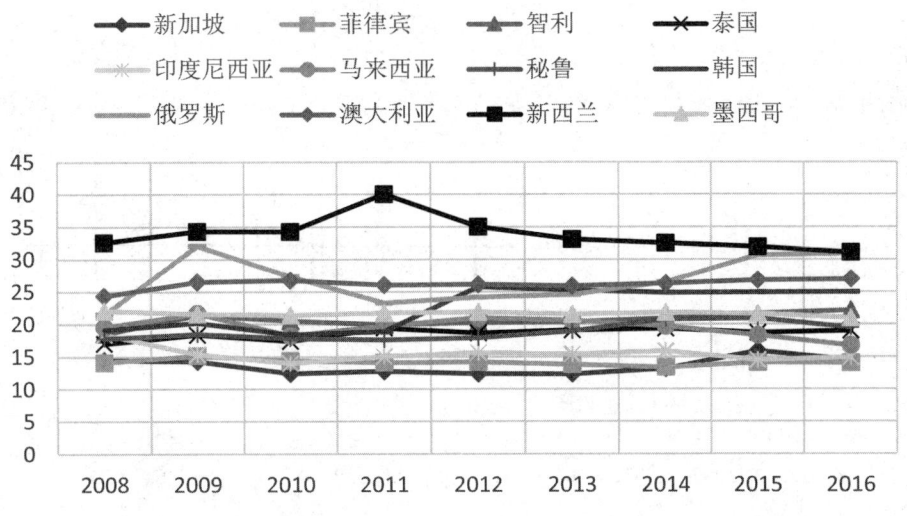

图3 财政支出占GDP比重（2008—2016年）（单位：%）

扩张性财政政策进一步加强了量化宽松政策对新兴经济体的影响，导致了一些负面效果。一方面是上文提到的各经济体在2008年、2011年等年份的消费者价格指数均处于异常高的水平。另一方面，国际资本的流入加上国内宽松的政策环境，可能放松企业的融资约束，因此不良贷款的比率上升。根据世界银行2008—2016年各经济体的银行不良贷款比率与贷款总额的比率数据[①]，俄罗斯和文莱的不良贷款比率较高，最高时可达9%以上。其次是秘鲁、泰国和马来西亚，不良贷款率最高时可达到4%以上。2008—2013年期间，除越南、澳大利亚和巴布亚新几内亚外，其余经济体的不良贷款率在2008年或2009年达到峰值，而后逐渐下降（见图4）。

第二，调控货币供给与稳定汇率水平之间存在矛盾。发达经济体采取的量化宽松政策使过剩的流动性涌入新兴经济体。一方面，为了缓解本币升值给出口贸易带来的不利影响，新兴经济体需要对外汇市场进行干预，导致外汇储备大幅增加，本国的货币供应量也随之被迫增加，本国的通货膨胀率从而上升。另一方面，为了维持物价稳定这一宏观经济政策目标，新兴经济体应该将货币供应量保持在与本国经济相适应的水平。如果通过公开市场操作对国内市场进行反向操作，以达到维持本币供应量不变的目的，那么这种干预被冲销，则无法起到稳定汇率的作用。如果不实施冲销政策，则可能产生与降息相同的通胀效应。

---

① 银行不良贷款比率与贷款总额的比率数据来源于世界银行，新西兰、中国台北数据缺失。

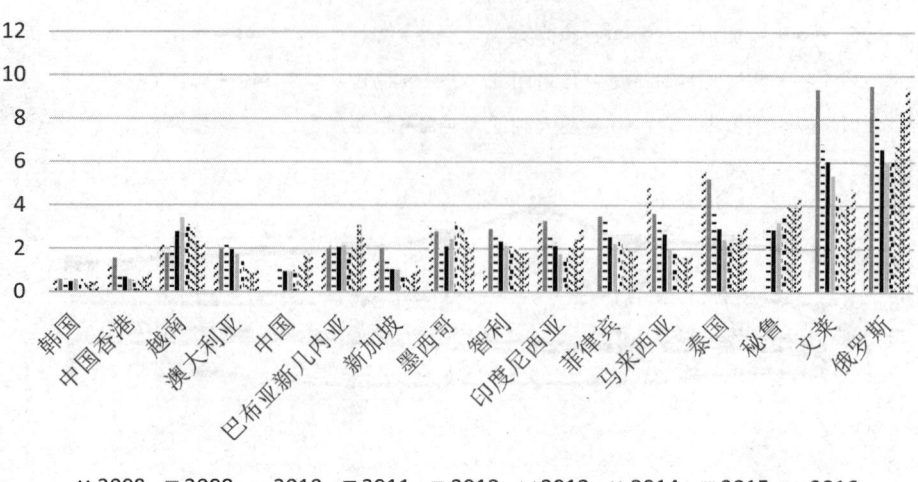

**图 4　不良贷款率（2008—2016 年）（单位：%）**

根据各经济体广义货币占 GDP 的百分比数据①，从 M2/GDP 的大小来看，中国香港的 M2/GDP 水平最高，中国内地次之。从变化趋势来看，除马来西亚外，其余经济体的 M2/GDP 大体上呈现上升趋势。大多数经济体 2009 年的 M2/GDP 水平明显高于 2008 年，智利、印度尼西亚、澳大利亚和新西兰除外。从广义货币的增长率来看，2008—2016 年期间，各经济体的广义货币增长率均出现了异常高的值。这说明金融危机期间，多数经济体为了维持汇率稳定或者缓解本币升值的压力，都会采取干预的方式，货币供应量从而上升（见图 5 和图 6）。

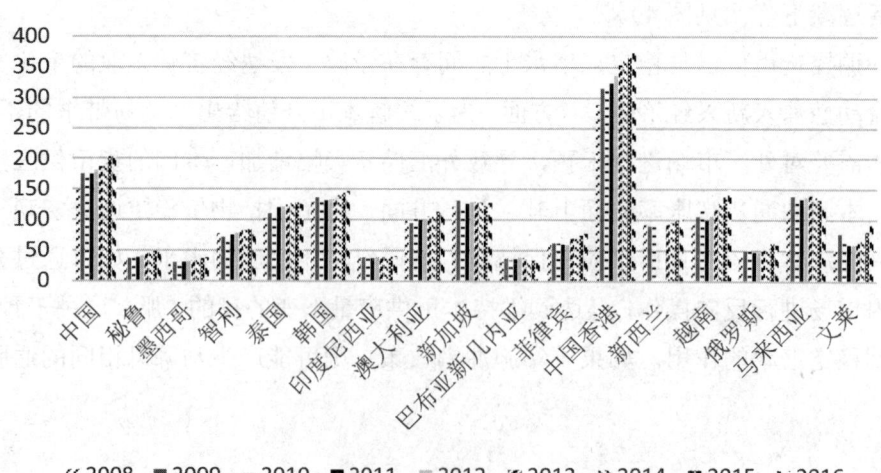

**图 5　广义货币占 GDP 的百分比（2008—2016 年）（单位：%）**

---

① 广义货币占 GDP 的百分比数据来源于世界银行，中国台北数据缺失。

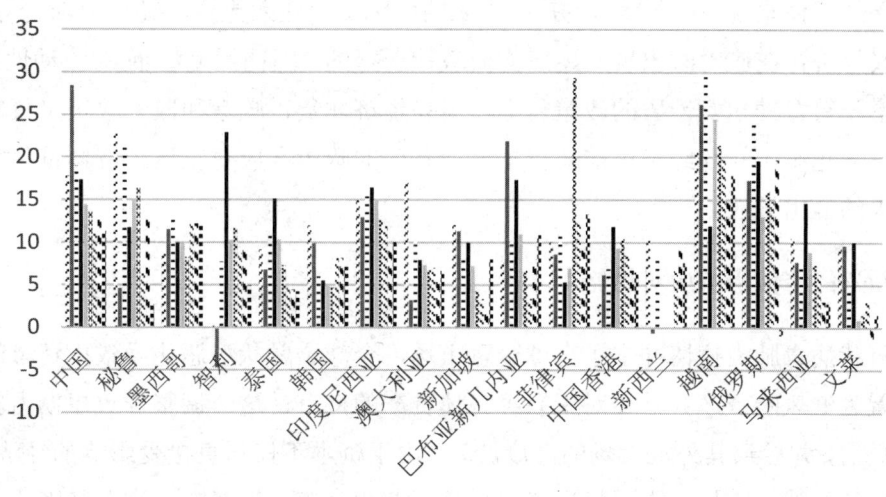

图 6　广义货币增长（2008—2016 年）（单位：%）

第三，外资管制政策与经济增长目标之间存在矛盾。为了减小发达经济体的量化宽松政策对本国经济的影响，新兴经济体更愿意采取资本流入管制这一次优的应对措施[①]。但是外资管制会抑制 FDI 的流入，而既有研究发现 FDI 可以通过资本累积效应、技术扩散效应、制度变迁效应等渠道促进经济增长[②]，所以外资管制措施会对新兴经济体的经济增长产生不利的影响，如上文提到的外商直接投资净流入。在 2009—2014 年期间，中国、印度尼西亚、马来西亚的外商直接投资净流入曲线一开始很陡峭，之后虽然仍处于上升趋势，但是其增长速度明显放缓。同时，对外资银行从事本币放贷业务的更严格审慎的监管被外国资金转入非银行渠道所抵消。

此外，多数经济体秉持对外开放的态度，所以外资管制政策处于越来越宽松的状态，外资管制进一步开放能够引入更多 FDI。改革开放是我国始终坚持的基本国策，我国正在进一步扩大开放。以《外商投资产业指导目录》为例，《外商投资产业指导目录》于 1995 年首次颁布实施，并分别于 1997 年、2002 年、2004 年、2007 年、2011 年、2014 年、2015 年和 2017 年进行了 8 次目录修订。该目录以鼓励、限制、禁止等三种限制水平作为衡量外资管制的标准。在历次修订中，鼓励外商投资的国民经济行业越来越多，从 1997 年的 186 个增加到 2017 年的 348 个，而限制和禁止的外商投资的国民经济行业越来越少，限制行业从 1997 年的 112 个减少到 2017 年的 35 个，禁止行业减少到 28 个。

---

① Eichengreen B. Currency War or International Policy Coordination [J]. Journal of Policy Modeling, 2013: 1-9.
② 张天顶. FDI 对中国经济增长影响的实证研究[J]. 世界经济研究，2004（10）.

对新兴经济体来说，本次美国 QE 所带来的国际资本流入无疑将超过前四轮 QE。这将可能使新兴经济体在应对时出现上述三方面政策选择的"囚徒困境"。面对流动性、通货膨胀和经济增长等多种相互矛盾的政策目标，新兴经济体货币政策和监管政策工具的选择空间可能会越来越小。新兴经济体需要更多灵活有效的政策来应对发达经济体量化宽松和财政扩张带来的溢出效应。

**四、新兴经济体当前应对措施**

新型冠状病毒肺炎疫情冲击了全球金融市场，全球金融状况恶化导致投资者的投资组合重新配置为低风险资产并减少对新兴经济体资产的持有。这一调整导致短期内新兴经济体的货币贬值，并导致其外汇市场的高度波动。由于资本不仅从直接受影响的经济体流出，而且从更普遍的新兴市场流出，投资者更喜欢所谓的"避险"资产。这尤其影响了亚洲新兴经济体，政府借贷成本飙升，公共债务偿还成本上升，货币大幅贬值[①]。同时，新型冠状病毒肺炎疫情给全球经济带来巨大打击，在经济明显偏向下行的背景下，宽松的环境正在显著扩大。通货膨胀将受到各种压力的影响：下行压力来自产出大幅下降，短期压力来自能源价格，特别是汽油价格的下降；上行压力来自汇率贬值，这取决于其幅度和持续性，通胀风险平衡的不确定性显著增加。

2020 年第一季度，对金融市场崩溃的直接政策反应是大多数关键经济体的货币政策大幅放松，这也给了包括亚洲在内的新兴市场各经济体中央银行自行降息的空间。但是，虽然较低的利率将为拥有浮动利率债务的公司和家庭提供一些喘息机会，但显然想要缓解因封锁而导致的收入（企业收入或工人就业收入）急剧下降，货币政策的作用不大。如果对经济活动的暂时性冲击不会演变成更具破坏性的一系列企业倒闭和个人破产，对银行业和政府财政造成溢出影响（引发紧缩措施，加深经济衰退），家庭和企业需要暂时但紧急的财政支持[②]。

**（一）中国**

如表 2 所示，我国已运用公开市场操作、定向下调准备金率、常备借贷便利、再贴现等多种货币政策工具为经济注入充足的流动性。财政政策包括为受到疫情影响的个人提供补贴和税费优惠，为企业提供资金支持和减税降费，为事业单位和地方政府提供援助。为了避免市场流动性缺乏、缓解实体经济下滑，这些政策是十分及时和必要的。

---

① The Economic Impact of COVID-19 on Asia-Pacific[R]. Oxford Economics, 2020.
② The Economic Impact of COVID-19 on Asia-Pacific[R]. Oxford Economics, 2020.

表 2　我国应对新型冠状病毒肺炎疫情的货币财政政策

| 货币政策 | |
|---|---|
| 政策名称 | 具体内容 |
| 公开市场操作 | 2020年2月3日，中国人民银行开展了1.2万亿元公开市场逆回购操作投放资金 |
| 利率下调 | 2020年2月20日，贷款市场报价利率（LPR）下调0.1个百分点，1年期LPR降为4.05%，5年期以上LPR降为4.75% |
| 存款准备金 | （1）准备金率进行了0.5%~1%的定向下调，并对为普惠金融领域提供贷款的符合资格的商业银行进一步下调1%的准备金率。（2）对农村信用社、农村商业银行、农村合作银行、村镇银行和仅在省级行政区域内经营的城市商业银行定向下调存款准备金率1个百分点，共释放长期资金约4000亿元。（3）自4月7日起，将金融机构在央行超额存款准备金利率从0.72%下调至0.35% |
| 再贴现 | （1）2020年1月31日，设立了3000亿元抗疫专项再贷款，用于支持防疫保供。运用专项再贷款资金发放贷款的利率为3.15%，鼓励金融机构以低于贷款利率上限的利率发放贷款。中央财政按企业实际获得的贷款利率贴息50%，确保企业实际融资成本降至1.6%以下。（2）为了支持复工复产，2月26日新增5000亿元再贷款再贴现政策，支农支小再贷款利率下调0.25个百分点 |
| 常备借贷便利 | （1）2019年12月，中国人民银行对金融机构开展常备借贷便利操作共1060.2亿元，其中隔夜19亿元，7天214.1亿元，1个月827.1亿元。（2）2020年1月，人民银行对金融机构开展常备借贷便利操作共360.5亿元，其中隔夜0.1亿元，7天68亿元，1个月292.4亿元。（3）2020年2月，中国人民银行对金融机构开展常备借贷便利操作共360亿元，其中7天30亿元，1个月330亿元。（4）2020年3月，中国人民银行对金融机构开展常备借贷便利操作共306.3亿元，均为1个月期 |
| 其他 | 受疫情冲击较大的中小企业和微型企业可最晚在2020年6月30日前对2020年1月25日至6月30日期间的到期还款申请延后偿还贷款本息。此期间发生的逾期还款将免予处罚 |
| 财政政策 | |
| 面向个人的政策措施 | （1）补助补贴，包括对确诊患者个人负担费用实行财政兜底，中央财政补助60%；对疑似患者和参加疫情防控的工作人员给予定额临时性补助。（2）税费优惠。（3）延长创业担保贷款贴息期限 |
| 面向企业的政策措施 | （1）资金支持：①对于2020年新增的疫情防控重点保障企业贷款，在中国人民银行专项再贷款支持金融机构提供优惠利率信贷的基础上，中央财政给予贴息支持，贴息期限不超过1年。②对于受疫情影响的小微企业，各级政府性融资担保、再担保机构降低担保和再担保费率，取消反担保要求。对于受疫情影响严重地区的融资担保机构、再担保机构，国家融资担保基金减半收取再担保费。（2）税费优惠，包括对疫情防控重点保障企业、受疫情影响较大的交通运输、餐饮、住宿、旅游等行业企业、个体工商户和小微企业、社会捐赠用于应对疫情的现金和物品进行税收减免。此外，还包括行政事业性收费、政府性基金减免政策和减免企业社会保险费的措施 |
| 面向机关事业单位的政策措施 | （1）税费优惠：2020年1月1日至3月31日，对卫生健康主管部门组织进口的直接用于防控疫情物资免征关税。（2）政府采购：对防疫物资采购依法开启"绿色通道" |
| 面向地方财政的政策措施 | （1）阶段性提高地方财政资金留用比例。2020年3月1日至6月底，在已核定的各省份当年留用比例基础上统一提高5个百分点。（2）向地方预拨医疗卫生、稳就业、稳投资、财力补助等方面资金1839亿元 |

资料来源：根据中国人民银行网站和财政部网站公开信息整理。

## （二）墨西哥

墨西哥中央银行的货币政策包括下调利率及其他提供流动性的措施，具体如下：①于2020年3月20日宣布并将隔夜银行间利率目标下调50个基点至6.5%，于4月21日宣布将隔夜银行间利率目标下调50个基点至6%。②将货币管制存款（DRM）减少500亿比索。③对普通附加流动性贷款利率的调整，将参考信贷和回购的成本从墨西哥银行隔夜同业利率目标的2~2.2倍降低至1.1倍。④启动政府证券定期回购窗口，回购协议的成本将相当于交易期间墨西哥银行隔夜同业拆借利率平均值的1.02倍，该计划的金额将高达1000亿墨西哥比索。⑤实施公司证券回购机制，回购协议的成本将相当于交易期间墨西哥银行隔夜同业拆借利率平均值的1.1倍，该计划的金额将高达1000亿墨西哥比索。⑥为银行机构提供资源，为微型、中小型企业和个人提供信贷，该计划的金额将高达2500亿墨西哥比索。⑦为商业银行提供公司贷款的担保融资工具，为微型、中小型企业提供融资，该计划的金额将高达1000亿墨西哥比索。⑧实施政府证券互换，获得长期证券（10年及以上），并交付其他最长期限为3年的证券，该计划的金额将高达1000亿。以上计划金额将根据金融市场的普遍情况进行调整。

## （三）韩国

为了应对新型冠状病毒肺炎疫情，韩国中央银行的货币政策包括：①把基准利率下调0.5个百分点至0.75%。②为小商户提供紧急融资支持，为中小企业和小商户提供特别担保，为小企业提供全额担保，韩国资产管理公司购买中小公司集合债券。③设立债券市场稳定基金，韩国信用担保基金将购买的企业债中超过80%由韩国开发银行购买，韩国信用担保基金随后将发行中小公司集合债券，股权融资和回购融资。④股票市场稳定措施。5家金融控股公司、18家大型金融企业和韩国交易所等相关机构将参与建立10.7万亿韩元的股票市场稳定基金，为个人提供税收支持，从而增加股票市场的需求。财政政策包括韩国政府宣布向包括中产阶层在内的收入下游70%家庭发放债还补助，4人户的补助标准为每户100万韩元（约合人民币5800元）。韩国的财政政策包括提供贷款或贷款担保以及对弱势群体的援助，财政政策的规模占该经济体GDP的7.4%。

## （四）印度尼西亚

印度尼西亚中央银行采用了量化宽松政策和常规货币政策。量化宽松的形式之一是向银行注入流动性，总额为503.8万亿卢比。具体内容包括：①2020年1月至4月，从外国投资者在二级市场购买3.86万亿卢比国家有价证券（SBN），从银行定期回购1.37万亿卢比，外汇掉期29.7万亿卢比。②2020年1月和4月，将卢比准备金降至53万亿卢比。5月，将卢比准备金和不适用额外准备金义务降低至117.8万亿卢比。另外，印度尼西亚中央银行还将采取的措施包括确定参考利率和实施货币操作（MO），以根据印度尼西亚中央银行稳定卢比汇率的政策措施管理货币市场和银行的流动性。印度尼西亚的财政政策包括贷款或贷款担保、企业税收或补贴减免、为失业的人和弱势群体（如个体经营者）提供援助，财政政策规模占该经济体 GDP 的 2.6%。

通过梳理新兴经济体的政策可以发现，新兴经济体为了缓解疫情导致的经济下行和金融市场的风险，均采取了宽松的货币和财政政策。但是新兴经济体还要注意发达经济体采用量化宽松政策后的溢出效应，加上本经济体宽松的政策环境，在长期可能面临更大的通货膨胀压力。

**参考文献**

[1] 刘兰芬, 韩立岩. 量化宽松货币政策对新兴市场的溢出效应分析——基于中国和巴西的经验研究[J]. 管理评论, 2014（06）：13-22.

[2] 张天顶.FDI 对中国经济增长影响的实证研究[J]. 世界经济研究，2004，（10）：73-78.

[3] Morgan Stanley. Cash is Mightier than the Sword[N]. 2020.

[4] Oxford Economics. The Economic Impact of COVID-19 on Asia-Pacific[R]. 2020.

[5] International Monetary Fund. World Economic Outlook: Chapter 1 The Great Lockdown[R]. 2020.

[6] Chari A, K D Stedman, C T Lundblad. Taper Tantrums: QE, Its Aftermath and Emerging Market Capital Flows [J]. NBER Working Papers, 2017.

[7] Eichengreen B, P Gupta. Tapering Talk: the Impact of Expectations of Reduced Federal Reserve Security Purchases on Emerging Markets [J]. Emerging Markets Review, 2015: 1-15.

[8] Eichengreen B. Currency War or International Policy Coordination [J]. Journal of Policy Modeling, 2013: 1-9.

[9] Hernando R C, E A San Andres. APEC in the Epicentre of COVID-19. APEC Policy Support Unit Policy Brief No. 31[R]. 2020.

[10] Khatiwada S. Quantitative Easing by the Fed and International Capital Flows [J]. IHEID Working Papers, 2017-02.

[11] Rai V, L Suchanek, The Effect of the Federal Reserve's Tapering Announcements on Emerging Markets[J]. Staff Working Papers, 2014.

[12] Ramírez C, M González. Have QE Programs Affected Capital Flows to Emerging Markets: A Regional Analysis [J]. International Spillovers of Monetary Policy, 2017.

[13] Tillmann P. Unconventional Monetary Policy and the Spillovers to Emerging Markets [J]. Journal of International Money and Finance, 2016: 136-156.

[14] Zhu L, X Yang. The Study of American Quantitative Easing Monetary Policy's Spillover Effects on China's Inflation [J]. International Conference on Educational Technology and Management Science, 2013.

# 数字贸易国际规则：趋势和应对

罗 伟[*]

**摘要**：数字经济繁荣建立在数据可自由流动的基础之上。相对传统商品，数据的存储、复制和运输成本几乎可以完全忽略，而得益于数据处理技术的飞速发展，数据的管理、分析和运用有着远高于传统经济的规模经济。在数据可自由流动的情况下，数据经济主体能够以低交易成本实现高规模经济，创造巨大的商业价值。然而，数据自由流动也带来了巨大的安全挑战。一方面，数据在网络传输的过程中，本身可能存在被截取和窃听或篡改和植入的可能性。另一方面，数字经济主体在未受到有效监管的情况下，可能非法利用数据谋取不正当利益，危害消费者、经营者乃至国家利益。如何在数据自由流动和数据安全之间获得平衡，成为当今国际经贸规则制定的热点议题，其结果也必将决定全球数字经济发展的方向。目前，数字经济规则尚未形成，各主要经济体的争议不断。本报告将梳理数字经济国际规则制定的趋势，并结合我国当前数字经济发展形势提出应对策略。

**关键词**：数字贸易；数据跨境流动；数字税

## 一、数字贸易的发展情况

在互联网、大数据和云计算等新一代信息通信技术的推动下，数字经济维持高速发展的态势。全球互联网协议（IP）流量——数据流量的代表指标——从1992年的每天千兆字节（GB）增长至2017年的每秒46000千兆字节，预计2022年可达到每秒150700千兆字节[①]。伴随着全球数据流量的增加，各国数字经济发展迅速。中国信息通信研究院对47个主要经济体的最新研究显示，2018年美国、中国、德国、日本、英国、法国等6个国家的数字经济规模超过了1万亿美元，韩国、印度的数字经济规模达5000亿～10000亿美元（详见表1）。在增速方面，爱尔兰的年均增速为19.5%，是47个经济体中增长最快的，中

---

[*] 罗伟，南开大学APEC研究中心副研究员。
[①] UNCTAD. Digital Economy Report 2019: Value Creation and Capture: Implications for Developing Countries[R]. 2019.

国位列第二位,增速为 17.5%。爱沙尼亚、捷克、马来西亚、拉脱维亚、韩国、法国、德国、南非等 21 个经济体的数字经济增速超过 10%。在样本经济体中,有 38 个(80.9%)经济体的数字经济增速显著高于该片增速。①

表1 主要经济体数字经济规模　　　　　　　　　　　　　　　单位:亿美元

| 排名 | 经济体 | 规模 | 排名 | 经济体 | 规模 | 排名 | 经济体 | 规模 |
|---|---|---|---|---|---|---|---|---|
| 1 | 美国 | 123408 | 17 | 新加坡 | 1348 | 33 | 奥地利 | 460 |
| 2 | 中国 | 47290 | 18 | 瑞典 | 1296 | 34 | 匈牙利 | 344 |
| 3 | 德国 | 23994 | 19 | 瑞士 | 1277 | 35 | 越南 | 293 |
| 4 | 日本 | 22901 | 20 | 荷兰 | 1239 | 36 | 葡萄牙 | 261 |
| 5 | 英国 | 17287 | 21 | 印度尼西亚 | 1186 | 37 | 新西兰 | 240 |
| 6 | 法国 | 11550 | 22 | 比利时 | 1055 | 38 | 希腊 | 219 |
| 7 | 韩国 | 7636 | 23 | 波兰 | 1045 | 39 | 卢森堡 | 135 |
| 8 | 印度 | 5415 | 24 | 芬兰 | 945 | 40 | 斯洛伐克 | 130 |
| 9 | 加拿大 | 4342 | 25 | 丹麦 | 910 | 41 | 克罗地亚 | 20 |
| 10 | 巴西 | 3832 | 26 | 挪威 | 888 | 42 | 保加利亚 | 118 |
| 11 | 意大利 | 3828 | 27 | 马来西亚 | 780 | 43 | 立陶宛 | 89 |
| 12 | 墨西哥 | 3670 | 28 | 南非 | 635 | 44 | 斯洛文尼亚 | 84 |
| 13 | 俄罗斯 | 2942 | 29 | 泰国 | 580 | 45 | 爱沙尼亚 | 71 |
| 14 | 澳大利亚 | 2664 | 30 | 土耳其 | 542 | 46 | 拉脱维亚 | 64 |
| 15 | 西班牙 | 2391 | 31 | 罗马尼亚 | 474 | 47 | 塞浦路斯 | 29 |
| 16 | 爱尔兰 | 1618 | 32 | 捷克 | 473 | | | |

资料来源:中国信息通信研究院. 全球数字经济新图景(2019):加速腾飞、重塑增长[R]. 2019.

自数据收集、存储、分析到建模、智能化、商业化这一全新"数据价值链",在庞大数据的催生下迅速发展,并加速了全球经济数字化进程。2020 年 4 月 27 日,联合国贸易和发展会议(UNCTAD)发布的《2018 年全球电子商务评估报告》称,2018 年全球超过 14 亿人在网上购物,全球电子商务规模达到了 25.6 万亿美元,较 2017 年增长了 8%。此外,数字化技术其他领域的发展具有非常显著的溢出效应。若采用广义定义,数字经济对全球 GDP 的贡献高达 15.5%。在中国信息通信研究院最新研究所关注的 47 个主要经济体中,有 36 个经济体的数字经济规模占 GDP 的比重超过 15%,其中英国、美国、德国的数字经济占比超过 50%,韩国、日本、爱尔兰、法国的数字经济占比超过 40%,新加坡、中国、芬兰、墨西哥的数字经济占比超过 30%。②

发达经济体和发展中经济体数字经济水平差异悬殊,但差距趋于缩小。根据联合国"人类发展指数"的划分标准,在前述 47 个主要经济体中有 20 个为发达经济体,27 个为发展

---

① 中国信息通信研究院. 全球数字经济新图景(2019):加速腾飞、重塑增长[R]. 2019.
② 中国信息通信研究院. 全球数字经济新图景(2019):加速腾飞、重塑增长[R]. 2019.

中经济体。2018年,这些发达经济体的数字经济规模合计为22.5万亿美元,占合计GDP的50.0%,而27个发展中经济体的数字经济规模合计仅7.7万亿美元,占合计GDP的25.7%。发达经济的数字经济规模及其对GDP的贡献均远超发展中经济体。但这种差距有缩小的趋势,2019年发展中经济体的平均增速为12.9%,显著高于发达经济体(8.0%)①。

## 二、既有国际规则的适用性

数字贸易虽然衍生出多种有别于传统经济的商业模式,但也并非全新的商业形式,以传统经贸为背景形成的经贸规则依然可以在一定程度上规范数字经济。2016年3月,国际贸易和可持续发展中心(ICTSD)与世界经济论坛共同发布的题为《WTO服务贸易规则与承诺下的数据本地化措施分析》的政策分析报告肯定了在全球数字贸易环境中,公司所面临的数据相关的关键议题可以通过现有的WTO服务贸易总协定(GATS)得到解决。特别是在WTO成员执行了服务贸易的承诺的情况下,GATS规则可以对国际服务贸易,包括跨境存储、处理和传输数据的权利提供保护。②

在WTO经典案例"安提瓜诉美国赌博案"中,裁决认为美国在其承诺表分部门10.D下就赌博和博彩服务的跨境提供做出的市场准入承诺适用于网络赌博,即此案件中安提瓜网络赌博运营商在安提瓜境内通过因特网向美国消费者提供赌博和博彩服务,美国应使其措施与它根据GATS承担的义务相符(江丽娜,2009)。此裁决表明,GATS规则和承诺可以适用于电子交付的服务或称电子商务。它意味着GATS规则以及现有的或修改后的GATS具体承诺可以完全适用于跨境电子商务。之后,在"中美出版物和视听娱乐产品争议案"中,美国引用了"安提瓜诉美国赌博案"的裁决,主张"GATS不限制各种模式1下的可能技术传输手段",上诉机构认为中国GATS减让表的表述("录音"和"分配")是通用的大类,适用范围可以随着时间和技术进步而改变,因而否定了中国的主张——在分配服务上的承诺仅限于实体出版物,而不包括电子出版物(胡建国,2007)。

即便在新型国际经济贸易协定中,跨境服务贸易和投资相关的规则在无特别规定的情况下,也同样适用于电子商务。例如,《跨太平洋伙伴关系协定》,以及作为替代的《全面与进步跨太平洋伙伴关系协定》的电子商务章节,在"范围和总则"中规定,"影响以电子方式交付或提供服务的措施需遵守第9章(投资)、第10章(跨境服务贸易)和第11章(金融服务)相关规定所包含的义务,包括本协定列出的适用于以上义务的例外或不符措施""第14.4条(数字产品的非歧视待遇)、第14.11条(通过电子方式跨境传输信息)、第14.13条(计算设施的位置)以及第14.17条(源代码)所包含的义务:(a)应遵守第9章

---

① 中国信息通信研究院. 全球数字经济新图景(2019):加速腾飞、重塑增长[R]. 2019.
② 上海WTO事务咨询中心. WTO服务贸易规则与承诺下的数据本地化措施分析. 2016-05-04. http://www.sccwto.org/post/11172?locale=zh-CN. 最后访问日期:2020年8月6日。

（投资）、第 10 章（跨境服务贸易）和第 11 章（金融服务）的相关条款、例外和不符措施"[①]。

## 三、个人信息保护

数字贸易不同于传统贸易的特性，要求既有的国际规则做出调整以适应其特殊性。其首要的关注点就是数字贸易对个人信息的威胁。2013 年"棱镜门"事件爆发，如何在数字化时代保护个人数据成为国际规则制定的焦点。同年，联合国大会通过了《数字时代的隐私权》决议，2015 年欧盟基于个人数据保护可能受到侵犯的担心，用新的"隐私盾"协议取代了 2000 年开始实行的欧美《安全港协议》，以强化对欧盟公民个人信息的保护。对个人数据的保护在多边体制及美国、欧盟等经济体的双边体制中都得到确定。

美国对个人信息的保护主要体现在其主导达成的 TPP（在美国退出后更名为 CPTPP）和美国-墨西哥-加拿大协定（USMCA）上。两协定均对个人数据保护做出了明确规定，缔约方认识到保护电子商务（或数字贸易）用户个人信息的经济和社会效益，以及其对提高消费者对电子商务（或数字贸易）信心做出的贡献。各缔约方应该制订或维持一个法律框架，规定保护电子商务（或数字贸易）用户的个人信息。由于此条款使用了"应该"一词，故 CPTPP 和 USMCA 对电子商务（数字贸易）中的个人信息保护的规定事实上不具有法律约束力。此外，对于应该制订何种保护个人信息法律框架，CPTPP 和 USMCA 也只呼吁缔约方考虑国际机构的原则，如 APEC 的《隐私框架》、OECD 的《对关于隐私保护与个人资料跨境流动的指南》等，但具体选择哪一个原则，CPTPP 和 USMCA 并未做出明确规定。因此，美国对数字贸易中个人信息保护原则上支持，在具体执行时不做严格限制（石静霞，2020）。

与美国强调商业利益和个人信息保护的平衡不同，欧盟将个人信息保护上升到基本权利的高度。2018 年 5 月 25 日生效的《通用数据保护条例》（GDPR）取代了 1995 年生效的《数据保护指令》，对个人数据信息保护做了更严格的规定。一方面，增加企业义务以确保个人更好地行使知情权、访问权、反对权等《数据保护指令》已规定的权利。另一方面，赋予了个人两项新权利——数据可携带权和被遗忘权。此外，也扩展了法律的适用范围，无论公司成立地点是否在欧盟范围内，在属地管辖的基础上兼用属人管辖，但是与欧盟个人相关、与向其提供商品和服务相关或者与对其行为监控相关的数据处理活动都将受到 GDPR 的约束。对于将个人数据转移至境外的情况，GDPR 规定，控制者和处理者必须满足相应规定，包括基于认定具有充足保护的转移、符合转移所需要的适当安全保障、有约束力的公司规则、未经欧盟法授权的转移或披露、特殊情形下的转移等（GDPR 44～49

---

[①] 商务部贸研院.《跨太平洋伙伴关系协定（中译文）》.中国自由贸易区服务网，2015-12-08. http://fta.mofcom.gov.cn/article/fzdongtai/201512/29714_1.html，最后访问日期：2020 年 8 月 6 日。

条）①。

欧盟依托自身庞大的市场和强大的监管能力，用严格的个人信息保护法律制约着其他经济体在欧洲提供数字服务的公司。从目前的发展来看，在个人信息保护国际规则制定方面，欧盟已经取得了非常大的话语权。2018 年，印度、巴西等国纷纷借鉴 GDPR，修正国内的个人信息保护法律。即便是美国，也因 GDPR 的影响开始重视个人信息的保护。一方面，美国大型互联网公司的隐私新政多是参照 GDPR 标准制定的；另一方面，在立法层面，美国民众对加强个人信息保护的呼声也越来越强。2018 年 6 月 28 日，受 GDPR 影响，美国加利福尼亚州颁布了最严格的隐私立法——《消费者隐私保护法案》，规定了企业的通知、披露义务，以及数据泄漏的赔偿金额，这改变了数据泄漏没有实质损害而无须赔偿的司法惯例②。

### 四、数据跨境流动和本地化要求

基于个人信息保护、网络安全或国内产业竞争力等因素的考虑，各国对数据存储和使用都有所约束，集中表现在对计算设施和数据存储的本地化要求及对数据跨境流动的限制。美国等经济体认为这两类措施造成了数字贸易壁垒，不利于全球数字经济的繁荣，但绝大多数发展中经济体和部分发达经济体则认为这些措施是国家主权所系，是数字时代维护国家安全、保护本国公民隐私权的基础。

TPP 电子商务章节下的对应条款，体现了这两种冲突之间的对立和妥协。TPP "通过电子方式跨境传输信息"条款，一方面强调数据跨境流动是为涵盖的人执行其业务时，缔约方应允许此跨境传输，包括个人信息；另一方面也认同各缔约方数据跨境流动有各自的监管要求，各缔约方为实现合法公共政策目标而对数据跨境流动的监管不受条约的限制。在"计算设施的位置"条款中，TPP 规定缔约方不得将要求涵盖的人使用该缔约方领土内的计算设施或将设施置于其领土之内作为在其领土内从事经营的条件，但也认可各缔约方对计算设施的使用的监管要求，其中包括通信安全和保密的要求，也排除了对缔约方基于合法公共政策目标而实施的本地化要求的约束③。

最新达成的 USMCA 强化对数据跨境流动和本地化要求措施的限制。一方面，相比 CPTPP，USMCA 删除了软性表述——"缔约方承认各方在信息跨境转移方面有各自的监

---

① 中国信息通信研究院安全研究所，对外经济贸易大学数字经济与法律创新研究中心，北京大学法治与发展研究院，奋迅律师事务所，科文顿·柏灵律师事务所，京东集团．欧盟 GDPR 合规指引．2019-05-28. http://www.caict.ac.cn/kxyj/qwfb/ztbg/201905/P020190528569612534746.pdf，最后访问日期：2020 年 8 月 6 日。

② 张颖．我们需要什么样的数据跨境规则？腾云，2019-11-11(70). https://freewechat.com/a/MjM5NTA0MzIyMA==/2649914031/1/，最后访问日期：2020 年 8 月 6 日。

③ 商务部贸研院．《跨太平洋伙伴关系协定（中译文）》．中国自由贸易区服务网，2015-12-08. http://fta.mofcom.gov.cn/article/fzdongtai/201512/29714_1.html，最后访问日期：2020 年 8 月 6 日。

管要求"和"各缔约方认识到每一缔约方对于计算设施的使用可能有各自的监管要求",并且删除了 CPTPP "计算设施位置"条款下"合法公共政策目标"的例外情形,只是对金融行业的数据存储做了特别规定[①]。

美国在 WTO 电子商务诸边谈判中也沿用了 USMCA 对数据跨境流动和本地化要求的规定。但作为共同缔约方的加拿大,在 WTO 电子商务诸边谈判中仍保留了本地化要求条款中"合法公共政策目标"的例外情形。新加坡、巴西等经济体则采用了 CPTPP 的规定。欧盟关于数据跨境流动和本地化要求强调,不得以使用本国计算设施处理数据、数据存储和处理本地化等措施作为允许数据跨境流动的条件,但认为各经济体为确保公民个人信息和隐私不受侵犯而实施的本地化要求和对数据跨境流动的限制应该排除在相关规则之外(石静霞,2020)。

从全球政策动向看,加强数据本地化要求和对数据跨境流动的限制是当前的趋势。2007—2016 年 10 年间,各国采取的本地化措施数量由 32 件增长到 84 件。我国目前也对数据本地化要求和数据跨境流动有明确的限制(马源,2018)。2016 年颁布的《中华人民共和国网络安全法》第 37 条规定,"关键信息基础设施的运营者在中华人民共和国境内运营中收集和产生的个人信息和重要数据应当在境内存储。因业务需要,确需向境外提供的,应当按照国家网信部门会同国务院有关部门制定的办法进行安全评估。"2017 年《关键信息基础设施安全保护条例(征求意见稿)》重申"运营者在中华人民共和国境内运营中收集和产生的个人信息和重要数据应当在境内存储"。2019 年发布的《个人信息出境安全评估办法(征求意见稿)》和《数据安全管理办法(征求意见稿)》则细化了安全评估要求。2020 年 6 月 1 日开始实施的《网络安全审查办法》则进一步规定,关键信息基础设施保护工作部门认定的运营者(关键信息基础设施运营者)采购核心网络设备、高性能计算机和服务器、大容量存储设备、大型数据库和应用软件、网络安全设备、云计算服务,以及其他对关键信息基础设施安全有重要影响的网络产品和服务,影响或可能影响国家安全的,应当进行网络安全审查。因此,我国在与澳大利亚、韩国签署的自由贸易协定中,包含电子商务章节,但并未对数据跨境流动和禁止本地化要求进行承诺。

## 五、数字税

随着数字经济体量的增加,数字税问题成为国际规则的一个新焦点,主要涉及电子传输的关税问题和数字产品的国内征税问题。

1998 年,WTO 第二次部长级会议设立的《电子商务工作计划》达成了对电子产品延

---

① Office of the United States Trade Representative. Agreement between the United States of America, the United Mexican States, and Canada. 2019-12-13. https://ustr.gov/trade-agreements/free-trade-agreements/united-states-mexico-canada-agreement/agreement-between. 最后访问日期:2020 年 8 月 6 日。

迟征收关税的承诺,并在此后的部长级会议上将承诺进行延期,2019年12月10日举行的总理事会会议上,成员们同意在原定于2020年6月8日至11日在哈萨克斯坦首都努尔苏丹举行的第12届部长级会议之前,维持目前不对电子传输征收关税的做法①。由于受到疫情的影响,WTO第12届部长级会议被推迟。哈萨克斯坦提议在2021年6月召开②。届时WTO成员将讨论电子传输免关税的延期问题。

印度、南非等经济体对数字产品免关税的现行做法提出了质疑,认为随着数字经济的迅速扩张,数字贸易占整体贸易的比重已远超过1998年达成免关税承诺时的情况,若继续执行电子传输免关税,将严重损害成员,特别是发展中成员的税收收入。美国和欧洲则认为,数字电子化传输性质使得对电子传输征收关税,即便在理论上存在可能,在实际操作时也不具备技术上的可行性,因而主张将电子传输免关税永久化,无须再通过部长级会议递延。加拿大、新西兰、新加坡等成员方的立场基本一致。巴西则主张免关税对象仅限于传输媒介,而不包括传输内容。我国主张免关税和有限延期(石静霞,2020)。

电子产品征收关税与否的争议主要在发达和发展中经济体,而对电子商务/数字贸易征收国内税的争议则主要体现在发达经济体,特别是美欧之间。

数字化企业可以在不设立当地实体的情况下深度参与一国经济,这一事实对以经营实体所在地或注册地为依据的传统征税模式提出了挑战。OECD于2013年推出《税基侵蚀和利润转移行动计划》,将解决数字经济的税收挑战列为首位。目前,在此框架下,已有127个经济体就数字化税收提案进行磋商。

在此背景下,2018年3月,欧盟委员会发布立法提案,拟调整对大型互联网企业的征税规则。依据这项提案,任何一个欧盟成员国均可对境内发生的互联网业务所产生的利润征税。2018年6月,德国原则性同意征收"数字税"。2019年7月,法国通过了首部《数字税法案》,对全球数字业务营收额高于7.5亿欧元、在法国境内年营业收入不低于2500万欧元的企业征税,税率为3%,征税对象为企业的在线广告收入、转售数据和平台收取佣金等业务,线上销售、通信服务和支付服务不在征税范围。2020年3月,英国政府亦正式确认,于4月1日开征2%的数字税。该税项针对全球销售额超过5亿英镑(约合6.45亿美元),且至少有2500万英镑(约合3226万美元)来自英国用户的企业,税基为英国用户的收入。同年3月26日,印度政府宣布,从4月1日开始,印度将对在本国内提供数字服务的国外企业征收2%的"数字税"。此外,西班牙、意大利、奥地利、乌拉圭、哥伦比亚、印度尼西亚、泰国、菲律宾等经济体也相继开始对数字产品征税。

---

① WTO. WTO Members Agree to Extend E-commerce, Non-violation Moratoriums. https://www.wto.org/english/news_e/news19_e/gc_10dec19_e.htm. 最后访问日期:2020年8月7日。

② WTO. WTO Members Discuss Kazakhstan's Offer to Host 12th Ministerial Conference in June 2021. https://www.wto.org/english/news_e/news20_e/gc_29may20_e.htm. 最后访问日期:2020年8月7日。

由于美国公司在全球数字市场的垄断地位，受法国、英国等经济体数字税影响最大的公司主要是美国互联网巨头，如谷歌、苹果、脸书和亚马逊。因此，美国贸易代表（USTR）在法国通过《数字税法案》后迅速启动 301 条款调查，并于 2019 年 12 月宣布调查结论。由于认为法国数字税对美国公司造成歧视，故对价值 24 亿美元的法国输美产品加征最高 100%的关税。欧盟则支持法国，并寄希望于通过 OECD/G20 在全球层面引入数字税，并表示如果未能在 2020 年之前达成，将提出一项欧盟范围的数字税。美国对在 EBPS 框架下制定全球数字税解决方案的态度在与欧盟谈判的过程中转为消极。2020 年 6 月，美国宣布暂时退出 OECD 框架下数字税的国际协议谈判。随后，美国贸易代表办公室宣布，对欧盟、英国、意大利、巴西、印度等 10 个贸易伙伴已执行或拟征收的数字税发起"301 调查"。

目前美欧围绕数字税征税以及全球数字税规则制定的博弈呈升级态势。就 2020 年的发展趋势看，在境内对数字贸易征收数字税将变成一个通行的做法。截至 2020 年 8 月，全球已有 30 多个国家先后宣布对大型互联网公司征收数字税。数字税国际协议是否会达成，具体包含哪些内容，取决于美国和欧洲在数字税谈判的结果。

### 六、源代码保护

源代码保护是数字贸易国际规则的新争议点，即是否允许强制披露、转让或获取源代码。反对方认为，强制要求开放源代码侵犯了知识产权，使部分企业获得了不公平的竞争优势。支持方则认为，部分软件在互联网上无处不在，对广大民众和国家安全都有强大的影响，获取源代码有助于国家监管部门监督这些关涉国家安全和广大公民利益的软件，也有助于提前消除安全隐患。

目前，源代码保护的国际规则主要源自《与贸易有关的知识产权协定》第 10 条规定，"计算机程序，无论是源代码还是目标代码，应作为《伯尔尼公约》（1971）项下的文字作品加以保护"。然而，一些国家对软件版权保护要求提供源代码，因为若将软件源代码视为专利，那么公开是受到保护的前提。而发达国家多主张将源代码视为应受知识产权保护的商业秘密（石静霞，2020）。

总体而言，目前 TRIPS 协议对于源代码的保护并不明确。美国、加拿大以 USMCA 为蓝本，主张任何经济体不得将要求转移或获得另一方所拥有的软件源代码，或源代码中表现的算法，作为在其领土内进口、分销、销售或使用该软件及包含该软件的产品的条件。欧盟、日本、新加坡也同样认为，应禁止强制要求披露源代码。包括中国在内的发展中经济体多未将此源代码保护问题作为数字贸易国际规则制定时的重点议题。

### 七、我国对数字贸易国际规则的应对方案

党的十九大对建设网络强国、数字中国、智慧社会做出了战略部署。2019 年，全国电

子商务交易额已达 34.81 万亿元，电子商务从业人员达 5125.65 万人（《中国电子商务报告 2019》），是全球前三大电子商务市场和数字经济市场。为打造有利于我国数字经济发展的国际制度环境，我国应该积极推动数字贸易国际新规则的制订，提升我国在数字经济背景下的国际规则话语权。

第一，推进 APEC 成员经济体就数字贸易的国际规则体系形成共识。

随着数字基础设施的完善、数字技术的发展以及民众对数字经济接受度的增强，在可遇见的将来数字贸易仍将保持较高速度的增长，成为全球经济发展的重要引擎。数字贸易国际规则体系的最终出现是难以逆转的大势。数字贸易对国家安全、公民权益的广泛影响，以及不同经济体之间巨大的数字鸿沟，使得各国对数字贸易国际规则的利益诉求差异悬殊，在多边层面达成具有约束性的数字贸易国际规则在短期内难以实现。因此，未来数字贸易规则的发展路径，必定是在非约束性平台上凝练共识，在国内和双边层面实践理念，最后在诸边或多边层面加以推广。一国在数字贸易国际规则制订中的话语权，首先取决于其所倡导的理念是否能够在非约束性平台上获得认可。APEC 是亚太地区最重要的非约束性开放合作平台，且具有达成《非约束性投资原则》《APEC 隐私框架》等先进理念的历史，因而可成为我国推广数字贸易合作理念的重要平台。

第二，提出以负面清单或混合清单的模式管理数据跨境流动和本地化要求承诺。

数据跨境流动和本地化要求无疑是数字贸易国际规则制订的核心。就我国目前的国内法律体系看，短期内，我国难以接受美国所主张的无本地化要求的数字自由跨境流动。而事实上，鉴于大数据潜在影响力巨大，即便是欧盟、日本等美国传统盟友都难以全面接受美国的主张，更不用说中国、印度等新兴经济体和其他发展中国家。美国主张的无本地化要求的数字自由跨境流动被确定为标准的可能性非常低。然而，如同 20 世纪 90 年代提出的准入前国民待遇，无本地化要求的数据自由流动也可能在未来成为国际规则的核心议题。毕竟，从经济学角度来看，在解决国家安全和个体权益的基础上，数据的自由流动有益于经济的繁荣和公民福利的提高。为避免在数字贸易国际规则制订中的被动局面，我国不应一味地回避数据跨境流动和本地化要求议题，而是可以联合诉求类似的发展中经济体，提出有利于我国数字经济发展的提案。可借鉴国际投资协定中对准入国民待遇的规制，即根据数据的敏感性设立负面清单，对清单内的数据明确本地化要求并限制数据的跨境流动，而对清单外的商品不做限制。对于数字经济发展可能带来的预期外问题，可用安全审查的方式加以防范。而且，作为过渡，也可以采取混合清单的方式，即制订允许数据自由跨境流动的正面清单，对于清单的中的领域，除列示的限制外，不再做额外限制。

第三，在中欧双边投资协定谈判或中韩自由贸易协定升级谈判中，引入高标准数字贸易条款。

一国在未来数字贸易国际规则制订中的话语权，一方面取决于理念被接受的情况，另一方面取决于该国在数字经济立法方面的实践。目前美国、加拿大等国在数字经济国际规则领域的话语权主要源自已经达成的（CP）TPP和USMCA，而欧盟的话语权主要源自已经实施的GDPR、正在筹划中的欧盟数字税方案以及日本与欧盟经济伙伴关系协定。我们最新签署的自由贸易协定，如中韩自由贸易协定、中澳自由贸易协定等，均涵盖电子商务章节，但协定各方就数字贸易做出的承诺相对较少，且多为软性承诺，回避了数字贸易（电子商务）内涵界定问题以及数据跨境流动、本地化要求、源代码、数字税收等核心议题，同时也没有制订电子商务争端的解决方案。目前我国采用的电子商务模板覆盖的议题和WTO电子商务诸边谈判议题还有较大的差距，我国应该进一步完善经济贸易协议中电子商务章节的模板，并在中欧双边投资协定谈判或中韩自由贸易协定升级谈判中加以实践，也可以以现有模板为基础，在谈判的过程中对此加以完善。

第四，跟踪各国数字税征收趋势，积极参与国际合作平台的数字税谈判。

自法国于2019年颁布首部数字税法案以来，30多个国家陆续开始或正在推进加征数字税。虽然目前受数字税影响的企业主要是美国的互联网巨头，但中国作为数字经济大国和互联网企业大国，以腾讯、阿里巴巴为代表的中国互联网企业，一旦在海外市场发力，很有可能成为继美国互联网企业之后受影响最大的主体。因此，我国应密切关注各国数字税征收的趋势，分析其给国内企业带来的税收负担，以及对我国互联网企业海外发展的潜在影响，并积极参与APEC、G20、OECD、WTO等合作平台的数字时代征税权的分配和协调谈判。

**参考文献**

[1] 石静霞. 数字经济背景下的WTO电子商务诸边谈判：最新发展及焦点问题[J]. 东方法学，2020（2）.

[2] 胡建国. 安提瓜诉美国赌博案评析[J]. 武汉国际法评论，2007（2）.

[3] 江丽娜. 试论美国赌博案裁决对国际电子商务法的影响[J]. 河北法学，2009（8）.

[4] 国务院发展研究中心面向大数据时代的数字经济发展举措研究课题组，马骏，马源. 数字贸易国际规则：美国动向与我国策略[J]. 发展研究，2018（11）.

# APEC 创新增长合作的现状和趋势分析

杨春妮　史佳颖*

**摘要**：金融危机后，谋求经济转型和实现创新增长是 APEC 成员的共同目标。APEC 顺应互联网和数字经济快速发展的趋势，开展了战略规划、运行机制、组织结构方面的改革，在信息与通信技术（ICT）应用、数字经济、数字人力资源开发、中小微企业和初创企业发展、科技创新政策对话、标准一致化等具体领域进行了合作。本文对 APEC 框架下创新增长合作取得的进展进行了总结和评价，梳理了各成员参与合作的不同立场和诉求，分析了未来亚太成员深化创新增长合作可能遇到的阻碍，并对 APEC 合作的前景进行展望。

**关键词**：创新增长；数字经济；信息与通信技术

## 一、APEC 创新增长合作框架

### （一）APEC 创新增长概念的提出

由"次贷危机"引发的金融危机之后，很多 APEC 成员的经济增长都面临困境，调整经济结构和转变经济增长方式成为 APEC 各经济体的关切。2010 年 11 月，日本横滨 APEC 会议制定了《领导人增长战略》，将平衡增长、包容性增长、可持续增长、创新增长和安全增长确立为 APEC 经济增长战略的五个支柱。其中，创新增长的目标是创建有助于创新和新兴经济部门发展的经济环境，包括促进信息与通信技术（ICT）的广泛应用，实现社会经济活动的智能化；促进数字繁荣，鼓励数字相关产品和服务的投资和贸易；标准一致化建设，构建全球通用标准；增加高速宽带等信息基础设施投资，弥合"数字鸿沟"；在隐私保护的基础上破除信息流动壁垒；加强知识产权保护；增进创新政策的信息共享与对话。①

---

\* 杨春妮，天津外国语大学求索荣誉学院教授，南开大学 APEC 研究中心兼职研究人员。史佳颖，天津外国语大学"一带一路"天津战略研究院讲师。

① https://www.apec.org/Meeting-Papers/Leaders-Declarations/2010/2010_aelm/growth-strategy.aspx.

## （二）近年来 APEC 创新增长合作行动计划

2010 年确立创新增长的目标之后，APEC 先后制定了包括"APEC 跨境隐私执行安排"（2010）、《APEC 促进互联网经济合作倡议》（2014）、《APEC 跨境电子商务创新与发展倡议》（2014）、《APEC 互联网和数字经济路线图》（2017）、《APEC 跨境电子商务便利化框架》（2017）、《APEC 数字经济行动计划》（2018）在内的一系列推动创新增长合作的行动计划（见表1）。

表 1 近年来 APEC 创新增长合作相关会议

| 会议名称 | 创新增长合作议题 | 会议文件 | 开展合作的具体领域 |
| --- | --- | --- | --- |
| 2014 年北京会议 | 确立"新经济"（互联网经济、绿色经济、蓝色经济）支柱 | 《APEC 促进互联网经济合作倡议》《APEC 跨境电子商务创新与发展倡议》 | 电子商务、信息与通信技术及相关技术创新 |
| 2017 年岘港会议 | 区域经济一体化、包容性增长、互联互通、互联网数字经济、可持续发展 | 《APEC 互联网和数字经济路线图》《APEC 跨境电子商务便利化框架》《APEC 数字时代人力资源开发框架》 | 跨境电子商务、数字人力资源开发、数字基础设施发展、增进互操作性、网络安全、促进信息和数据的自由流动 |
| 2018 年莫尔斯比港会议 | 数字经济、包容性增长 | 《APEC 数字经济行动计划》 | 数字人力资源开发、弥合"数字鸿沟"、为互联网和数字经济设置整体的政府政策框架 |
| 2020 年吉隆坡会议 | 数字经济；创新、包容和可持续发展 | — | — |

资料来源：根据 APEC 会议文件数据库（APEC The Meeting Document Database）整理。

注：统计截至 2020 年 7 月。

从会议议题的演化路径看，从信息与通信技术创新、信息基础设施建设、跨境电子商务发展等数字经济传统领域切入，逐步向促进信息和数据自由流动、网络安全和隐私保护、标准和规则制定等深层次合作衍生，APEC 创新增长合作不断拓展和深化。

## （三）"APEC 2020"创新增长合作规划

随着 1994 年启动的茂物目标到期，APEC 将制订下一个十年发展规划。APEC "2020 愿景"、核心议题、合作重点对未来亚太经济体合作起着重要的指导作用。2020 年 APEC 会议将主题确定为"激发人类潜能，共享繁荣未来"，将实现包容性、可持续增长作为地区发展目标，并确定数字经济、女性赋权、人力资源开发、创新创业、循环经济为优先领域，拟通过推动技术创新及应用、提升特定群体的经济参与度开展合作（见表2）。

表2  2020年APEC创新增长合作规划

| 优先领域 | 合作形式 | 具体内容 |
| --- | --- | --- |
| 数字经济 | 专设机构开展研究 | 建立虚拟数字经济研究所 |
| | 举办研讨会 | 在APEC主要创新中心为APEC相关政策专家提供为期2~3周的有针对性和结构化的交流 |
| | 制订工作计划 | 起草关于《APEC互联网和数字经济路线图》（AIDER）未来执行的具体工作方案 |
| 妇女赋权 | 制订工作计划 | 制订《圣地亚哥妇女与包容性发展路线图》的实施计划 |
| | 开展能力建设 | 开展"妇女和科技创业——妇女担任领导职务的数字灵活性：塑造女性领导者和工业4.0榜样"能力建设计划 |
| | 举办研讨会、分享最佳实践 | 开展以性别平等、数字赋权为主题的研讨会，分享女性人才回归的最佳实践 |
| 人力资源开发 | 制订工作计划 | 制订APEC关于数字时代未来工作的战略 |
| | 举办研讨会 | 举办以创新监管政策、共享经济为主题的专家会议和研讨会 |
| 创新创业 | 举办论坛和研讨会 | 举办APEC初创企业投资论坛，建立全面的初创企业投资局面，促进经济增长；举办"众筹：数字时代促进创新，实现包容性增长的另一种经济工具"研讨会 |
| | 开展政策对话 | 开展APEC关于"社会企业框架：创造促进包容性和可持续性的社会影响"的政策对话 |
| 循环经济 | 开展政策对话 | 开展关于创新型垃圾处理、在循环经济中使用科技创新的政策对话 |
| | 提出建议 | 提出《食品和能源领域创新型垃圾处理和循环经济》的建议 |
| | 开展研究 | 研究技术和循环经济推动的垃圾处理方法 |

资料来源：根据APEC会议文件数据库（APEC The Meeting Document Database）整理。

注：统计截至2020年7月。

## 二、创新增长具体领域的合作情况

### （一）信息与通信技术（ICT）

信息基础设施建设是实现亚太互联互通、推动创新合作的物理基础。APEC一向重视信息与通信技术领域的合作。该领域的合作主要由APEC电信和信息工作组（TEL）及其下设的信息和通信技术发展指导小组（DSG）、安全与繁荣指导小组（SPSG）、自由化指导小组（LSG）具体推动。2006年至2020年6月，TEL在互联网基础设施建设、电子商务、数字贸易、支持信息与通信技术创新、网络安全、隐私保护、标准一致化等重点领域实施了107个合作项目。[①]

---

① 根据APEC项目数据库（APEC Project Database）整理。

经过 TEL 及 APEC 成员的共同努力，在 2005 年前将亚太地区互联网接入量提高两倍、2010 年之前实现亚太区域普遍的互联网接入的"文莱目标"已经实现。根据 2010 年"冲绳宣言"中提出的目标，亚太区域 2020 年将实现下一代高速宽带的接入。2018 年，亚太地区 3G 覆盖占亚太人口的 91.3%，每百位居民活跃移动宽带签约用户数达 60.3，互联网的接入和使用量呈总体上升趋势。①

2019 年开始，亚太地区的信息与通信技术合作主要集中在两个领域：一是在互联网接入的基础上，继续加强信息基础设施建设，降低接入成本、提高接入质量和速度，实现可负担的、普遍的高速宽带接入，鼓励亚太地区 5G 网络生态系统的创新和多元化。二是推动建立安全的、有弹性的、可信任的信息与通信技术发展环境。在项目建设方面，公私合作方式（PPP）更受青睐，同时 APEC 也关注相关技术变化的趋势以及技术变革带来的管理机遇与挑战。

### （二）数字经济

数字经济不但涉及在线平台和电子商务等相关活动，而且包含以现代信息网络作为重要载体，以信息与通信技术的有效使用作为效率提升和结构优化重要推动力的一系列经济活动。

伴随着传统产业数字化和数字产业的发展，APEC 对工作组架构进行了调整，整合了电子商务指导小组（ECSG）和互联网经济临时指导小组（AHSGIE）的工作职责，于 2018 年先后成立了数字经济指导小组（DESG）和数字创新工作组（DIWG），推动 APEC 框架下数字经济创新与合作。

当前，DESG 和 DIWG 以《APEC 互联网和数字经济路线图》（简称《路线图》）为指导，在数字基础设施建设和促进亚太地区宽带接入、增进互操作性、促进信息与数据自由流动、隐私保护和网络安全、电子商务便利化和数字贸易、为互联网和数字经济设置整体的政策框架等 11 个优先领域内推动合作②，向高官会汇报进展、提供数据分析支持。工作组的主要工作内容不再局限于传统特定合作领域（如电子商务），合作深度和广度大大加强。此外，《路线图》是一个动态文件，随着数字技术发展、未来新议题出现不断进行合作领域的调整和工作内容的完善。相应地，以《路线图》为指导，DESG 的工作也会同时进行动态调整和完善。

跨境数据流动和隐私保护是目前 APEC 数字经济合作的一个重要领域，由 APEC 数据隐私小组（DPS）负责设立"APEC 隐私框架"、开展"APEC 数据隐私探路者计划"、建设"跨境隐私规则体系"（CBPR）。随着 2019 年 4 月澳大利亚和中国台北的正式加入，APEC 跨境隐私规则体系目前已有包括加拿大、日本、韩国、墨西哥、新加坡、美国、澳大利亚、

---

① 国际电信联盟，2018。
② APEC Internet and Digital Economy Roadmap, APEC, 2017.

中国台北在内的 8 个成员。下一步，APEC 计划建立隐私识别处理（PRP）系统，协助管理者识别有权限的处理器，确保个人信息处理过程遵守相关的隐私规则，并探索实现 APEC 跨境隐私规则（CBPR）体系与欧盟通用数据保护规则（EUGDPR）的对接。

### （三）数字人力资源开发

随着机器人技术、工业自动化和人工智能等技术创新广泛应用于制造业和服务业，可能造成就业岗位减少和失业率上升。此外，部分群体学习和应用新技术相对较慢、缺乏足够技能，导致劳动生产率下降。在此背景下，2017 年，APEC 领导人呼吁各经济体加强人力资源开发、提高数字素养，为数字时代的到来做好准备。

2006 年至今，APEC 人力资源开发工作组（HRDWG）以《APEC 数字时代人力资源开发框架》为指导，在数字素养、资格认定、劳动力流动、全球竞争力、青年就业、女性参与等领域开展了 177 个合作项目。①通过人员培训、专业研讨、技术交流、信息分享等多种形式，协助亚太地区劳动力为数字时代做好准备，保证劳动力市场政策符合亚太区域劳动力市场变动的需求。

2017—2025 年，在数字人力资源领域，APEC 计划开展合作的优先领域包括：①针对数字时代对劳动力市场的影响及其政策含义开展联合研究；②加强技能教育和培训，使劳动力适应数字时代劳动力市场的需求；③完善社会保障和社会支持，尤其关注对妇女、老年人和在非正规部门就业群体的保障。②

### （四）中小微企业和初创企业发展

中小微企业（SMME）是亚太区域增长和创新的重要驱动力。中小微企业占亚太地区企业总数的 97%，雇用了 50%以上的劳动力，对大部分亚太成员 GDP 的贡献达到 20%～50%。③数字及其相关的技术创新为亚太地区的中小微企业融入全球供应链和价值链、开拓新市场、促进更具包容性和可持续性的经济增长提供了机遇。APEC 已充分认识到中小微企业发展对亚太地区经济增长的巨大潜力。

为鼓励中小微企业充分利用数字经济时代带来的发展机遇，APEC 成立了中小企业工作组（SMEWG），重点关注互联网和数字经济背景下的企业家精神和创新，建立更具包容性的营商生态系统。2019 年，第 25 届 APEC 中小企业部长级会议以"经济全球化背景下的中小企业融资和数字变革"为主题，将"中小企业和企业家的数字转变"作为未来中小企业发展领域的合作重点之一，并以"工业 4.0 革命对亚太出口导向型中小企业的影响""互联网和数字经济中零售型中小企业面临的机遇与挑战"为主题举办了研讨会，召开了

---

① 根据 APEC 项目数据库（APEC Project Database）整理。
② APEC Framework on Human Resources Development in the Digital Age.
③ https://www.apec.org/Groups/SOM-Steering-Committee-on-Economic-and-Technical-Cooperation/Working-Groups/Small-and-Medium-Enterprises.

2020年APEC中小企业网络安全论坛和APEC中小企业数字经济论坛①。2006年至2020年6月，中小企业工作组共开展项目185个。②

（五）科技创新政策合作

APEC框架下的科技创新政策合作主要由科技和创新政策合作工作组（PPSTI）负责。科技和创新政策合作工作组的目标是，通过与政府、学界、私营部门以及其他论坛的合作，支持科技合作，提出有效的科技创新政策建议。

2006年至今，工作组开展相关项目114个③，主要集中在以下领域：①实行科技创新（STI）政策，促进创新技术的扩散和商业化；②通过人力资源开发、科研中心和相关基础设施的建设推动各经济体的创新能力建设；③扶持初创企业，如鼓励风险投资、培育孵化器等；④加强成员间创新政策的交流，分享最佳实践经验；⑤讨论建立创新合作水平评估机制、创新相关法律框架和监管措施。

到2025年，科技和创新政策合作工作组的重点工作包括：加强成员的创新能力建设；建立创新发展的有利环境，包括提高科技企业家能力、加速科技商业化、推动科技创新领域的公私合作；加强地区科技互联互通，包括提高青年创新人才、创业者的创新能力，促进知识和科技数据的分享。

（六）标准一致化等规制合作

规制合作指不同国家在双边、多边与区域层面为促进规则设计、监管、施行与事后管理的合作，并为最终实现跨境规则趋同与一致性而形成正式或非正式协议与组织安排④。1994年，APEC通过了《APEC标准一致化合作框架宣言》，由贸易投资委员会（CTI）下设置的标准一致化分委会（SCSC）负责推进标准一致化合作。

2006年至今，SCSC共发起项目140个⑤，在标准一致化和海关程序方面开展规制合作。标准一致化领域的合作重点如下：各成员内部标准与国际标准一致；一致化评定程序互认；技术基础建设；提高透明度；制订良好规制范例；推动成员参与国际标准化进程；加强与利益攸关方的互动。海关程序方面，在建立单一窗口、实行原产地规则、供应链互联互通倡议三个领域推进合作。

2019年开始，标准一致化分委会将着力在以下领域开展工作：建立透明度、标准一致化评估体系；检查监管情况、推动茂物目标；收集各经济体的标准一致化信息；推动监管机构之间的对话、合作和信息共享；推动"电器及电子设备兼容性评估相互认证安排

---

① https://www.apec.org/Groups/SOM-Steering-Committee-on-Economic-and-Technical-Cooperation/Working-Groups/Small-and-Medium-Enterprises。
② 根据APEC项目数据库（APEC Project Database）整理。
③ 根据APEC项目数据库（APEC Project Database）整理。
④ http://www.oecd.org/publications/international-regulatory-co-operation-9789264200463-en.htm。
⑤ 根据APEC项目数据库（APEC Project Database）整理。

（EEMRA）"的探路者计划。

## 三、APEC创新增长领域合作机制建设

### （一）新建和整合工作组

APEC每年度召开APEC领导人非正式会议制订战略规划，再由部长级会议、高官会、各委员会和各工作组具体开展工作。创新增长领域，截至目前已整合和新建4个工作组，开展数字经济发展、创新政策协同、未来合作规划三大领域的合作。

1. 成立数字经济指导小组和数字创新工作组

1999年，APEC率先成立了电子商务指导小组（ECSG），促进电子商务领域的合作。2016年，互联网对各个行业的渗透不断加深，APEC成立了互联网经济临时指导小组（AHSGIE）。2018年，数字技术已经引发了产品和商业模式的一系列创新，为更好地开展工作，APEC对ECSG和AHSGIE的功能、职责进行了整合，先后成立了数字经济指导小组（DESG）和数字创新工作组（DIWG），统筹数字经济涉及的多领域合作。此外，还在APEC支持基金内设置"数字创新"子基金，支持开展数字经济相关的创新项目。

2. 成立"APEC愿景小组"

2020年适逢APEC成立30周年、茂物目标第二个时间表到期。2018年起，APEC就把制订2020年后合作新规划作为核心议题之一，并为此专门设立了"2020后愿景小组"。APEC愿景小组（AVG）负责向高官会提供关于APEC"2020后愿景"建议，工作重点包括2020年后APEC合作进程时间表、指导原则和重点领域等。2019年8月，小组提交了"2020后愿景报告"。

3. 成立科技和创新政策合作工作组（PPSTI）

2012年，为进一步推动APEC框架下的创新增长，密切政府、企业和学界的合作，加强创新政策的信息共享与对话，APEC拓展了产业科技工作组（ISTWG）的职能，将创新政策发展，加强政府、企业和学界的合作纳入其职责范围，并将产业科技工作组（ISTWG）更名为"科技和创新政策合作工作组"。

科技和创新政策合作工作组通过一系列措施推动亚太地区的科技创新：组织APEC经济体开展创新能力建设，鼓励研发和创新活动；开展科技创新政策的交流和对话，分享最佳实践经验；讨论建立相应的法律框架和监管措施。

### （二）实施探路者计划

APEC成员在经济发展水平、社会制度、文化环境等诸多领域存在较大差异，导致各成员参与合作的立场观点、利益诉求有较大差别。为适应亚太成员的多元化特征，同时调动成员参与合作的积极性，APEC倡导各成员在"自主自愿、协商一致"的基础上，以集体行动计划为指导开展合作。同时，为提高合作实效，APEC允许成员根据自身情况制订

单边行动计划,并创新性地采用了"探路者方式"(Pathfinder Approach)(见表3)就前沿议题开展合作,即鼓励部分成员根据具体情况率先采取行动推进合作,待积累足够经验或条件成熟后,再将合作逐步推广至全体成员。当前,APEC为"探路者方式"的实施制订了指导原则,并依据相关领域的发展动态,定期对指导原则进行更新。"探路者方式"是APEC运行机制的重要创新,有力地推动了APEC单边行动向集体行动的过渡。

表3 创新增长合作领域的"探路者方式"

| 领域 | 序号 | 名称 | 发起国 | 发起时间 | 成员数量 | 最新进展 |
|---|---|---|---|---|---|---|
| 标准一致化 | 1 | 电器及电子设备相容性评估相互认证安排(EEMRA) | 马来西亚、新西兰、澳大利亚 | 1999 | 18 | 进行中,准备二次评估 |
| | 2 | 食品相互认可协定 | 泰国 | 2003 | 5 | 已中止 |
| | 3 | 电子原产地认证 | 新加坡 | 2002 | 3 | 已中止 |
| 数字经济 | 1 | APEC贸易与数字经济相关政策的实施 | 美国 | 2002 | 20 | 已实现预期目标 |
| | 2 | APEC技术选择原则 | 美国 | 2006 | 15 | 进行中 |
| | 3 | 数据隐私 | 澳大利亚、加拿大、美国 | 2007 | 16 | 已实现预期目标(通过"跨境隐私规则体系"文件) |
| | 4 | 暂停对电子传输征收的永久性关税 | 美国 | 2016 | 12 | 进行中 |
| | 5 | 数字贸易便利化 | 美国 | 2019 | 11 | 进行中 |
| ICT应用 | 1 | 旅行者信息预知系统(API) | 澳大利亚 | 2002 | | 已中止 |
| | 2 | 电子提货单的应用 | 韩国 | — | — | — |

资料来源:APEC Secretariat. Information on Pathfinder Initiatives Guidelines, 2014/SOM2/OFWG/013. 2019 CTI Report to Ministers, 2019 CTI Pathfinder Initiatives. Updated Pathfinder Initiative Proposal on Building Blocks for Facilitating Digital Trade.
注:"—"表示无相关信息。

截至2020年6月,APEC共实施探路者行动计划16项,其中涉及信息与通信技术及相关技术创新、标准一致化、数字贸易和数字经济等创新增长议题共计9项。由澳大利亚发起的"数据隐私"探路者计划,推动APEC确立了"APEC隐私探路者原则",建立了"跨境隐私规则体系"(CBPR),顺利完成了由APEC探路者行动计划向集体行动计划的过渡,标志着亚太地区在数字隐私保护方面取得了实质性进展。

## 四、主要成员参与APEC框架下创新增长合作的情况

### (一)主要发达成员参与创新增长合作的情况

1. 美国

2006年至今,美国发起创新增长合作项目共计32个[①],在所有经济体中位列第二。美

---

① 根据APEC项目数据库(APEC Project Database)整理得到APEC成员参与创新增长合作的项目数和项目情况。下同。

国主导的创新增长项目具有以下特征:

第一,项目涵盖范围广,从 APEC 长期关注的人力资源培育、中小企业发展等传统领域,到深层次的规制合作都有所涉及。具体包括 7 大领域:规制合作、数据隐私和信息保护、信息与通信技术应用和数字化转型、中小微企业的创新和发展、人力资源开发、网络安全和信息基础设施建设。

第二,重视深层次的创新增长合作。重点关注数据隐私保护,以及标准一致化、政策联动等规制合作。美国主导的 32 个创新增长合作项目中,以规制合作为主题的项目最多,共计 8 项。数据隐私和信息保护作为数字经济领域中的前沿议题,也得到了美国的重点关注,开展相关项目 6 个。美国发起的标准制定、数据隐私、资源分配、政策联动等深层次的创新增长合作项目见表 4。

第三,多数项目使用 APEC 资金开展。25 个项目(78%)受 APEC 支持资金、APEC 贸易投资自由化与便利化(TILF)特别账户资金、APEC 一般项目账户资金资助,资助金额近 260.95 万美元。少数项目(7 个)由美国自筹资金开展。

第四,项目多以研讨会的形式开展。25 个(78%)项目以研讨会形式开展,仅有 3 个项目为培训类合作项目,说明合作以信息收集、经验分享、研讨交流形式为主。

第五,美国发起的创新增长合作项目得到了澳大利亚、日本、加拿大等 APEC 发达成员的积极响应。

表 4  2006—2020 年美国主持的重点创新增长合作项目情况  单位:美元

| 涉及领域 | 时间 | 主题 | 项目金额 | 参与经济体 |
| --- | --- | --- | --- | --- |
| 数据隐私(6 个) | 2009 | 对 APEC 发展中成员进行"数据隐私探路者"相关的技术援助和培训(1) | 116847 | 澳大利亚、日本 |
| | 2010 | 对 APEC 发展中成员进行"数据隐私探路者"相关的技术援助和培训(2) | 123275 | 澳大利亚、日本、加拿大 |
| | 2010 | 实施 APEC 跨境隐私规则体系(CBPR) | 85724 | 澳大利亚、加拿大 |
| | 2011 | APEC 跨境隐私规则:对制造业、金融业和技术的帮助价值 | 63704 | 澳大利亚、加拿大、菲律宾 |
| | 2011 | 协助 APEC 跨境隐私规则体系的实施和监管 | 486280 | 澳大利亚、加拿大、智利、中国、中国香港、日本、马来西亚、墨西哥、新西兰、菲律宾、中国台北、越南 |
| | 2018 | 帮助发展中成员培育符合 APEC 跨境隐私规则体系要求的问责机构 | 100000 | 澳大利亚、加拿大、智利、日本、新西兰、秘鲁、菲律宾、新加坡、中国台北、越南 |

续表

| 涉及领域 | 时间 | 主题 | 项目金额 | 参与经济体 |
|---|---|---|---|---|
| 规制合作<br>（8个） | 2010 | 以"转变互联网"为主题，举办关于IPv6资源利用的研讨会 | 0 | 加拿大、中国、中国台北、新西兰、泰国 |
| | 2011 | 就智能电网投资和部署过程中如何制订具有互操作性的标准开展研讨 | 136366 | 中国、日本、韩国、中国台北 |
| | 2011 | 信息通信技术产品的能源效率标准——主要问题（1） | 161526 | 澳大利亚、日本、韩国、中国台北 |
| | 2012 | 信息通信技术产品的能源效率标准——战略方法（2） | 161965 | 澳大利亚、中国台北 |
| | 2013 | 信息通信技术产品的能源效率标准——战略方法的实施（3） | 225488 | 中国、新西兰、中国台北 |
| | 2018 | 讨论建立APEC在线争议解决合作框架 | 179640 | 澳大利亚、加拿大、智利、中国香港、印度尼西亚、日本、墨西哥、新西兰、巴布亚新几内亚、新加坡、中国台北、泰国、越南 |
| | 2019 | 使更多亚太成员了解一致的网络安全标准和规则的收益，促进实行通行的网络安全标准 | 150000 | 澳大利亚、智利、日本、马来西亚、巴布亚新几内亚、秘鲁、菲律宾、中国台北 |
| | 2019 | 就物联网安全的最佳实践和相关标准开展讨论 | 110000 | 澳大利亚、加拿大、日本、韩国、马来西亚、中国台北、越南 |
| 网络安全<br>（2个） | 2010 | 亚太地区网络安全政策 | 0 | 澳大利亚 |
| | 2016 | 网络安全中的公私合作和信息共享 | 0 | — |

资料来源：根据APEC项目数据库整理. https://aimp2.apec.org/sites/PDB/FormServerTemplates/BasicSearch.aspx.

注1：统计截至2020年7月12日。

注2：规制合作，按照OECD定义，指不同国家在双边、多边与区域层面为促进规则设计、监管、施行与事后管理的合作，并为最终实现跨境规则趋同与一致性而形成的正式或非正式协议与组织安排。本表中的规制合作包括标准一致化、政策协同等。

2. 加拿大

2006年至今，加拿大仅发起4个创新增长合作项目，与其他发达成员相比数量明显较少，且2010年起，加拿大未发起任何创新增长合作项目。

加拿大发起的创新增长项目涉及以下领域：数字人力资源开发、应用信息与通信技术推动贸易便利化、推动跨境隐私规则体系的相关合作、电子商务。项目全部由APEC资金资助完成，没有自筹资金项目。项目均以研讨会、论坛、研究报告形式展开。此外，加拿大发起的多数项目仅得到2～3个成员的响应和参与。加拿大参与美国主导的项目的积极性较强,参与了美国 16 个创新增长合作项目。

3. 日本

2006 年至今,日本共主持创新增长合作项目 16 个,具有如下特点:

第一,重点关注创新增长合作的传统领域,涉及规制合作的项目较少。其中涉及信息与通信技术应用 7 个、促进数字贸易 3 个、创新增长背景下的人力资源开发 3 个、信息基础设施建设 2 个,涉及规制合作的项目仅有 1 个。

第二,对创新增长合作的重视程度显著提高。半数的主持项目为近两年发起。2018 年至今发起创新增长项目 8 个,等同于此前 12 年发起的总项目数。

第三,最关注信息与通信技术领域。结合本国现实国情,关注电子政务和老龄化领域中 ICT 及相关创新技术的应用,具体包括电子政务 3 个、应用 ICT 及相关技术创新提高特定群体福利 2 个、建设智慧城市 1 个、避免食物浪费 1 个。

第四,资金来源方面,半数项目由自筹资金完成。从合作形式看,以研讨会和培训形式的合作为主。

4. 澳大利亚

2006 年至今,澳大利亚主持创新增长合作项目 17 个。澳大利亚主持的合作项目有以下特点:

第一,从内容看,澳大利亚主持的项目涉及范围较广,涵盖信息安全、数据隐私、网络安全、信息基础设施建设、信息与通信技术应用、规制合作、中小企业发展、人力资源开发共八个领域,包括信息与通信技术在儿童保护、在线教育、金融服务方面的应用 4 个、信息基础设施建设和弥合数字鸿沟 3 个、亚太地区信息安全和数据隐私保护 3 个等。

第二,资金来源方面,澳大利亚发起的项目中有 12 个项目采用自筹资金的形式开展,自筹资金达 86.9 万美元。受 APEC 资金资助的项目有 5 个,利用 APEC 资金 32.1 万美元。

第三,澳大利亚发起的增长合作项目,其他国家参与较少。17 个项目中,无其他经济体参与的项目为 4 个。12 个项目仅有 2~3 个成员参与。

5. 新西兰

2006 年至今,新西兰主持创新增长合作项目共 5 个,均为已完成项目。

第一,从内容上看,新西兰发起的项目涉及三个领域:标准一致化、规制合作和数据隐私。标准一致化建设是创新增长合作的重要方面,新西兰对其非常重视。为加强供应链互联互通建设,新西兰发起全球数据标准(GDS)一致化建设项目 3 个,利用资金 32.6 万美元,均已在 CTI 支持下完成。

第二,从资金来源看,3 个项目以自筹资金形式完成,使用资金 10 万美元。另外两个项目由 APEC 支持基金和贸易投资自由化与便利化特别账户资金资助完成,使用资金 29.6 万美元。

第三，所有项目都以研讨会形式展开，合作形式单一。

6. 韩国

2006年至今韩国共发起创新增长合作项目25个，项目具有以下特点：①涉及范围广，包括信息与通信技术应用5个、创新政策的信息共享与对话5个、信息基础设施2个、电子商务5个、知识产权保护3个、规制合作1个、网络安全1个、数据隐私2个、中小企业1个。②重视创新政策的信息共享与对话、信息与通信技术的应用，四成项目集中于这两个领域。③从资金来源看，24%的项目通过自筹资金完成，其他项目由APEC资助完成。④项目多以研讨会形式开展，局限于信息分享，合作形式单一、深度有限。

（二）主要发展中成员参与创新增长合作的情况

1. 东盟

APEC内的东盟成员包括文莱、印度尼西亚、马来西亚、菲律宾、新加坡、泰国、越南。东盟国家是亚太经济增长的重要力量。近年来，东盟国家积极进行经济结构调整，转变经济增长方式。2016年起，历次东盟会议都将创新增长作为重点议题。在APEC合作框架下，东盟同样将创新增长视为优先方向。东盟国家参与APEC创新增长合作的特点如下：

第一，近3年，东盟国家主导和参与的创新增长合作项目大大增多，参与度显著提高。2006年至今，APEC的东盟成员共发起创新增长项目64个，2017年至2020年6月发起项目数达42个，占项目总数的65.6%。

第二，从关注重点看，早期东盟国家开展的项目集中在信息与通信技术应用领域，如发展电子政务、利用信息与通信技术改善教育质量等。近年来，东盟更重视数字经济参与和赋能领域的合作。2017年至2020年6月，为促进女性、老年人和中小微企业参与数字经济开展项目20个，占2017年至今开展项目总数的47.6%。

第三，积极借助APEC平台、对接东盟内部创新增长合作，提升东盟成员的凝聚力和竞争力。2006年至今，东盟成员在APEC框架下，联合发起创新增长合作项目6个。83%以上的东盟主办项目（53个）都得到了其他东盟成员的积极参与。

第四，东盟内部成员参与APEC创新增长合作的差距大。以越南为例，2006年至今越南共发起创新增长合作项目21个，远高于其他东盟成员，在APEC发展中成员内排第三位。而文莱至今未主持过任何APEC创新增长合作项目。

2. 中国

2006年至今，中国共主持创新增长合作项目48个，为APEC成员中数量最多。中国发起的创新增长合作项目具有以下特点：

第一，项目涵盖范围广，包括电子商务发展、信息与通信技术的推广及应用、信息基础设施建设、创新政策交流、标准一致化多个领域。

第二，信息与通信技术（ICT）应用及数字化转型、电子商务是合作重点。在信息与通信技术应用领域，中国共开展相关项目19个，占项目总数的39.6%，具体包括应用互联网和数字技术创新服务模式改善医疗健康、公共交通、港口运输和政府服务；推动信息与通信技术及互联网领域的创新，如建设智慧城市、物联网、车联网；加快数字技术等与制造业的融合；应用信息与通信技术促进中小企业发展，如应用云计算和大数据协助中小企业开展跨境贸易、为中小微企业建设在线服务平台等。电子商务领域，共开展项目14个，占29.2%，具体包括举办国际电子商务展览，开展数字贸易和供应链管理培训课程，推动电子原产地证书、电子发票、电子货单的使用，提升供应链效率，促进数字贸易；利用电子商务促进包容性增长，推动中小微企业参与亚太和全球经济，提高女性、残障群体的经济参与度（见表5）。

表5　2006—2020年中国重点关注的创新增长合作项目

| 涉及领域 | 时间 | 领域 | 项目数 | 形式 |
| --- | --- | --- | --- | --- |
| ICT应用（19个） | 2012、2013、2015、2019 | 建设智慧城市 | 4 | 研讨会 |
| | 2012、2015、2017、2019 | 应用数字技术对服务进行创新（健康医疗、港口运输、公共交通等） | 6 | 研讨会 |
| | 2013、2014、2016、2018 | 车联网、物联网及物联网安全 | 4 | 研讨会、培训 |
| | 2015 | 电子政务 | 2 | 问卷调查、研究报告 |
| | 2015、2016 | 利用云计算和大数据等促进中小企业发展 | 3 | 问卷调查 |
| 电子商务（14个） | 2006—2010 | 数字贸易和供应链管理培训（共三期） | 3 | 培训 |
| | 2007 | 发展无纸化贸易 | 1 | 调查、研究报告、研讨会 |
| | 2009 | 举办国际电子商务展览会 | 1 | 展览会 |
| | 2011、2013 | 推动电子原产地证书、电子发票的应用 | 2 | 研讨会、研究报告 |
| | 2016 | 建设跨境电子商务平台，销售残疾人辅助设施 | 1 | 网站建设 |
| | 2016、2017、2018、2019 | 推动数字贸易（中小企业、女性） | 4 | 研讨会、报告、培训 |
| | 2019 | 中小企业参与数字经济 | 2 | 论坛 |

资料来源：根据APEC项目数据库整理。https://aimp2.apec.org/sites/PDB/FormServerTemplates/BasicSearch.aspx.
注：统计截至2020年7月。

第三，标准一致化、规制合作、数据隐私等深层次合作项目少。48个项目中，规制合作项目仅一个，就制订食品运输安全标准召开研讨会。

第四，项目形式单一，局限于信息分享和信息收集，以研讨会、论坛、问卷调查形式开展的项目占89.6%。

第五,从资金来源看,项目由APEC资金资助和自筹资金完成。41.7%的项目(20个)通过自筹资金完成,总额为633.2万美元;58.3%(28个)由APEC资金资助完成,涉及TILF特别账户、APEC支持基金,资助金额达244.55万美元。

3. 俄罗斯

2006年至今,俄罗斯共发起创新增长相关合作项目25个,在APEC发展成员中位列第二。

从合作内容看,俄罗斯发起的项目涵盖领域广泛,涉及创新政策的信息共享与对话6个、电子商务6个、信息与通信技术应用5个、规制合作3个、数字人力资源培育3个、知识产权1个和创新技术应用1个。创新政策和电子商务是俄罗斯的关注重点(见表6)。

表6　2006—2020年俄罗斯重点关注的创新增长合作项目　　　单位:美元

| 涉及领域 | 时间 | 主题 | 项目金额 | 参与经济体 |
| --- | --- | --- | --- | --- |
| 电子商务<br>(6个) | 2006 | 在线政府采购体系的最佳实践(1) | 120593 | 中国台北、越南 |
| | 2008 | 在线政府采购体系的最佳实践(2) | 124500 | 中国、越南 |
| | 2009 | 建立无纸化贸易环境 | 156680 | 中国、韩国、中国台北、泰国、越南 |
| | 2011 | 利用电子商务推动亚太供应链的联通 | 119366 | 加拿大、中国、中国台北、越南 |
| | 2012 | 利用电子商务推动亚太供应链的联通——能力建设 | 146884 | 加拿大、智利、印度尼西亚、马来西亚、墨西哥、中国台北、越南 |
| | 2019 | 妇女参与电子商务活动时面临的障碍和机遇 | 0 | — |
| 创新政策<br>(6个) | 2014 | 就APEC未来创新领域的竞争力和挑战展开讨论 | 321400 | 中国、日本、韩国、中国台北、越南 |
| | 2014 | 建立亚太地区信息化社会发展指标 | 83000 | 文莱、中国、中国香港、菲律宾 |
| | 2017 | 加快创新企业的增长研讨会 | 150018 | 中国、印度尼西亚、韩国、马来西亚、菲律宾、泰国 |
| | 2018 | 就应用数字经济促进偏远地区发展、开展经济技术合作开展对话 | 0 | 智利、印度尼西亚、泰国 |
| | 2018 | 促进建立区域创新生态体系 | 390983 | 澳大利亚、印度尼西亚、韩国、秘鲁、美国 |
| | 2019 | 就推动亚太集群增长的政策展开讨论 | 149493 | 智利、中国、韩国、中国台北、泰国 |

资料来源:根据APEC项目数据库整理。https://aimp2.apec.org/sites/PDB/FormServerTemplates/BasicSearch.aspx.

注:统计截至2020年7月12日。

从合作形式看,主要通过举办研讨会和论坛、开展问卷调查、撰写研究报告等形式进行信息收集和分享。资金来源方面,1/3的项目采用自筹资金的形式完成,金额达62.44万美元，其他项目在 APEC 资金资助下完成，金额达 157.8 万美元。

4. 巴布亚新几内亚

2006 年至今，巴布亚新几内亚共主持创新增长合作项目 8 个，全部为正在进行的项目。首先，从主持项目数看，近年来巴布亚新几内亚参与 APEC 创新增长合作的积极性显著提高。2006—2013 年，巴布亚新几内亚未主持过任何 APEC 合作项目。2017 年主持 APEC 创新增长合作项目 8 个。其次，从资金来源看，75%的项目采用自筹资金的方式完成，使用资金 6 万美元。再次，从内容看，涵盖范围广泛，涉及信息与通信技术应用、网络安全、规制合作、数字人力资源开发、创新政策、电子商务 6 个领域。深层次的规制合作项目 1 个，涉及互联网基础设施安全的项目 2 个。最后，发起的 8 个项目中有 5 个项目没有其他 APEC 成员的协办和参与。

5. 秘鲁

2006 年至今，秘鲁共发起创新增长合作项目 21 个，具有以下特点：

第一，项目涉及的合作领域广泛，涵盖传统的中小企业、信息与通信技术应用、电子商务议题、标准一致化、规制合作、数据隐私、创新政策的信息共享与对话 7 个领域。

第二，关注创新增长领域的深层次合作。秘鲁针对单一窗口、数字时代的广告宣传、中小微企业贸易便利化领域的标准一致化和规制合作开展项目 5 个，承办第 7 届、第 11 届 APEC 标准一致性会议，同时关注电子商务（5 个）和创新政策（4 个）。

第三，从资金来源看，5 个（24%）项目自筹资金完成。16 个项目（76%）由 APEC 贸易投资自由化与便利化特别账户、APEC 支持基金资助完成。

（三）APEC 创新增长合作的特点

从 APEC 发达成员和发展中成员发起创新增长合作项目的情况可以看出：

第一，APEC 成员的参与度整体提高。2006 年至今，通过各大工作组开展的创新增长合作项目共 282 个。其中，近三年项目达到 154 个，占历年项目总数的 54.6%。可能原因在于：一是成员自身内部原因，推动创新增长契合 APEC 成员谋求经济增长方式转型的需求、与其宏观经济改革方向一致；二是自 2016 年起 APEC 制定了《APEC 数字时代人力资源开发框架》《APEC 互联网和数字经济路线图》和《APEC 跨境电子商务便利化框架》等一系列行动计划推动互联网和数字经济合作，成效凸显；三是外部原因，二十国集团、经济合作与发展组织、欧盟以及"一带一路"沿线国家等积极推动数字经济等"新经济"合作，外部合作的增加也带动了 APEC 内部合作的推进，各成员参与创新增长合作的意识大大增强，积极利用 APEC 平台展开合作。

第二，发展中成员是 APEC 创新增长合作的积极行动者。中国、俄罗斯、越南、秘鲁四个发展中成员积极参与 APEC 框架下创新增长合作，四国发起项目数占 21 个成员发起项目数的四成以上（40.8%）。2006 年至今，中国共主持创新增长合作项目 48 个，为 APEC

成员中数量最多。此外，发展中成员发起和参与的项目涉及领域广泛，涵盖信息基础设施建设、信息与通信技术的应用、电子商务、中小微企业、跨境隐私规则、网络安全、创新政策的信息共享与对话等诸多领域。

第三，发展中成员对深层次的创新增长合作议题关注度显著提升。过去发展中成员更关注信息基础设施建设、信息与通信技术应用、电子商务、中小微企业发展等创新增长领域传统合作项目。近年来，随着互联网和数字技术对经济领域的广泛渗透和实践的深入，发展中成员对跨境隐私规则、网络安全、标准一致化等深层次合作领域更加重视。越南、秘鲁等成员率先在这一领域开展合作。以越南为例，早在2007年越南就参与了美国发起的"数据隐私探路者"行动，接受相关技术援助和培训，在国内选择适宜的机构作为数据隐私保护的问责机构[1]。

第四，APEC发达成员和发展中成员内部参与度、关注点存在差异。以发达成员为例，美国重点关注规制合作等创新增长领域的高层次合作，同为发达经济体的日本，则更重视信息与通信技术应用和数字贸易等创新增长传统重点议题。发展中成员中，中国更关注信息与通信技术应用和电子商务领域的合作，秘鲁则相对更重视标准一致化等规制合作。此外，部分发达成员对APEC创新增长合作的参与度偏低。以加拿大为例，2006年至今，加拿大仅发起创新增长合作项目4个，少于除中国香港和文莱之外的其他APEC成员。

## 五、APEC创新增长合作面临的新挑战

### （一）国际政治经济环境深刻变化

当前，国际政治经济环境深刻变化，全球化和区域经济合作呈现出新的特点。

从国际层面来看，全球经济低迷，发达国家、新兴市场和发展中国家经济增速放缓。新型冠状病毒肺炎疫情在全球迅速蔓延，给全球经济带来较强的负面冲击。国际货币基金组织预测2020年全球经济增长率为-4.9%，受疫情影响，全球经济复苏将非常缓慢[2]。经济下行背景下，"逆全球化"和贸易保护主义蔓延，多边贸易机制发展遇阻。全球政治经济格局演变加剧。

从亚太地区来看，大国博弈加剧，政治因素对亚太区域经济合作的影响显著加强。APEC成员的利益取向趋于多元化，区域经济合作战略有所调整。2018年美国拒绝将"反对贸易保护主义"写入APEC领导人宣言，参会各方难以就世界贸易组织改革问题形成共识，巴布亚新几内亚莫尔斯比港APEC会议未能发布领导人共同宣言，这在APEC近30年的历史中尚属首次。多重负面因素叠加，区域合作环境趋于复杂化。APEC推进区域经济

---

[1] Technical Assistance and Training to APEC Developing Member Economies on Data Privacy Pathfinder. https://aimp2.apec.org/sites/PDB/Lists/Proposals/DispForm.aspx?ID=972.

[2] https://www.imf.org/zh/Publications/WEO.

一体化的目标将面临更大挑战。调动成员积极性、凝聚各方共识、推动区域合作进展是当前 APEC 面临的巨大挑战。

### (二) 成员合作立场和诉求差异大

鉴于 APEC 成员的经济发展状况和技术发展水平有较大差距,各经济体在创新增长合作中的原则立场、利益诉求、优先合作领域、行动方式各不相同。

以信息与通信技术创新、数字经济领域的合作为例,美国等 APEC 发达成员拥有较高的信息与通信技术应用水平和完善的信息基础设施,希望通过参与创新增长合作在相关技术标准制定及推广方面占据先机,推广其信息与通信技术及数字相关产品和服务、开拓海外市场、促进数据和信息跨境流动和数字贸易等。因此,在 APEC 框架下的创新增长合作中,这些经济体往往将国际标准的开发应用、数字治理规则的制定、信息和数据跨境自由流动、知识产权保护、网络安全等作为合作的优先领域。

巴布亚新几内亚、印度尼西亚、墨西哥等成员信息基础设施相对薄弱[①],数字经济发展程度低,缺乏开展深层次数字经济合作的条件,这些成员更倾向于通过参与合作接受技术和资金援助,提高本国信息基础设施建设水平,助推国内产业转型升级和增长方式转变,对接世界市场,为本国企业更多地参与亚太地区乃至全球经济获取更多机会。这些成员更侧重在信息基础设施建设、电子商务、数字化转型等领域参与和开展合作。合作关切重点的差异必然会影响合作的效率。

### (三) 工作组项目推进效率低

APEC 由领导人非正式会议、高官会、部长级会议制定合作战略规划,各成员通过数字经济项目开展合作。项目的具体组织、协调与实施依托 APEC 各工作组进行。当前 APEC 的创新增长合作主要由电信和信息工作组(TELWG)、数字经济指导小组(DESG)、人力资源开发工作组(HRDWG)、中小企业工作组(SMEWG)、科技创新政策合作组(PPSTI)等组织实施。

从项目数量上看,APEC 各工作组项目开展并不均衡。人力资源开发领域开展的项目最多,2006 年至 2020 年 6 月已组织项目近 180 个。相比较而言,科技创新政策合作(113 个)等领域进展相对缓慢。[②]

从项目形式上看,当前开展的项目多以三种方式进行:一是信息分享,如举办各种研讨会、研讨班、论坛和圆桌会议、开展多方对话、建设网站和数据库等;二是信息收集,包括问卷调查、访谈和其他形式的调研活动,并在此基础上发布研究报告、提供咨询;三是培训,包括教育培训项目和课程、技术协助等。这些合作形式虽有利于经验交流和信息

---

① 依据国际电信联盟数据,这些成员的"每百位居民活跃移动宽带签约用户数""3G 覆盖率""使用互联网个人占总人口比例"相对较低。

② 根据 APEC 项目数据库(APEC Project Database)整理。

共享，但"务虚"多、"务实"少，合作形式长期停留在"初级阶段"，欠缺实质性的生产性合作。

从项目资金来源看，目前 APEC 创新增长合作项目的资金主要由主持项目的成员自筹或 APEC 资助。具体实践中采用最多的资金来源方式依次是发起国全额自筹、自筹与 APEC 资金共同资助和 APEC 全额资助。大量项目由发起国提出、出资并参与实施，具有很大的随意性，并且项目选择更多从发起国自身需求出发。这种类型的合作并未充分体现出 APEC 资源和利益共享的合作原则，对创新增长合作缺乏实质影响和推动力。

### （四）探路者计划实施效果不佳

截至 2020 年 6 月，APEC 共发起探路者行动 16 项。从实施效果上看，由于缺乏进展而明确中止的探路者行动共 3 项；长期没有更新进展、陷入停滞的项目有 5 项；已实现核心目标并达到预期效果的行动有 2 项。[1]部分探路者行动计划仅得到少数 APEC 成员（3~5 个）的支持和参与。这些不能得到广泛支持和响应的计划以及陷入停滞的计划消耗了 APEC 有限的资源和成员的精力。

探路者计划实施效果不佳的可能原因如下：一是项目事前评估不充分，批准行动之前应对项目与 APEC 目标的一致性、行动计划和具体内容进行全面评估；二是项目运行过程缺乏监督，应对探路者行动的执行过程进行有效评估并根据行动进展给予相关建议；三是能力建设不足，APEC 应加强对探路者计划参与者开展行动的培训和咨询。

### （五）创新增长面临"数字鸿沟"挑战

APEC 成员经济发展水平差异大，在开发和应用大数据、云计算、人工智能等新技术推进创新增长方面存在明显的"数字鸿沟"。一是信息基础设施水平不均衡。尽管 APEC 在缩小"数字鸿沟"方面成效显著，目前亚太区域仍然有超过 10 亿人口无法接入互联网[2]，制约 APEC 创新增长领域合作的深入。二是部分群体对新技术的学习和应用较慢，特别是老年人、女性、残疾人和贫困人口，弱势群体的经济活动参与度和收益份额不高。三是技术创新造成传统产业部门就业岗位流失、工资降低、结构性失业增加，劳动者具有的知识和能力与岗位要求不匹配。如果不能处理好这些矛盾和问题，可能造成"数字鸿沟"加深、弱势群体边缘化，创新增长失去基础和广泛支持。随着技术革新加速，各成员经济体在社会保障制度、相关就业政策、企业的社会责任方面将面临更大的挑战。

## 六、APEC 创新增长合作展望

### （一）2020 年后的合作形势

2020 年茂物目标到期后，确定 APEC 的合作愿景、指导原则、优先领域和时间表将成

---

[1] 根据 Updated Guidelines for Pathfinder Initiatives 整理。
[2] http://m.apec.org/Press/Blogs/2020/0117_Digital Will the 2020s be the Decade of Digital Economic Opportunity?.

为近期APEC的核心任务。一方面，未来APEC的合作不会是茂物目标的简单延续。继续推进区域贸易投资自由化、构建开放的亚太经济的同时，实现亚太包容性、创新性、高质量和可持续的增长已经成为亚太成员的共识。更多民众参与经济增长的过程、平等享有经济发展的收益的同时，亚太区域经济合作的内涵与外延将不断得到拓展和丰富。另一方面，在全球政治经济环境变局下，APEC未来在关注亚太区域经济合作的同时将更多地参与到世界经济事务和国际治理中来，加强与二十国集团、"一带一路"沿线国家和地区、欧盟等合作机制和平台的互动，促进跨境隐私保护等关键议题的对接。

## （二）项目运行机制待完善

经过30余年的实践和探索，APEC形成了独特的运行方式和议事程序，并建立了比较完备的组织架构。但是APEC在提升运行效率、加强合作实效性方面仍然有着很大的改进空间。[①]未来，APEC需要从以下几方面完善项目运行机制建设：一是加强项目的成果导向，提升项目的运行效率，包括建立适当的制度性激励机制，对多年期项目进行阶段性绩效评估。二是完善"探路者行动"的运行机制。在"上海共识"基础上，明确行动的指导原则、优先领域、行动方式，建立筛查评估机制。定期总结"探路者行动"运行过程中的经验教训，并根据技术发展的最新态势，定期对指导原则进行更新。

## （三）数字经济相关领域成为合作重点

从具体合作领域看，数字经济相关领域已成为APEC创新增长合作的重点，特别是信息与通信技术创新及应用、数字化转型、互联互通等领域。

其一，数字经济发展和创新速度快，而其理论研究相对滞后。未来加强数字经济关键领域动态研究和前瞻性分析对制订相应监管措施、提供系统的政策建议十分必要。其二，对互联网和数字技术及其应用的探索仍在持续，数字技术与经济社会各个领域融合的深度和广度不断加强，创新不断涌现。推动数字化转型会是较长时期内所有国家共同关注的合作领域，包括信息通信技术领域的研发与创新，数字技术与制造业融合，利用数字技术改善文化教育、医疗、环境保护及其他公共服务，应用数字技术对产品、服务和商业模式进行创新等。

信息基础设施是开展创新增长合作的重要物理基础。今后的工作重点包括：一是增加下一代高速宽带的覆盖，实现冲绳会议目标，为亚太地区实现创新和知识经济的增长提供保障。二是提高接入的质量，提高宽带的速度，降低互联网接入的成本，为居民参与创新型增长提供更好的基础条件。三是关注"数字包容"，通过各种方式提高民众的数字技能，包括关注不同年龄、性别、受教育水平、经济状况的群体的数字技能提升。四是保障网络安全，保护消费者隐私，提高在线交易的安全性和可靠性。

---

① http://m.apec.org/Press/Blogs/2020/0117_Digital Will the 2020s be the Decade of Digital Economic Opportunity?.

**参考文献**

[1] APEC Policy Partnership on Science, Technology and Innovation (PPSTI) - Terms of Reference. APEC, 2012.

[2] Policy Partnership on Science, Technology and Innovation Strategic Plan (2016-2025). APEC, 2012.

[3] APEC 2020 Background Paper – Theme: Optimising Human Potential Towards a Future of Shared Prosperity. APEC, 2019.

[4] The La Serena Roadmap for Women and Inclusive Growth (2019-2030). APEC, 2019

[5] 刘晨阳，曹以伦. APEC 三十年与我国参与亚太区域经济合作的战略新思考[J]. 东北亚论坛，2020（2）：3-20.

[6] 李文韬. 东盟区域经济一体化战略及其对 APEC 合作影响[J]. 南开学报（哲学社会科学版），2012（4）：85-94.

[7] 李文韬. 东盟参与"TPP 轨道"合作面临的机遇、挑战及战略选择[J]. 亚太经济，2012（4）：27-32

[8] 刘晨阳. 亚太经合组织 30 年：亚太区域经济合作进程回顾与展望[J]. 当代世界，2019（11）：4-11.

[9] 刘晨阳，王晓燕. "后茂物"时代的 APEC 进程与"一带一路"建设[J]. 亚太经济，2018（4）：5-11.

# APEC"以人为本"的贸易与投资政策研究

盛 斌 靳晨鑫[*]

**摘要:** 随着联合国2030可持续发展目标（SDG）议程的实施,"以人为本"的可持续发展理念不断深入人心,指导着各国政府与国际组织制订政策与行动。近年来,APEC也将"以人为本"作为其重要的发展理念与目标,通过一系列积极的贸易与投资政策多方面促进亚太地区的包容性与可持续性发展,提高基础设施建设和互联互通水平,切实地改善了人民的福祉。本文首先梳理了"以人为本"理念在国际社会与中国的起源与发展,然后从包容性、可持续性、基础设施与互联互通三个方面分析了"以人为本"的贸易与投资政策可能涵盖的主要内容,并提出了相应的政策框架。随后,梳理了APEC在"以人为本"理念的指导下在促进贸易与投资自由化、便利化方面所做出的努力与取得的成就。最后,从五个方面提出目前存在的问题及政策建议。

**关键词:** 以人为本；包容性；互联互通

## 一、"以人为本"理念的起源与发展

### (一) 国际社会关于"以人为本"的起源与论述

联合国开发计划署（UNDP）是最早提出"以人为本"理念并制定行动计划的国际组织。1996年发布的人类发展报告中指出,各国在追求增长速度的同时应更加注重"增长的质量与结构",否则会产生五种负面效应:①无工作的增长（jobless growth）,指经济增长无法提供更多的就业机会,低生产率劳动者需承受更长的工作时间与更低的收入水平;②无情的增长（ruthless growth）,指经济增长的成果主要由富人瓜分,大量的贫苦民众仍会在极度的贫困中挣扎;③无声的增长（voiceless growth）,指人们无法自由地表达个人需求,无法参与到社会问题与经济问题的决策过程之中;④无根的增长（rootless growth）,部分人

---

[*] 盛斌,南开大学经济学院教授,南开大学APEC研究中心专职研究人员。靳晨鑫,南开大学国际经济研究所博士生。

类文化在经济增长的过程中逐渐被边缘化并最终消失；⑤无未来的增长（futureless growth），指资源过度开发和环境污染破坏导致未来的经济发展无法延续。以上五种负面效应都将直接损害人类福祉，降低社会与经济发展的包容性和可持续性。因此，UNDP 提出将向发展中国家和地区提供资金和技术援助，以促进其"以人为中心"的经济和社会可持续发展。之后，UNDP 在其 2011 年的年度报告《"以人为本"的发展——为人类赋能，增强国家韧性》中首次将"以人为本"的发展正式定义为"为帮助人类过上更有价值的生活提供更多的选择"，指出经济发展只是为了实现"提供更多选择"这一目标的渠道，人类的福祉和生活质量才是衡量发展成功与否的最重要的标准。它强调，人是经济与社会发展的中心，既是受益者也是推动者。为此，UNDP 于 2017 年颁布了《2018—2021 年战略计划》，为全面实现"以人为本"的可持续发展设定了三个综合目标，包括消除所有形式的贫困、加速结构转型、强化抵御冲击和危机的韧性。

2017 年，经济合作与发展组织（OECD）秘书长安赫尔·古里亚在中国北京举办的第二届"1+6"圆桌对话会中提出：将 GDP 增长作为制定政策唯一指向标的做法不符合经济长期可持续发展的要求，若要推动全球化走向更加和谐和包容的方向，必须重视"以人为本"的增长。为此，世界各国应实施一系列的结构性政策，让更多人有能力从快速的数字化和技术进步中获利，如实施社会保障和积极的劳动力市场政策，以及教育、技能、创新和实体基础设施的战略性投资政策等。2019 年 7 月，OECD 发布报告提出了"以人类福祉为中心的经济"这一概念，并概括了这种新经济发展模式的主要特征，包括：①为人们提供向上层社会流动的机会并改善人类的福祉；②保障所有人能够享受这些机遇带来的福利；③减少不平等；④实现环境和社会的可持续性。此外，该报告还指出为了实现这种"以人类福祉为中心"的经济发展模式，政策制定者应重视教育和技术、健康医疗、社会保障、收入分配以及性别平等等问题。此外，就经济发展和人类福祉的关系而言，OECD 报告指出增强福祉不仅能够改善人们的生活，也是对"人类潜能"的一种投资，而这种投资未来将有利于长期的经济增长和社会稳定；同时，增强可持续性能够激发经济长期增长的潜力，保护经济不受到负面因素的冲击。总之，"以人类福祉为中心"的经济模式有利于构建一种良性的循环，促使经济增长的可持续性和人类福祉的改善相互促进、相互支撑。

联合国（UN）始终关注人在经济社会可持续发展过程中扮演的角色和享有的权利。2017年，第 72 届联合国大会的主题为"以人为本：在可持续的地球上努力使人人享有和平与体面的生活"。联合国新闻部（DPI）于 2018 年 8 月发布了"'以人为本'的多边主义"行动倡议，将"以人为本"的多边主义定义为"一种承诺在平等基础上，拯救人权面临严重威胁的人群于水火，并通过与自然和谐共处来保护全体人类的多边主义，是一种所有利益攸关方共担责任、同受问责的多边主义"。该倡议提出，世界各国应共同促进"以人为本"的多边主义发展以应对全球性挑战。联合国亚洲及太平洋经济社会委员会（ESCAP）在 2017

年《亚太地区可持续社会发展报告》中指出"以人为本"的发展模式是实现联合国"2030可持续发展目标"的重要组成部分，亚太地区的许多国家都已经实现了较快的经济增长并有效地减少了贫困，但贫富差距仍旧存在，医疗和教育的公平性有待提升。这些问题会损害女性和青年人等社会弱势群体的利益，制约经济增长的包容性，降低社会凝聚力，导致不可持续的生产和消费模式。因此，"以人为本"的发展规划应致力于帮助所有人公平地享有经济发展的权益。该报告进一步提出了六点促进"以人为本"发展的行动建议，包括：①激发经济增长潜力，创造体面的工作机会；②拓宽社会保障范围，确保没有一个人在经济增长中"被落下"；③普及教育、医疗健康和基础设施；④实现性别平等，提高女性的经济参与能力；⑤强化金融包容性；⑥将弱势群体纳入经济发展进程。

## （二）APEC 关于"以人为本"的起源与论述

2017 年 APEC 越南岘港领导人峰会宣言指出，全球化和数字转型带来了众多的机遇和挑战，APEC 决心依照联合国的 2030 年可持续发展议程，推进经济、金融和社会包容，在 2030 年前打造"包容、共享、可持续、健康、坚韧的 APEC 大家庭"。APEC 于同年 11 月发布了《APEC 促进经济、金融和社会包容行动议程》，提出了三个包容性发展目标，分别为：①经济包容性，使全体人民能够公平地了解并参与到经济增长过程中；②金融包容性，无论个人还是企业都能够获得有用并且可负担的金融产品与服务；③社会包容性，提高贫困或者受排斥群体的社会参与度，强化公平性。在具体行动措施上，在经济包容性方面，APEC 强调要通过改善劳动力市场政策和提供技能培训，赋予年轻人、女性、老年人和残疾人等群体参与经济发展的机会，投资于人力资本，解决教育与劳动力市场需求错配的问题，并通过加大基础设施投资，实现人与人之间的联通。在金融包容性方面，APEC 建议各经济体加快金融基础设施发展，加强与数字经济相关的法律框架建设；提高小额信贷的可获得性，完善中小企业金融供应链，为中小企业获得金融服务创造更好的营商环境，帮助其开展能力建设并提供技术支持；为偏远地区和农业部门提供更加合适的金融产品与金融服务。在社会包容性方面，APEC 强调应推出数字经济时代下的人力资源发展新政策，帮助就业者进行技能再培训，提高其终身学习的能力，并帮助弱势人群学习使用数字经济平台，享受高质量的社会服务。由此可见，APEC 所计划实施的包容性发展战略深刻践行了"以人为本"的理念，始终将服务于人、造福于人、帮助人们更公平地参与到经济发展之中作为其重要目标。

2018 年巴布亚新几内亚莫尔斯比港 APEC 工商领导人峰会宣言中提出，APEC 将持续努力促进可持续和包容性增长，提高生活质量，帮助人们摆脱贫困，造福于民，并通过与私人部门合作，合理配置资源。2019 年智利 APEC 峰会的主题为"联通人民，建设未来"，工商领导人峰会宣言中强调，人的问题是 APEC 工作的中心。数字化社会，一体化 4.0，女性、中小企业和包容性增长，可持续增长是APEC未来开展工作的四个重点领域。①

此外，APEC愿景小组（APEC Vision Group，AVG）于2019年12月发布了《人类与繁荣：APEC 2040愿景》报告，指出APEC将以改善亚太地区人民的繁荣与福祉为己任，致力于建设一个安全的、紧密联系的亚太社会；未来APEC将继续推动贸易和投资的自由化与开放进程，实现一种创新、包容、可持续、平衡、安全并且具有韧性的"以人为本"的经济增长模式；在"后2020"时代，APEC应始终将"服务于区域内人民、改善经济增长的包容性"作为工作的重点。该报告还为APEC在2020—2040年的发展规划提出了十点具体倡议，其中特别强调了"APEC的发展应将包容性和经济赋权问题作为未来工作的重点"，因为这二者是经济增长和共享繁荣的关键要素和重要动力，同时它还提出"APEC应全面而稳健地逐步推进结构性改革，促进经济管理的合作，从而促进经济的包容性增长与社会创新"。

总之，纵观历年来APEC会议的主题与政策行动，包容性发展的理念始终贯彻其中，并指导着APEC在各个领域的工作。"以人为本"正是包容性发展理念的核心要义和重要组成部分，包容性发展既应以"依靠人民"为手段和动力，帮助社会全体人民公平地、有价值地参与到发展过程中；又要以"造福人民"为目标和宗旨，将发展成果与全体公民共享。因此，近年来APEC所强调的"包容性发展"和"以人为本"的发展模式是高度契合的。

（三）中国关于"以人为本"的起源与论述

党的十六届三中全会首次提出了"科学发展观"，要求"坚持以人为本，树立全面、协调、可持续的发展观，促进经济社会和人的全面发展"。党的十八大以来，以习近平同志为核心的党中央始终坚持将人民对美好生活的向往作为奋斗目标，把以人民为中心的根本价值取向贯穿于改革发展和内政外交等治国理政的实践之中。党的十八届四中全会指出，"要坚持人民主体地位，坚持法治建设为了人民、依靠人民、造福人民、保护人民，以保障人民根本权益为出发点和落脚点，保证人民依法享有广泛的权利和自由、承担应尽的义务，维护社会公平正义，促进共同富裕"。党的十八届五中全会强调，"必须坚持以人民为中心的发展思想，把增进人民福祉、促进人的全面发展作为发展的出发点和落脚点"。2016年7月1日，习近平总书记在《在庆祝中国共产党成立九十五周年大会上的讲话》中指出，"带领人民创造幸福生活，是我们党始终不渝的奋斗目标。我们要顺应人民群众对美好生活的向往，坚持以人民为中心的发展思想，以保障和改善民生为重点，发展各项社会事业。"② 党的十九大报告指出，坚持以人民为中心，把人民对美好生活的向往作为奋斗目标，依靠

---

① 2019年APEC领导人峰会宣言. Connecting People, Building the Future. https://www.apec.org/Meeting-Papers/Leaders-Declarations/2019/2019_aelm，智利瓦尔帕莱索，访问时间：2020-05-20.

② 习近平. 在庆祝中国共产党成立九十五周年大会上的讲话[M]. 北京：人民出版社，2016-07-01: 18-19.

人民创造历史伟业。综上所述，坚持"以人民为中心"是习近平新时代中国特色社会主义思想的价值旨向[①]。正如习近平总书记所讲的，"以人为本"体现在发展上就是要回归到经济发展以社会发展为目的、社会发展以人的发展为中心的理念，做到发展为了人民、发展依靠人民、发展成果由人民共享；体现在结果上，就是要实现好、维护好、发展好最广大人民群众的根本利益。[②]当前所进行的脱贫攻坚战、助力小微企业发展、发展普惠金融等都是中国在践行"以人为本"理念的典型案例与业绩。

## 二、"以人为本"的贸易与投资政策

贸易与投资在全球经济发展过程中是一把双刃剑。在经济全球化的背景下，国际贸易与投资自由化一方面能促进经济增长与就业、提高消费者福利与生产效率、加速技术进步与知识扩散、改善市场竞争；但另一方面，国际贸易与投资可能导致收入差距拉大、社会分化与环境污染，同时对与贸易投资有关的基础设施建设的需求与日俱增。对此，"以人为本"贸易与投资政策要扬长避短，守正抑恶，这主要体现在以下三个方面：①包容性，即能够在经济全球化的过程中促进经济增长过程和结果的公平性与普惠性；②可持续性，即能够避免经济发展过程中所伴随的能源过度消耗和环境污染问题，改善人类的生存环境；③注重基础设施建设与互联互通，包括有利于硬件联通、制度协调和人员流通在内的全方位的制度对接与要素流动。表1描述了从贸易与外国投资视角提出的有助于实现"以人为本"的经济增长模式的政策框架。

### （一）包容性

传统的 H-O 贸易理论认为贸易能够改善资本稀缺国家的不平等问题，这是因为劳动力丰裕的不发达国家在国际贸易的影响下可以提高其工资收入水平。但这一假说在后来的经验研究中遭到了严重的质疑[③]。即使是在以劳动力为丰裕要素的国家，贸易自由化仍有可能会降低低技能劳动力的工资水平。汉森和芬斯特拉（Hanson and Feenstra，1997）研究发现，墨西哥的收入不平等问题在其 1985 年加入关税及贸易总协定（GATT）后愈发严重。班纳吉和纽曼（Banerjee and Newman，2004）的研究表明，由于信用制度的落后，贸易开放加剧了贫困国家的收入不平等问题。佩蒂亚·托帕洛娃（Petia Topalova，2007）研究发现，由于出口部门产业的过度聚集，贸易开放提高了印度农村地区的贫困率，扩大了贫富差距，与没有经历关税调减冲击的农村地区相比，受下调关税冲击的农村地区的贫困率相对提高

---

[①] 董振华. 习近平新时代中国特色社会主义思想的价值旨向[EB/OL]. 中国共产党新闻网，http://theory.people.com.cn/n1/2018/ 0531/c40531-30026440.html，2020-05-20.
[②] 习近平. 在为民办实事中落实以人为本的理念[EB/OL]. 中国政府门户网站，http://www.gov.cn/2007lh/content_544280.htm，2020-05-20.
[③] 相关文献详见：Davis (1996), Feenstra and Hanson (1997), Stiglitz (1970), Cunat and Maffezzoli (2001), Banerjee and Newman (2004), Kremer and Maskin (2003).

了 2%。

由此可见,贸易的自由化并非"天生"具有改善收入不平等问题的能力,但在"以人为本"的理念下所开展的贸易活动却有可能通过直接和间接两种渠道改善经济增长的包容性。一方面,"以人为本"的发展理念要求所有群体都应能够公平地享有参与贸易的机会,而参与贸易活动本身就可以直接造福于社会中的贫困群体。例如,当一个国家的出口部门优先雇用了大量的贫困人口或者出口企业坐落于贫困地区时,贸易将直接推动当地的减贫工作;类似地,如果进口贸易降低了国内某类商品的价格,而这类商品恰恰是贫困人口的生活必需品时,贫困人群的生活水平也可以被改善。另一方面,"以人为本"的发展理念要求每个人都能公平地享受到经济成果,如通过完善与贸易政策相适应的公共税收体系和社会服务体系可以解决社会不平等问题。

(二)可持续性

伴随着经济全球化和贸易投资自由化的发展,环境污染与气候变化问题日益成为世界各国普遍关注的问题之一。繁荣的经济活动需要大量的原材料和能源投入,因此会伴随着废料与污染等副产品的产生。对自然资源的过度汲取、废物的不断积累以及污染的持续聚集不断挑战着生态系统的承载能力,使得环境质量下降。这种模式虽然能够给人类带来短暂的繁荣,但长期来看这种不可持续的模式最终将限制经济的发展,损害人类发展的代际公平。历史研究与经验表明,贸易与投资的迅猛发展可能会给环境保护和资源利用带来一定的消极影响。格罗斯曼和克鲁格(Grossman and Krueger,1995)把贸易的环境效应分解为三部分,即规模效应、结构效应和技术效应。具体而言,当假定生产技术水平和产业结构不变时,贸易导致的经济规模扩大会使污染物排放量增加,不利于环境质量改善;当贸易导致污染密集型行业增速大于清洁行业增速,贸易导致的产业结构变化增加了污染物的排放,对环境不利;假定经济贸易的增长速度和产业结构不变,如果清洁生产技术和污染减排技术得到广泛应用,从而减少污染物的排放,那么贸易将会对环境产生积极的技术效应。最终的净效应取决于上述三种效应的大小。

在外商直接投资(FDI)方面,随着发达国家的产业与价值链转移,部分引进外资的发展中国家环境质量不断恶化,使得气候变化、环境污染等全球性问题变得日益严重。部分环境标准较低的发展中国家甚至为了吸引更多的外资流入,选择通过放松本国环境管制标准,使高污染、高能耗的产业由发达国家向发展中国家转移,加速不可再生自然资源的枯竭性开发以及更多的污染密集型产品生产,进而沦为发达国家的"污染天堂"。各国竞相招商引资导致出现对于环境标准的"竞赛到底线"现象,进一步加剧东道国的环境污染(Dua et.al.,1997)。

由此可见,贸易与投资对于经济增长的可持续性具有重要影响,只有坚持"以人为本"的原则,严格把控环境管制标准,才能避免资源过度消耗和环境严重污染;只有通过国家之间的技术交流与经验共享,才能不断推广清洁生产技术和污染减排技术;只有推动经济结构的不断调整,大力发展能源节约型和环境友好型产业,才能使得贸易对环境影响的利大于弊,最终促进社会经济的全面、协调与可持续发展。

### (三)基础设施与互联互通

基础设施建设是"以人为本"贸易与投资政策的重要领域之一,在许多发展中国家,它是经济发展的最大瓶颈与制约。亚太地区的一些国家普遍存在基础设施不足与老化的问题,同时经济与社会的快速发展又会对基础设施的建设产生新的强烈需求。根据全球基础设施中心(GIH)预测,APEC区域内基础设施需求将从2010—2015年间的年均1.3万亿美元增长至2030—2035年间的年均2.5万亿美元。基础设施建设水平较差的国家由于缺少与世界其他国家相互联结的渠道,难以获得进入国际市场和参与全球价值链的机会,导致其在经济全球化的进程中逐渐被边缘化,从而加剧了世界经济增长的不平衡。而以"联通"为主要目标的基础设施投资与建设正是"以人为本"的贸易投资新模式的重要表现形式,在创造新的经济增长机会中扮演着越来越重要的角色。

在传统基础设施方面,道路、桥梁、电力与港口的建设能够为企业提供更加便利的进入市场的机会,从而帮助企业扩大运营、拓展市场;在新型基础设施方面,高速铁路、宽带网和数字化平台的建设也是各经济体深度参与全球价值链的必要条件,有助于各国经济结构的转型与升级。研究表明,基础设施投资不仅可以帮助贫困人群和落后地区参与到核心的经济活动中,帮助他们获得参与生产的机会(Estache,2003),还可以帮助其积累并强化人力资本,从而提高收入水平(World Bank,2003)。Seethepalli等(2008)的研究表明,在东亚地区,各类基础设施投资拉动经济增长的弹性从0.6(道路设施)到5.5(通信设施)不等。Zou等(2008)发现,克服交通设施瓶颈有利于改善劳动力、资本和信息的流动性,有助于落后地区的经济发展与减贫。总而言之,在"以人为本"理念的引导下,基于满足弱势群体生产与发展需求的基础设施投资不仅能够使各国之间的联系更加紧密,而且对于改善收入不平等、促进全球包容性增长具有重要意义。

### 三、APEC构建"以人为本"的贸易与投资政策的行动与措施

APEC成立的宗旨是通过推动贸易投资自由化,深化区域经济一体化,加强经济技术合作,建立一个充满活力、和谐共赢的亚太大家庭。成立30年以来,特别是在1994年领导人非正式会议成为固定机制以来,APEC在促进区域贸易和投资自由化与便利化方面取得了诸多成就,在推动全球和地区经济的包容与可持续增长方面发挥了积极作用。APEC始终贯彻"以人为本"的经济发展理念,切实改善了亚太地区人民的繁荣与福祉。下面将从包容性、可持续性、基础设施与互联互通三方面回顾与总结APEC在构建"以人为本"的贸易与投资政策中的行动与措施。

**表 1 "以人为本"的贸易与外国投资政策框架**

| 类别 | | 贸易政策 | | | | | 外国投资政策 | | |
|---|---|---|---|---|---|---|---|---|---|
| | | 关税 | 非关税壁垒 | 贸易便利化 | 规制融合与协调 | 开业与准入措施 | 股权措施 | 经营措施 | 投资便利化 |
| 包容性 | 减贫 | 削减(最)不发达经济体农产品和劳动密集型产品进口关税 | 削减(最)不发达经济体农产品和劳动密集型产品非关税壁垒 | 对(最)不发达经济体农产品和劳动密集型产品海关检验检疫程序实施便利化 | 协调环境与劳工政策规制 | 对在偏远与落后地区的投资以及大量吸收就业的投资鼓励与优惠 | 取消或减少对鼓励投资企业的股权限制 | 取消或减少对鼓励投资企业的经营限制 | 对鼓励投资的企业给予审批与政策便利,以及融资或补贴支持 |
| | 农村与农业 | 削减农产品关税 | 削减农产品出口补贴 | 针对农产品贸易实施预裁定制度,对于易腐货物实施优先查验与放行 | 海关部门应开展交换海关申报信息合作 | 对农村地区投资以及大量吸收农民就业的投资给予鼓励与优惠 | 取消或减少对鼓励投资企业的股权限制 | 取消或减少对鼓励投资企业的经营限制 | 对鼓励投资的企业给予审批与政策便利,以及融资或补贴支持 |
| | 妇女 | 削减(最)不发达经济体劳动密集型产品关税 | 削减(最)不发达经济体劳动密集型产品关税壁垒 | | 协调劳工政策规制 | 对女性创业的企业给予优惠待遇与政策扶持 | 取消或减少对女性创业企业的股权限制 | 取消或减少女性创业的业务经营、设立分支机构、区域限制等 | 对女性创业的企业在注册上予以支持 |
| | 中小微企业 | 对中小微企业缴纳的关税给予退税 | 削减中小微企业面临的非关税壁垒 | 为中小微企业开设绿色便捷通道,提高海关程序透明度与通关效率 | 单独设立咨询点,提高商业机遇与规则等相关信息的可获得性 | 降低中小微企业市场准入的门槛与条件 | 取消或减少对中小微企业的股权限制 | 提高中小企业在电子商务平台的接入比例 | 缓解中小微企业融资约束;简化小微企业跨境电商企业收支手续 |

续表

| 类别 | | 贸易政策 | | | | | 外国投资政策 | | |
|---|---|---|---|---|---|---|---|---|---|
| | | 关税 | 非关税壁垒 | 贸易便利化 | 规制融合与协调 | 开业与准入措施 | 股权措施 | 经营措施 | 投资便利化 |
| 可持续性 | 粮食安全 | | 削减粮食出口补贴 | | 协调制订与粮食安全有关措施条例的外措施条款 | 鼓励对粮食生产、加工与储藏的投资 | | | |
| | 能源与环境 | 削减环境产品关税 | 取消环境产品的非关税壁垒 | 设置公开透明的环境产品市场准入与检验标准 | 加强环境保护标准协调以及立法和执法工作 | 鼓励环境友好型制造业投资,加强对新建企业的环境与能源评估 | | 规范并落实企业经营的环境社会责任 | 对鼓励投资企业给予审批与政策便利,以及融资或补贴支持 |
| 基础设施与互联互通 | 硬件联通 | | | 加强与贸易有关的基础设施建设,推广电子口岸 | 加强基础设施投融资与建设的标准协调 | 鼓励对基础设施的投资 | | | 对鼓励投资企业给予审批与政策便利,以及融资或补贴支持 |
| | 制度联通 | 达成取消或削减关税的互惠贸易协定 | 达成取消或削减非关税壁垒的互惠贸易协定 | 达成贸易便利化的互惠贸易协定,推广实施国际贸易"单一窗口" | 加强与国际标准与规则的规范融合,逐步实现监管一体化 | 实施准入前国民待遇+负面清单制度,逐步提高投资准入的透明度 | 逐步取消对投资的股权限制 | 逐步取消对投资的经营事限制,加强事中与事后监管 | 简化投资审批与政策流程,改善经营环境,加大投资与招商促进 |
| | 人文交流 | | | | 简化与放宽商务、高端技术、投资人等特定类型自然人的跨境流动;推动学历和职业资格互认 | | | | |

## （一）包容性

APEC 地区经济发展迅速，GDP 总量从 1990 年的 23.5 万亿美元增长至 2018 年的 66.2 万亿美元，年均增长率为 3.7%，人均收入提高了 3 倍。与此同时，APEC 地区的贫富收入差距不断缩小。1990 年，APEC 最高收入群体（前 5%）的人均收入为最低收入群体（后 5%）的 58 倍，而 2017 年这一比例缩小为 22 倍[①]。

### 1. 贫困与偏远地区问题

1990—2015 年，APEC 区域内的贫困人口减少了 10 亿，区域内"绝对贫困率"从 41.7% 下降至 1.8%，"贫困率"从 63.1% 下降至 13.4%。[②]同时，中高等收入人口数量增加了 27.8%。值得关注的是，在 APEC 区域内"绝对贫困"人口减少的 8.8 亿人口中，中国占比为 84.1%，共计 7.4 亿人。

APEC 一些经济体的偏远地区众多，在经济发展过程中面临着许多挑战。由于地理位置偏远、基础设施薄弱，这些地区普遍缺乏获取基本医疗健康、教育和其他公共服务的机会，居民生存与生活环境恶劣，工作机会较少。据 2018 年 11 月发布的《APEC 地区偏远地区发展与一体化报告》统计，2010—2017 年间 APEC 成员共实行了 16 项有利于偏远地区发展的政策，其中包括与能源问题相关政策 7 项，与信息通信技术、中小企业和卫生健康相关政策各 2 项，与农业、交通和应急准备相关政策各 1 项。

以上各项政策主要从两种渠道带动了偏远地区的经济发展。一方面，帮助偏远地区将外部资源"引进来"，提高其经济发展的能力，主要包括基础设施建设投资和信息技术能力培训等。例如，成立于 2004 年的 APEC 数字机会中心（Digital Opportunity Center）始终坚持为落后地区提供计算机能力培训和信息技术培训，帮助其通过"软设施"联通与外部世界建立起联系，为参与经济全球化打下基础。另一方面，帮助贫困地区将区域内的各类资源"走出去"，促使其以贸易的方式参与到全球供应链发展中。例如，《APEC 互联互通蓝图》《互联网与数字经济路线图》和《APEC 促进全球价值链发展与合作战略蓝图》等都曾提出应"利用数字经济手段发展普惠贸易，通过电子商务促进扶贫减贫"。此外，APEC 还举办了一系列"最佳实践"的分享活动。例如，在 2018 年第七届 APEC 电子商务工商联盟论坛上，中国西安市分享了其"电商扶贫减贫"的模式与经验，形成了《APEC 区域普惠贸易最佳实践——西安电商扶贫减贫模式与经验》报告，将中国的成功经验向 APEC 经济体进行推介[③]。这种线上与线下相结合的贸易渠道的搭建可以直接将偏远地区与多方贸易伙伴相互联结，促进货物与人员的流动，对改善经济增长的包容性产生积极的影响。

---

[①] APEC Policy Support Unit. APEC at 30: A Region in Constant Change，2019.

[②] "绝对贫困率"的标准为每人日均收入低于 1.9 美元。"贫困率"的标准为每人日均收入低于 3.8 美元。"中等收入及以上"的标准为每人日均收入高于 7.6 美元。

[③] 中华人民共和国商务部. 数字经济促进普惠贸易发展[EB/OL]. http://www.mofcom.gov.cn/article/difang/201809/20180902789613.shtml，2020-05-20.

## 2. 女性问题

贸易政策的变化可以通过多种渠道影响女性的福利，从而改善社会经济发展中的性别不平等问题。首先，贸易可以为女性创造更多的就业机会，从而提高女性的社会地位和家庭状况。研究表明，具有稳定工作的女性能够在家庭教育、饮食和健康的决策中获得更大的话语权，家庭地位更高，对整个家庭的长期健康发展具有积极效用。其次，詹森（Jensen）（2012）、希思和穆巴拉克（Heath and Mobarak，2015）研究发现，通过为女性在贸易中提供更多就业机会能够激励更多的女性接受教育和技能培训，有利于社会发展过程中的性别公平。最后，比曼（Beaman）等人（2011）研究发现，贸易创造的工作机会能够增强女性在社会与政治生活中的权利，使得社会制度与政策具有更加广泛的代表性，提供更多的公共产品（如教育、健康、卫生设备和水等），从而有利于长期的经济增长。

2019年，"妇女与经济增长"首次成为APEC领导人非正式会议的主要议题之一。APEC于2019年10月发布了《妇女与包容性增长拉塞雷纳路线图（2019—2030年）》，提出了促进女性发展与包容性增长的五个核心行动领域：①改善女性接入资本与市场的能力，帮助女性所领导的中小企业参与全球价值链，通过经验交流和最佳实践共享提高女性在区域内和全球市场的参与度；②提高女性的劳动参与度；③提高女性在各个层级参与决策的地位；④支持女性教育、培训和技能发展；⑤增强对于女性经济参与能力的数据的收集与分析。此外，APEC还组织了"女性领导力论坛"，将最具影响力和代表性的女性集中起来，为全球经济发展贡献智慧，增强女性在全球与地区事务中的参与度与影响力。

## 3. 中小企业问题

APEC地区内97%的商业实体为中小企业，50%的劳动力受雇于中小企业，中小企业的直接出口占35%。[①]因此，通过各种能力建设和支持政策推动中小企业发展和参与全球化对于促进区域内包容性增长具有重要意义。

在行动计划方面，2006年越南APEC工商领导人峰会发布的"河内宣言"提出，为了更好地实现"茂物目标"，APEC应强化区域内中小企业参与国际贸易与投资的竞争力。2015年APEC贸易部长会议批准了《微中小企业全球化长滩岛行动计划》，倡议通过简化海关程序等贸易便利化措施，扩大中小企业通过电子商务和信息通信技术等渠道在全球贸易中的收益。2015年，APEC发布的《怡朗倡议：不断增长的全球中小微企业的包容性发展》强调应给予区域内中小企业更大的话语权与更多的机遇，通过制订政策框架帮助中小企业参与全球价值链和国际贸易，包括：通过信息共享的方式搭建商业网络，促进与中小企业的业务对接；强化中小企业的贸易规则意识，注重其对规则的反馈与意见；改善知识共享

---

① APEC. https://www.apec.org/About-Us/About-APEC/Fact-Sheets/Inclusive-Growth.

机制，为区域内中小企业提供更多关于贸易便利化、业务支持与伙伴关系的相关信息。[①] 2019年，APEC中小企业部长级会议宣言指出，未来APEC将着重通过推动中小企业开展数字化转型、提供信用贷款等方式帮助其参与国际贸易。

在机制建设方面，APEC下设中小企业（SME）工作组，每年组织召开一次中小企业部长级会议和两次工作组会议，并组织各种能力建设项目。此外，SME工作组每年举办APEC中小企业工商论坛，该论坛代表着亚太地区工商企业界的声音，承担政府与工商界代表对话的平台功能，有效助力APEC地区中小企业的创新与可持续发展。

在战略规划方面，SME工作组曾提出一系列战略和行动计划，包括《中小企业发展框架》（1997年）、《中小企业发展一体化行动计划》（1998—2002年）以及三个阶段的《中小企业工作组战略计划》[②]。最新一期的《中小企业工作组战略计划》（2017—2020年）聚焦于区域内中小企业发展的四个重点领域：①发展创业、创新、互联网与数字经济；②为中小企业的商业扩张和能力发展提供金融支持；③建设包容性的商业生态环境；④提高中小企业的市场进入能力。其中，为了进一步促进"以人为本"的包容性增长，该计划在具体行动内容中强调应在年轻人和女性等群体中营造创业氛围；为中小企业的业务扩张提供金融和贷款支持；建设透明的营商环境，为中小企业提供公平的进入市场的机会；鼓励各国推动营商制度的简化与融合，减少不必要的行政规制；促进中小企业融入全球价值链；强化中小企业的出口能力和国际化水平；通过推动中小企业与大型公司的合作帮助前者进入国际市场。

### （二）可持续性

亚太地区在粮食安全领域面临着严峻的挑战，气候变化、自然灾害增多、生物多样性减少和新的病虫害都会严重威胁粮食生产以及经济发展的可持续性。因此，加强农业合作、保障粮食安全是APEC各经济体可持续发展的迫切需要。同时，能源燃烧产生的废气是温室气体的主要来源，全球变暖加剧了气候变化的不确定性，严重影响着农业生产与粮食安全，极端恶劣的气候甚至会加剧农民的贫困。在APEC成员中全面推行使用高效和清洁的能源、降低温室气体排放、遏制全球变暖进程是实现"以人为本"的环境友好型经济增长模式的重要渠道。

1. 粮食安全问题

预计2050年世界人口总数将高达91.5亿，这需要世界粮食产量在现有基础上提高60%才能满足人类的生存需求。联合国于2019年发布的《世界粮食安全和营养状况》报告指出，当前全球范围内仍有8.21亿饥饿人口，占全球人口总数的近1/9，其中2/3在亚太地

---

① APEC. The APEC Iloilo Initiative: Growing Global MSMEs for Inclusive Development. https://www.apec.org/Meeting-Papers/Sectoral-Ministerial-Meetings/Small-and-Medium-Enterprise/2015_sme/Annex%20A.aspx, 2020-05-20.

② 《APEC中小企业工作组战略计划》分为三个阶段，分别为2009—2012年、2013—2016年、2017—2020年。

区。①1998年9月，APEC首次提出了建立APEC粮食系统的建议，其主要目的是将粮食生产、加工与消费有效联系起来，通过整合本地区资源来满足人们的食品需求。2017年APEC制定《加强粮食安全和高质量增长的农村城市发展战略框架》，提出促进经济一体化、自然资源可持续管理、社会效益和行政效果的四个目标，强调应通过能力建设、农作物多样化、改善基础设施、贸易便利化等渠道提高农民和渔民的收入，并通过一体化管理促进自然资源使用的可持续性②。

2017年，APEC发布了关于粮食安全和适应气候变化的可持续农业发展的"芹苴宣言"，呼吁围绕五个优先领域加强区域合作，包括粮食安全与气候变化、加强自然资源可持续管理、促进农村城市发展、农业和粮食贸易投资便利化、减少粮食损失与浪费。从贸易角度讲，农产品能否顺利进入本国或国际市场决定了农业生产的利润，对农业的可持续发展和粮食安全问题具有重要影响。因此，"芹苴宣言"中尤其强调："亚太各国应通力合作促进农产品贸易的便利化，降低粮食贸易的非关税壁垒，提高市场准入水平与一体化程度，强化亚太区域粮食供应链的互联互通，从而降低粮食贸易成本，并增强市场透明性。"③此外，APEC的农业技术合作（ATC）工作组始终致力于通过促进各经济体农业技术合作，并将"扩大各成员间农产品贸易的规模"视为最优先的工作目标，努力推动亚太地区降低农产品交易成本、改善农产品市场的准入并积极敦促本地区缔结的自由贸易协定（FTA）中与农业相关条款的实施。④

2. 能源与环境问题

2007年9月，APEC第15次领导人非正式会议发布了关于气候变化、能源安全和清洁发展的"悉尼宣言"，指出"APEC的部分成功得益于可靠的能源供给，但使用能源也会影响空气质量，并导致温室气体排放的增长。"该宣言重申了《联合国气候变化框架公约》中的承诺，并指出"开放的贸易、投资与环境政策对推广低排放产品、技术和最佳范例具有重要意义，因此应促进开放的贸易与投资，避免在应对气候变化和能源安全的过程中形成贸易与投资壁垒。"

2012年，俄罗斯符拉迪沃斯托克APEC领导人非正式会议提出了"2035年较2005年能源强度降低45%"的目标。与此同时，各经济体达成协定，在2015年之前将54类环境产品的关税降至5%以下。2014年，APEC能源部长会议发表"北京宣言"，承诺"到2030

---

① 联合国.全球饥饿人数超过8.2亿 经济衰退和不平等加剧粮食不安全. https://www.un.org/development/desa/zh/news/sustainable/hlpf-2019-state-of-food-security-and-nutrition.html，2020-05-20.

② APEC.粮食安全政策工作组相关介绍. https://www.apec.org/Groups/Other-Groups/Policy-Partnership-on-Food-Security，2020-05-20.

③ APEC.关于粮食安全和适应气候变化的可持续农业芹苴宣言. http://apec-center.ru/wp-content/uploads/2017/09/Final-Can-Tho_statement.pdf，2020-05-20.

④ APEC.农业技术工作组相关介绍. https://www.apec.org/Groups/SOM-Steering-Committee-on-Economic-and-Technical-Cooperation/Working-Groups/Agricultural-Technical-Cooperation，2020-05-20.

年 APEC 地区可再生能源及其发电量在地区能源结构中的比重比 2010 年翻一番"的目标。为了实现这一目标，APEC 呼吁各经济体应为本地区液化天然气（LNG）的贸易与投资创造有利条件，并消除任何可能延缓可再生能源技术进步和行业发展的贸易保护主义与限制措施。2018 年 APEC 发布的《能源工作组 2019—2023 年战略计划》要求"促进能源贸易与投资的便利化，在 APEC 区域内创造一个公平竞争、透明公正且富有创新力的能源市场，通过识别并消除能源领域的贸易与投资壁垒，提高能源投资政策制定、实施与管理的透明性，加强 APEC 各成员经济体之间政策的一致性，建立一个多元的、灵活的、一体化的天然气市场"。在温室气体排放方面，2019 年《APEC 能源供需展望（第七版）》首次提出了"2℃ 情景"（2-degrees celsius scenario），即通过改善能源使用结构和减少二氧化碳等温室气体的排放将 2050 年全球变暖的程度限制在 2℃ 之内。

经过多年努力，APEC 地区能源的可持续发展取得了长足的进步。根据 2020 年 3 月最新发布的《APEC 能源统计报告》显示（见表 2），APEC 地区 2017 年的初始能源供给总量为 8021 百万吨油当量，比 1990 年翻了两番，年均增长率为 2%。2017 年初始能源供给强度（初始能源供给总量/GDP）和最终消耗能源强度（最终能源消费总量/GDP）较 1990 年分别下降 37% 和 42.6%。从能源构成看，1990—2017 年间煤炭、原油和天然气等传统能源占比明显下降，电能占比（9%）显著上升，水电、地热、太阳能和风能等清洁能源占比发展势头良好，以年均 3.2% 的速度稳步增长。

表 2 亚太地区能源供给与能源需求

| | 指标 | 1990 年 | 2017 年 | 变化趋势 | 能源构成（2017 年） |
|---|---|---|---|---|---|
| 初始能源供给 | 年均增长率 | — | — | 增长 2% | 煤炭 35%，石油 29%，天然气 22%，核能 5%，其他能源 9%。 |
| | 初始能源强度 | 200 吨油当量/百万美元 | 126 吨油当量/百万美元 | 下降 37% | |
| 最终能源消耗 | 年均增长率 | — | — | 增长 1.7% | 煤炭 14%，原油 35%，天然气 16%，电能 25%，其他能源 10%。 |
| | 最终能源强度 | 175.82 吨油当量/百万美元 | 74.9 吨油当量/百万美元 | 下降 42.6% | |

资料来源：根据《APEC 能源统计报告（2020 年）》中数据计算整理。
注：吨油当量（tonne of oil equivalent）指燃烧一吨原油所释放的能量总量。

### （三）基础设施与互联互通

2014 年 11 月，APEC 北京领导人非正式会议发布了《亚太经合组织互联互通蓝图（2015—2025 年）》，对未来 10 年 APEC 互联互通合作的目标、内容、方式等做出了全面规划，提出"要在 2025 年前完成各方共同确立的倡议和指标，加强硬件、软件和人员交往互联互通，实现无缝、全面联接和融合亚太的远景目标"。

## 1. 硬件联通

APEC 区域既有着巨大的基础设施需求，又面临有限的公共财政资源制约。APEC 于 2013 年制定了《APEC 互联互通框架》和《APEC 基础设施建设和投资多年期计划》两项战略规划文件，明确了 APEC 互联互通合作的原则和行动纲领。为了进一步促进区域内的基础设施投资，APEC 提出了政府与社会资本合作的"PPP 模式"（公私合作关系），试图通过撬动民间资本填补资金缺口。2014 年 10 月，第 21 届 APEC 财长会议通过了《APEC 区域基础设施 PPP 实施路线图》，这标志着在化解亚太地区基础设施筹资难、推进亚太地区互联互通建设方面的努力迈出了实质性步伐。此外，APEC 也十分注重与其他国际组织和投资基金的合作，如中国曾利用其在亚洲开发银行设立的中国减贫和区域合作基金中的 500 万美元支持 APEC 发展中国家在基础设施 PPP、区域合作和互联互通领域的能力建设与项目开发。

## 2. 软件联通

APEC 在软件联通领域着重推进贸易便利化、结构与规制改革、数字化标准的协调等重大问题。APEC 的贸易便利化进程可分为两个阶段。2002—2010 年间，APEC 主要以降低贸易成本为目的，开展了两期"贸易便利化行动计划"（trade facilitation action plan，TFAP）。2011—2020 年间，APEC 顺应全球价值链的发展趋势，开展了两期"供应链连接性框架行动计划"（supply chain connectivity framework action plan，SCFAP），通过打通供应链促使亚太地区内的互联互通同贸易便利化紧密相连，进一步降低贸易成本。2014 年，APEC 第 22 次工商领导人会议批准建立"亚太示范电子口岸网络（APMEN）"，通过信息技术手段提升供应链效率和贸易便利化水平，搭建成员经济体口岸间的数据网络及合作平台，促进口岸信息平台和国际贸易"单一窗口"平台的区域一体化，实现区域内供应链中各系统间的互通互用，推动亚太地区供应链信息透明化。2019 年 7 月，APEC 贸易和投资委员会通过了《推动国际贸易电子"单一窗口"互操作性行动计划》。这一计划的达成有助于企业降低成本并大大缩减了海关处理文件的时间。APEC 还于 2020 年发布了《APEC 全球数据标准（GDS）指导原则与最佳实践》，通过推行全球数据标准（global data standards，GDS）协调各经济体间的边境贸易管理，帮助各经济体更好地融入全球供应链，降低营商风险。

## 3. 人员流通

APEC 一直致力于推动亚太区域内人员的跨境便利流动。APEC 商务旅行卡计划是 APEC 在人员流通方面所取得的最重要的成果。截至 2019 年 7 月 31 日，APEC 商务流动工作组（business mobility group，BMG）累计签发 345122 张 APEC 商旅卡，使得各经济体之间商务人员的流动更加便利。持有旅行卡的商务人士可以享受 3 年有效期内多次免签出入境的待遇，每次入境至少可停留 60 天。此外，商务流动工作组承诺未来将进一步推动商旅卡运营体系的现代化建设，实现商旅卡在各经济体之间使用规则的统一与可获得性，提高商旅卡与各经济体海关系统的协调程度,从而进一步降低区域内的营商交易成本,促进商务人员跨境流动。

**四、深化推进 APEC "以人为本"贸易与投资的政策建议**

(一)促进有利于"以人为本"的贸易与投资自由化,推动中小企业参与国际化进程

根据 2015 年世界贸易中心(ITC)发布的监测报告显示,中小企业在出口过程中所面临的最大的障碍与困难包括难以获得出口机会的相关信息、无法了解出口贸易的程序与规制、无法在出口的过程中获得资金支持等。因此,为了进一步帮助 APEC 地区内的中小企业更加便捷地参与到国际贸易中,从而实现区域内经济增长过程的公平性,APEC 可从以下四个方面不断推动区域内贸易与投资的自由化和便利化:①促使各成员经济体加大力度改善整体营商环境,缩短开业企业进入市场的时间,降低营运门槛与经营成本,提高信贷金融服务的可获得性;②由于小微企业比大型企业更容易受到贸易壁垒的影响和约束,因此为了推动小微企业参与全球贸易,各经济体之间应进一步降低各种关税与非关税壁垒,促进贸易便利化;③APEC 各经济体应实施一系列有针对性的制度措施,如对中小企业实施"经认证的经营者"(authorized economic operator,AEO)并给予更多便利,设置更加适合中小企业的特殊的 AEO 审批标准;④可就商业机遇、FTA 优惠政策、电子商务经营模式等主题广泛开展最佳实践分享与能力建设活动,覆盖更多发展中国家的中小企业。

(二)实行经济与社会政策结构改革,消除影响弱势群体公平参与经济发展的障碍

近几十年来,APEC 各成员在经济发展中取得了巨大的发展,但这种繁荣的成果并没有得到足够广泛的分享。贫困与非正式经济往往紧密相关,非正式经济部门的劳工和小微企业往往面临严峻的挑战并且极易受到经济冲击的影响。日益恶化的收入不平等问题抑制了经济增长,损害了 APEC 各经济体在市场开放方面达成的共识。因此,APEC 今后应更加关注改善经济、金融和社会发展的包容性,帮助更多曾被忽视的群体全面参与到经济发展的过程中来,通过最佳实践的分享,帮助各经济体找到最适合的用于实现特定目标的贸易与投资政策,特别是在经济发展中减少绝对贫困、改善机会的公平性、为女性赋能。此外,APEC 还应通过改善教育、增强技能培训和倡导终身学习理念等"投资于人"的政策帮助人们更快地适应数字时代下的社会变化,从而提高社会整体的生产力。为此,APEC 应继续深入推进于 2017 年公布的《促进经济、财政和社会包容性的行动计划》,通过实施全面的结构改革,破除影响弱势群体公平参与经济发展的各种壁垒与瓶颈。

(三)加强规制融合与监管协调,构建"以人为本"的贸易与投资新规则

各国通过降低劳工标准可在国际贸易中获得一定的竞争优势,而贸易协定中的劳工条款将直接影响各国劳动者的福利水平。因此,APEC 各经济体应借鉴高水平自由贸易协定在劳工方面的相关条款协调与制定新规则,如北美自由贸易协定(NAFTA)、欧盟与加拿

大的全面经济贸易协定（CETA）以及全面与进步跨太平洋伙伴关系协定（CPTPP）等。新规则应注重保障基本的劳工权利，如废除强迫或强制劳动、禁止童工劳动和消除就业与职业歧视等，尤其应严格抵制通过牺牲底层劳动者的利益来获取企业不公正竞争优势的行为，保证贸易收益在不同收入阶层的群体间被公平地分享。

贫困与低收入阶层所从事的工作更容易受到能源与环境问题的影响，特别是在农业、渔业和采矿业中。气候变化、污染排放、水土流失等生态环境的恶化会给减贫、粮食安全和健康带来巨大挑战。与劳工条款类似，环境条款在当今区域和双边自由贸易投资协定中扮演着越来越重要的角色。对此，APEC一方面应发挥监督作用，持续评估区域内经济活动所带来的环境影响，通过设定预警机制为各经济体的环境情况设定红线，保障其经济发展的可持续性；另一方面，应发挥政策协调的平台作用，推动各经济体就环境条款开展磋商与交流，特别是通过能力建设帮助发展中成员加强对国际环境规制的认识与理解，共同寻找适合多方发展共同利益的贸易与环境规则，消除发达经济体对发展中经济体不合理的与环境有关的贸易限制。

### （四）推广电子信息技术的应用，提高数字经济时代的互联互通

以人工智能、大数据和新一代互联网等为代表的第四次工业革命是亚太地区乃至全球经济发展的重要驱动力。数字经济和智能技术的应用能够提高中小企业与劳工在国内商业活动和国际贸易中的参与度，成为促进包容性发展的新动能。但当前APEC各经济体，特别是发展中经济体在数字经济发展方面还面临着许多问题。首先是数字贸易的测量问题。准确的测量方法与定期的数据跟踪能够为政策制定与评估提供依据，因此APEC应促进各经济体间的技术合作，构建数字贸易与经济的核算体系与方法，为后续的政策分析打下坚实基础。其次，竞争政策是推动数字经济结构改革的重要内容之一，对于促进电子通信服务市场的合理竞争与定价具有决定性的影响，因此APEC应在区域内推行有利于电子信息产业繁荣发展的竞争政策，打破垄断，放松管制，促进竞争，强化基础设施建设。再次，数字经济的不断壮大为中小企业参与国际贸易创造了良好的条件，因此APEC应继续推动电子信息技术在中小企业中的普及，帮助其更加广泛地参与数字创新合作，更多地通过数字技术融入全球产业链、价值链、供应链。最后，发展数字经济需要在数字基础设施、人才储备、教育培训、知识经验和关键技术等方面提供足够的支撑，一些APEC发展中经济体在这些领域基础薄弱，因此APEC应加强数字基础设施建设合作，提高数字经济的包容性、普惠性与共享性，弥合数字鸿沟，避免数字难民，让各方共享数字经济的红利。

### （五）加强基础设施建设与投资，促进货物流通、资金流动和人员联通

APEC各经济体应进一步加强对偏远与落后地区的投资力度，开展高质量的基础设施建设。首先，可通过道路建设与先进交通工具的普及加强偏远地区与经济发达地区的联系，畅通贸易渠道。其次，可通过深入发展公私合作的伙伴关系，以政府投资为基础，撬动更

多民间资本，扩大基础设施建设投资的资金来源。再次，应加强亚太地区基建项目对国内外投资的吸引力，通过经验积累与共享帮助欠发达国家与地区规划更加科学与可行的项目，并与亚洲基础设施投资银行等国际机构合作进行融资。最后，APEC各经济体应积极协作，为基础设施投资项目的落地与顺利开展提供更加稳定的政治、经济与社会条件，降低投资的国家风险。APEC还应重视政策协调与联通机制的完善，通过加强政策和机制层面的合作，进一步推进投资与建设标准的统一，提升设施运营的效率。

**参考文献**

[1] APEC CTI. Supply-Chain Connectivity Framework. 21st APEC Ministerial Meeting, Singapore, 2009-11-12.

[2] APEC Economic Committee, Structural Reform and Infrastructure. APEC Economic Policy Report 2018, 2019-10.

[3] APEC Energy Working Group. APEC Energy Demand and Supply Outlook 7th Edition. 2019-05.

[4] APEC Energy Working Group. APEC Energy Statistics 2017, 2020-03.

[5] APEC Energy Working Group. APEC Energy Working Group Strategic Plan (2019-2023). Hongkong, China, 2018-05.

[6] APEC Ministerial Meeting. Action Agenda on Advancing Economic, Financial and Social Inclusion in the APEC Region. Da Nang, 2017-11.

[7] APEC Secretariat. APEC Economic Policy Report 2019: Structural Reform and the Digital Economy. Singapore, 2019.

[8] APEC Secretariat. Small and Medium Enterprises Working Group Strategic Plan 2017-2020. 2016/SOM3/SCE/003, Lima, Peru, 2016-09.

[9] APEC. The La Serena Roadmap for Women and Inclusive Growth (2019-2030). La Serena, Chile, 2019-10.

[10] APEC Vision Group. People and Prosperity: An APEC Vision to 2040. 2019-12.

[11] APEC Policy Support Unit. APEC Regional Trends Analysis APEC at 30: A Region in Constant Change. 2019-05.

[12] APEC Policy Support Unit. APEC Supply-Chain Connectivity Framework Action Plan 2017-2020. Interim Review of External Indicators. 2019-10.

[13] APEC Policy Support Unit. Development and Integration of Remote Areas in the APEC Region. 2018-11.

[14] APEC Policy Support Unit. Key Trends and Developments Relating to Trade and

Investment Measures and their Impact on the APEC Region: Trade, Inclusive Growth and the Role of Policy. 2015-11.

[15] Banerjee, Abhijit, and Andrew Newman. Notes for Credit, Growth, and Trade Policy. Massachusetts Institute of Technology, 2004.

[16] Robert J Barro. Inequality and Growth in a Panel of Countries. Journal of Economic Growth, 2000: 5-32.

[17] Beaman et al. Female Leadership Raises Aspirations and Educational Attainment for Girls: A Policy Experiment in India. Science (New York, N.Y.), 2012, 335: 582-6.10.1126/ science. 1212382.

[18] Divya Sangaraju, Akhmad Bayhaqi. Do Public Capital Investments have an Impact on Economic Growth? APEC Policy Brief, 2020-1(29).

[19] Dua, Andre, Daniel C. Esty. Sustaining the Asian Pacific Miracle: Economic Integration and Environmental Protection. Washington, D.C.: Institute for International Economics, 1997.

[20] Estache, Antonio. On Latin America's Infrastructure Privatization and its Distributional Effects. http://dx.doi.org/10.2139/ssrn.411942, 2003.

[21] Gene M. Grossman, Alan Krueger. Economic Growth and the Environment. The Quarterly Journal of Economics, 1995, 110 (2): 353-377.

[22] Heath, Rachel and Mushfiq Mobarak. Manufacturing growth and the Lives of Bangladeshi women. Journal of Development Economics, Elsevier, 2015, 115(C): 1-15.

[23] IMF, WB, WTO. Reinvigorating Trade and Inclusive Growth, 2018-09.

[24] Ethan B. Kapstein, Branko Milanovic. When Markets Fail: Social Policy and Economic Reform. New York: Russell Sage Foundation, 2002.

[25] OECD. The Economy of Well-being: Creating Opportunities for People's Well-being and Economic Growth. OECD Statistics Working Papers 2019/02, 2019-09.

[26] OECD. Challenges and Solutions for Globalisation. Remarks by Angel Gurría, Beijing, 2017-09.

[27] OECD. The European Union: A People-centered Agenda an International Perspective. 2019-05.

[28] Petia Topalova. Trade Liberalization, Poverty and Inequality: Evidence from Indian Districts. Chapter in NBER Book Globalization and Pover, 2007-03: 291-336.

[29] Robert C Feenstra, Gordon H Hanson. Foreign Direct Investment and Relative Wages: Evidence from Mexico's Maquiladoras. Journal of International Economics, 1997, 42, Issues 3-4: 371-393.

[30] Robert Jensen. Do Labor Market Opportunities Affect Young Women's Work and Family Decisions? Experimental Evidence from India. The Quarterly Journal of Economics, 2012, 127, Issue 2: 753-792.

[31] UNDP. Human Development Report 1996. New York, 1996.

[32] UN DPI. People-Centered Multilateralism: A Call to Action. 67th United Nations DPI NGO Conference. New York, 2018-08.

[33] UNDP. People-centred Development: Empowered Lives, Resilient Nations. UNDP Annual Report. New York, 2011.

[34] UNDP. UNDP Strategic Plan: 2018-2021. New York, 2017-10.

[35] UN ESCAP. Sustainable Social Development in Asia and the Pacific: Towards a People-Centered Transformation. 2017-7.

[36] UN Food and Agriculture Organization. The State of Food Security and Nutrition in the World: Safeguarding Agaist Economic Slowdowns and Downturns. Rome, 2019-07.

[37] Walter, Ingo, Judith L Ugelow. Environmental Policies in Developing Countries. Ambio 8, 1979, 2/3: 102-09.

[38] Wei Zou, et al. Transport Infrastructure, Growth, and Poverty Alleviation: Empirical Analysis of China. Annals of Economics and Finance, 2008-09-02: 345-371.

[39] World Bank. Achieving the Millennium Development Goals: The Role of Infrastructure. Policy Research Working Paper, Washington, D.C., 2003-11, 3163.

[40] World Bank. The Effects of Infrastructure Development on Growth and Income Distribution. Policy Research Working Paper, Washington, D.C., 2004, 3400.

[41] World Bank. Infrastructure, Value Chains and Economic Upgrade, Poverty and Equity Global Practice. Working Paper, 2018-08, 164.

[42] World Bank. How Relevant is Infrastructure to Growth in East Asia ? Policy Research Working Paper Series, 2008.

# 促进"以人为本"的 APEC 经济技术合作

余 振　欧阳子怡[*]

**摘要**：2020 年的 APEC 新议程将秉持"以人为本"的基本原则，围绕"激发人民潜能，共享繁荣未来"的主题开展经济技术合作。从机遇来看，"以人为本"的经济技术合作有利于亚太地区深化经济一体化、培育数字经济、推动包容性和绿色发展。与此同时，APEC 也面临了一些挑战，如需要协调全球多边和区域主义、数字开放与数字安全、优势产业和弱势群体、短期利益与长期发展等方面的关系。面对机遇与挑战并存的局面，APEC 可以重点围绕深度一体化的合作目标，以数字经济为合作重点，统筹绿色和包容性发展。作为 APEC 最重要的发展中成员，中国应该积极参与"以人为本"的经济技术合作，可从推动 APEC 经济技术合作"以人为本"专项基金建立、积极推动亚太地区经济技术合作对接"一带一路"建设、合力应对新型冠状病毒肺炎疫情的新形势三方面入手，进一步推动 APEC 经济技术合作发展。

**关键词**：以人为本；APEC；经济技术合作

2018 年 5 月，APEC 成立"后 2020 愿景小组"（AVG），并于 2019 年底提交了题为《以人为本、共享繁荣：APEC 2040 愿景》的最终报告。在这份报告中，愿景小组提出了振兴亚太经合组织 2040 年的愿景，一致承诺将继续推动贸易和投资自由化，深化区域经济一体化，以创新为动力促进"以人为本"的强劲、平衡、可持续和包容性的经济增长，致力于建设亚太地区稳定和繁荣的大家庭，使每个 APEC 公民享有经济增长和技术进步带来的福祉。2020 年的 APEC 新议程将秉持"以人为本"的基本原则，围绕"激发人民潜能，共享繁荣未来"的主题，在贸易投资自由化、数字经济、包容性增长、可持续发展等优先领域开展经济技术合作，致力于构建开放包容、创新增长、互联互通、合作共赢的亚太命运共同体，为亚太和全球经济增长注入新的动力。

---

[*] 余振，武汉大学美国加拿大经济研究所执行所长，教授，博士生导师，南开大学 APEC 研究中心兼职研究人员，主要从事世界经济、国际贸易等领域研究。欧阳子怡，武汉大学美国加拿大经济研究所研究助理。

## 一、"以人为本"与 APEC 经济技术合作的理论分析

随着世界多极化、经济全球化的深入发展,各国和地区间的往来和联系空前密切。在人类命运共同体不断深入发展的背景下,2020 年的 APEC 新议程将通过突出"以人为本"的议题,以期在各经济体之间建立平衡和公平的合作,实现亚太地区更加包容和可持续的发展。

### (一)"以人为本"

"以人为本"作为一个以人民为核心的理念系统,其基本要义是倡导平等互利,推动包容性发展,坚持可持续发展。其一,平等互利倡导平等均衡、利益共享的伙伴关系,强调以超越零和博弈的思维方式促进共同发展;其二,包容性发展旨在提升弱势群体在经济活动中的参与度和受益度,增进所有社会成员的福祉;其三,可持续发展坚持走资源节约、环境友好的经济发展道路,倡导绿色、低碳、循环的生产生活方式。

### (二)APEC 经济技术合作

经济技术合作是在 APEC 总体框架下,以平等自愿为原则,以互惠互利为基础,以发达成员做出更大贡献为特点,以消除地区经济发展不平衡、缩小地区经济差距以及促进共同发展为目标的地区性多边合作。具体包括两方面的内容:一是对贸易和投资自由化与便利化有直接辅助作用的合作,称之为"支持自由化的合作";二是以实现亚太地区"持续增长和公平发展""缩小各成员经济体之间经济发展水平差异"为目的的合作,称之为"支持发展的合作"。

1995 年的《大阪行动议程》首次界定了 APEC 经济技术合作的 13 个具体领域(见表1)。1996 年第八届部长会议发表的《APEC 加强经济合作与发展框架宣言》进一步明确了 APEC 经济技术合作的 6 个优先领域:人力资源开发,发展稳定安全有效的资本市场,加强经济基础设施建设,开发技术并加强信息和技术的自由流动,保护环境提高生活质量,增加中小企业活力。2003 年曼谷 APEC 峰会对经济技术合作的优先内容和目标进行了拓展,新增了"融入全球经济、促进知识经济发展、加强反恐能力建设和迎接社会领域全球化"四个优先合作领域,这四个优先领域在 2006 年河内 APEC 峰会上被正式纳入"中期优先领域"合作框架。2010 年 APEC 对经济技术合作的优先领域进行了调整,确定了 5 个优先领域,包括区域经济一体化、寻求全球规模的经济增长、通过可持续经济增长提高人民的生活质量、结构改革、人类安全。2015—2018 年间的合作则聚焦 4 大领域:加强能力建设,发展人力资本;增强中小企业的活力;推动科技发展和支持创新;实现包容性增长——解决全球化、健康、性别等社会方面的问题。2019—2020 年,APEC 鼓励各成员进一步关注贸易投资自由化、一体化 4.0、数字经济、女性、中小企业与包容性增长,可持续发展等主题,全面提升经济技术合作的水平(见表2)。

表 1　APEC 经济技术合作的 13 个领域

| 编号 | 合作领域 |
| --- | --- |
| 1 | 人力资源开发（HRD） |
| 2 | 产业科学和技术（IST） |
| 3 | 中小企业（SME） |
| 4 | 经济基础设施（EI） |
| 5 | 能源（energy） |
| 6 | 交通运输（transportation） |
| 7 | 电信（telecommunication） |
| 8 | 旅游（tourism） |
| 9 | 贸易和投资数据（TID） |
| 10 | 贸易促进（TP） |
| 11 | 海洋资源保护（MRC） |
| 12 | 渔业（fisheries） |
| 13 | 农业技术合作（ATC） |

资料来源：The Osaka Action Agenda. Implementation of the Bogor Declaration, Osaka, Japan November 1995.

表 2　APEC 经济技术合作的优先合作领域

| 年份 | 优先领域 |
| --- | --- |
| 1996—2006 年 | 人力资源开发，发展稳定安全有效的资本市场，加强经济基础设施建设，开发技术并加强信息和技术的自由流动，保护环境提高生活质量，增加中小企业活力 |
| 2007—2010 年 | 融入全球经济，促进知识经济发展，加强反恐能力建设，迎接社会领域全球化 |
| 2011—2014 年 | 区域经济一体化，寻求全球规模的经济增长，通过可持续经济增长提高人民的生活质量，结构改革，人类安全 |
| 2015—2018 年 | 加强能力建设发展人力资本，增强中小企业的活力，推动科技发展和支持创新，实现包容性增长——解决全球化、健康、性别等社会方面的问题 |
| 2019—2020 年 | 贸易投资自由化，一体化 4.0，数字经济，女性，中小企业与包容性增长，可持续发展 |

资料来源：Senior Officials' Report on Economic and Technical Cooperation (1995-2020).

### （三）"以人为本"的 APEC 经济技术合作

"以人为本"的 APEC 新议程是从平等互利观、包容性发展观、可持续发展观等多维度视角出发，在贸易投资自由化、数字经济、包容性增长、可持续发展等优先领域开展经济技术合作，使亚太地区朝着更加包容和可持续的方向发展。

第一，推动贸易投资自由化，深化区域经济一体化。APEC 应加强基于规则、透明、非歧视、开放和包容性的多边贸易体制，维护世界贸易组织的权威性和有效性，提升贸易投资的自由化和便利化，巩固和推进区域经济一体化进程，致力于打造一个增长联动、利益融合的亚太开放型经济。

第二，支持技术创新和转型，推动数字经济发展。APEC 将在数字基础设施、电子商务、信息安全、数据流动等重要领域开展互联网和数字经济合作，加强成员经济体之间的技术和政策交流，促进互联互通，弥合数字鸿沟，让科技创新成果为更多人所共享。

第三，关注弱势群体，促进包容性发展。APEC 可将数字经济发展与促进包容性增长相结合，利用数字化技术为广大人民创造包容性经济机会，缩小经济体间和经济体内部的差距，促进亚太地区经济更强劲地增长，实现共享繁荣的美好愿景。

第四，坚持可持续发展目标，推动绿色经济发展。APEC 应以更长远的眼光看待环境问题，各成员需加强沟通，凝聚共识，推进节能、环保、低碳能源等领域的技术研发合作，探索和推动促进经济增长并确保环境可持续性战略，携手应对气候变化等全球性环境问题。

## 二、APEC 经济技术合作的发展现状

自 1989 年成立以来，APEC 在开展经济技术合作方面经历了一个逐步推进的过程。概括起来，可以将其分为三个阶段。第一阶段是 1989—1994 年的起步阶段，主要成果是建立了经济技术合作的基本内容框架，但实质性的合作开展不多。第二阶段是 1995—1996 年的框架建设阶段，标志性成果是发表了《执行茂物宣言的大阪行动议程》（简称《大阪议程》）和《APEC 加强经济合作和发展框架宣言》（简称《马尼拉宣言》），基本确立了经济技术合作在 APEC 中的支柱地位。第三阶段是 1997 年至今的机制建设和具体实施阶段，该阶段主要是根据 APEC 成员需要以及领导人宣言开展具体的经济技术合作项目。目前，APEC 经济技术合作基本上形成了以开展项目合作为重点、多工作组协调合作不断推进的发展局面。

### （一）开展合作项目已经成为 APEC 经济技术合作的重点

目前，APEC 经济技术合作主要依托合作项目开展。按照项目开展方式，经济技术合作项目可以分为信息收集、信息分享和培训三类。其中，信息收集类项目主要包括调研和研究等，信息分享类项目主要包括研讨会、会议、成功案例推广、数据库以及网站建设等，而培训类项目则主要采取举办培训班等形式的合作。如图 1 所示，1992—2017 年间，APEC 经济技术合作项目数的趋势线向右上方微斜，说明其发展呈现出稳中有升的增长态势。截至 2017 年，APEC 开展的各类经济技术合作项目累计已接近 3000 余项[①]。在 2008—2017 年近 10 年的时间里，APEC 共开展经济技术合作项目 1008 个，年均项目数约 101 个，总

---

① APEC 没有提供 1997 年经济技术合作的项目数。另外，2007 年、2018 年、2019 年的《APEC 经济技术合作报告》仅提供了亚太经合组织资助的项目，没有考虑自筹项目。为了保证统计口径的一致性，仅统计 1992—2017 年间 APEC 开展的经济技术合作项目。

体发展稳中有升。

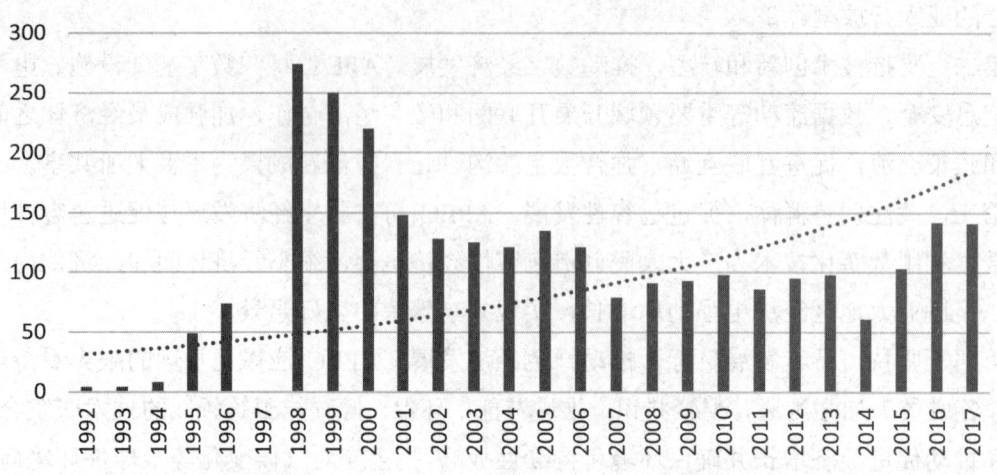

图1 APEC开展经济技术合作的项目数（1992—2017年）（单位：个）

资料来源：Senior Officials' Report on Economic and Technical Cooperation (1992-2017).

为了确保将稀缺资金用于最急需的合作项目之上，APEC确立了经济技术合作的若干优先合作领域。2015年，APEC经济技术执行委员会（SCE）对优先领域进行调整，将合作聚焦在"加强能力建设发展人力资本、增强中小企业的活力、推动科技发展和支持创新、实现包容性增长——解决全球化、健康、性别等社会方面的问题、区域经济一体化、通过可持续经济增长提高人民的生活质量、结构改革、人类安全"八大领域。在2015—2017年开展的合作项目中，开展项目最多的4个合作领域依次为通过可持续增长提高生活质量（共192项）、人类安全（共159项）、加强能力建设发展人力资本（共141项）、推动科技发展和支持创新（共140项）（如表3和图2所示）。[①]由此可见，APEC各成员参与亚太区域经济合作的利益诉求日益增强，APEC合作的广度和深度显著提高，"以人为本"的合作理念逐渐凸显。

表3 按APEC经济技术合作优先领域分类项目数（2015—2017年） 单位：个

| 优先领域 | 2015 | 2016 | 2017 | 2015—2017年合计 |
| --- | --- | --- | --- | --- |
| 加强能力建设发展人力资本 | 14 | 45 | 82 | 141 |
| 增强中小企业的活力 | 13 | 33 | 42 | 88 |
| 推动科技发展和支持创新 | 17 | 48 | 75 | 140 |
| 实现包容性增长 | 0 | 33 | 69 | 102 |

---

① 经济技术合作项目的优先领域自2015年进行重新划分，导致项目统计口径发生变化。为了保证统计口径的一致性，仅统计2015—2017年间APEC在各优先领域开展的经济技术合作项目。此外，2016年与2017年SCE论坛开展的项目可能涉及多个优先领域，因此各优先领域的项目加总数量与项目总数量不一致。

续表

| 优先领域 | 2015 | 2016 | 2017 | 2015—2017年合计 |
|---|---|---|---|---|
| 区域经济一体化 | 8 | 38 | 36 | 82 |
| 通过可持续增长提高生活质量 | 37 | 56 | 99 | 192 |
| 结构改革 | 0 | 8 | 4 | 12 |
| 人类安全 | 14 | 54 | 91 | 159 |

资料来源：Senior Officials' Report on Economic and Technical Cooperation (2015-2017).

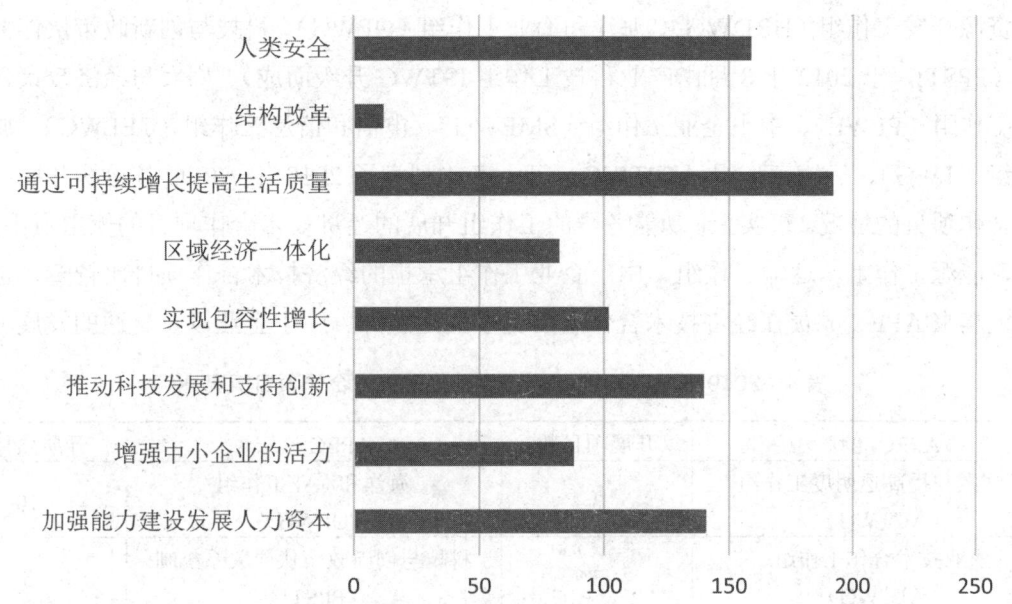

图2　2015—2017年APEC经济技术合作在各优先领域的项目总数（单位：个）

资料来源：Senior Officials' Report on Economic and Technical Cooperation (2015-2017).

## （二）以经济技术合作执行委员会和各论坛的协调为主线开展合作

目前，APEC已经建立了众多的论坛，既有制订政策的决策层，也有执行政策的工作层。APEC的组织架构可以被分解为三个层次。最上面的一层负责制订政策，包括领导人会议、部长级会议、专业部长级会议和APEC工商咨询理事会（ABAC）。组织架构的中间层负责对APEC的工作进行协调，包括高官会议（SOM）、APEC秘书处、APEC贸易和投资委员会（CTI）、APEC预算管理委员会（BMC）、APEC经济委员会（EC）和经济技术合作执行委员会（SCE）等。最下面的一层由负责APEC政策和行动落实的论坛构成，目的是实现APEC目标。具体到经济技术合作项目的开展，主要通过经济技术合作执行委员会和各论坛的协调来进行。经济技术合作执行委员会的前身是"高官会经济技术合作分委会"（SOM Sub-Committee on Economic and Technical Cooperation）和"高官会经济技术合作委员会"(SOM Committee on Economic and Technical Cooperation，ESC)。2005 年釜山 APEC 会议决定将 ESC 升格为"经济技术合作执行委员会"(SOM Steering Committee on ECOTECH，SCE)。随后，APEC 先后对 SCE 的职责范围进行修订，使其能更好地适应委员会工作框架。在 SCE 的管理和协调之下，APEC 各论坛承担了 APEC 经济技术合作项目的具体实施工作。参与经济技术合作的论坛主要包括：反腐败与提高透明度工作组（ACTWG）、农业技术合作工作组（ATCWG）、反恐工作小组（CTWG）、非法采伐和相关贸易专家组（EGILAT）、突发事件应对工作组（EPWG）、能源工作组（EWG）、健康工作组（HWG）、人力资源开发工作组（HRDWG）、海洋和渔业工作组（OFWG）、科技与创新政策伙伴关系机制（PPSTI，于 2012 年 8 月由产业科技工作组 ISTWG 升级而成）、妇女与经济政策伙伴关系工作组（PPWE）、中小企业工作组（SMEWG）、电信和信息工作组（TELWG）、旅游工作组（TWG）、运输工作组（TPTWG）等。表 4 列举了 2019 年 APEC 各论坛开展经济技术合作项目的情况。事实上，功能各异的工作组开展的经济技术合作项目的侧重点不同。其中，能源工作组、运输工作组、中小企业工作组承担的经济技术合作项目比较多，也反映出近年来 APEC 成员在经济技术合作层面更多关注能源、中小企业以及交通的发展。

表 4  2019 年 APEC 各论坛开展的经济技术合作项目情况

| APEC 论坛 | 开展项目数 | APEC 论坛 | 开展项目数 |
| --- | --- | --- | --- |
| 反腐败与提高透明度工作组（ACTWG） | 3 | 海洋和渔业工作组（OFWG） | 10 |
| 农业技术合作工作组（ATCWG） | 3 | 科技与创新政策伙伴关系机制（PPSTI） | 5 |
| 反恐工作小组（CTWG） | 1 | 妇女与经济政策伙伴关系工作组（PPWE） | 9 |
| 非法采伐和相关贸易专家组（EGILAT） | 2 | 中小企业工作组（SMEWG） | 24 |
| 突发事件应对工作组（EPWG） | 5 | 电信和信息工作组（TELWG） | 10 |
| 能源工作组（EWG） | 27 | 旅游工作组（TWG） | 7 |
| 健康工作组（HWG） | 9 | 运输工作组（TPTWG） | 13 |
| 人力资源开发工作组（HRDWG） | 0 | | |

资料来源：Senior Officials' Report on Economic and Technical Cooperation (2019)。

未来，APEC 应合理把握"以人为本"与经济技术合作的关系，凝聚共识、形成合力，防止合作议题泛化，分散各成员开展经济技术合作的精力。在推动科技创新、促进可持续发展的同时，加强妇女与经济政策伙伴关系工作组的项目开展力度，进一步推进包容性发展和区域经济一体化合作，推动亚太经济朝着更加开放、包容、普惠、平衡的方向发展。

### 三、"以人为本"的经济技术合作面临的新机遇

2020年的经济技术合作聚焦于贸易投资自由化、数字经济、包容性增长、可持续发展等优先领域，体现了"以人为本"的基本原则，为APEC的发展创造了新机遇，有利于亚太地区深化经济一体化、培育数字经济、推动包容性和绿色发展。

#### （一）有利于深化亚太区域经济一体化

自2008年全球金融危机以来，全球经济增长乏力，贸易与投资两大经济增长引擎增长缓慢，全球化导致的地区发展不平衡愈发突出，一些经济体出现了"逆全球化"的论调和基于保守主义的对外经济政策。2020年，一场严重的公共卫生突发事件——新型冠状病毒肺炎疫情席卷全球，进一步加剧了全球化矛盾，贸易保护主义更加猖獗，国际经贸格局也面临更加复杂的变化。在全球疫情不断恶化的新形势下，亚太区域经济一体化合作能完善产业和贸易结构体系，提升整体的抗风险能力，是APEC应充分利用的重要战略抓手。面对"逆全球化"潮流，"以人为本"的经济技术合作坚决反对保护主义，致力于消除贸易壁垒，提升贸易投资的自由化和便利化，有利于推动区域经济一体化进程，有助于重塑国际贸易新格局，为全球经济增长注入新的活力。

#### （二）有利于推动亚太地区数字经济的发展

数字经济是以使用数字化的知识和信息作为关键生产要素，以现代信息网络作为重要载体，以信息与通信技术的有效使用作为效率提升和结构优化重要推动力的一系列经济活动。"以人为本"的APEC经济技术合作顺应数字经济快速发展的趋势，不断拓展和深化数字经济议题。未来很长一段时间内，完善信息基础设施建设、构建成熟的数字化市场环境、建立适应数字经济发展要求的政策制度体系、推动亚太区域的宽带覆盖和高速互联网接入，仍是APEC数字经济合作长期关注的焦点。因此，APEC提升各经济体的数字化能力，是顺应时代潮流的必然之举，有利于推动亚太地区数字经济向更普惠、更"以人为本"的方向发展。

#### （三）有利于推动亚太地区包容性发展

全球化加剧了经济体间与经济体内部的发展不平衡，尤其使得弱势群体的贫困化和边缘化问题更加严重。"以人为本"强调了包容性发展，打造包容性经济旨在改善弱势群体的境况，为广大人民创造机会，让更多人享受全球化成果。从APEC经济体间的发展层面来看，"以人为本"的经济技术合作鼓励发达经济体积极贡献力量，并利用自身经济活力帮助欠发达经济体，改善贸易伙伴国的弱势地位，实现各成员之间的利益共享和合作共赢。从APEC经济体内部的发展层面来看，女性、中小微型企业等弱势群体通常难以充分参与社

会经济，无法实现其发展潜力。"以人为本"的经济技术合作重视社会各阶层代表性不足的群体，能有效消除社会排斥和边缘化，为弱势群体营造归属感，促进所有社会成员的福祉。对于女性而言，APEC 成员可通过数字经济和技术加强女性经济赋权，扩大女性在领导层的比例，从而提升女性的领导能力，促进性别平等；对于中小微型企业而言，APEC 成员可利用互联网和数字经济推动中小微型企业国际化，通过新商业模式为其创造参与区域和全球市场的机会，使其接触到更广泛的消费群体，进行商品、服务、资本和思想的交流，强化在国际市场的竞争力。

### （四）有利于推动亚太地区绿色经济发展

面对能源、环境与发展问题交织的严峻局面，任何一个经济体都无法独善其身，也难以单独应对。可持续发展作为"以人为本"的核心内容之一，强调以更长远的眼光看待环境问题，探索和推动促进经济增长并确保环境可持续性的发展战略。APEC 致力于推进能源、环境和经济并重的可持续发展模式，积极应对生态危机。通过开展"以人为本"的可持续发展合作项目，各经济体能依托 APEC 平台加强沟通交流，在利益诉求上寻找共性和互补性，推进节能、环保、低碳能源等领域的技术研发合作，实现能源、气候、技术等各领域的相互促进和平衡协调，从而推动亚太地区绿色经济发展，提高发展质量和效益，培育新的经济增长点。

## 四、"以人为本"的经济技术合作面临的主要挑战

"以人为本"的发展理念可以为 APEC 经济技术合作创造新的机遇，但随之而来的现实挑战也不容忽视。APEC 在开展经济技术合作的过程中，需协调好四个关系：一是协调全球多边和区域主义关系，二是协调数字开放和数字安全关系，三是协调优势产业和弱势群体关系，四是协调短期利益和长期发展关系。

### （一）协调全球多边和区域主义关系

近年来，多边主义日渐势弱，区域主义逐步增强，以 WTO 为核心的多边贸易体制在逆全球化思潮中逐渐被边缘化。在 2020 年这场肆虐全球的新型冠状病毒肺炎疫情下，出于本国产业安全的考量，许多国家会比以前更多地考虑在区域内建立更完整、安全的供应链，产业转移与全球产业链重组在所难免，这将会进一步冲击多边经贸合作机制，加剧区域化。面对当前的逆全球化思潮和保护主义抬头，维护以 WTO 为基础的多边贸易体制是防御贸易保护主义的重要手段，也是促进国际贸易增长、经济复苏的重要驱动力。因此，APEC 应发挥引领和协调作用，坚定维护全球自由贸易体制，反对任何形式的保护主义。首先，APEC 应引领高水平国际贸易规则构建，使高标准区域贸易协定成为 WTO 启动新规则谈判与实施的主要载体。其次，利用区域内的合作机制对全球多边治理机制进行重要补充，要求全面与进步跨太平洋伙伴关系协定（CPTPP）、区域全面经济伙伴关系协定（RCEP）以及其

他双边贸易协定加强而不是削弱全球自由贸易安排。最后，APEC 可为一些全球治理的重大话题提供新的对话平台，有助于国际社会突破当下的多边治理困境。

### （二）协调数字开放和数字安全关系

随着社会信息化大潮的到来，开放是数字时代最明显的一个特征。数据的跨境流动有利于全球数据资源的开发利用和开放共享，推动了信息网络技术、产品和服务的创新发展，进一步提升了经济效率和社会福祉。在推动数据自由流动、有效释放数据潜力的同时，数据安全风险日益凸显，如何保障数据流动安全成为新时代数字经济发展与治理的关键环节。从个人层面来看，数据跨境流动可能会引发用户数据易被泄露、滥用等问题；从企业层面来看，数据跨境流动可能会给企业带来技术管理、资产管理和组织管理上的问题。因此，在推动数字经济发展的进程中，APEC 应完善法规制度环境，保护数据资料、数据资源和数据资产，妥善应对大数据时代的隐私安全挑战。此外，数字化和智能化进程可能伴随着劳动替代，增加失业和收入分配差距拉大的风险，"数字鸿沟"也将进一步加剧国家或地区间的发展差距，成为贫困群众在信息时代被边缘化的关键因素，APEC 需合理平衡数字开放和风险防控的关系。

### （三）协调优势产业和弱势群体关系

近年来，以智能制造、数字服务、信息科技等为代表的新兴产业蓬勃发展，取得了巨大成就。数字经济和技术蕴含着新的商机，为经济社会中的弱势群体提供了大量机会，为亚太地区的包容性经济发展创造了新的机遇。然而女性、中小微型企业等弱势群体由于受到自身限制，不能充分利用先进技术。对于女性而言，女性平均受教育程度低于男性，缺乏数字化专业知识和技能，无法胜任高技能工作岗位；对于中小微型企业而言，由于自有资金不足、科研创新力度不够，中小微型企业在数字经济技术的运用方面仍存在较高的使用壁垒。因此，APEC 各成员的政策制定者需制订相应的计划和政策弥合数字鸿沟，充分发挥数字化技术作用，协调优势产业和弱势群体的关系。APEC 需进一步促进各经济体间的互动、合作和交流。各成员通过互相借鉴发展经验、互相提供商业机会，把握多样性所产生的机遇，形成新的优势互补模式，从而完善亚太地区产业和贸易结构体系，实现共同发展、共同繁荣的美好愿望，为世界减贫做出贡献。

### （四）协调短期利益和长期发展关系

生态环境、能源资源等问题日益严峻，越来越影响到经济社会发展的效益和品质。推动可持续发展是世界经济发展的潮流，也是亚太地区必须主动而为、全力以赴的一项重要任务。然而，在推进可持续发展的过程中，APEC 经济体会面临一些利益得失的抉择，且各成员在环保标准和规范上难以有效衔接，导致可持续发展合作机制缺乏效率。因此，推动亚太地区可持续发展需以长远的眼光审视阻碍可持续发展的各种问题。一方面，APEC 应采取一致且明确的措施，加强各成员之间的标准统一，协调短期利益和长期发展目标的关系；另一方面，APEC 成员应协同一致，加强技术创新与共享，促进经验沟通与交流，携手共筑绿色生态体系，使亚太经济实现更持久的发展。

### 五、"后 2020"时代 APEC 经济技术合作的总体策略

面对"以人为本、共享繁荣"愿景下经济技术合作带来的机遇和挑战，APEC 需重点围绕深度一体化的合作目标，以数字经济为合作重点，统筹绿色和包容性发展，推动亚太地区朝着更加开放、包容、可持续的方向发展。

#### （一）坚持"深度一体化"的合作目标

以世界贸易组织为代表的全球多边合作机制正在讨论新一轮变革，更加符合不同经济体实际发展情况和多样性、异质性需求的区域性经贸合作机制方兴未艾。而亚太地区作为世界经济发展的重要引擎，在经济一体化尤其是经济技术领域的深度一体化方面落后于欧洲、北美洲等地区。在全球多边合作受阻的情况下，深化命运共同体意识，加强 APEC 成员间的经济技术合作，维护亚太地区的开放格局，有助于扭转国际贸易与经济低速增长的态势，是突破全球治理困境的重要方向。

#### （二）把握"数字经济"的合作重点

当今世界，科技革命和产业变革日新月异，数字经济蓬勃发展，深刻改变着人类生产生活方式，从产品研发设计、生产制造到营销管理、服务支撑等，数字化已经渗透到产业链的各个方面和各个环节。抓住技术进步和产业变革带来的历史性机遇，充分释放亚太地区巨大的"数字增长潜能"，让处于不同发展阶段的成员共享数字经济发展的斐然成果是实现"以人为本、共享繁荣"的 APEC 愿景的重要基础和必经之路。在新型冠状病毒肺炎疫情全球暴发的背景下，各国纷纷采取了较为严格的防疫措施，对传统的国际贸易和国际投资造成了较大的冲击。与此相反，在疫情期间，数字经济逆势增长，电子商务、远程办公、远程医疗等众多行业加快发展。因此，APEC 可以把数字经济领域作为"以人为本"的经济技术合作重点，大力推动新型冠状病毒肺炎疫情新形势下的亚太数字经济技术合作新机制、新规则的建立和完善。

#### （三）统筹绿色和包容性发展

APEC 将秉持创新、绿色、包容、共享的发展理念，尽可能统筹经济技术合作的绿色和包容性发展。在"以人为本"的愿景框架下，APEC 致力于消除社会排斥和边缘化，鼓励新型绿色产业和绿色就业，协调各成员不同的利益诉求和社会经济发展模式，进一步在亚太地区构建开放和包容性的合作框架，确保有活力和高质量的经济增长，实现包容、平衡、安全与可持续发展的共同目标。

## 六、中国参与"以人为本"的经济技术合作的对策建议

针对"以人为本,共享繁荣"的 APEC 长期合作愿景,基于"深度一体化的合作目标,以数字经济为合作重点,统筹绿色和包容性发展"的 APEC 发展思路,中国可以从以下几个方面入手,采取更加主动、更有担当的参与方式,充分融入和引领 APEC 经济技术合作。

### (一)推动建立 APEC 经济技术合作"以人为本"专项基金

虽然在《以人为本、共享繁荣:APEC 2040 愿景》报告中,经济技术合作的重要性得到了应有的重视,但从合作的实际情况来看,APEC 经济技术合作的支持资金仍然紧缺。鉴于 APEC 经济技术合作的意义重大,中国可以考虑独立出资或者牵头出资,建立 APEC 经济技术合作"以人为本"专项基金,主要用于支持深度一体化、数字经济、包容性发展、绿色发展等符合自身参与整体策略的经济技术合作项目。具体来说,该专项基金的使用可以设计为两个不同的层次。第一层次主要支持技术合作(technical cooperation,TC),主要负责开展一些简便易行的技术合作项目,包括考察、研讨会、讲习班、培训人员、科技联合研究、技术演示,以及小型示范项目等简单的合作项目。这种合作实际上也是某种程度的技术传授。第二层次主要支持经济合作(economic cooperation,EC),主要负责一些比较复杂的工程项目,以项目的研究和工程项目的实施为主,包括吸收一些新的技术转让。第一层次的技术合作更加侧重政策引导性,第二层次的经济合作则更加侧重合作项目的经济效益性。技术合作为经济合作奠定基础,而经济合作为技术合作增添动力,二者互为补充,促进政府、非营利性组织和企业发挥所长、优势互补、各取所需,共同推动经济技术合作的良性、内生性发展。此外,值得注意的是,建立此专项基金,筹资渠道一定要做到多元化,切忌政府大包大揽全买单,尽量能够争取更多的国际组织、企业参与资金的筹措,并以此为基础鼓励它们更加积极地参与 APEC 经济技术合作。

### (二)积极推动亚太地区经济技术合作对接"一带一路"建设

"一带一路"倡议是中国向世界提供的最为重要的全球性公共产品,APEC 是亚太地区最高级别的经济合作机制,二者在贸易投资的自由化便利化、基础设施互联互通、投融资合作等方面有着较高的重合性。但是就目前而言,二者相互依托、相互促进的良性互动局面仍未最终形成,APEC 经济技术合作和"一带一路"建设的对接程度仍有待进一步加强。其一,中国需要继续加强基础设施领域的 APEC 经济技术合作和"一带一路"建设"设施联通"的对接。基础设施的互联互通是开展深度合作的重要基础和保障,尤其是针对亚太经济技术合作中"数字经济"的合作重点,"新基建"作为数字经济生长土壤的重要性不言而喻,因此在亚太地区推进"一带一路"设施联通的过程中,中国可以充分借助 APEC 经济技术合作的总体框架和现有基础,针对整体网络规划、技术标准体系等目标,对已有的设施和规划进行补充和完善,加快打造亚太地区密切联系的基础设施网络。其二,中国可

以将APEC经济技术合作中的对外援助和投融资项目与"一带一路"建设的"政策沟通、资金融通"紧密结合,充分利用"一带一路"框架下亚洲基础设施投资银行、丝路基金、中国-东盟银行等投融资机制,加大对重要节点和重要项目的金融支持力度。

### (三) 合力应对新型冠状病毒肺炎疫情的新形势

新型冠状病毒肺炎疫情是联合国成立以来全球共同面对的最大挑战,面对疫情,APEC成员经济体贸易部长于2020年5月5日联合发表了《关于应对新型冠状病毒肺炎疫情特别声明》,发出了亚太地区携手应对疫情,维护贸易投资环境稳定,共同推动经济复苏的积极倡议,声明提出"我们将加强APEC数字合作议程,包括电子商务和相关服务,以全新的视角和创新的手段共同应对新的现实问题"[①]。积极、合理应对新型冠状病毒肺炎疫情的新形势,是中国参与APEC经济技术合作的重要策略。其一,中国可以在疫情追踪、疫情检测、联防联控、患者救治、疫苗研发等具体的新型冠状病毒肺炎疫情合作的基础上,进一步加强与APEC成员在公共卫生领域的技术合作,通过相关领域经济技术合作的不断深化,弥补全球和区域层面公共卫生安全治理体系的现有不足,推动构建"亚太卫生健康共同体";其二,面对疫情对全球产业链、价值链带来的巨大冲击,中国应该积极参与和引导区域层面国际宏观经济政策的协调,通过适当增加经济技术合作项目,维护亚太区域产业链、供应链的稳定畅通;其三,中国可以通过多种形式,针对APEC成员在疫情期间重点关注的数字经济领域开展一批点对点的经济技术合作项目,积极推广和传播数字经济领域的最佳案例。

## 参考文献

[1] 蓝斌男,王鸿齐.APEC经济技术合作的最新进展情况与政策建议[J].国际经贸探索,2007(3):66-70.

[2] 刘晨阳.亚太区域经济一体化与贸易投资自由化[J].国家治理,2018(43):9-12.

[3] 刘晨阳,王晓燕."后茂物"时代的APEC进程与"一带一路"建设[J].亚太经济,2018(4):5-11,149.

[4] 史佳颖.APEC数字经济合作的最新进展及展望[J].国际经济合作,2020(1):37-44.

[5] 于潇,孙悦.逆全球化对亚太经济一体化的冲击与中国方案[J].南开学报(哲学社会科学版),2017(6):88-97.

[6] 杨泽瑞.APEC 2019:三十年的轮回与重构[J].世界知识,2020(1):60-61.

[7] 余振.APEC经济技术合作进程与前景分析[J].亚太经济,2014(2):39-44.

[8] 朱彤.后危机时代的APEC及其新增长战略研究[M].天津:南开大学出版社,2013.

---

① 中华人民共和国商务部.《关于应对新冠肺炎疫情特别声明(中文译稿)》.

# APEC 在我国参与新时期国际经济合作中的战略定位

刘晨阳*

**摘要**：历经 30 年的发展，APEC 已成为在亚太乃至全球都具有极大影响力的区域经济合作组织。党的十九大以来，习近平新时代中国特色社会主义思想为我国参与新时期的国际经济合作和推进构建国际治理体系的新格局指明了方向，也为我国制订新时期的 APEC 合作战略赋予了深刻内涵。因此，中国应在"后 2020"时代的 APEC 合作进程中积极发挥引领作用，使 APEC 成为我国推进构建人类命运共同体和开放型世界经济，完善全球经济治理体系和促进"一带一路"建设的有效渠道和重要抓手。

**关键词**：新时期；战略定位；人类命运共同体

1989 年，APEC 伴随着新一轮区域经济一体化浪潮的兴起应运而生。历经 30 年的发展，APEC 已成为在亚太乃至全球都具有极高影响力的区域经济合作组织。随着茂物目标在 2020 年到期，APEC 合作进程将迈入一个崭新的阶段，该组织在全球经济治理体系中的作用和地位也将进一步提升。

党的十九大以来，习近平新时代中国特色社会主义思想为我国参与新时期的国际经济合作和推进构建国际治理体系的新格局指明了方向，也为我国制订新时期的 APEC 合作战略赋予了深刻内涵。

## 一、我国对 APEC 进行战略新定位的总体思路

20 世纪 90 年代初，国际形势发生了深刻的变化，世界朝着多极化的方向发展，亚太地区的经济一体化进程明显加速。与此同时，中国的改革开放事业也迈入了一个新的阶段。在统筹国际和国内两个大局的基础上，中国在 1991 年加入了 APEC。作为 APEC 最大的发展中成员，中国在 APEC 的制度建设和合作框架的构建与调整过程中发挥了关键作用，使

---

\* 刘晨阳，南开大学 APEC 研究中心主任，教授。

APEC 发展中成员和发达成员的利益诉求得到了较好的平衡。多年来，中国始终积极参与 APEC 各领域的合作，并在 2001 年和 2014 年两次成功主办 APEC 会议，为推动 APEC 的整体合作进程做出了重要贡献。

同时，APEC 也在经济和政治层面给中国这样一个正处于全面崛起中的发展中大国带来了诸多收益，主要体现在以下几个方面：APEC 为中国顺应经济全球化趋势，积极融入亚太区域经济一体化合作进程打开了一扇大门，具有里程碑意义；APEC 为中国加入 WTO 发挥了"探路者"的作用，也为"入世"之后实施更大范围和力度的市场开放积累了经验；APEC 框架下的贸易投资自由化合作全面深化了中国与各成员的经贸关系，从而为中国此后与澳大利亚、新西兰、新加坡、韩国、智利、秘鲁等多个 APEC 成员签署自由贸易区协定（FTA）奠定了坚实的基础；APEC 合作平台有助于中国更好地融入国际社会，推动建立更加公平合理的国际经济新秩序，也为中国开展首脑外交、大国外交、周边外交和经济外交开辟了多种渠道；APEC 为中国工商界"走出去"、深度参与亚太区域经济合作创造了条件。

全面回顾中国的 APEC 之路，可以发现中国在角色定位上经历了从学习摸索到积极参与，再到尝试发挥引领作用的巨大转变。探究这一转变过程背后的动因，中国综合国力的巨幅提升是一个方面，但更为重要的是中国高度认可 APEC 在推进亚太区域经济合作方面所发挥的不可替代的作用，因而始终对 APEC 的发展抱有高度的责任感和使命感。

当前，中国特色社会主义进入了新的时代，以习近平同志为核心的党中央不断深化对新型大国外交的规律性认识，也从目标宗旨、原则准则、政策理念、全球治理、区域合作、周边外交等方面，不断丰富和发展新时代中国特色大国外交体系[①]。习近平总书记在党的第十九次全国代表大会报告中指出，中国将坚持和平发展道路，推动构建人类命运共同体。为此，中国将坚持对外开放的基本国策，积极促进"一带一路"国际合作，增添共同发展新动力，努力实现政策沟通、设施联通、贸易畅通、资金融通和民心相通。同时，中国将通过支持多边贸易体制、促进贸易投资自由化便利化和自由贸易区建设，建设开放型世界经济。

需要强调的是，鉴于 APEC 的规模、国际影响力、现有合作基础和未来发展趋势，该组织可以为我国落实新时期参与国际合作的相关战略部署发挥多重功能，其角色应得到全新定位，其战略空间将不断拓展。因此，中国应在"后 2020"时代的 APEC 合作进程中积极发挥引领作用，使 APEC 成为我国推进构建人类命运共同体和开放型世界经济，完善全球经济治理体系和促进"一带一路"建设的有效渠道和重要抓手。

---

① 吴志成，温豪. 从独立自主走向复兴自强的中国特色大国外交析论[J]. 东北亚论坛，2019（5）：6.

## 二、APEC 与人类命运共同体的构建

人类命运共同体是一种价值观，也是中国把握世界潮流、人类命运走向的智慧体现。它既传承了和平外交理念，也契合了《联合国宪章》关于平等、和平、合作的宗旨和原则，具有新时代的平等性、和平性、包容性等特征，弘扬共同、综合、合作、可持续的全球安全观，强调以合作谋安全、以安全促和平、以稳定促发展的全人类的义利观①，主张推动构建以合作共赢为核心的新型国际关系。事实上，作为一个成员众多的论坛性区域经济合作组织，APEC 的宗旨、目标、原则和合作框架都从不同层面体现出对人类命运共同体的诠释和追求。

### （一）APEC 的合作宗旨和原则与人类命运共同体的内在联系

在成立之初，APEC 就明确了自身的合作宗旨和目标，即为本地区人民创造稳定和繁荣的未来，建立亚太经济的大家庭，深化开放和伙伴精神，为世界经济做贡献，并支持开放的国际贸易体制。自此，APEC 长期倡导"亚太大家庭精神"，希望借此增强各成员之间的凝聚力，促进亚太地区的共同繁荣，这无疑很好地烘托了人类命运共同体的主旋律。

在明确合作宗旨和目标的同时，考虑到亚太区域经济合作起步较晚，各成员在政治制度、社会文化和经济发展水平方面差异显著，APEC 实行了独具特色的合作方式和指导原则，即各成员在自主自愿、协商一致的基础上开展合作；以集体行动计划为指导，同时允许各成员基于自身情况制订单边行动计划；在 APEC 合作总体进程中坚持灵活性，以实现循序渐进地发展。此外，APEC 以各成员领导人的承诺代替协定，有效避免了高度的机制化和强约束性对 APEC 合作的总体进程造成阻碍。多年的实践表明，上述原则较好地适应了亚太区域经济合作的多元化特征，在 APEC 各成员中逐步形成了"亚太大家庭"的认同感和向心力。

近年来，随着国际和地区环境的快速演变，各种内部和外部因素的叠加给 APEC 带来了前所未有的机遇和挑战，这一趋势促使 APEC 各成员形成新的共识，积极构建面向未来的新型伙伴关系。习近平主席在 2014 年北京 APEC 会议上指出，APEC 各成员应该坚持"亚太大家庭精神"和命运共同体意识，顺应和平、发展、合作、共赢的时代潮流，共同致力于亚太繁荣进步，引领世界发展大势，为人类福祉做出更大贡献，让人民过上更加安宁、富足的生活。为实现上述目标，APEC 各成员要共同建设互信、包容、合作、共赢的亚太伙伴关系，志同道合是伙伴，求同存异也是伙伴。新型亚太伙伴关系不仅为 APEC 的合作理念注入了新的内涵，也更加全面地体现了人类命运共同体的核心要素。

自 2018 年以来，APEC 开始着手讨论制定"后 2020"时代的合作新愿景，各成员对推

---

① 巴殿君，王胜男. 论中国全球化认识观与全球治理的"中国方案"：基于人类命运共同体视域下[J]. 东北亚论坛，2019（3）：15.

进"以人为本"的 APEC 合作形成了高度共识,期待 APEC 加强务实合作,使亚太地区的民众更加充分、平等地从区域经济合作中获益。由此可见,从亚太大家庭到亚太伙伴关系再到以人为本的亚太区域经济合作,APEC 所秉持的合作理念与构建人类命运共同体形成了越来越紧密的内在联系,二者可以相互融合、相互促进。

### (二) APEC 的合作框架与人类命运共同体的内在联系

在成立之初,APEC 以促进成员之间的经贸关系、减少区域内的贸易投资壁垒为核心目标,将贸易投资自由化和便利化作为支柱合作领域。此后,在发展中成员数量越来越多的情况下,APEC 对其合作框架进行了拓展,将广大发展中成员高度重视的经济技术合作也列为支柱,力求与贸易投资自由化和便利化合作形成相辅相成的效果。通过人力资源开发、环境保护、促进性别平等、推动科技创新、支持中小企业等广泛领域的经济技术合作,APEC 有效提升了亚太区域经济合作的参与度和共享度。

2010 年,APEC"茂物目标"的第一个时间表到期。此时亚太地区刚刚经历由美国次贷危机所引发的金融危机,很多 APEC 成员受到了严重的冲击,并暴露出原有增长模式的脆弱性。因此,APEC 认为如果亚太地区各成员期待找到一条可持续、平衡和强劲的增长路径,就必须进一步拓宽亚太区域经济合作的维度,在促进利益共享和加强人类安全等领域开展更加多元化的合作。基于这一背景,APEC 在 2010 年正式发表了《APEC 领导人增长战略》,目标是在亚太地区实现经济的平衡、包容、可持续、创新和安全增长。该战略体现出 APEC 自我完善和自我革新的决心和能力,增强了各成员同舟共济、共享繁荣的信心。

在讨论制订 APEC"后 2020 愿景"的过程中,绝大多数 APEC 成员都充分认识到在亚太地区加强包容性增长的重要性,并认为该领域的合作应有两个主要导向:一是鉴于 APEC 成员多样性突出、发展水平各异,应鼓励各成员加强政策沟通,在利益诉求上寻找共性和互补性,努力实现资源共享和互利发展;二是采取有针对性的措施,在各成员内部提升不同群体,尤其是弱势群体在社会和经济活动中的参与度和受益度,相关的重点议题包括帮助中小企业、女性、残疾人和贫困人口融入全球价值链、完善社会保障体系、强化企业社会责任,以及支持偏远地区发展等。

综上所述,在过去 30 多年的发展进程中,APEC 逐渐形成了多元化的合作框架,合作领域不断拓展。这一方面反映了 APEC 与时俱进的精神,力求不断适应亚太区域经济合作形势变化的需要,另一方面充分印证了 APEC 为实现亚太大家庭共同繁荣的目标而做出的不懈努力,同时也契合了人类命运共同体所倡导的包容、共享、共赢等核心理念。因此,中国应深入挖掘 APEC 所秉承的"亚太大家庭精神"和"以人为本"的合作理念的内涵,使亚太命运共同体和人类命运共同体的构建紧密融合、相互促进。具体而言,应倡导以深化对内开放和扩大对外开放为导向,防止亚太区域经济一体化的封闭化和碎片化;以合作为动力,共同搭建平台,共同制订规则;以共享为目标,倡导平等参与,分享发展成果。

## 三、APEC 与开放型世界经济的构建

尽管学术界对开放型经济有多种不同的定义,但对于开放型经济所带来的福利效应有着比较一致的认识。对个体国家而言,推进建设开放型经济有助于其更加深入地参与国际产业分工,充分发挥本国的比较优势,在国内和国际市场之间建立更加紧密的联系,促进贸易条件的改善,提升本国整体的福利水平。同样,开放型的区域或世界经济体系可以促进生产要素、商品和服务的跨境自由流动,从而实现资源配置的优化和经济运行效率的不断提升。但是,当前的经济全球化进程正在经历深刻转变,在形式和内容上面临新的调整,并受到了贸易保护主义抬头的威胁,使得推进构建开放型世界经济的必要性和迫切性愈发突出。

需要指出的是,推进建设开放型世界经济必须顺应和结合世界经济发展的总体趋势,并借助有效的平台和渠道。APEC 21 个成员的人口总量、经济总量和贸易总量分别约占世界的 38%、60% 和 48%,在国际经济体系中具有举足轻重的地位。同时,APEC 在成立伊始就秉持"开放的地区主义",倡导广泛的非歧视性,重视为多边贸易自由化做贡献。事实上,APEC 对于构建开放型世界经济的重要作用,可以通过其致力于推进贸易投资自由化和便利化合作、引领亚太区域经济一体化进程,以及全力维护和推动 WTO 多边贸易体制发展等几个方面得到充分的体现。

### (一) APEC 贸易投资自由化和便利化合作的主要成果

随着 1993 年茂物目标的设立,APEC 正式开启贸易投资自由化和便利化合作进程,取得了显著的成效。1989—2018 年,APEC 各成员的最惠国平均关税水平从 17% 下降到 5.3%。同期,APEC 地区的货物和服务贸易总额由 3.1 万亿美元增长到 24 万亿美元,年平均增长率约为 7.1%,远高于世界其他地区的贸易增长速度[①]。

除了总体关税水平下降之外,APEC 还在推进部门提前自由化方面取得了标志性的成果。2012 年,APEC 领导人宣布达成了"APEC 环境产品清单"。该清单中列出了 54 个 6 位海关编码的环境产品,涉及大气污染控制,固体废物及危险废物处置,可再生能源、废水及饮用水处理,自然风险管理,环境监测及分析设备,环境友好产品等领域。上述产品的关税在 2015 年之前降到了 5% 或以下,为实现亚太地区的绿色增长和可持续发展目标做出了重要贡献。

APEC 在贸易便利化领域所取得的合作成果同样引人注目,其中,2001—2010 年实施的《APEC 贸易便利化行动计划》和 2009 年实施的《APEC 营商便利化行动计划》最具代表性。通过在海关措施、标准和一致化、电子商务和商务人员流动等优先领域开展的形式

---

① APEC's Bogor Goals Dashboard [EB/OL]. APEC 秘书处网站, https://www.apec.org/Publications/2019/12/APEC-Bogor-Goals-Dashboard,2019-12.

多样的合作，APEC 有效降低了各成员之间的交易成本，改善了亚太地区的营商环境。例如，2009—2018 年间，APEC 地区的初创企业办理登记审核手续的平均时间由 28.5 天减少到 10.8 天，开办企业的平均成本下降了约 2.7%[①]。作为 APEC 在商务人员流动领域的标志性合作成果，19 个成员正式加入了"APEC 商务旅行卡计划"，持卡人在 5 年内凭有效护照和 APEC 商务旅行卡无须办理入境签证。

在服务业合作领域，APEC 在"茂物目标"框架下将电信、金融、旅游和能源等部门作为合作重点，并设立了专门的工作组，在减少市场准入限制、扩大国民待遇和最惠国待遇、放松管制和提高透明度等方面开展了有效合作。随着 2009 年《APEC 跨境服务贸易原则》及《APEC 服务行动计划》的实施，APEC 加大了服务业合作的力度，其合作方式和范围也更为多样化。近年来，APEC 将服务合作列为优先议题，并相继达成了《APEC 服务合作框架》以及《APEC 服务竞争力路线图 2016—2025》等具有标志性意义的成果文件，进一步加快了亚太地区服务业合作的步伐。

相对于贸易领域，投资领域的合作敏感性较高，难度更大。尽管如此，APEC 在该领域仍然采取了大胆的尝试，并取得了阶段性的成果。例如，APEC 在 1994 年设立了投资专家组，并在 1994 年和 2007 年分别出台了《APEC 非约束性投资原则》和《APEC 投资便利化行动计划》，在国民待遇、投资激励、业绩要求、利润汇回等领域制订了一系列具体的合作原则。在 APEC 推动下，亚太地区的投资环境不断改善，对外国直接投资的流入产生了显著的激励作用。

## （二）APEC 在亚太区域经济一体化进程中的重要作用

近年来，由于 WTO 多哈回合谈判停滞，多边贸易体制改革举步维艰，越来越多的经济体将注意力转向具有封闭性和排他性特征的 FTA。截至 2019 年底，亚太地区的 FTA 数量已达 180 余个。由于数量众多的 FTA 在涵盖领域、规则体系和自由化水平方面存在显著差异，在缺乏有效协调和对接机制的情况下，FTA 的贸易创造效应会受到抑制，并给亚太区域经济合作的总体格局带来"碎片化"的隐忧。因此，APEC 从自身发展和亚太区域经济一体化进程的大局出发，在协调 FTA 的发展方面发挥了积极的作用，力求使 FTA 成为亚太区域经济一体化的"铺路石"而非"绊脚石"。多年来，APEC 始终将规范、协调 FTA 的发展作为优先领域之一，倡导在亚太区域内建设高质量、全面、透明和具有广泛一致性的 FTA，并在 2004 年后相继制定和实施了 FTA 最佳范例原则（best practice principles）和 FTA 示范条款（model measures）。

发起和推进亚太自由贸易区（FTAAP）建设是 APEC 在促进亚太区域经济一体化进程方面所采取的最具前瞻性和引领性的举措。FTAAP 的设想最早于 2004 年提出，其目标是

---

① Trade Facilitation in APEC: Progress and Impact ［EB/OL］. APEC 秘书处网站，https://www.apec.org/Publications/2019/01/Trade-Facilitation-in-APEC--Progress-and-Impact，2019-01.

建立一个面向所有 APEC 成员、涵盖整个亚太地区的大型自由贸易区。在 2014 年北京 APEC 会议上，FTAAP 建设迈出了从愿景走向现实的关键一步。此次会议通过了《APEC 推动实现亚太自贸区路线图》，决定启动为期两年的 FTAAP 联合战略研究。2016 年，APEC 如期完成了 FTAAP 联合战略研究，并发布了《APEC 亚太自贸区利马宣言》，为下一阶段的 FTAAP 建设指明了方向。根据预测，如果 FTAAP 得以在 2025 年建成，将形成世界范围内最大的自由贸易区，亚太地区的 GDP 总量将在 2013 年的基础上增长 4%～5%，世界的 GDP 总量将增长 2.3%[①]，这无疑将为构建开放型世界经济做出重要贡献。

### （三）APEC 对 WTO 多边贸易体制的贡献

APEC 在成立之初就确立了其 WTO 坚定支持者的立场，维护和支持多边贸易体制的发展始终是 APEC 的优先议题之一。APEC 和 WTO 多边贸易体制之间存在一荣俱荣、一损俱损的关系，早已成为 APEC 各成员的广泛共识。在历史上，APEC 曾为加快推进 WTO 乌拉圭回合谈判的结束发挥了关键作用。近年来，WTO 框架下《贸易便利化协定》和《环境产品协定》谈判的启动或达成也与 APEC 的呼吁和推动分不开。当前，WTO 正在积极推进自身的改革，APEC 已多次表达了为 WTO 改革提供全方位支持的态度。从前景来看，在逆全球化思潮涌动和贸易保护主义抬头的挑战面前，APEC 各成员应该共同筑牢使命意识，加强宏观经济政策协调，在努力保持亚太经济发展良好势头的同时，为巩固和促进多边贸易投资的发展做出更多贡献。

作为世界最大的贸易国，中国是开放型世界经济的积极贡献者和受益者，也是 APEC 框架下亚太区域经济一体化进程的坚定支持者和参与者。习近平主席在 2018 年 11 月举行的 APEC 第二十六次领导人非正式会议上强调："亚太各方应该顺应经济全球化发展大势，秉持推动区域经济一体化宗旨，把握构建开放型世界经济大方向，努力保持亚太合作势头，稳步迈向更高水平。"

近期以来，由于 WTO 争端解决上诉机构的停摆，多边贸易体制的改革前景愈发不明朗。全面与进步跨太平洋伙伴关系协定（CPTPP）、日本-欧盟经济伙伴关系协定和美国-墨西哥-加拿大协定等高标准的自由贸易安排相继签署或生效，将对国际贸易的格局产生不可忽视的直接或潜在影响。这些新动向表明，我国在多边和区域层面的经济和贸易环境都在发生结构性的变化，国际经贸新规则制订的主导权之争将愈演愈烈。针对上述情况，我国应保持战略定力，在继续深化改革的同时，积极支持 APEC 矢志不渝地推进贸易投资自由化便利化和 FTAAP 进程，为建设开放型世界经济发挥引领和示范作用。

---

① Peter Petri, Ali Abdul-Raheem. Can RCEP and the TPP be Pathways to FTAAP? [R]. https://ssrn.com/abstract=2513893, 2014(10): 15.

### 四、APEC与全球经济治理体系的完善

现有的全球经济治理体系——布雷顿森林体系是第二次世界大战之后以美元为中心建立的，但是随着世界经济格局的发展变化，现有的国际经济治理机制及规则已经不能满足所有国家的发展需要。习近平主席曾明确指出："国际社会普遍认为，全球治理体制变革正处在历史转折点上。国际力量对比发生深刻变化，新兴市场国家和一大批发展中国家快速发展，国际影响力不断增强，是近代以来国际力量对比中最具革命性的变化。"近10年来，新兴经济体对世界经济增长的贡献率一直在50%以上，在世界经济中的地位和影响力不断上升。然而，新兴经济体的经济体量和在全球经济治理体系中的话语权却严重不匹配。

当前全球经济治理体系面临的另一个主要挑战是逆全球化思潮的兴起。2008年全球金融危机发生后，全球经济和贸易陷入持续数年的结构性低迷，始终难以全面恢复活力。受此影响，贸易逆差、制造业空心化、失业率上升、社会贫富差距加大等一系列问题开始在一些发达经济体内部发酵。与此同时，世界主要新兴经济体保持多年的增长势头也因外部环境欠佳而明显减弱。在此背景之下，一些国家内部的反全球化势力开始抬头，将本国出现的一系列经济与社会问题归咎于全球化的冲击和所谓的不公平贸易行为，鼓吹并采取贸易保护政策。面对上述挑战，在"全球化4.0"架构下推动全球治理体系的变革已成为国际社会的共识。

APEC成员包括了除欧盟国家以外的世界主要经济和贸易大国，亚太地区是近30年来世界范围内经济增长最具活力的地区，在全球经济治理体系中占有举足轻重的地位。近年来，越来越多的成员认为APEC不应仅仅聚焦于亚太区域经济合作，还应更加积极地参与国际经济事务，并加强与二十国集团（G20）等重要多边机制的协调，促进合作议题的对接和互动。此外，APEC框架下围绕"下一代贸易议题"和全球价值链开展的合作也将对全球经济治理体系和规则的未来发展产生重要影响，值得高度关注。

#### （一）APEC"下一代贸易投资议题"合作

APEC从2010年开始推进"下一代贸易投资议题"合作，相关议题包括两类：一类虽然是传统贸易投资问题，但因全球贸易投资环境的变化，必须以新的方式加以解决；另一类是传统贸易领域中不存在或没有充分考虑的新问题，但当前已经对商业活动产生了实质性影响。APEC近年来集中讨论的"下一代贸易投资问题"包括促进全球供应链、加强中小企业参与全球生产链、促进非歧视性和市场驱动的创新政策、区域和自由贸易协定中的透明度条款，以及供应链/价值链中与制造相关的服务业等。这些议题的总体导向是通过把握全球化机遇，提高市场主体的活力和强化各成员的核心竞争力，提升贸易投资自由化和便利化合作的质量和水平。另一方面，大多数"下一代贸易投资议题"触及"边界后"措施，需要开展国际层面的规制合作，从而有可能对国际经贸新规则的形成和未来发展产生

直接或潜在的影响。

### （二）APEC 全球价值链合作

全球价值链使各经济体在国际产业分工和贸易投资领域的相互依存度越来越高，其发展不断改变着世界商品和服务生产的组织形式，使国际贸易呈现出新的格局。同时，全球价值链也关系到各经济体之间的生产联系和利益分配方式，有时会因某一环节的问题引发系统性风险。因此，全球价值链"利益共享、风险共担"的特征不仅使各经济体之间的联系空前紧密，还对贸易（特别是中间品贸易）投资自由化和便利化提出了更高的要求，从而将对国际贸易投资新规则的制订起到重要的引导作用。

APEC 地区云集了世界最主要的制造业和贸易大国，在跨国公司投资的驱动下，各经济体在产业间、产业内和产品内的分工越来越细化，使亚太地区成为世界范围内价值链分布最密集的地区。因此，近年来 APEC 对全球价值链合作的重视程度不断提高。2014 年北京 APEC 会议制定了《APEC 促进全球价值链发展合作战略蓝图》，重点内容包括：努力减少影响全球价值链发展的贸易投资壁垒；完善全球价值链的统计；发挥服务贸易在全球价值链中的关键作用；通过能力建设和政策协调使 APEC 发展中成员和中小企业更好地从全球价值链中获益；进一步完善投资环境和提升促进贸易便利化水平等。这些合作不仅有助于深化亚太区域经济一体化，还可以借助价值链的传导机制助推全球经济治理体系的完善。

就中国推进完善全球治理体系的具体实施路径而言，应重点关注以下几个方面：首先，引领全球治理要坚持人类命运共同体的价值取向；其次，针对全球治理的不同主体要坚持权责一致、开放包容的价值理念；最后，在全球治理的行动中要坚持共商、共建、共享的原则。事实上，APEC 的合作理念、指导原则和运行方式与中国推进完善全球治理体系的重点实施路径在诸多方面存在交集和一致性。因此，中国应积极支持 APEC 推动全球价值链的优化重塑，引导全球经济治理体系朝着开放、包容、普惠、平衡、共赢的方向发展。

## 五、APEC 与"一带一路"建设的相互促进

2013 年由中国提出的"一带一路"倡议顺应了世界多极化、经济全球化、文化多样化以及社会信息化发展的大潮流，有利于形成陆海统筹、东西互济的全面对外开放新格局，是中国积极应对全球经济政治形势深刻变化、适应国内改革开放发展新需要的顶层设计。随着"一带一路"倡议的不断深化，参与国家持续增加，合作范围以及区域不断拓展，实质性经贸合作取得长足进步，"一带一路"倡议已经从概念到行动形成了总体布局，成为中国提供全球治理新思维和全球化新概念的解决方案之一。

需要强调的是，APEC 框架下的亚太区域经济合作与"一带一路"建设之间有着多个层面的联系，二者理念相容、机制相连、领域相通。从合作理念来看，"一带一路"建设致力于打造开放、包容、均衡、普惠的区域合作架构，与"APEC 方式"的核心要素异曲同

工。就实施路径和机制而言,"一带一路"建设旨在通过促进经济要素有序自由流动、资源高效配置和市场深度融合,打造高水平的区域经济合作构架,与 APEC 贸易投资自由化进程的目标导向具有非常强的一致性。从具体合作领域来看,"一带一路"建设所涵盖的以政策沟通、设施联通、贸易畅通、资金融通、民心相通为主线的合作领域,绝大多数在 APEC 过去 30 年的合作实践中都有所涉及,有些领域已积累了较为丰富的合作成果和经验。

APEC 框架下的全方位互联互通合作与"一带一路"建设的关系尤为紧密。互联互通是实现 APEC 各成员联动发展的基础前提之一,对提升区域经济增长质量和竞争力,促进亚太经济的繁荣具有重要意义。因此,从 2013 年开始,互联互通合作逐渐成为 APEC 的核心议题之一。2014 年,APEC 北京会议通过了《APEC 互联互通蓝图 2015—2025》,在加强亚太地区的硬件、软件和人员交往互联互通方面做出了全面的规划,为实现无缝联接和高度融合的亚太设立了中期目标,具有开创性意义。因此,近年来 APEC 各成员对互联互通合作的关注度不断提升,资源投入也越来越多。2020 年,APEC 将对《互联互通蓝图 2015—2025》进行中期评估,旨在通过评估对该蓝图的后续实施工作提供更加合理、明确的指导。因此,APEC 应将此次评估的结果作为重要参考,及时总结成功经验和不足,取长补短,确保 2025 年按期完成蓝图所设立的各项指标。

对于中国而言,积极推进"一带一路"建设和 APEC 互联互通合作的相互促进具有重要意义,可以使自身的利益诉求更好地融入区域合作的整体进程之中,实现多元化的战略目标。因此,我国首先应积极推动 APEC 在"后 2020"时代继续拓展、深化互联互通合作的广度和深度,力争不断取得实质性成果。在硬件联通方面,应重点完善亚太地区的信息通信、能源和交通运输基础设施。在软件联通方面,要加强能力建设,推动规制融合。在人员交往方面,应进一步减少商务人员流动障碍,推进跨境医疗和教育合作。其次,我国应该因势利导,以推动《APEC 互联互通蓝图 2015—2025》的落实作为阶段性的重点,从规划对接、机制和平台对接、合作项目对接等层面,实现 APEC 互联互通合作与"一带一路"建设的相辅相成和联动发展。

**参考文献**

[1] APEC. APEC Regional Trends Analysis - APEC at 30:A Region in Constant Change [EB/OL]. https://www.apec.org/Publications/2019/05/APEC-Regional-Trends-Analysis--APEC-at-30, 2019-05.

[2] APEC. APEC's Bogor Goals Dashboard [EB/OL]. https://www.apec.org/Publications/2019/12/APEC-Bogor-Goals-Dashboard,2019-12.

[3] APEC.Trade Facilitation in APEC: Progress and Impact[EB/OL]. https://www.apec.org/Publications/2019/01/Trade-Facilitation-in-APEC--Progress-and-Impact,2019-01.

［4］ Peter Petri，Ali Abdul-Raheem. Can RCEP and the TPP be Pathways to FTAAP?［R］. https://ssrn.com/abstract=2513893，2014（10）：15.

［5］ UNCTAD. World Investment Report 1995-2019［EB/OL］. https://unctad.org/en/pages/diae/world%20investment%20report/world_investment_report.aspx.

［6］ 巴殿君，王胜男.论中国全球化认识观与全球治理的"中国方案"：基于人类命运共同体视域下［J］.东北亚论坛，2019（3）：20.

［7］ 李丽平，张彬，赵嘉.APEC环境产品与服务合作进展及趋势分析［R］//刘晨阳.亚太区域经济合作发展报告2015.北京：中国高等教育出版社，2015：336.

［8］ 刘晨阳，王晓燕."后茂物"时代的APEC进程与"一带一路"建设［J］.亚太经济，2018（4）：7.

［9］ 刘晨阳，曹以伦.APEC三十年与我国参与亚太区域经济合作的战略新思考［J］.东北亚论坛，2020（2）：3-16.

［10］ 钮菊生，刘敏.中国引领全球治理的问题与对策［J］.东北亚论坛，2019（2）：41.

［11］ 吴志成，温豪.从独立自主走向复兴自强的中国特色大国外交析论［J］.东北亚论坛，2019（5）：6.

［12］ 习近平.推动全球治理体制更加公正更加合理为我国发展和世界和平创造有利条件［N］.人民日报，2015-10-14.

［13］ 习近平.习近平谈治国理政［M］.北京：外文出版社，2014：273.

［14］ 张靖佳.APEC金融服务贸易发展及其竞争力分析［J］.南开学报（哲学社会科学版），2019（1）：170.

# "后 2020" 的 APEC：发展回顾与合作展望

沈铭辉 杨 超[*]

**摘要**：APEC 在过去 30 年间的亚太区域合作中扮演了重要的角色，亚太地区在贸易、投资以及经济增长上取得了高于世界平均水平的成绩。当前，世界正经历"百年未有之大变局"，亚太地区的合作格局已经发生变化，APEC 如何适应全球经济发展新格局、新趋势，为后 2020 时代的 APEC 做好规划，成为 APEC 的当务之急。为此，APEC 于 2017 年成立了愿景小组（AVG），就"后 2020"的合作时间表、指导原则以及新合作领域，进行了顶层设计。本文首先回顾了 APEC 的发展历程，对 APEC 在前 30 年取得的成就进行归纳和总结；其次，本文对亚太区域合作面临的新局面进行了分析；最后，探讨了"后 2020"时代 APEC 的合作方向，并结合 AVG 报告对"后 2020"中国参与 APEC 合作提出了建议。

**关键词**：APEC；亚太；区域经济合作；新局面；合作展望

作为亚太地区级别最高、合作领域最广、影响力最大的经济合作机制，亚太经济合作组织（APEC）已经走过 30 多年的历程。自 1994 年 APEC 领导人在印度尼西亚达成茂物目标至今，亚太区域经济一体化取得了引人注目的成就，为亚太地区 21 个成员、近 28 亿人创造了巨大的福祉，为推动亚太地区经济增长、社会进步和民生改善做出了巨大贡献。当前，APEC 站在了"三十而立"的关口，恰逢发达经济体贸易单边主义、保护主义抬头，经济全球化进入深度调整期。"后 2020"的 APEC 如何根据世界经济发展的新格局、新趋势做好规划，是 APEC 的当务之急。中国作为 APEC 最大的发展中成员，可以在"后 2020"的亚太合作中提供中国智慧和中国方案。近年来，习近平总书记在多个场合阐述了人类命运共同体的思想，为国际社会所认同，为我国参与区域经济合作、推进构建全球治理体系新格局指明了方向。我国参与"后 2020"时代的亚太区域合作应以此为指导，通过推进"一带一路"建设践行人类命运共同体的理念，与 APEC 合作互为补充、相辅相成。

---

[*] 沈铭辉，中国社会科学院亚太与全球战略研究院研究员，南开大学 APEC 研究中心兼职研究人员。杨超，中国社会科学院亚太与全球战略研究院助理研究员。

## 一、APEC 三十年合作回顾

### （一）APEC 发展历程回顾

APEC 成立于 1989 年 11 月。在创立初期，APEC 围绕组织形式、合作原则以及宗旨、目标进行了探索。1991 年，韩国 APEC 会议通过的《汉城宣言》对 APEC 的组织目标、合作原则以及机制安排做出了详细规定。APEC 的目标是促进亚太地区和世界经济增长，鼓励货物、资本和技术跨境流动，加强成员之间的经贸联系，强化多边贸易体系，支持《关税及贸易总协定》（GATT）的合作原则，降低投资和贸易壁垒。APEC 以自主自愿、协商一致为原则，机制安排上注重灵活性，在强调区域合作效率的同时，也需考虑不同成员的经济发展阶段、政治体制以及发展中成员的特殊需求[①]。就组织方式而言，APEC 每年举行一次部长会议，根据宣言所倡导的原则和框架，探讨 APEC 的合作方向和执行细节，若有重大议题需要沟通协商，可以适当增加会议次数。

1994 年印度尼西亚会议通过了《亚太经济合作组织领导人共同宣言》，确立了 APEC 发达成员和发展中成员分别于 2010 年、2020 年实现贸易投资自由化的茂物目标。1995 年和 1996 年的 APEC 对茂物目标的实施原则和具体行动计划进行了详细的制订。其中，1995 年的大阪会议通过了《大阪行动议程》，确定贸易投资自由化便利化和经济技术合作是实现茂物目标的重要内容，1996 年，菲律宾 APEC 会议通过了《马尼拉行动计划》，以单边行动计划（IAP）和集体行动计划两种途径，落实各成员的承诺，涉及贸易和投资自由化便利化的 15 个领域，如关税、非关税措施、服务贸易、投资等。

1997 年是亚太区域合作的一个分水岭。亚洲金融危机为亚太地区的经济带来了巨大的负面冲击，各成员自顾不暇，失去了实现茂物目标的动力，使亚太区域合作进程进入较长的停滞期[②]。2002 年前后，亚太地区出现的突发事件使得 APEC 合作议题向非经济领域不断拓展，贸易投资自由化的进程被短暂搁置。一是 2001 年美国"9.11"事件和 2003 年"非典"疫情的发生，使反恐、健康安全成为 APEC 的主要议题；二是中国作为最大的发展中国家加入世界贸易组织（WTO），贸易自由化的谈判从区域转向多边，而 APEC 只发挥推动 WTO 谈判的辅助作用。直到 2005 年，APEC 的合作重点才重新回归到茂物目标上来。2005 年韩国釜山 APEC 部长级会议通过《茂物目标实施进程的中期评估——实现茂物目标的釜山路线图》，对贸易投资自由化便利化的 15 个领域进行了评估，并指出 APEC 需要努力的方向。2006 年越南河内 APEC 会议制订了《河内行动计划》，为各项行动的完成制订了详细的实施细则和时间表。

2010 年，APEC 对 13 个 APEC 成员（包括澳大利亚、加拿大、日本、新西兰和美国 5

---

[①] https://www.apec.org/Meeting-Papers/Annual-Ministerial-Meetings/1991/1991_amm/annex_b_seoul_apec.
[②] 陆建人. APEC 20 年：回顾与展望[J]. 国际贸易问题，2010（1）.

个发达成员，智利、中国香港、韩国、马来西亚、墨西哥、秘鲁、新加坡和中国台湾 8 个发展中成员）茂物目标的执行情况进行评估，总体结论如下：APEC 成员在实现茂物目标上取得了很大的进展，仍然有一些领域需要继续完善。据《APEC 茂物目标进展报告 2010》的统计，APEC 成员简单平均关税税率从 1996 年的 8.2% 下降至 2008 年的 5.4%，远低于 10.4% 的世界平均关税水平。然而，服装、纺织品、农产品的关税税率显著高于所有贸易商品的平均关税税率；服务贸易的限制依然很高，各成员对人员跨境流动的限制仍很严格；在跨境投资方面，市场准入和投资的门槛依然过高，一些成员的投资审查制度过于严格；由商品质量标准、知识产权法规、原产地规则和政府采购等衍生的非关税壁垒成为阻碍贸易的重要因素，改善空间很大。

2011 年以后，APEC 成员的贸易自由化进程缓慢，只在贸易投资便利化方面取得了一些进展。据 2018 年《APEC 茂物目标进展报告》显示，APEC 成员最惠国平均关税税率在 2014—2017 年间从 5.6% 降至 5.3%，其中农产品关税税率从 11.9% 降至 11.4%，非农产品关税税率从 4.6% 降至 4.4%，APEC 成员对农产品的保护程度仍然过高。另外，贸易限制措施虽然整体上有所改善，但是反倾销措施的使用显著增加。但在贸易投资便利化方面，APEC 成员均接受了 WTO《贸易便利化协定》，单一窗口（single window）、特许经济交易（authorized economic operators）等举措获得 APEC 成员的广泛采用，成员之间的贸易成本和贸易时长均显著降低。

APEC 不仅在贸易投资自由化方面做出巨大贡献，在应对经济危机、支持多边贸易体制运作上，APEC 起到了关键作用，激发了"亚洲大家庭"精神。2008 年全球金融危机时，APEC 反应迅速，制订了经济增长战略，为亚太地区乃至全球恢复经济增长做出巨大贡献。在支持全球贸易体制层面，《信息技术协定》、环境产品自由贸易最先由 APEC 论坛发起，如今已成为 WTO 框架下最重要的合作内容。因此可以说，APEC 在诸多领域为推动全球经济和贸易增长发挥着令人称道的作用。

### （二）贸易投资自由化带动 APEC 贸易与投资增长

APEC 在贸易投资自由化和便利化、经济技术合作等方面取得了很大的成果。30 年来，APEC 不仅在削减关税、提高市场准入、简化清关手续（单一窗口、无纸化贸易）等边境措施方面取得实质性进展，还在营商便利度（ease of doing business）、结构性改革、物流网络和基础设施互联互通、人员跨境流动（APEC 商务旅行卡）等边境后措施方面取得突破。

1989—2018 年间，APEC 成员国内生产总值（GDP）从 19 万亿美元增长至 66.2 万亿美元，年均增长 4.4%；人均 GDP 翻了一番，从 8554 美元提升至 16168 美元；货物和服务贸易规模扩大 6.7 倍，经济和贸易增长情况均高于世界平均水平。2014 年茂物目标设立 20 周年之际，APEC 对贸易投资自由化进行了评估，结果显示 1989—2014 年间，APEC 地区关税平均税率从 17% 下降至 5.6%，其中发展中成员关税的平均税率为 6.3%，发达成员的关税平均税率为3.3%。零关税商品比重从27.3%提高至45.4%。贸易投资自由化推动出口和跨境直接投资增长。在贸易领域（见表1），APEC地区之间的货物和服务贸易进出口额由1990年的1.6万亿美元增长至2017年的10.8万亿美元，在全球出口贸易中的份额由1990年的38%提高至47%。其中，货物出口贸易额在30年间从1.3万亿美元增长至8.8万亿美元，在全球出口贸易中的份额从38%提高至50%，服务出口贸易额从2884亿美元提高至2万亿美元，占全球服务贸易的40%。此外，1990—2017年间，APEC地区的出口增长速度为11.8%，要高出全球出口增长速度1.4个百分点，总出口额、货物贸易出口以及服务贸易出口的增速一直高于全球增长速度。

表1 APEC成员贸易及其在世界贸易中的份额　　　　　　　　　单位：亿美元

| 年份 | 出口总额 | 份额 | 货物贸易出口 | 份额 | 服务贸易出口 | 份额 |
| --- | --- | --- | --- | --- | --- | --- |
| 1990 | 16181.02 | 0.38 | 13318.90 | 0.38 | 2884.25 | 0.37 |
| 2010 | 87228.01 | 0.46 | 72450.03 | 0.47 | 14777.97 | 0.39 |
| 2017 | 108292.92 | 0.47 | 88097.92 | 0.50 | 20194.99 | 0.38 |
| 增速（1990—2017） | 11.8% | — | 11.7% | — | 12.1% | — |
| 全球增速（1990—2017） | 10.4% | — | 10.0% | — | 11.8% | — |

资料来源：APEC数据库，国研网统计数据库。

在跨境直接投资领域，APEC地区的重要性也在不断上升（见表2）。1990—2017年间，APEC地区外国直接投资（FDI）流量从1018亿美元增长至近9500亿美元，年均增速为14%，占全球份额从42%提升至67%；APEC地区的FDI存量从1.1万亿美元增长至17.6万亿美元，平均每年增长17%，占全球份额从50%提升至54%。APEC地区跨境直接投资增速不论从流量还是存量看，均高于全球平均水平。

表2 APEC直接投资及其占全球直接投资的份额　　　　　　　　单位：亿美元

| 年份 | FDI流量 | 份额 | FDI存量 | 份额 |
| --- | --- | --- | --- | --- |
| 1990 | 1018.22 | 0.42 | 11495.30 | 0.50 |
| 2010 | 7116.18 | 0.52 | 98195.64 | 0.48 |
| 2017 | 9499.90 | 0.67 | 176330.36 | 0.54 |
| 增速（1990—2017） | 14% | — | 17% | — |
| 全球增速（1990—2017） | 10.9% | — | 16.9% | — |

资料来源：APEC数据库，国研网统计数据库。

### （三）中国为 APEC 合作做出重要贡献

APEC 作为我国加入的第一个区域经济合作组织，对我国融入全球经济的分工合作影响深远。20 世纪 90 年代初，外资外贸逐步成为推动我国经济发展的重要推动力，在中国尚未取得关税和贸易总协定的缔约国地位，也没有加入世界贸易组织的情况下，APEC 为我国在亚太地区发展对外贸易营造了稳定的环境。30 年间，我国与 APEC 成员的经贸往来日益不断提高，实际使用的外资有 80%以上来自亚太经济体。我国 70%左右的对外直接投资、超过 60%的对外贸易是在亚太地区进行的。同时，中国广袤的市场和逐渐壮大的中产阶级人口为 APEC 成员提供了巨大的商业潜力，在 APEC 框架下为亚太地区发展发挥着关键作用，为 APEC 合作机制的设立与完善做出了重要贡献：第一，中国积极支持茂物目标，多次在 APEC 框架内大幅度降低关税，为地区贸易投资自由化做出巨大贡献。中国的贸易投资自由化为 APEC 成员提供了巨大的出口市场，1992—2018 年间，APEC 成员对中国的出口规模从 583.5 亿美元增长至 1.3 万亿美元，年均增长 21.5%，其中 APEC 中 5 个发达成员对中国出口额占 APEC 成员对中国总出口的 45%左右。与此同时，APEC 成员对除中国以外的所有经济体出口的年均增速为 9.9%，显著低于对中国出口的增长速度。换言之，中国为 APEC 成员的出口带来了高于全球平均的商业机遇。第二，中国先后两次成功主办了 APEC 会议，丰富了 APEC 的合作议题。2001 年中国在上海成功举办了 APEC 第九次领导人非正式会议，会议通过了《亚太经合组织经济领导人宣言》《上海共识》等重要文件，为全球经济走出亚洲金融危机以及"9.11"事件的阴影提振了信心，为 21 世纪亚太区域合作开辟了新局面；2014 年中国在北京成功举办了 APEC 第二十二次领导人非正式会议，围绕"推动区域经济一体化""促进经济创新发展、改革与增长""加强全方位基础设施和互联互通建设"三大议题展开讨论，把推动建设亚太自贸区作为共同目标，为亚太区域合作做出了历史性贡献。

## 二、亚太区域合作面临新局面

当今世界正经历"百年未有之大变局"，习近平总书记在巴布亚新几内亚出席 APEC 工商领导人峰会时指出："当今世界正处于大发展大变革大调整时期。经济全球化大潮滚滚向前，但保护主义、单边主义为世界经济增长蒙上了阴影。新科技革命和产业变革蓄势待发，但增长新旧动能转换尚未完成。国际格局深刻演变，但发展失衡未有根本改观。全球治理体系加快变革，但治理滞后仍是突出挑战。"因此，全球经贸形势的大变革和大调整对 APEC 在"后 2020"的合作内容、合作方式提出了新的要求。下面将从"新兴经济体崛起""经济全球化面临调整"和"新一轮科技革命蓄势待发"三个角度对亚太区域合作面临的新局面进行阐述。

**(一)新兴经济体经济比重显著上升,但全球治理体系改革滞后于国际经济格局的变化**

根据国际货币基金组织的统计,近年来,新兴市场国家和发展中国家对世界经济增长的贡献率达到80%,经济总量占世界的比重接近40%,按购买力平价计算2019年新兴市场和发展中国家国内生产总值占全世界GDP的比重接近60%,其中以中国和印度为首的经济增长最为亮眼,以市场汇率计算,中国2019年经济增长6.14%,总量达到14.1万亿美元,占世界经济总量的16%,印度自2013年以来连续6年达到6%以上的经济增长,成为全球增长最快的经济体之一,2019年印度GDP约为2.9万亿美元,仅次于德国,位列世界第五。尽管新型冠状病毒肺炎疫情为全球经济带来冲击,但新兴经济体经济份额上升的总体趋势不会发生改变。据国际货币基金组织(IMF)2020年4月做出的预测,2020年全球经济萎缩三个百分点,其中美国和欧元区经济增长将会锐减5.9%和7.5%;而中国经济增长1.2%,是少数具有正增速的经济体。新兴经济体与发达经济体的经济总量差距不断缩小的趋势不会发生改变。

新兴经济体在全球经济中的份额提升必然会引起新的发展诉求产生,但更加公正合理的国际政治经济秩序的形成依然任重而道远。比如在多边贸易体制改革中,发展中国家的待遇问题一直是焦点之一,从GATT到WTO谈判中,特殊和差别待遇、自我认定的发展地位,以及发展中国家可以利用产业政策实现工业化等,逐步发展成为国际共识,并构成多边贸易体制运行的基石,是发展中国家在谈判过程中努力争取到的权利。但是发达国家在改革过程中不仅不配合,还否定这些权利。美国贸易代表办公室于2018年2月发布的《2018年贸易政策议程和2017年年度报告》、美国贸易代表团于2019年1月向WTO提交的《一个无差别的WTO:自我认定的发展地位威胁体制相关性》均对WTO当前定义发展中国家的方式以及发展中国家享有的特殊和差别待遇提出了质疑,并要求取消一大批发展中成员享受特殊和差别待遇的权利。有观点认为,发达国家倡导细化发展中国家的划分标准的目的是将部分发展中成员拉回发达国家成员的阵营[1],为其主导多边贸易体制改革赢得更多的支持,进而试图瓦解发展中国家的共同身份[2]。可以预期的是,今后不论在WTO还是APEC谈判中,发达成员和发展中成员的矛盾会变得更加复杂化,区域合作和多边贸易体系改革的进程会放缓。

**(二)经济全球化进入深度调整期,亚太区域合作恐将面临低潮**

自2008年金融危机爆发以来,经济全球化的推进速度明显放缓。2001—2007年间,全球货物贸易、服务贸易和跨境直接投资的年均增速分别为14.1%、13.5%和16.9%,而2008—2018年间,全球货物贸易、服务贸易和跨境直接投资的年均增速分别降低为0.9%、

---

[1] 巴西在WTO改革中放弃了在WTO中属于发展中国家的"特殊和差别待遇",从而换取美国对于巴西加入OECD的支持。

[2] 漆彤,范睿.WTO改革背景下发展中国家待遇问题[J].武大国际法评论,2019(3).

3.7%和7.2%（见表3）。2008年同时也是亚太地区跨境经济活动活跃程度的一个"分水岭"，2001—2007年，APEC地区货物贸易、服务贸易和跨境直接投资的年均增速分别为12.9%、11.2%和16.3%，而2008—2018年间，APEC地区货物贸易、服务贸易和跨境直接投资的年均增速分别降至2.1%、5%和9.5%（见表4）。

近年来，发达经济体的贸易保护主义倾向产生的效果正在快速显现。美国总统特朗普上任以来，高调推行"美国优先"的外交政策，挑起一连串的贸易争端，其中针对中国的贸易摩擦涉及范围、时长和商品规模均前所未有，至今仍有2/3的中国商品（价值3700亿美元）受到美国加征关税的影响。在此冲击之下，中美贸易在中国对外贸易中的地位有所下降，2018年、2019年中美双边贸易额分别为6335亿美元、5323亿美元，分别占中国对外进出口总额的13.7%、11.8%，降低约两个百分点。2019年中国对外贸易总额下降2.3%，而中美双边贸易规模下降幅度达16%，说明加征关税对双边贸易的份额和绝对规模均已产生显著的影响。

表3 全球货物、服务、跨境直接投资增长情况　　　　　　　　　　单位：%

| 年份 | 货物贸易 | 服务贸易 | 跨境直接投资（存量） |
| --- | --- | --- | --- |
| 2001—2007 | 14.1 | 13.5 | 16.9 |
| 2008—2018 | 0.9 | 3.7 | 7.2 |

表4 APEC地区货物、服务、跨境直接投资增长情况　　　　　　　单位：%

| 年份 | 货物贸易 | 服务贸易 | 跨境直接投资（存量） |
| --- | --- | --- | --- |
| 2001—2007 | 12.9 | 11.2 | 16.3 |
| 2008—2018 | 2.1 | 5 | 9.5 |

注：表3和表4内容由笔者根据IMF、UNCTAD等公开数据整理得出。

新型冠状病毒肺炎疫情在全球范围的大流行可能会加速经济全球化的调整进程，"后疫情"时期全球化的走向受到广泛关注。2020年1月疫情暴发以来，许多经济体紧急采取了"封城"乃至"封国"的举措，在隔断病毒传播的同时，也阻断了货物、人员的跨境流动，全球化被按下暂停键。国际货币基金组织（IMF）于2020年4月发布的《世界经济展望》预测，2020年全球经济急剧收缩3%，比2008年金融危机对经济的影响还要严重[1]，联合国贸易与发展会议（UNCTAD）于2020年3月发布的《世界投资趋势监测报告》预测，2020年全球FDI下降范围在-40%～-30%[2]。在疫苗问世之前，全球经济仍会伴随着长期防控，新型冠状病毒肺炎疫情带来的不确定性恐将持续。

---

[1] 世界经济展望. https://www.imf.org/zh/Publications/WEO/Issues/2020/04/14/weo-april-2020，2020年4月。
[2] 世界投资趋势监测报告. https://unctad.org/en/PublicationsLibrary/diaeiainf2020d3_en.pdf，2020年3月。

"后疫情"时期经济全球化走向和国际产业分工格局成为学术界关注的焦点。发达经济体对医疗防护物资、药品过度依赖海外供应的担忧明显上升①。2020年4月特朗普关于加强医疗物资本土供应的提议得到国会两党的一致通过，并要求美国的大型制药企业们将工厂搬回美国②。新型冠状病毒肺炎疫情可能会使发达国家在全球产业分工"效率"与"安全"中，越来越强调"安全"的重要性。这种"安全性"可能会通过三种方式实现：①鼓励部分制造业企业回流；②鼓励企业迁至墨西哥等可控区域；③增加与中国周边经济体的经济互动，减少对华供应链依赖。在这种情况下，后疫情时期的全球化极有可能呈现"多中心化"的特征，亚洲、北美洲和欧洲三大价值链中心的区域内合作会得到进一步巩固，而区域间的产业合作可能会减弱。

### （三）新一轮科技革命蓄势待发，国际竞争格局有望被重塑

以互联网、大数据、人工智能、3D打印为代表的新一代技术正在快速发展，深刻改变着人类的生产和生活方式，其中数字科技是这一轮科技进步的核心。根据联合国贸易和发展会议（UNCTAD）的《数字经济报告 2019》，当前全球正处于经济数字化的早期阶段，不同统计口径的数据显示，数字经济当前在全球GDP中占4.5%~15.5%，其中美国数字经济占GDP的比重为6.9%~21.6%，中国的数字经济占GDP的比重为6%~30%。数字经济的增长在跨境投资和贸易中也有所体现，2005—2018年间全球服务贸易中数字贸易的比重上升7%，贸易规模从1.2万亿美元上升到2.9万亿美元③。在下个10年里，数字经济对经济增长的贡献有望进一步增加。

新一轮科技革命为人类带来前所未有机遇的同时，也对传统的国际分工合作格局带来调整。自第二次世界大战以来，发展中经济体的工业化进程均开始于要素禀赋优势，从日本经济的腾飞到亚洲"四小龙"的崛起，再到中国大陆的快速发展，都是通过廉价的土地和劳动力成本承接来自发达经济体的产业，形成了当前的亚洲生产-西方消费的国际分工格局。在新一轮科技革命的推动下，制造业对劳动力的需求将会大幅降低，劳动力成本将不再是跨国公司产业布局的首选因素。在要素禀赋优势被数字科技重塑的情况下，国际分工格局被重新洗牌的可能性不容忽视。发达经济体在人工智能、大数据、云计算、芯片等重大科技的竞争优势为其重新获得制造业大国地位带来了契机，发达经济体制造业回流的可能性加大。

新一轮科技革命不仅会加剧南北经济体的发展鸿沟，还可能会加速新兴经济体发展的分化。一方面，由于数字信息产业具有资本、技术密集等特征，需要大量的研发和基础设

---

① 2020年3月的美国《国会研究服务报告》（Congressional Research Service）显示，2019年中国对美出口的医疗防护物资占美国所有进口防护物资的30%，https://crsreports.congress.gov/product/pdf/IF/IF11434。

② Momentum Grows to Change Medical Supply Chain from China. https://thehill.com/policy/national-security/491119-momentum-grows-to-change-medical-supply-chain-from-china.

③ 数字经济报告 2019. https://unctad.org/en/pages/PublicationWebflyer.aspx?publicationid=2466，2019-12。

施投入，大多数发展中经济体和欠发达经济体短期内不具备发展数字经济的基础条件。在此背景下，一些发展中经济体极有可能陷入传统优势丧失和新禀赋优势难以建立的双重困境[①]。另一方面，在上一轮经济全球化中表现亮眼的新兴经济体在融入世界经济产业分工后已经具备一定的工业基础和较为完善的产业体系，有望成为新兴经济体中数字经济的引领者。就中国而言，20世纪90年代以来，数字经济不仅在规模上呈现飞跃式的发展，还在部分领域处于全球领先水平。据中国信通院（CAICT）发布的《全球数字经济新图景》统计显示，中国2018年数字经济规模高达4.73万亿美元，约占中国GDP的1/3，是仅次于美国的全球第二大数字经济体[②]，并且在5G、人工智能、大数据等技术上已经处于或接近世界领先水平。今后中国有望赶上并利用以数字科技为核心的新一轮科技革命带来的机遇，成为新兴经济体中的领跑者。

亚太区域合作面临新局面，深刻影响"后2020"APEC的合作领域与合作方向，同时对中国如何更好参与"后2020"APEC合作提出了新的要求。

### 三、"后2020"时代APEC的合作方向

随着亚太区域合作进入后茂物时代，APEC站到了新的历史起点，如何将经济发展新格局、新趋势纳入"后2020"合作议程规划，并在各成员中达成新的共识，成为APEC的一项重要工作。为此，2017年APEC成员在越南成立愿景小组，就"后2020"的合作时间表、指导原则以及新合作领域进行顶层设计，并向APEC高官会提出建议。就目前APEC各方的态度看，大部分成员同意继续以"协商一致、自主自愿""强调灵活性、承认多样性"等APEC方式作为指导原则，同时各成员希望加强合作的实效性并加强第三方评估，以提高合作效率。在合作领域方面，虽然APEC成员在货物投资自由化、贸易投资便利化以及经济技术合作方面取得了相当多的成果，但各成员承认在这些领域还有许多方面需要改进。与此同时，APEC需与时俱进，拓宽新的合作领域。

#### （一）继续致力于推进亚太区域经济一体化进程

经过30年的区域经济合作，亚太地区各经济体相互依赖程度显著增加。在全球价值链"三足鼎立"的分工格局下，APEC把握好区域经济合作有利于促进"亚洲中心"和"北美中心"的分工合作，有利于提高亚太地区资源配置效率，对于促进地区乃至全球经济稳定增长具有不可替代的意义。在"后2020"时代，继续推进亚太区域经济一体化，打造亚太自由贸易区仍是各成员需要努力的方向。

当前，经济全球化虽然面临剧烈调整，为区域合作进程蒙上了阴影。然而，前30年的

---

① 事实上，目前的南北数字经济鸿沟已经非常明显，根据2019年《全球数字经济新图景》的统计，OECD、二十国集团数字经济占GDP比重最高，分别达到45.7%和43.5%，金砖五国的数字经济占GDP比重较低，仅为29.7%。

② 中国信通院. 全球数字经济新图景. http://www.caict.ac.cn/kxyj/qwfb/bps/201910/P020191011314794846790.pdf，2019.

区域经济合作为亚太各成员带来了切切实实的好处，各成员参与更高水平区域合作的意愿普遍提升。从亚太地区的合作历程看，区域经济一体化是一个循序渐进的过程。在APEC成立早期，亚太地区不少发展中经济体在加入之前对区域经济一体化持有保留意见，对区域经济一体化可能带来的制度制约表示担忧[①]。然而，APEC独特的运行机制吸引了亚太地区发展水平各异的经济体，取得了举世瞩目的成绩，APEC成员有理由对区域经济一体化的未来走向充满信心。2019年11月，《区域全面经济伙伴关系协定》完成谈判，这标志着世界人口数量最多、成员结构最多元的东亚自由贸易区建设取得重大突破，有力推进了区域经济一体化的进程。这说明APEC大多数成员坚定认为在"后2020"时代，区域经济一体化仍是地区经济未来的发展方向。

"后2020"时代亚太区域经济一体化进程的努力方向仍是推进亚太自由贸易区（FTAAP）的实现。FTAAP作为一个愿景被提出以来，已有10多年的历程，APEC成员多年来对于推动亚太自贸区已经做出诸多必要性和可行性的研究。2014年和2016年APEC分别推出《亚太自由贸易区北京路线图》《亚太自由贸易区利马宣言》，为实现亚太自贸区指明了方向。在"后2020"时代，APEC成员应继续遵循"北京路线图"和"利马宣言"的精神，保持各区域贸易协定的开放性，共同促使区域经济一体化向亚太自贸区方向推进。在此过程中，APEC一方面要解决好茂物目标中未完成的任务，如降低农产品关税、减少非关税壁垒、加强贸易规则的执行与监督以及服务与投资自由化等；另一方面需要识别新的经济发展趋势，将合作领域覆盖到数字经济、基础设施互联互通、能源等领域。

### （二）包容性发展

经济增长是否具有包容性，关系到经济全球化、区域经济一体化进程的可持续性。在过去30年间，亚太区域经济一体化在促进地区经济繁荣和福利提升方面起到了关键的作用，但经济增长并未使所有民众都得到好处，部分经济体面临贫富差距过大、民粹主义情绪高涨等难题的困扰，中小企业发展、女性就业、贫困人口等问题在一些经济体尚未取得明显的进展，质疑和反对经济全球化的情绪甚嚣尘上。鉴于此，"包容性增长""共享繁荣"将会是"后2020"时代APEC的一个重要合作方向。

今后APEC可将合作重点放在以下方面：第一，积极应对技术进步对劳动力市场的冲击。新一轮科技革命正在对劳动力市场产生深远的影响，一些传统制造业、服务业的岗位正在逐步实现自动化、智能化，工作岗位在不断减少；以廉价劳动力为禀赋优势获得国际竞争力的路径对于部分欠发达经济体来说，已经难以走通。在此背景下，各经济体的中低技能劳动力都将受到科技革命带来的冲击。因此，APEC可在人力资本投入（如技能培训、数字经济知识、女性就业培训等）方面加强成员之间的合作，在教育培训、政府和企业三

---

① Solís M, Wilson J D. From APEC to Mega-Regionals: the Evolution of the Asia-Pacific Trade Architecture[J]. The Pacific Review, 2017, 30(6): 923-937.

方建立沟通和协调机制，促进科技进步惠及中低技能劳动群体。第二，鼓励中小企业参与经济全球化。经济全球化在过去几十年间主要受规模较大的跨国公司主导，大多数企业没有能力通过贸易的方式服务海外市场或者采购产品和服务，特别是对于欠发达经济体的中小企业来说，贸易成本过高、海外市场信息不对称严重阻碍了中小企业参与经济全球化。当前跨境电子商务对于促进中小企业参与国际贸易发挥了重要的作用，部分经济体在利用电子商务领域促进中小企业参与国际贸易方面已经取得了丰富的经验，APEC 可以加强成员在跨境电子商务领域的协作，鼓励发展中成员增加电子商务、物流基础设施建设，促使跨境电子商务覆盖到更广泛的地区。

### （三）全方位的互联互通

全方位的互联互通是促进亚太经济一体化、实现各成员经济联动发展的前提条件，对于促进亚太区域资源配置效率的提升和经济发展质量的提高，具有重要意义。2014 年北京 APEC 领导人会议通过了《亚太经合组织互联互通蓝图 2015—2025》，对加强亚太地区硬件、软件、人员交往等方面做出了详细的规划，成为指导 APEC 互联互通合作未来发展的纲领性文件。在《亚太经合组织互联互通蓝图 2015—2025》的倡导下，亚太地区各成员对全方位互联互通的关注度与合作意愿不断上升，投入基础设施建设的资金也有所增加。APEC 将于 2020 年对亚太地区推动互联互通取得的成绩进行中期评估，总结成功经验和不足之处，为后续工作的开展提供参考。在"后 2020"时代，APEC 一方面需要继续依据《亚太经合组织互联互通蓝图 2015—2025》按期实现蓝图所设立的各项目标，并加强第三方评估工作；另一方面需要拓宽互联互通的合作范围。在硬件方面，可以关注基础设施融资机制、能源、信息通信技术等方面的合作；在软件方面，注重在突发事件中成员之间贸易和人员流动管理的协调与沟通，在加强供应链、市场环境、商业便利化等方面提出具体的合作倡议；在人员交往方面，应进一步减少商务旅行、跨境教育、旅游以及专业人才流动的障碍。

### （四）推动数字经济合作

数字经济正在全球范围内经历着快速发展，已经成为双边、区域贸易协定不可避免的合作领域。亚太区域囊括了美国、中国、日本等全球数字经济大国，在 APEC 框架下加强数字经济合作，不仅会有力拓宽亚太区域经济合作范围，也会对全球数字经济发展产生积极影响。数字经济跨领域、穿透性等特征突出，与其他合作领域都可以起到相互促进的作用。一方面，APEC 成员中，既有数字经济大国发达成员，也有数字经济刚起步的发展中成员[1]，如何避免数字经济成为加剧各成员经济发展不平衡新的源头，需要给予更高的关

---

[1] 联合国贸易和发展会议（UNCTAD）的《数字经济报告 2019》数据显示，全球前 70 家最大的数字平台企业中，中美两国企业市值之和占全球的 90%，其中 75% 的区块链技术专利、75% 以上的云计算市场份额均由中美两国企业拥有，50% 物联网研发投入由中美两国企业所承担。

注。APEC 可以在发展中成员数字经济能力建设方面加强区域合作，如增加对数字基础设施的投入、培养数字经济领域的人才、拓宽数字经济公共知识的传播等，使数字经济成为发展中成员经济增长的红利。另一方面，在数字科技进步的推动下，新产业和新业态不断涌现，传统产业数字化的趋势也愈发明显，而数字经济治理规则在全球范围内仍处于碎片化状态，各成员在数字经济的测度、征税、数据安全以及企业监管方面的合作仍处于起步阶段。"后 2020"时代，APEC 应尽快完善相关制度建设。

## 四、"后 2020"中国参与 APEC 合作的策略选择

近 30 年来，中国参与 APEC 合作经历了从学习摸索到积极参与的转变，这些经验为中国参与和融入国际合作体系奠定了一定的基础。当前，国际经贸形势复杂严峻，国际竞争进一步加剧，我国的外部环境相比 30 年前已经发生重大变化。面对外部环境变化，如何继续推进我国更高水平的对外开放，是当前我国参与任何国际、区域合作机制的一个重要考量。APEC 作为亚太地区最具影响力的区域合作组织，将继续在"后 2020"时代为我国开展首脑外交、大国外交、周边外交和经济外交发挥不可替代的作用。"后 2020"时代，中国参与 APEC 合作的策略，一方面必须符合推动更高水平的对外开放的内在要求，另一方面需要向亚太地区传达中国在区域合作、全球治理方面的原则准则和政策理念，使我国的利益诉求可以更多地融入亚太乃至全球的合作进程中。

### （一）利用 APEC 为我国在亚太地区塑造稳定、可预期区域合作环境

在当前的国内国际形势下，稳定、可预期的外部环境，对于我国推进高水平对外开放、实现高质量转型发展至关重要。亚太地区向来是地缘政治、经济战略博弈最为密集和复杂的地区，也是发达经济体、发展中经济体经济力量对比最为显著的地区，在"后 2020"时代，中美两国经济权力的"交接"会加速发生。在区域经济合作让位于地缘政治的背景下，"后 2020"的亚太地区可能面临大国博弈、小国"站队"的情景，进而有可能破坏"后 2020" APEC 的合作进程。中国作为贸易大国，应联合支持多边贸易、区域合作的成员，进一步加强 APEC 在亚太地区发挥稳定、可预期区域合作机制的作用。

稳定、可以预期的区域合作环境依赖于可执行的、具有法律约束力的合作机制。在 WTO 争端解决机制停摆、多边贸易体制改革前景不明朗的背景下，国际经贸"区域化"的趋势可能会加强。当前，APEC 已经孕育出《全面与进步跨太平洋伙伴关系协定》（CPTPP）、《区域全面经济伙伴关系协定》（RCEP）两个自贸协定，而中国是 RCEP 的核心成员。RCEP 一旦生效和执行，将有利于促进我国稳外贸、稳外资，为中国创造稳定的外部环境做出贡献。此外，推进高水平的对外开放可能意味着中国应继续扩大自贸协定地域和议题的覆盖

范围，国内很多研究认为中国应尽早加入 CPTPP，接受更高水平的贸易规则①。李克强总理在第十三届全国人大三次会议记者会上也明确指出："对于参加 CPTPP，中方持积极开放态度。"由于 CPTPP 的全部成员均是 APEC 成员，在我国尝试加入 CPTPP 的过程中，APEC 可以在谈判、交流中发挥独特的作用。

（二）将 APEC 打造成我国参与和制定新规则的平台

从中国的角度看，有两类规则的重要性在我国更高水平的对外开放进程中会进一步凸显。一方面，随着国际经贸规则进入变革与重构期，越来越多的经济体正在考虑采纳或执行新一代国际经贸规则，知识产权、国有企业、劳工标准等也是我国今后对外开放中绕不开的话题，特别是如果中国考虑以后加入 CPTPP，或者与其他发达经济体进行双边投资谈判时，这些议题将是协定谈判的核心。APEC 成员中有发展中成员（如越南、泰国）已经加入或正在考虑加入 CPTPP，愿意接受更高水平的经贸规则的约束，这些高标准规则将会给这些发展中经济体带来哪些影响，对比中国可以加强研究，并与相关经济体加强学术和政策层面的沟通交流，以便从中获得启示。另一方面，数字经济、基础设施互联互通合作等新规则尚处于酝酿阶段，中国可以利用自身的优势，通过 APEC 合作机制影响这一类规则的制订，以便中国和其他发展中经济体的利益诉求可以反映到规则谈判和制订中。

（三）将 APEC 作为传播和践行我国全球治理理念的"试验场"

国际社会普遍认为，随着全球经济格局演进步伐的加快，全球治理体系改革已严重滞后于国际经济格局的变化。习近平总书记曾明确指出："全球治理体系是由全球共建共享的，不可能由哪一个国家独自掌握。""中国将积极参与全球治理体系建设，努力为完善全球治理贡献中国智慧，同世界各国人民一道，推动国际秩序和全球治理体系朝更加公正合理的方向发展。"②

当前，中国提倡的"构建人类命运共同体""共商、共建、共享"等全球治理理念接连被写入联合国决议，获得广泛认同。APEC 作为亚太地区最大的区域合作机制，在合作理念、指导原则和运行方式上，与中国倡导的全球治理理念高度契合，③比如成员在 APEC 方式的指导下，培养出"亚太大家庭精神"和"以人为本"的合作理念，与"人类命运共同体"和"共商、共建、共享"具有内在融合性和一致性。因此，中国在参与"后 2020" APEC 合作进程中，可以将 APEC 打造成传播和践行我国全球治理理念的"试验场"。

---

① 刘向东，李浩东. 中国提出加入 CPTPP 的可行性与实施策略分析[J]. 全球化，2019（5）；苏庆义. 中国是否应该加入 CPTPP[J]. 国际经济评论，2019（4）.

② 习近平. 在庆祝中国共产党成立 95 周年大会上的讲话[EB/OL]. 新华网，http://www.xinhuanet.com//politics/2016-07/01/c_1119150660.htm. 2016-07-01.

③ 刘晨阳，曹以伦. APEC 三十年与我国参与亚太区域经济合作的战略新思考[J]. 东北亚论坛，2020（2）.

**参考文献**

[1] Solís M, Wilson J D. From APEC to Mega-Regionals: the Evolution of the Asia-Pacific Trade Architecture[J]. The Pacific Review, 2017, 30(6): 923-937.

[2] 刘晨阳，曹以伦. APEC 三十年与我国参与亚太区域经济合作的战略新思考[J]. 东北亚论坛，2020，29（2）：3-18.

[3] 苏庆义. 中国是否应该加入 CPTPP?[J]. 国际经济评论，2019（4）：107-127.

[4] 刘向东，李浩东. 中国提出加入 CPTPP 的可行性与实施策略分析[J]. 全球化，2019（5）：57-69，135.

[5] 陆建人. APEC 20 年：回顾与展望[J]. 国际贸易问题，2010（1）：3-9.

# 多边贸易体制与"后 2020"时代的 APEC 合作问题研究

于晓燕[*]

**摘要**：1994 年 APEC"茂物目标"的制定是亚太地区经济合作的重要里程碑，为亚太区域合作确定了长期的宏观目标。2020 年，"茂物目标"确定的两个贸易投资自由化时间点均已到期，区域经济合作即将进入"后 2020"时代。亚太地区各成员需要根据地区政治经济形势新变化确定新的长远战略目标。支持多边贸易体制始终是亚太区域经济合作的重要内容之一，APEC 曾经在关乎多边贸易体制发展的重要阶段采取了有力措施，为 WTO 的发展注入动力。目前，多边贸易体制再次面临严峻挑战。WTO 争端解决机制的瘫痪，贸易保护主义和反全球化趋势的增强以及新型冠状病毒肺炎疫情的巨大影响都已对多边贸易体制未来发展构成威胁。APEC 应针对以上国际经济贸易形势的新变化，在"后 2020"时代采取更加可行的合作方式和手段，继续推动多边贸易体制向前发展，促进贸易和投资自由化，实现增长和繁荣的目标。

**关键词**：多边贸易体制；亚太经济合作组织；WTO 改革；"后 2020"时代

目前，多边贸易体制的未来发展与改革已成为世界经济领域的焦点问题之一。世界贸易组织（WTO）（简称世贸组织）正在面临重大挑战，全球贸易紧张关系不断升级，WTO 争端解决机制瘫痪，全球疫情导致各国际组织和机构无法正常运转，国际贸易发展正在承受巨大的压力与挑战。亚太经济合作组织（APEC）（简称亚太经合组织）始终坚持支持多边贸易体制的发展，并在近年来为推进世界贸易组织改革和深化贸易投资自由化与便利化进程做出了巨大努力。APEC 部长级会议等各级论坛均曾就 WTO 改革等问题开展广泛深入的讨论并提出了具体措施。受到全球疫情及政治经济不确定因素的影响，APEC 在支持多边贸易体制改革与发展问题上面临新的困境。中国政府曾就多边贸易体制未来发展与改

---

[*] 于晓燕，南开大学 APEC 研究中心副研究员。

革问题做出积极回应并表明了立场。面对当前的新变化和新形势，亚太经合组织各成员需要在原有政策立场基础上做出新的研判和应对。

## 一、多边贸易体制面临的挑战与WTO改革

以世界贸易组织为核心的多边贸易体制是推动全球贸易走向自由化与便利化，促进世界经济繁荣和发展的基石。近年来，多边贸易体制在贸易谈判的推进、世界贸易组织改革、新议题的合作以及争端解决机制的维护等领域遭遇了新的困难与挑战。加之中美贸易冲突不断、美国大选、全球新型冠状病毒肺炎疫情等因素的影响，多边贸易体制的未来发展面临很大的不确定性。

WTO改革问题引起各方关注的原因是多方面的。自1995年成立以来，WTO承担了贸易谈判、贸易政策审议以及争端解决等主要工作。但近年来上述领域的工作成果并不尽如人意。2001年启动的多哈回合贸易谈判因各成员间的利益矛盾较多，始终无法全面达成预期成果，多边贸易谈判的效率受到了质疑。WTO对发展中经济体实行的差别待遇也引起了发达成员的不满，他们在发展中成员的界定等问题上对相关措施提出了质疑。此外，部分成员也对WTO贸易政策审议的效果表示不满，认为审议的结果对各成员的贸易政策与措施缺乏实质性的约束和改进。而电子商务及全球服务贸易等的迅速发展也显示出WTO合作在很多新兴经济领域规制建设方面的缺失，现有国际贸易规则并没有很好地适应世界经济快速发展的需求，未能及时满足全球治理的新要求。随着近年来全球贸易保护主义有所抬头，贸易争端愈演愈烈，WTO的应对显得心有余而力不足。特别是特朗普执政后，对美国的贸易政策目标进行了明显的改变，奉行单边主义和以美国利益为核心的原则，对多边贸易体制提出了不满和质疑。2017年，美国正式提出了对WTO进行改革的要求。美国认为，WTO的争端解决机制在很大程度上损害了美方利益，因此对该机制采取了掣肘措施，使得该机制无法正常运转。美国与中国、欧洲的贸易摩擦也给多边贸易体制的运转带来了不确定性。

2018年以来，WTO各成员就协调改革的立场和观点、确定改革的具体方案、解决改革所面临的现实问题等已经做出了努力，但矛盾和冲突仍然显而易见地持续存在。2018年9月18日，欧盟发布了WTO现代化改革建议导言的概念性文件，主要内容包括规则制定、常规工作和透明度、争端解决机制的改革建议等[①]；2018年10月11日举行的20国集团（G20）财长和中央银行行长会议呼吁维护多边贸易体系，加快WTO的改革之路；同年10月24日至25日，日本、澳大利亚等12国与欧盟就WTO改革发表"渥太华声明"，在明确和坚决支持以规则为基础的多边贸易制度基础上，从争端解决机制、重振WTO谈判职

---

① WTO Modernisation Introduction to Future EU Proposals[EB/OL]. https://www.strtrade.com/STR/media/STR/publication/7804_WTO%20modernisation%20-%20introduction%20to%20future%20EU%20proposals%20-%20concept%20note.pdf.

能、加强贸易政策透明度等方面提出 WTO 改革建议。中国也于 2018 年和 2019 年针对 WTO 改革问题发表了立场和建议。此外，美日欧、中欧、G20 会议等多个集团或组织也曾就 WTO 改革开展了协商，并表明了立场和观点，提出了倡议措施。各成员普遍表达了对 WTO 改革的关注和支持，但各项倡议之间存在显著的立场差异和矛盾。

根据原计划在 2020 年 6 月在哈萨克斯坦召开的 WTO 第 12 次部长会议的初步讨论议题安排，WTO 将会将近期的改革推进重点集中在以下领域。

其一，争端解决机制的瘫痪是 WTO 目前面临的首要挑战。该机制是维护 WTO 运行、解决国际贸易纠纷的重要机构。根据 WTO 的规定，争端解决机制的上诉机构应由 7 名大法官组成，而每一个案件应由其中 3 名法官负责审理。由于受到美国的故意阻挠，截至 2019 年 12 月，争端解决机制上诉机构仅有一名在任法官，该机制实质上已经瘫痪。协商确定新的大法官人选，重新启动争端解决机制是目前 WTO 工作的重中之重。然而，美国继续维持其不合作态度，其他成员正在寻求其他解决方式。为尽快解决争端解决机制瘫痪的问题，欧盟牵头成立了上诉机构的替代机制——"多方临时上诉仲裁安排"（MPIA），中国等多个成员参加。但美国却对此方式给予了阻挠和反对，并以各成员预算不能为部分成员的动议买单为由，拒绝将"多方临时上诉仲裁安排"纳入 WTO 的正常预算，使该机制的重启面临巨大的不确定性。作为 WTO 运行的基石，争端解决机制的缺失将直接导致各成员间的贸易冲突和矛盾无法得到及时有效公平的调解和判决，并进一步加剧世界贸易的保护主义倾向，对世界经济的发展是极为不利的。

其二，发展中经济体的特殊和差别待遇是 WTO 关注的另一个问题。一直以来，WTO 对贸易与发展问题较为关注。为了促进发展中经济体更好地通过开展国际贸易获得发展机会，WTO 对发展中经济体实施特殊和差别待遇。但是目前这一方式引起了发达成员与发展中成员之间的争论。发达成员更加关注关税减让、市场准入、补贴与反补贴以及国有经济等议题，有观点认为，对发展中经济体的优惠待遇使发达成员承受了更多的不公平待遇。而发展中成员则普遍坚持发展问题是 WTO 的主要工作领域之一，应为促进发展继续提供帮助和支持。双方需要就发展中经济体的标准以及优惠待遇等问题开展更多的沟通和谈判。

此外，透明度问题、未来多边贸易规则的制定以及电子商务、数字经济等新领域和新问题也将是各成员间争论的主要领域。

2020 年暴发的全球性疫情更是令国际贸易形势进一步恶化。WTO 在 2020 年 3 月被迫宣布，原计划于 6 月召开的世界贸易组织第 12 届部长级会议将推迟至 2021 年召开，具体时间待定，关于世界贸易组织改革等迫切需要通过各成员积极磋商解决的问题不得不延期讨论。2020 年 4 月起，WTO 的各主要论坛和会议议程也受到极大的干扰。此外，WTO 总干事阿泽维多于 2020 年 5 月宣布于 8 月 31 日提前一年卸任。WTO 各成员不得不提前就新的总干事人选进行协商。疫情不仅影响了 WTO 正常的工作节奏和安排，更为糟糕的是，它进一步加剧了贸易保护主义的趋势。各国因防疫目的，不得不实行大量与 WTO 规则相违背的贸易保护措施，阻碍了货物和服务贸易以及人员的跨境流动。同时，国际投资的格局也将会因此发生巨大的改变，全球价值链结构会因此而受到冲击，各经济体可能会更多地考虑将制造业回流至境内。这些影响将会使本已困难重重的多边贸易体制进一步雪上加霜。

打破多边贸易体制目前所面临的僵局，解决其所面临的问题，促进世界经济的复苏与发展是目前 WTO 改革与发展的首要任务。要完成这项使命，需要各成员和国际组织的积极协调与参与。

## 二、多边贸易体制与 APEC 合作

APEC 始终是多边贸易体制的积极支持者，在 WTO 的建立及各项谈判中发挥了重要作用。历年的 APEC 领导人会议宣言始终强调支持 WTO 的各项工作，肯定其对世界经济繁荣与发展所做出的重要贡献。在乌拉圭回合谈判陷入困境时，APEC 领导人发表了宣言，对建立世界贸易组织表示了坚定的支持，促使各方增强了贸易自由化的信心，为世界贸易组织的最终建立做出了积极贡献[①]。2008 年全球金融危机爆发之时，APEC 也再次展示了其推进贸易自由化的坚定信心，帮助各成员实现经济复苏，克服贸易保护主义的影响。在 WTO 多哈回合漫长的谈判过程中，APEC 始终坚持推进谈判，并在贸易便利化等诸多领域率先进行了合作尝试，取得了良好的经验，为 WTO 相关议题的谈判发挥了推动作用。自世界贸易组织改革问题引起普遍关注以来，APEC 各级论坛纷纷对其予以高度关注，并多次发出倡议，呼吁支持多边贸易体制的发展与改革。此外，APEC 工商界也就此开展了深入讨论，并向部长级会议和领导人会议提交了相关报告。随着 APEC 进入"后 2020"时代，如何在新时期促进贸易投资自由化，推进地区经济合作，积极参与全球治理，制订新的国际贸易投资规则体系等都将是"后 2020"时代 APEC 所要面临的任务和挑战，而这些工作又与多边贸易体制的未来发展密不可分。地区和全球经济治理的协调与促进将是 APEC 在"后 2020"时代必将面对的主要问题之一。

### （一）APEC 各级别论坛近年来关于多边贸易体制问题的倡议

为更好地解决多边贸易体制目前所面临的问题，APEC 做出了积极的努力。早在 2017 年 11 月，越南 APEC 领导人会议宣言就曾就多边贸易体制的发展问题提出如下倡议："我们强调，APEC 在支持以规则为基础、自由、开放、公平、透明、包容的多边贸易体制方面的关键作用。我们决心共同努力，改进世界贸易组织功能，包括谈判、监督和争端解决功能，妥善应对面临的挑战，让全体民众和工商界受益。我们将努力确保世界贸易组织规

---

① 1994 年 APEC 领导人会议《茂物宣言》，https://www.apec.org/Meeting-Papers/Leaders-Declarations/1994/1994_aelm.

则得到有效和及时的执行。""我们将努力营造有利于投资和创造就业的环境,继续发挥APEC在市场开放方面的引领作用,确保公平竞争。我们忆及在2020年前不采取新的保护主义措施的承诺,致力于反对包括不公平贸易做法在内的保护主义,同时认识到合法贸易防御工具的作用。"①但是2018年以来,由于部分成员在WTO改革及APEC"后2020"目标界定等方面存在立场和观点上的冲突,APEC始终未能就WTO改革及APEC的立场与措施等提出领导人层面的倡议。2018年巴布亚新几内亚APEC领导人会议因各成员在部分议题上无法达成共识而首次放弃发表领导人共同宣言。2019年智利APEC领导人会议则因智利国内政治动荡被迫取消,APEC再次失去了对多边贸易体制未来发展提出高水平倡议的机会。2020年,APEC各论坛因受到新型冠状病毒肺炎疫情暴发的影响,取消了多项重要活动和会议,WTO改革相关议题的讨论也同时被迫延后。

尽管如此,APEC其他论坛和会议始终在坚持就多边贸易体制的未来发展及WTO改革问题开展沟通与协商,积极探索并鼓励各成员就此提出倡议和措施。

2018年5月在巴布亚新几内亚召开的APEC贸易部长会议专门针对支持多边贸易体制问题发表了主席声明。该声明指出国际贸易对刺激经济增长、支持创造就业、推动繁荣与发展的重要性,重申致力于在亚太地区实现自由开放的市场,以及国际贸易对创造就业的重要性,并强调确保以世界贸易组织为代表的、基于规则、透明、非歧视、开放和包容的多边贸易体制有效运作的重要性。声明表示将共同努力支持、加强和改进多边贸易体制,继续确保多边贸易体制有效、及时地执行世贸组织规则;同时重申了世贸组织贸易监督工作的重要性,这对多边贸易体制的运作至关重要,有助于提高成员贸易政策和实践的透明度。声明强调了贸易自由化和便利化对实现全球可持续增长至关重要,并继续致力于发挥亚太经合组织的领导作用,促进自由开放的市场;重申了保持市场开放、打击和逆转保护主义和扭曲贸易的措施的承诺。声明承诺履行布宜诺斯艾利斯部长级关于渔业补贴和电子商务工作计划的决定,同意就电子商务谈判、投资便利化、服务国内监管、中小微企业以及贸易与女性等倡议开展先行讨论。声明同时对《贸易便利化协议》、取消出口补贴、《信息技术协定》等工作表示支持。②

2019年5月发表的APEC贸易部长会议声明强调了国际贸易对生产、创新、就业和发展的重要意义,并肯定了WTO的贡献。声明重申了世贸组织透明、非歧视、商定规则的重要性,这可以增强市场可预测性,增强商业信心,并允许贸易流通。认识到世界贸易组织在这方面的作用,同意有必要采取行动改善其运作。声明同时强调要求APEC官员们加

---

① 亚太经合组织第二十五次领导人非正式会议宣言[EB/OL]. http://gjs.mofcom.gov.cn/article/af/ae/201711/20171102669905.shtml.

② Statement of the Chair on Supporting the Multilateral Trading System[EB/OL]. http://mddb.apec.org/Documents/2018/MM/MRT/18_mrt_jms_1.pdf. 2017-11-12.

快推进支持世贸组织工作的务实和具体领域的工作，包括透明度能力建设倡议以及实施《贸易便利化协定》。声明认可亚太经合组织在服务、投资便利化和中小微企业国内监管方面的工作，认可日内瓦电子商务谈判取得的进展，鼓励亚太经合组织提出有助于这项工作的倡议。声明指出，"我们认识到工商界呼吁APEC继续支持多边贸易体制。我们鼓励在WTO问题上继续开展建设性接触。"[1]

## （二）APEC工商界关于多边贸易体制的倡议

APEC工商界已就多边贸易体制问题开展了大量工作。2018年，APEC工商咨询理事会（ABAC）向领导人会议提交了信函及相关报告，其中强调了目前WTO所面临的困难，对多边贸易体制的支持，以及有关WTO改革问题的观点和建议。

2019年，ABAC第一次会议确定继续将支持多边贸易体制问题作为优先议题之一。在ABAC第二次会议期间，各成员通过了支持WTO的声明，呼吁立即采取行动并认可改革的需要。ABAC第三次会议期间，各成员将多边贸易体系与贸易利益确定为与领导人会议进行讨论的三个高度优先议题之一，并针对多边贸易体系与贸易利益问题提出了供全体会议讨论的文件草案，为相关议题的讨论提供背景分析。该讨论文件草案主要涉及以下四项内容：①多边贸易体制和世贸组织的困境；②不平等问题和贸易利益的分配；③ABAC应如何做出贡献；④APEC、ABAC等对多边贸易体制问题的看法。

ABAC上述提案建议ABAC成员应考虑讨论文件内的建议措施范围，同意采取行动以支持多边贸易体制，并应对全体讨论中确定的贸易利益问题。该提案提出了APEC和ABAC为多边贸易体制提供积极支持的若干途径，以确保更公平地分享贸易利益，应对反全球化及贸易保护主义所带来的挑战。该提案认为，在技术剧烈变革和经济不平等性日益加重的背景下，民间团体和其他利益相关者开始对持续的贸易自由化的"社会许可"提出质疑，越来越多的观点认为，应该更广泛地分享贸易和经济增长的利益。

2020年，ABAC继续将多边贸易体制问题作为年度重点议题予以关注。ABAC在2020年第一次会议期间，将"支持和倡导以规则为基础的多边贸易体制，包括可能的WTO改革，反对保护主义，努力实现可持续和包容性贸易"作为第二项年度工作的优先议题。7月21日，ABAC线上会议重启，各成员再次呼吁向APEC贸易部长会议提交关于WTO问题的声明并通过了声明文稿。ABAC工商界代表认为，WTO目前的主要挑战包括：第12次部长级会议已推迟至2021年年中，新任总干事的选拔正在进行，上诉机构继续瘫痪，许多谈判领域面临挑战，包括多哈回合未完成事项以及电子商务。其他改革也正在进行，讨论仍在继续。该声明已提交给7月25日召开的APEC贸易部长会议。[2]

---

[1] Ministers Responsible for Trade Meeting Joint Statement 2019[EB/OL]. http://mddb.apec.org/Documents/2019/MM/MRT/19_mrt_jms.pdf.

[2] ABAC Statement on the WTO[EB/OL]. http://mddb.apec.org/Documents/2020/MM/MRT/20_mrt_002a.pdf.

### （三）"后2020"时代的APEC愿景与多边贸易体制的关系

目前，APEC本身发展即将进入"后2020"时代，各成员已经就未来发展规划开展了多次讨论并形成了初步成果。如何将"后2020"时代的APEC目标与多边贸易体制的发展相结合也将是各成员必须考虑的重要问题。为了在进入"后2020"时代后更好地推进亚太地区经济合作，促进可持续和包容性的增长，维持地区的繁荣和稳定，APEC近年来启动了"后2020"时代地区宏观合作目标及具体优先合作领域的探讨。2017年的领导人宣言提出就此问题进行讨论的倡议。2018年，APEC高官会专门成立了"APEC愿景小组"（AVG），组织各成员的专家代表，对"茂物目标"的实施成果进行评估，并重点探讨未来APEC的合作目标制订问题。2019年8月，APEC愿景小组组长在APEC该年度第三次高官会期间宣布，愿景小组已经完成了名为"APEC愿景2040"的报告讨论和写作工作，并计划在当年11月提交领导人非正式会议。其后，智利APEC领导人会议因承办国国内政治原因被迫取消。根据愿景小组组长发表的讲话，"2040愿景"的第一项重要内容为APEC应当构建自由、开放的贸易和投资，以及支持功能完善、以规则为基础的多边贸易体系。可见，未来30年，APEC仍然将贸易投资自由化作为地区合作的重要目标之一，而多边贸易体制是国际贸易投资规则的重要制定和执行者，因此APEC在未来仍然将会继续支持和维护以规则为基础的多边贸易体制。这种支持中也包括对该体制的改革与发展的支持。"2040愿景"同时还强调了包容性增长问题，这与多边贸易体制中的发展议题也是密切相关的。促进包容性增长的目的是使更加广阔的阶层和人群能够有机会平等地分享到经济增长的福利。而WTO所倡导的发展中经济体差别待遇能够保障发展中经济体获得更多的贸易优惠，促进经济发展，减少贫困，这与APEC的包容性增长目标是一致且相互促进的。APEC多数成员为发展中成员，同时也是WTO成员，应对这一问题给予足够的关注。此外，"2040愿景"中所提及的数字经济等问题同时也是WTO改革所关注的新领域和新议题，WTO正在考虑在这些新领域形成新的全球性规范，而亚太地区的经验和实践对此也具有重要意义。总之，多边贸易体制的发展与改革是APEC在"后2020"时代即将面对的重要议题，与APEC地区的未来发展密切相关，必须认真应对。

与"茂物目标"时代相类似，"后2020"时代的APEC与WTO的关系是相互影响和促进的。多边贸易体制改革在各主要领域的安排将决定未来全球贸易规则如何制订以及如何进行监督和协调，这将会直接影响APEC等区域经济合作形式的发展方向和具体进程安排。而同时，APEC范围内的合作也将为WTO改革提供良好的沟通平台，并可能为其提供适当的助推力。APEC涵盖了亚太地区的重要成员，它们同时也是多边贸易体制的积极参与者和重要利益相关方，APEC的倡议和行动计划将会有助于多边贸易体制在相关议题达成共识和一致。此外，APEC的运行机制决定了它比多边贸易谈判更为灵活多变，更易于就某些新兴议题和新出现的合作领域进行尝试性的沟通与探讨，并在达成初步成果的基础上向更加广阔的范围推广相关经验,为多边贸易体制及国际贸易规则的制订提供有效借鉴。

### 三、中国关于世界贸易组织改革的立场及原则

中国是多边贸易体制的积极参与者、坚定维护者和重要贡献者。中国政府于2018年6月发表了《中国与世界贸易组织》白皮书,全面阐述了中方对世贸组织和多边贸易体制的立场主张,介绍中国对世界经济贸易发展做出的积极贡献[1]。

2018年11月,中国商务部发表了《中国关于世贸组织改革的立场文件》,阐明了我国对世贸组织改革的基本原则和主张[2]。该文件明确指出:在世界经济深刻调整,单边主义和保护主义抬头,多边贸易体制遭受严重冲击的情况下,中方支持对世贸组织进行必要改革,以增强其权威性和有效性,推动建设开放型世界经济,构建人类命运共同体。为此,中方提出关于世贸组织改革的三个基本原则和五点主张。三个基本原则包括:第一,世贸组织改革应维护多边贸易体制的核心价值。第二,世贸组织改革应保障发展中成员的发展利益。第三,世贸组织改革应遵循协商一致的决策机制。五点主张包括:第一,世贸组织改革应维护多边贸易体制的主渠道地位。第二,世贸组织改革应优先处理危及世贸组织生存的关键问题。第三,世贸组织改革应解决贸易规则的公平问题并回应时代需要。第四,世贸组织改革应保证发展中成员的特殊与差别待遇。第五,世贸组织改革应尊重成员各自的发展模式。

2019年5月13日,中国向世界贸易组织正式提交了《中国关于世界贸易组织改革的建议文件》,详细阐述了中国对世贸组织改革的总体立场[3]。建议文件指出,中方支持对世贸组织进行必要改革,以解决其面临的生存危机,增强其权威性和有效性,增加其在全球经济治理中的相关性。改革应坚持三项基本原则:第一,维护非歧视、开放等多边贸易体制的核心价值,为国际贸易创造稳定和可预见的竞争环境。第二,保障发展中成员的发展利益,纠正世贸组织规则中的"发展赤字",解决发展中成员在融入经济全球化方面的困难,帮助实现联合国2030年可持续发展目标。第三,遵循协商一致的决策机制,在相互尊重、平等对话、普遍参与的基础上,共同确定改革的具体议题、工作时间表和最终结果。该建议文件同时表示,中国认为,世贸组织改革的行动领域主要包括如下四个领域:一是解决危及世贸组织生存的关键和紧迫性问题;二是增加世贸组织在全球经济治理中的相关性;三是提高世贸组织的运行效率;四是增强多边贸易体制的包容性。各领域的主要内容如下:

(1)解决危及世贸组织生存的关键和紧迫性问题

①打破上诉机构成员遴选僵局;

---

[1] 中国与世界贸易组织[EB/OL]. http://www.gov.cn/zhengce/2018-06/28/content_5301884.htm.
[2] 中国关于世贸组织改革的立场文件[EB/OL]. http://www.mofcom.gov.cn/article/i/jyjl/k/201812/20181202818736.shtml.
[3] 中国关于世贸组织改革的建议文件[EB/OL]. http://www.mofcom.gov.cn/article/jiguanzx/201905/20190502862614.shtml.

②严格对滥用国家安全例外的措施的纪律;

③严格对不符合世贸组织规则的单边措施的纪律。

(2) 增加世贸组织在全球经济治理中的相关性

①解决农业领域纪律的不公平问题;

②完善贸易救济领域的相关规则;

③完成渔业补贴议题的谈判;

④推进电子商务议题谈判开放、包容开展;

⑤推动新议题的多边讨论。

(3) 提高世贸组织的运行效率

①加强成员通报义务的履行;

②改进世贸组织机构的工作。

(4) 增强多边贸易体制的包容性

①尊重发展中成员享受特殊与差别待遇的权利;

②坚持贸易和投资的公平竞争原则。

## 四、未来展望

目前,APEC 各论坛及相关工作组正在积极克服新型冠状病毒肺炎疫情造成的影响,通过线上会议等方式重新启动相关合作安排。预计在 1~2 年内,克服新型冠状病毒肺炎疫情造成的巨大影响,重启地区经济发展,细化和落实"2040 愿景"的各项目标和行动将是亚太地区经济合作的核心工作。而支持多边贸易体制,促进 WTO 改革将是其中的重要领域之一。稳定的多边领域合作和制订新的国际经贸规则对于促进疫情后经济的复苏和避免因边境防疫措施而带来的贸易投资障碍具有重要的意义。同时,多边贸易体制的发展方向也将直接影响"2040 愿景"具体行动计划的规划和落实。

预计多数 APEC 成员会继续支持多边贸易体制的发展,支持对 WTO 改革采取积极推进的态度。APEC 议程中可能会继续就 WTO 改革及相关问题开展深入的讨论和交流,并争取在部长级会议及领导人会议等更高级别合作成果中继续就支持多边贸易体制发表明确的立场和态度,为多边贸易体制的后续改革与发展提供更加有效的助力。

地区主要经济体,特别是美国的立场和态度将会对 APEC 关于多边贸易体制的改革与发展问题的后续行动产生重要影响。澳大利亚、新西兰、加拿大和中国等亚太成员均已表示对 WTO 改革持支持态度,并且参与提出了相关改革方案。美国的态度并不乐观。特朗普执政以来,美国对外经济政策的反全球化和单边主义趋势明显增强,其认为以 WTO 为代表的多边贸易体制在运行过程中损害了美国的利益,而对发展中经济体的差别待遇更是持反对意见。由于美国的阻挠,WTO 争端解决机制也无法恢复正常运转。此外,中美间的贸易摩擦也对地区和全球贸易格局产生了不利影响。未来美国政府的态度依然是影响多边贸易体制走向的关键因素。美国国内大选的结果、其国内疫情发展及经济恢复的情况等也都将会影响美国在 WTO 改革问题上的立场。APEC 可以为亚太地区其他成员与美国之间的沟通和协商提供更多的平台和机会。

APEC 地区发展中成员的态度也会对"后 2020"时代 APEC 关于多边贸易体制的态度和立场产生影响。从目前情况分析,"后 2020"时代的 APEC 将更加关注包容性增长问题,力争使更多的人民获得经济增长所带来的福利,缩小发展的差距。这一长期目标显示了亚太地区各成员特别是发展中成员对经济发展议题的关注。同时,这一立场投射到全球治理方面,也会促使多边贸易体制继续关注发展中经济体的特殊和差别待遇。发展问题能否继续在多边贸易体制中占据重要地位则取决于各利益集团的博弈。

"后 2020"时代,APEC 各成员可能会在多边贸易体制重点探讨的部分议题上存在立场和观点上的矛盾,需要进行更加积极充分的沟通和协调。电子商务、贸易救济、农产品贸易不公平问题、渔业补贴及其他世界贸易新问题等领域的未来国际规则的制订也是多边贸易体制需要探讨和发展的重要领域。APEC 在这些领域已经开展了相关合作和能力建设,但由于经济发展水平的差距,各成员的关注点和态度存在明显差异。APEC 还需要在相关领域开展合作交流,促进问题的沟通和解决。

APEC 的合作机制可能会继续在部分领域发挥先行先试的功能,超越 WTO 的发展,为多边贸易体制提供合作的经验。APEC 灵活的合作机制在"茂物目标"时代发挥了很好的"孵化器"作用,在便利化合作等领域为多边贸易谈判提供了良好合作经验。"后 2020"时代应继续维持和改进相关原则和方式,有效促进多边贸易体制在各主要议题上取得进展。

APEC 合作涵盖了工商界的参与,未来合作中,工商界也将会继续发挥重要作用。APEC 工商咨询理事会对 WTO 改革及多边贸易体制问题始终保持积极支持和参与的态度,并多次将其作为年度会议优先领域。未来合作中,工商界的参与仍将是推进这一议题的重要力量。

**参考文献**

[1] 刘晨阳,曹以伦.APEC 三十年与我国参与亚太区域经济合作的战略新思考[J]. 东北亚论坛,2020（2）：3-18.

[2] 孔庆江. 美欧对世界贸易组织改革的设想与中国方案比较[J]. 欧洲研究,2019（3）：5-6,38-56.

[3] 顾宝志.WTO 发展中成员地位改革及中国应对建议[J]. 贸易经济,2020（1）：38-43.

[4] 马妍妍,展金泳,林桂军. WTO 框架下的全球贸易争端研究[J]. 国际贸易,2020（1）：78-88.

# APEC 环境产品贸易自由化问题分析

许家云　杨　俊　毛其淋*

**摘要**：APEC 是最早也是最为关注环境问题的国际组织之一。2012 年，APEC 提出了 54 种 HS 六分位环境产品降税清单，并承诺各成员在 2015 年底实现各环境产品进口关税降至 5%或以下水平，为世界及区域内环境治理做出重要贡献。本文首先将 APEC 环境产品贸易合作分为四个阶段，并回顾了每个阶段合作的主要进展。其次在 2012 年环境产品清单的范畴下，分析了 APEC 及其主要成员环境产品贸易的基本特征，发现 APEC 及其成员 2002—2018 年间环境产品贸易规模增长迅猛，且各成员对 APEC 有较高贸易依存度。随后测算了 APEC 范围内各成员 2012 年以来环境产品贸易自由化发展情况，讨论了环境产品进口规模和环境产品贸易自由化的关系，发现环境产品进口规模与贸易自由化呈正相关。最后，讨论了 APEC 环境产品与服务合作框架下可能存在的问题，并从 APEC 和中国的视角给出了具体的政策建议。

**关键词**：APEC；环境产品；贸易自由化

加强亚太地区发展合作、促进区域内绿色贸易和可持续发展，是 APEC 自创立之初便秉承的目标。多年来，APEC 一直致力于在环境问题方面开展有效合作，并于 2012 年达成了世界首个环境产品多边关税削减安排。本文在对 APEC 环境产品贸易合作历程进行回顾的基础上，分析了 APEC 环境产品进出口、APEC 环境产品进口关税的基本现状，指出该多边框架下可能存在的问题，并给出相关政策建议，以期更好地服务和推动 APEC 多边贸易框架下的环境规则。

## 一、APEC 环境产品贸易合作历程及进展

经济活动造成的空气污染、环境恶化、气候异常等问题日益成为人类生存和可持续发

---

*许家云，南开大学 APEC 研究中心副研究员。杨俊，南开大学经济学院博士研究生。毛其淋，南开大学经济学院副研究员。本文由国家社科基金后期资助项目（19FJYB049）、教育部人文社会科学重点研究基地重大项目（17JJDGW007）资助。

展的重大威胁，环境产品与服务（EGS）逐渐成为世界各国新的经济增长点和参与国际竞争、提高国际竞争力的重要途径。而国际分工日益细化、全球经济合作愈发频繁意味着保护和治理环境需要世界各国和地区的通力合作。亚太经济合作组织（APEC）自成立之初，便高度重视环境产品与服务合作，致力于推动成员间环境产品和服务贸易的自由化和便利化，维护和促进亚太地区经济社会的可持续发展。亚太地区存在国际环境合作的迫切需求，APEC 也被认为是最适合的区域合作平台①。自 20 世纪 90 年代以来，APEC 推动环境产品与服务贸易自由化的努力从未间断，并多次取得实质性进展。可以说，APEC 是最重视且最早开展环境产品与服务合作的国际组织之一，环境产品与服务合作也是 APEC 获得重大成果的合作领域之一②。按照 APEC 环境产品与服务合作取得成果的阶段性特征，现有研究多倾向于将该合作历程划分为 4 个阶段：倡议提出期（1994—1998 年）、倡议实践期（1998—2007 年）、密集出台期（2007—2012 年）和后环境产品期（2012 年至今）。

第一阶段是 APEC 环境产品和贸易合作倡议提出期（1994—1998 年）。该阶段主要涉及环境产品和服务合作相关倡议的提出。1994 年环境议题被提上 APEC 讨论日程，部长们讨论了环境愿景宣言以及环境与经济统筹发展的原则框架。1995 年，APEC《执行茂物宣言的大阪行动议程》在大阪会议上通过，确定了环境产品与服务的市场准入等。1997 年，APEC 进一步将环境产品与服务等 9 个部门确立为提前自愿自由化的部门，并明确提出环境产品与服务领域的合作。1998 年，APEC 提出了一份环境产品示范清单，涉及 109 种六分位海关号产品（含重复税号），该清单在一定程度上影响了世界贸易组织贸易与环境谈判。

第二阶段是环境产品与服务合作倡议实践期（1998—2007 年）。该阶段取得的主要成果是将上一阶段的倡议转化为实践。主要表现如下：一是各经济体在贸易和投资自由化的 15 个领域自愿开始在其单边行动计划中做出不同程度的降低关税和非关税壁垒、扩大环境产品和服务市场准入、逐步开放服务贸易市场等措施的承诺。二是 APEC 贸易和投资委员会等部门下的相关工作组开展了相关活动，如所有经济体都参与了诸如环境产品与服务贸易、标准、技术、能力建设等项目的研究或者研讨会活动。

第三阶段是 APEC 环境产品与服务合作政策和提案的密集出台期（2007—2012 年）。2012 年 APEC 环境产品降税清单最终达成，标志着该阶段的圆满结束。2007 年以来，随着国际社会对环境和气候问题的持续关注，APEC 环境产品和服务合作也日益活跃，与环境产品相关的政策和提案也愈发密集。APEC 领导人宣言和部长声明越来越看重环境产品与服务，强调推动环境产品与服务贸易作为促进可持续增长和应对气候变化的重要措施和途

---

① Esty D C, Dua A. Sustaining the Asia Pacific Miracle: Environmental Protection and Economic Integration[J]. Peterson Institute Press: All Books, 1997.

② 李丽平，张彬. APEC 环境产品与服务合作进程、趋势及对策[J]. 亚太经济，2014（2）：67-72.

径。《APEC 环境产品与服务工作计划》和《环境产品与服务领域的贸易和投资》的发布，是 APEC 开展环境产品与服务的重要举措，旨在督促亚太经合组织达成共识，促进环境合作。2012 年，为促进环境产品贸易自由化，促进区域内实现绿色增长和可持续发展目标，在俄罗斯远东城市符拉迪沃斯托克举办的 APEC 领导人非正式会议制定并发布了一个包含 54 个六分位产品的 APEC 环境产品清单，承诺在 2015 年底前将这些产品的实时税率降至 5%或以下。该倡议涉及大气污染控制、固体废物及危险废物处理、可再生能源、废水及饮用水处理、自然风险管理、环境监测及分析设备、环境友好产品等领域，是 APEC 20 年来第一个多边削减关税安排，将有助于支持清洁技术服务提供商，降低太阳能电池板、风力涡轮机和空气污染控制设备等环境产品的成本，增强环境产品在 APEC 区域内的市场化，最终促进环境和经济的可持续发展。该关税削减措施将有助于亚太地区更好地实现到 2030 年可再生能源翻一番和到 2035 年能源强度降低 45%的目标[1]。需要补充的是，目前看来，该清单并不是封闭的，也不是最终版本的降税清单。随着 APEC 成员在环境与贸易领域合作、交流以及博弈的加深，该环境产品降税清单存在自身产品数量扩充以及由 APEC 成员向 WTO 成员扩展的可能性[2]。

第四阶段是后环境产品期，该阶段从 2012 年持续至今。在环境产品清单达成后，APEC 在环境产品与服务方面合作的重点转向了环境产品降税、推动环境服务贸易自由化的实施方面。截至目前，该阶段已取得的成果包括：第一，督促各经济体于 2015 年内提交降税实施工作计划，完成 2012 年达成的环境产品降税承诺；第二，加强环境产品与服务公私合作（PPEGS）并在环境产品与服务公私合作领域开展清洁和可再生能源对话；第三，2015 年 APEC 发布了环境服务行动计划（ESAP），以促进环境服务的自由化、便利化及合作，该行动计划将于 2016—2020 年开展。另外，绿色供应链议题在 2014 年 APEC 系列会议中得到中国的积极主张和推进，获得了各方积极响应。随后，受中美贸易争端、新型冠状病毒肺炎疫情等事件的影响，世界贸易和经济发展不确定性增加，逆全球化和贸易保护主义、地区合作进程受阻，APEC 在环境产品和服务方面相关工作和作用有所放缓和弱化。2018 年 APEC 峰会提出了"后 2020 愿景"倡议，该倡议将于 2020 年 11 月提交部长会议和领导人会议。

**二、APEC 环境产品贸易现状**

APEC 一直强调环境产品与服务的市场化在促进可持续增长和应对气候变化中的重要作用。2012 年，APEC 制定并出台了包含 54 个六分位产品的 APEC 环境产品降税清单，清单内容除了 1 项为木制品外，其他商品大多为电子机械相关产品，涵盖 23 种核子反应

---

[1] APEC Cuts Environmental Goods Tariffs. https://www.apec.org/Press/News-Releases/2016/0128_EG.aspx.
[2] 康秀敏. APEC 环境产品贸易自由化[J]. 社会科学家，2017（6）：75-79.

器、锅炉、机器及机械用具及其零件产品，11 种电机与设备及其零件产品以及 19 种光学与照相等仪器及其零件产品，按最终用途可分为监测分析、废水处理、固体废物处理、大气污染治理和可再生能源设备等五大类产品。环境产品清单是 APEC 发达成员和发展中成员为推动环境产品提前自由化，经过反复讨论后提出的，各成员承诺于 2015 年将相关产品关税降到 5%或以下，以促进环境产品自由贸易，应对亚太区域内部环境恶化、空气污染和气候异常等问题。我们将以此为环境产品的分类依据，分析 2002—2018 年 APEC 及其成员环境产品的贸易情况。本部分所用数据均来自联合国 UNcomtrade 贸易统计数据库[①]。

## （一）APEC 环境产品贸易总体情况

图 1 和图 2 呈现的是 2002—2018 年期间 APEC 整体向世界进出口环境产品的金额和数量情况。从图 1 可以看出，2002—2018 年期间，APEC 环境产品的进口额和出口额基本持平，且呈现总体上升态势，出口额和进口额分别从 2002 年的 611 亿美元和 645 亿美元，提升至 2018 年的 3350 亿美元和 3320 亿美元。2008 年之前，APEC 范围内环境产品的进出口额一直保持增长态势，2007 年增长尤为显著，2008 年、2009 年可能受全球金融危机的影响，全球贸易低迷，环境产品的进出口额也出现大幅下降，但从 2010 年开始，APEC 环境产品的贸易金额开始明显增长，且 2012 年以后一直在较高水平波动。从增长率的角度看，APEC 环境产品进出口额增长率波动较为剧烈，2013 年后相对稳定地保持在 0 附近且呈现小幅波动。图 2 显示了 APEC 环境产品的数量情况，可以发现，APEC 环境产品的出口数量在大多数时间中大于进口数量，呈现轻微的顺差特征，但 2014 年、2015 年、2016 年顺差特征较为突出，结合图 1 所示这三年环境产品进出口额较其他年份并没有发生明显提升，可推测这三年 APEC 出口环境产品的单位价值有所降低。2013 年之前，APEC 环境产品的贸易数量增长较为稳定，2014 年开始，APEC 环境产品贸易数量波动加大。

图 3、图 4 呈现的是 APEC 内部成员之间环境产品的进出口额及数量情况。可以看出，2011 年之前，APEC 内部之间进出口额基本持平，该特征从 2012 年开始被打破，出口额超过进口额，呈现出明显的贸易顺差特征。另外，与图 1、图 2 揭示的情况类似，APEC 各成员内部之间环境产品的进出口额总体呈现上升趋势，APEC 内部环境产品进口额和出口额分别从 2002 年的 427 亿美元和 439 亿美元增长至 2018 年的 2410 亿美元和 224 亿美元，翻了近五倍。2012 年之后，APEC 内部环境产品进出口额一直稳定在高位，并呈现小幅波动。另外，结合图 1 和图 3 可以发现，APEC 成员在 APEC 范围内的环境产品交易量约占其与世界总交易量的 70%，可见 APEC 是其成员主要的环境产品交易伙伴。从交易数量来看，2002—2018 年期间，APEC 环境产品的出口数量明显高于进口数量，显示 APEC 各成

---

① 样本中并未包含中国台湾地区环境产品进出口情况。另外，文莱 2002 年、2003 年、2005 年数据缺失，印度尼西亚 2002—2009 年数据缺失，巴布亚新几内亚 2005—2010 年、2013—2018 年数据缺失，菲律宾 2002—2006 年数据缺失，越南 2002 年、2003 年数据缺失。2019 年数据样本统计并不完整，在此一并略去。所涉金额均为当年值。

员是明显的环境产品净出口国。同时,出口数量的波动幅度要高于进口数量波动幅度。进出口数量在 2006—2013 年间增长率较为平稳,2013 年之后,进出口数量的波动幅度加大,尤以出口数量的波动幅度更为剧烈。此外,从 2002—2018 年环境产品进出口数量的增幅来看,环境产品出口数量的增幅要低于进口数量的增幅,前者在 17 年间翻了将近四番,而 2018 年进口环境产品数量约为 2002 年进口产品数量的五倍。

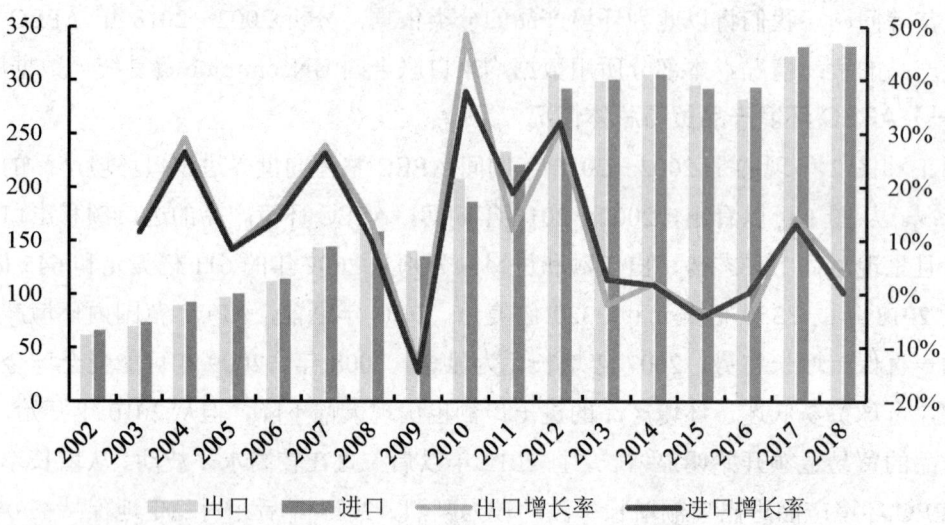

图 1  APEC 历年进出口环境产品金额及增长情况(单位:十亿美元)

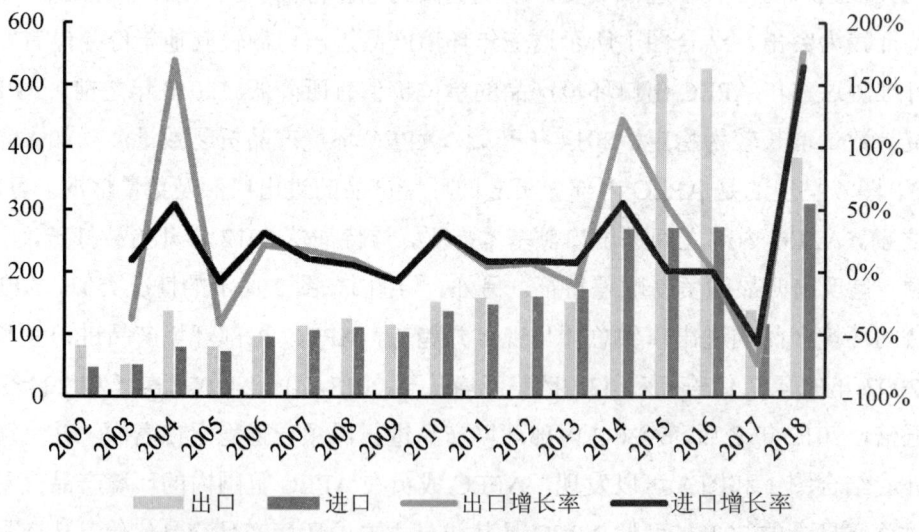

图 2  APEC 历年进出口环境产品数量及增长情况(单位:十亿件)

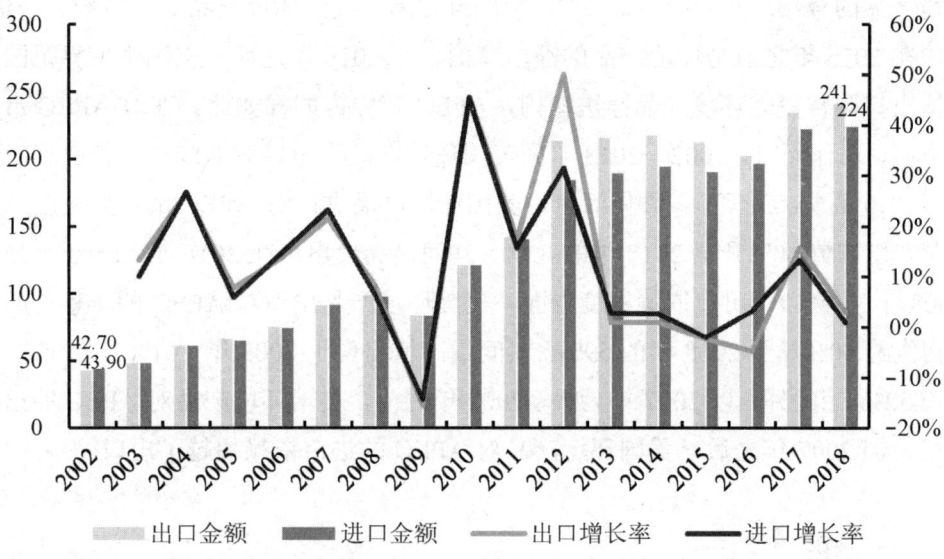

图3　APEC内部成员之间历年进出口环境产品金额及增长情况（单位：亿美元）

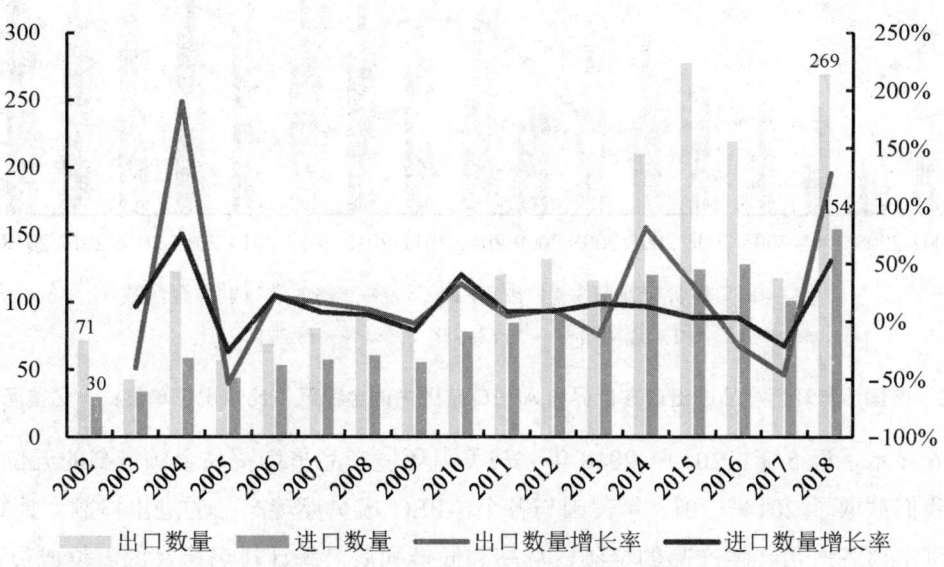

图4　APEC内部成员之间历年进出口环境产品数量及增长情况（单位：亿件）

### （二）APEC主要成员的环境产品贸易情况

#### 1. 美国

图5显示了美国2002—2018年间在世界和APEC范围内环境产品进出口额情况，其中条形代表美国环境产品在世界和APEC范围内的进出口额绝对值，折线表示美国环境产品在APEC范围内的进出口与在世界范围内进出口额的比值，反映了美国环境产品进出口对APEC市场的依赖程度。由图5可知，2002—2018年间，美国在世界和APEC范围内进

出口环境产品的金额均稳步提升。其中，2015 年之前，美国环境产品的出口额高于进口额，表明美国在 2015 年之前是环境产品的净出口国，而 2016 年之后，美国由世界范围内环境产品的净出口国转变为环境产品净进口国，APEC 范围内同样如此。在对 APEC 市场的依赖程度方面，总体而言，2002—2018 年间美国环境产品进出口对 APEC 的依赖程度呈现一定波动（10 个百分点上下）。具体而言，美国环境产品进口对 APEC 的依赖程度总体呈现上升趋势，由初值 60% 升至 2018 年的 62%，其间最高值出现在 2016 年（65%），最低值出现在 2008 年（55%）。出口依赖程度方面，美国环境产品出口对 APEC 的依赖程度轻微降低，由初值的 60% 降至 2018 年的 59%，其间最高值出现于 2003 年（61%），最低值出现于 2009 年（52%）。此外，以 2007 年为界，2007 年之前，美国环境产品对 APEC 的出口依赖高于进口，但 2007 年之后，美国环境产品对 APEC 的进口依赖超越了出口。

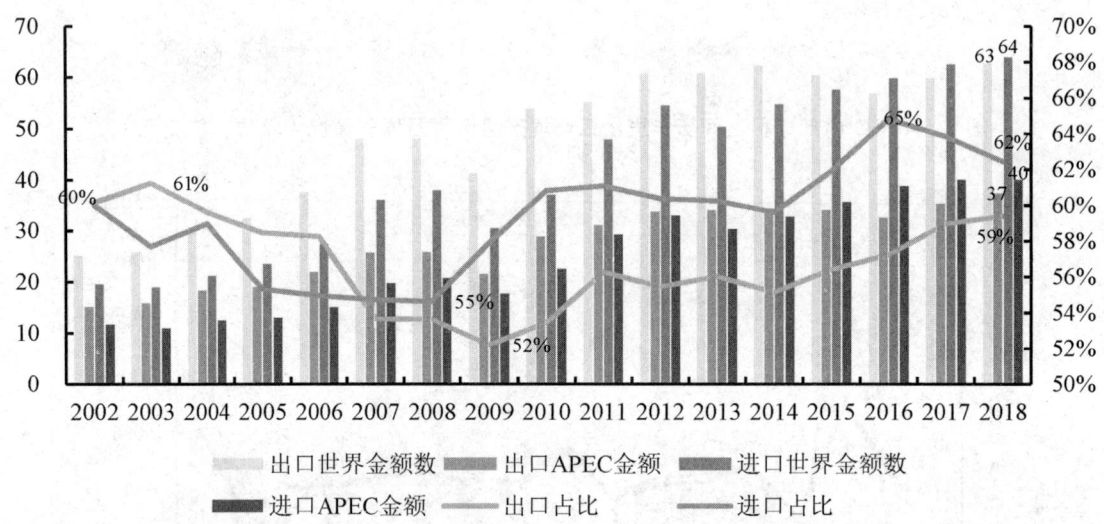

**图 5　美国历年环境产品进出口在世界和 APEC 范围内的金额及占比情况（单位：十亿美元）**

图 6 显示了近 5 年（2014—2018 年）与美国环境产品平均贸易金额最高的五位 APEC 成员。我们截取了 2014—2018 年美国与各个 APEC 成员环境产品的进出口额，计算 5 年内美国进出口各成员环境产品的金额，从高到低排列后，统计排名最高的五位成员得到图 6。图中左侧为美国平均出口环境产品金额最高的五位成员，右侧为美国平均进口环境产品金额最高的五位成员。其中，2014—2018 年间，美国环境产品出口额最高的成员依次为墨西哥（81.4 亿美元）、加拿大（71.9 亿美元）、中国（51.8 亿美元）、日本（32.8 亿美元）、韩国（28.7 亿美元）；美国环境产品进口额最高的五位成员依次为中国（97.4 亿美元）、墨西哥（77 亿美元）、日本（70.2 亿美元）、加拿大（45.9 亿美元）和马来西亚（24.4 亿美元）。可以发现，无论进口还是出口，中国、墨西哥、日本、加拿大都是美国环境产品交易量最大的国家，其中墨西哥是美国环境产品第一大出口国和第二大进口国，中国是美国环境产

品第一大进口国和第三大出口国。

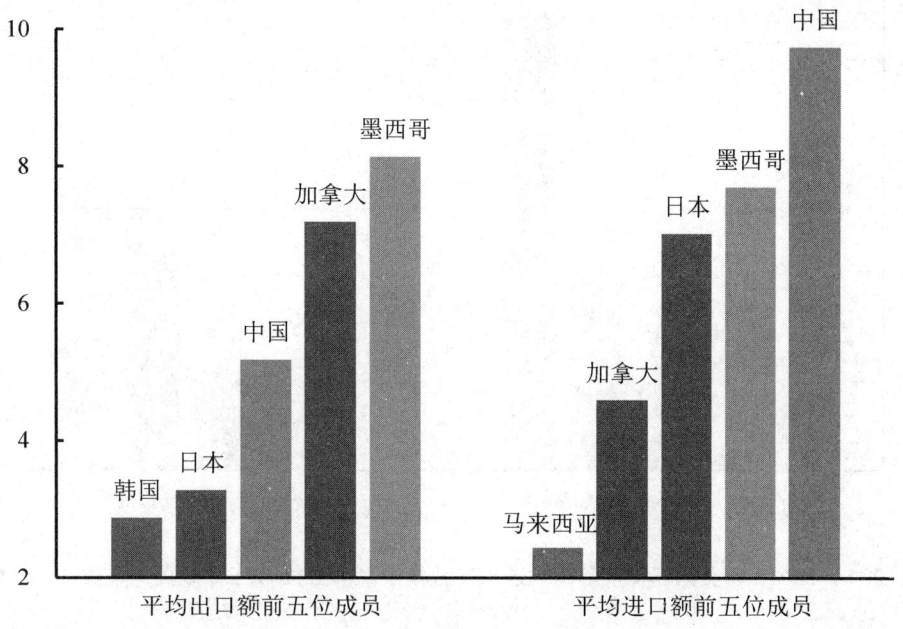

**图6　2014—2018年美国环境产品平均进出口额最高的五位APEC成员（单位：十亿美元）**

图7显示了2014—2018年间美国进出口环境产品数量最高的五位成员。与图6的计算方法类似，我们截取了2014—2018年数据，计算美国5年间向其贸易伙伴进出口环境产品的平均数量，统计排名最高的五位成员。从图7可知，中国香港（56.6亿件）、墨西哥（25亿件）、新加坡（4.1亿件）、加拿大（2.2亿件）、中国（1亿件）是美国年均出口数量最高的五位成员；而中国（37.2亿件）、日本（28.3亿件）、马来西亚（12.6亿件）、墨西哥（2.4亿件）、泰国（2.2亿件）是美国年均环境产品进口数量最高的五位成员。综合来看，中国、墨西哥是美国进出口环境产品数量最高的两位成员。结合图6可以发现，中国、墨西哥、加拿大是APEC中与美国进行环境产品进出口贸易较多的成员。

2. 中国

图8显示了中国2002—2018年间环境产品在全球和APEC区域内部进出口额及其占比情况。条形表示中国历年环境产品的进出口额绝对值，包括世界范围内环境产品进出口额以及APEC范围内环境产品进出口额；折线表示中国2002—2018年间APEC范围内环境产品进出口额占中国环境产品在全世界进出口额的比重，可以理解为中国环境产品进出口对APEC市场的依赖程度。从绝对值来看，无论是在全球范围内还是在APEC区域内，中国在大部分年份环境产品的进口额要大于出口额，即中国是环境产品的逆差国。另外，2002—2018年间，中国环境产品的进出口增长迅猛，中国在世界范围内环境产品的出口额

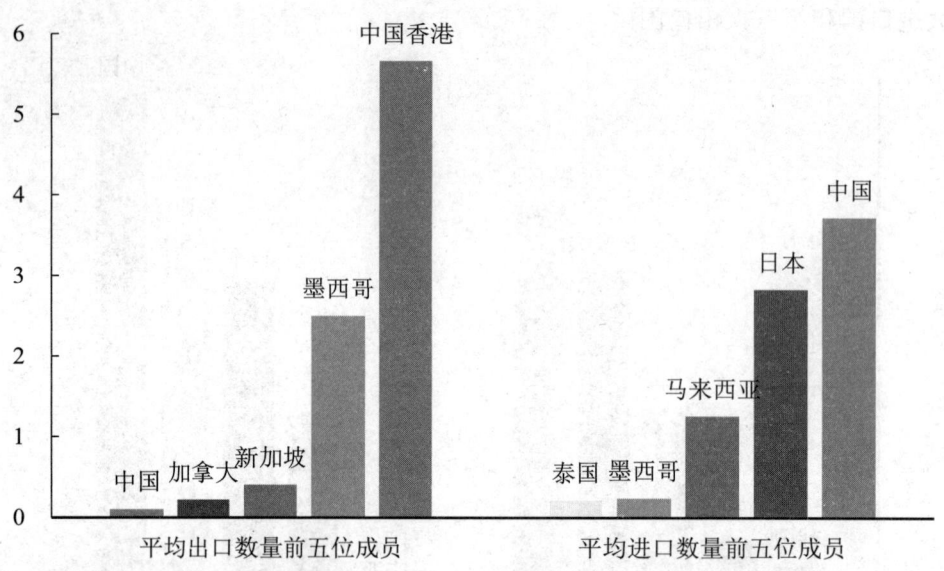

**图 7　2014—2018 年美国环境产品平均进出口数量最高的五位 APEC 成员（单位：十亿件）**

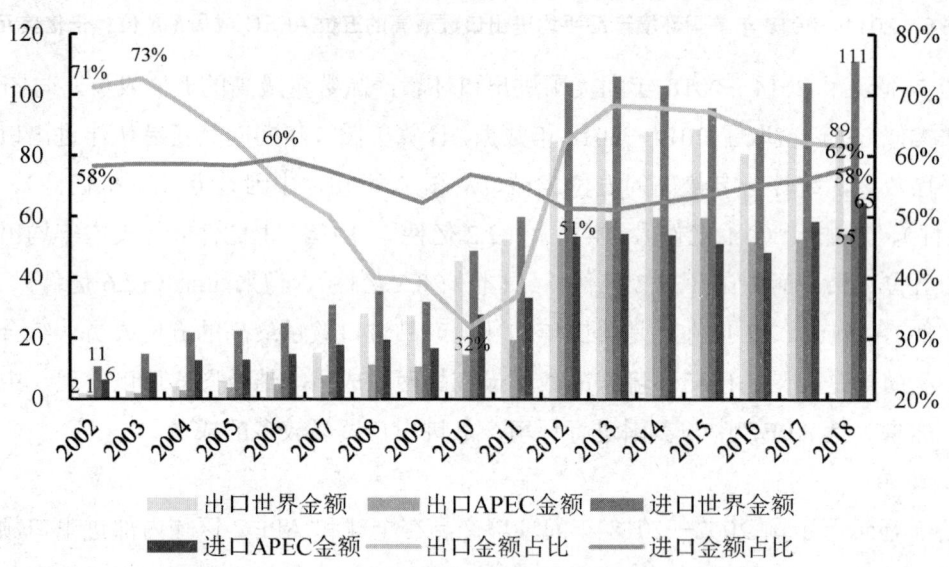

**图 8　中国历年环境产品进出口在世界和 APEC 范围内的金额及占比情况（单位：十亿美元）**

和进口额分别从 2002 年的 20 亿美元和 110 亿美元增长至 2018 年的 890 亿美元和 1110 亿美元，分别增长了 43.5 倍和 9.1 倍；中国在 APEC 范围内的进口额和出口额也分别相应增长了 54 倍（由 10 亿美元增至 550 亿美元）和近 10 倍（由 60 亿美元增至 650 亿美元）。同时，结合图 5 可以发现，2018 年中国环境产品的进出口额在规模上已经超越美国。事实上，中国环境产品进口额早在 2009 年便第一次超过美国，随后在 2012 年，中国环境产品的出口额也超过了美国。从趋势来看，中国环境产品的进出口额在 2012 年前稳步提升，在 2012 年迅速增长，2012 年之后持续保持高位水平。从对 APEC 市场的依赖程度来看，中国环境产品进口对 APEC 的依赖度非常稳定，变化保持在 9 个百分点之内，绝对值一直保持在 60%左右；而对 APEC 环境产品出口依赖性表现出较大的波动，最高值出现在 2003 年（73%），最低值出现在 2010 年（32%），变动幅度达 41 个百分点。2003—2010 年间，中国对 APEC 的环境产品出口依赖度持续下降，这一现象在 2010—2013 年间有所改善，出口对 APEC 的依赖程度一度升至 2013 年的 68%，此后略有下降，但一直保持在 60%以上的水平。

图 9 显示了中国在 2014—2018 年 5 年间环境产品平均进出口额最高的五位 APEC 成员。制图方法同前。可以发现，平均出口额最高的五位成员分别为中国香港（770 亿美元）、韩国（140 亿美元）、越南（60 亿美元）、美国（30 亿美元）、日本（30 亿美元）；平均进口额最高的五个成员依次是韩国（120 亿美元）、日本（120 亿美元）、马来西亚（50 亿美元）、泰国（20 亿美元）和菲律宾（10 亿美元）。综合来看，韩国和日本是中国环境产品依赖度最高的两个 APEC 成员。

图 10 显示了中国 2014—2018 年 5 年间环境产品进出口数量最高的五位 APEC 成员。从数量来看，中国香港（170 亿件）、美国（90 亿件）、日本（80 亿件）、韩国（50 亿件）、墨西哥（40 亿件）是中国环境产品出口数量最高的五个 APEC 成员；而韩国（200 亿件）、日本（190 亿件）、美国（80 亿件）、泰国（20 亿件）和新加坡（20 亿件）是中国环境产品进口数量最多的五个 APEC 成员。结合图 9 可以发现，2014—2018 年间，韩国、日本、美国是中国在 APEC 范围内最大的环境产品贸易伙伴。

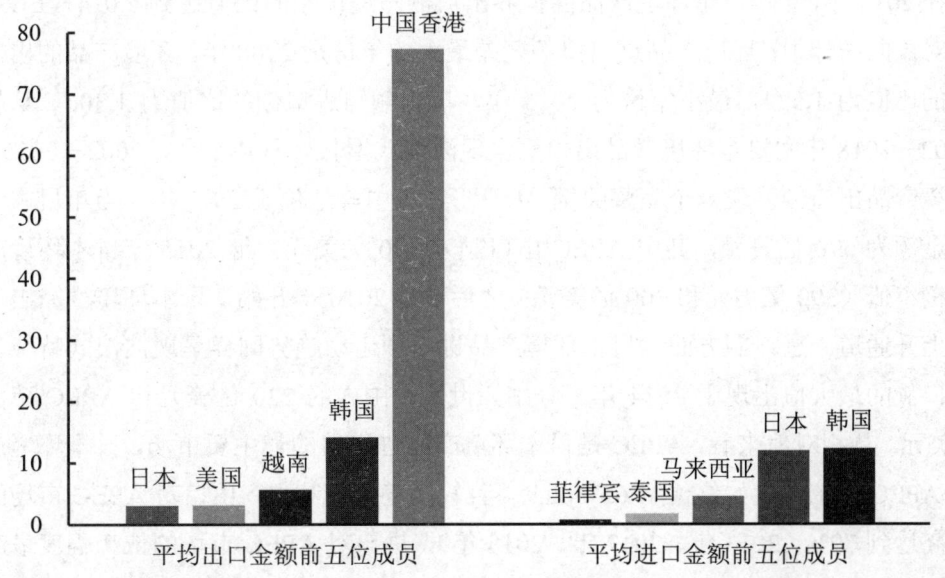

图 9　2014—2018 年中国环境产品平均进出口额最高的五位 APEC 成员（单位：十亿美元）

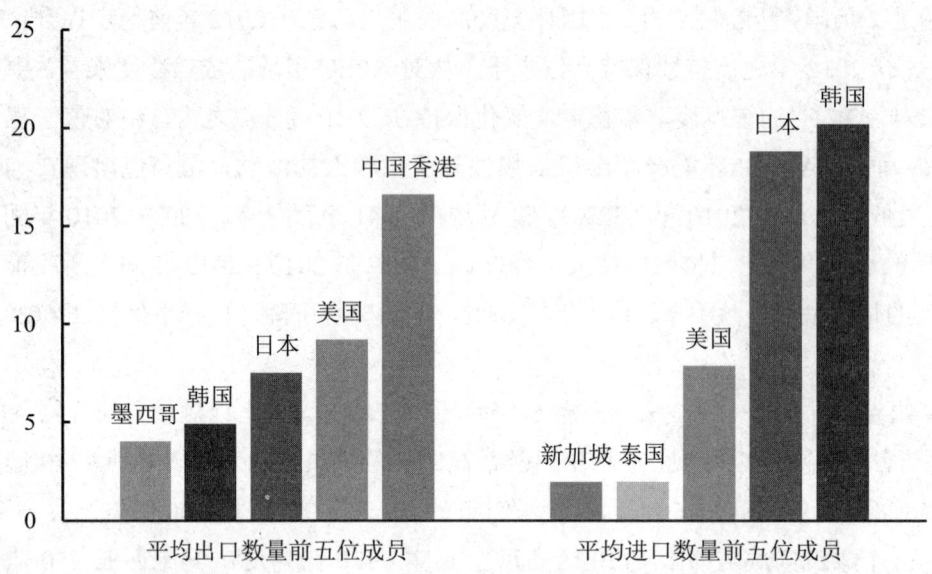

图10 2014—2018年中国环境产品平均进出口数量最高的五位APEC成员（单位：十亿件）

3. 日本

图11显示了2002—2018年间，日本环境产品在全球和APEC范围内的进出口情况。其中条形表示日本环境产品进出口额的绝对值，折线表示日本环境产品进出口额中APEC市场所占比重，可以理解为日本环境产品进出口对APEC的依赖程度。在金额的绝对值方面，可以发现，无论在全世界还是在APEC范围内，日本一直是环境产品的净出口国，且进出口额差距非常大。2010年日本环境产品的世界出口额达到进口额的4.152倍，其最小值出现在2014年，当年日本环境产品的世界出口额与进口额的比值达到2.014；在以APEC为贸易对象的统计中，环境产品进出口额之差最大的年份是2008年，环境产品的出口额与进口额的比值为1.522，最小年份为2015年，出口额与进口额的比值为1.306。从趋势来看，2002—2018年间日本环境产品出口额呈现波浪式增长。具体来说，2002—2015年间，日本环境产品出口额呈现一个完整的倒"U"形，其中峰值位于2011年，当年日本环境产品出口金额为570亿美元，其中APEC出口额为400亿美元。继2015年日本环境产品出口达到极小值（390亿美元和300亿美元）之后，从2016年开始，日本环境产品出口额重新步入上升通道。进口额方面，日本环境产品进口额运动趋势同样呈现波浪式特征，环境产品进口额的最大值出现于2014年，分别为世界范围内的220亿美元和APEC范围内的170亿美元。从相对值来看，APEC是日本环境产品进出口的最主要市场，日本环境产品进出口对APEC的依赖度始终位于65%以上，且较为稳定。其中，出口对APEC市场的依赖程度最高达到79%（2013年、2017年、2018年），进口对APEC市场的依赖程度最高达到77%（2015年）。

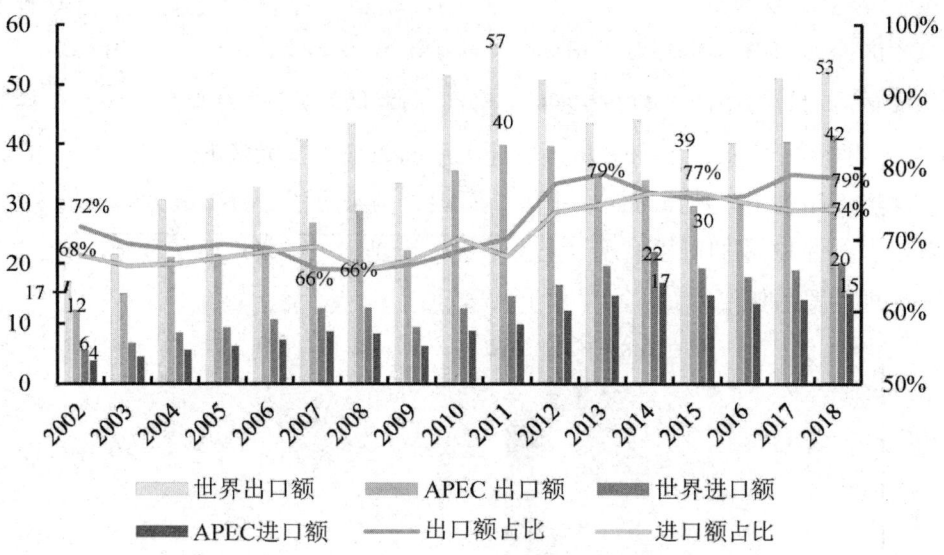

**图 11 日本历年环境产品进出口在世界以及 APEC 范围内的金额及占比情况（单位：十亿美元）**

图 12 呈现的是 2014—2018 年 5 年间 APEC 区域内日本环境产品平均进出口额最高的五位 APEC 贸易伙伴。图 12 的制作方法同前。其中，平均出口额最高的五位成员分别为中国（143 亿美元）、美国（71 亿美元）、韩国（41 亿美元）、泰国（23 亿美元）、中国香港（18 亿美元）；平均进口额最高的五位成员分别为中国（69 亿美元）、美国（35 亿美元）、韩国（13 亿美元）、马来西亚（7.5 亿美元）和菲律宾（6.8 亿美元）。中国、美国、韩国同时是日本环境产品进口额和出口额最高的三个成员，其中中国对日本环境产品的进出口规模约为第二名美国进出口额的两倍。

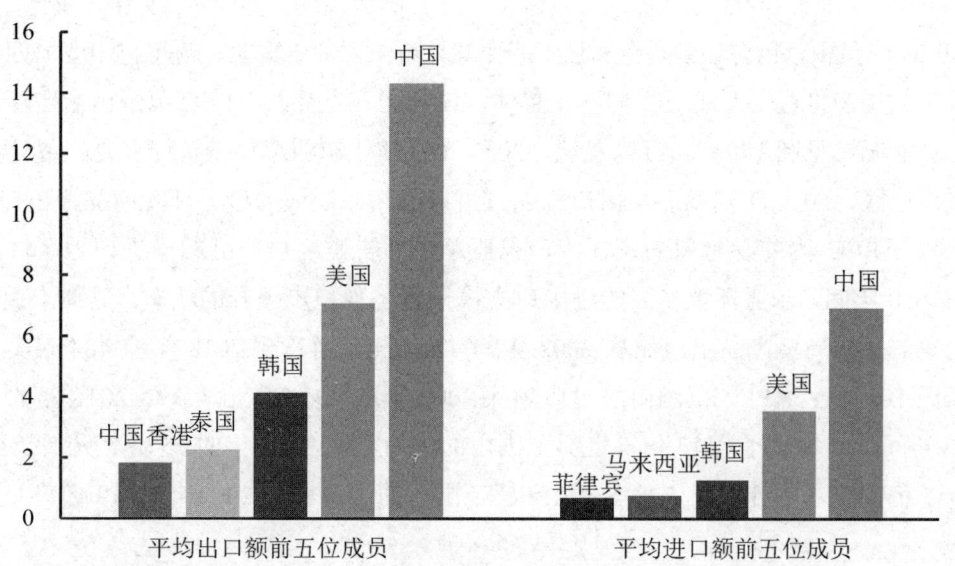

**图 12 2014—2018 年日本环境产品平均进出口额最高的五位 APEC 成员（单位：十亿美元）**

如图 13 所示，从数量上看，相同时间内，中国（111 亿件）、泰国（59.3 亿件）、马来西亚（54.5 亿件）、中国香港（51.1 亿件）和美国（38.1 亿件）是日本环境产品出口数量最多的五位成员。同时，中国（47.2 亿件）、泰国（18 亿件）、马来西亚（14.5 亿件）、韩国（10.5 亿件）和菲律宾（1.35 亿件）是日本环境产品进口数量最多的五位 APEC 成员。不难发现，在环境产品进出口数量方面，中国、泰国、马来西亚是日本最大的环境产品交易伙伴。然而，结合图 12 我们可以发现，无论是进口还是出口、数量还是金额，中国都是日本环境产品最大的贸易伙伴国。

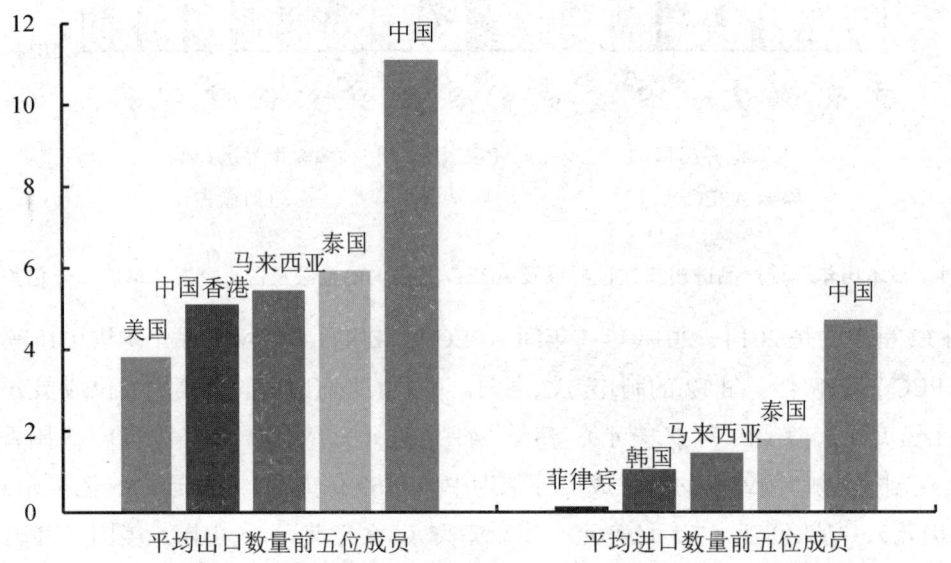

图 13　2014—2018 年日本环境产品平均进出口数量最高的五位 APEC 成员（单位：十亿件）

4. 东盟

APEC 成员中，包含泰国、新加坡、菲律宾、马来西亚、文莱、越南和印度尼西亚七个东盟国家。我们将这七个成员作为一个整体，统计了在世界及 APEC 范围内东盟环境产品的进出口情况（见图 14）①。可以发现，2017 年以前，东盟总体来说一直是世界环境产品的净进口地区，2017 年及以后，出口额超过进口额，东盟成为世界环境产品净出口地区。然而在以 APEC 为交易对象的统计中，东盟总体而言是环境产品的净进口地区。另外，2002—2018 年间，东盟环境产品的进出口规模一直呈现稳步提升的状态。具体来说，世界范围内东盟七国环境产品出口额从 2002 年的 42 亿美元增长至 2018 年的 484 亿美元，累计增长近 10.5 倍；APEC 范围内的出口额从 2002 年的 20 亿美元增长至 2018 年的 272 美元，17 年间累计增长了近 13 倍；世界范围内的进口额从 2002 年的 75 亿美元增长至 2018 年的 455 亿美元，累计增长 5 倍多；APEC 范围内的进口额从 2002 年的 48 亿美元增长至

---

① 图中数据为四舍五入后的数据。

2018 年的 320 亿美元，累计增长 5.7 倍。此外，从对 APEC 依赖程度来看，在环境产品贸易中，东盟环境产品交易对 APEC 的进口依赖程度远高于出口，可知 APEC 是东盟环境产品的主要供应地。具体来看，2002 年以来，东盟环境产品进口依赖程度呈现缓慢上升态势，对 APEC 其他成员的依赖程度从 2002 年的 63%提升至 2018 年的 70%。相比之下，东盟环境产品出口对 APEC 的依赖程度较弱，但整体波动幅度高于进口依赖度，从 2007 年起，东盟环境产品出口对 APEC 的依赖程度一直呈现提升态势，并于 2016 年达到 60%上下。

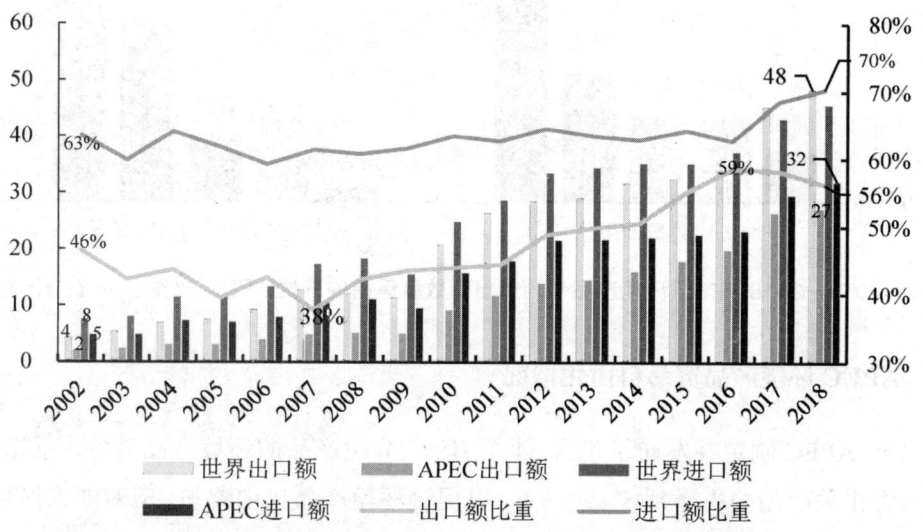

图 14　东盟历年环境产品进出口在世界以及 APEC 范围内的金额及占比情况（单位：十亿美元）

图 15 和图 16 显示了东盟在 APEC 范围内环境产品主要贸易伙伴分布情况。巧合的是，2014—2018 年间，无论是东盟环境产品的进口还是出口、无论是数量还是金额，美国、中国、日本、中国香港、韩国都是 APEC 范围内东盟五个最大的贸易伙伴。

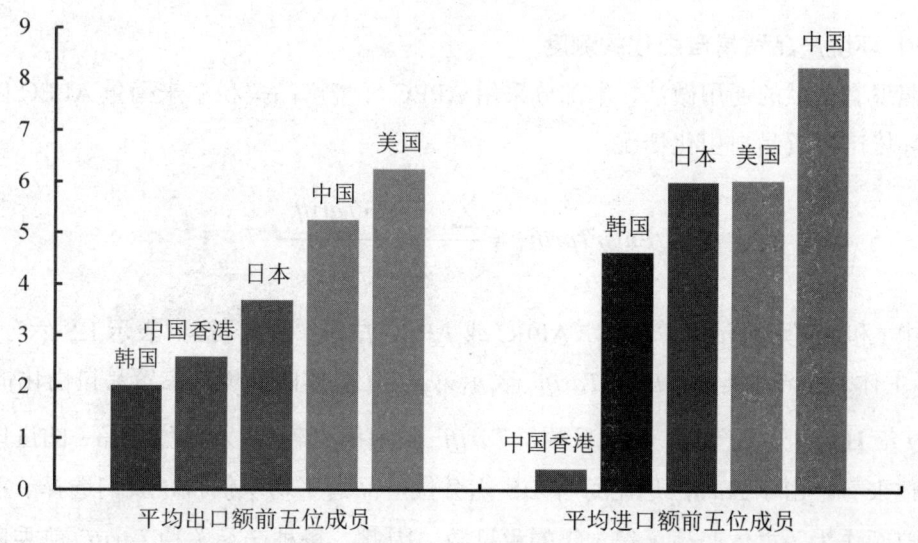

图 15　2014—2018 年东盟环境产品平均进出口额最高的五位 APEC 成员（单位：十亿美元）

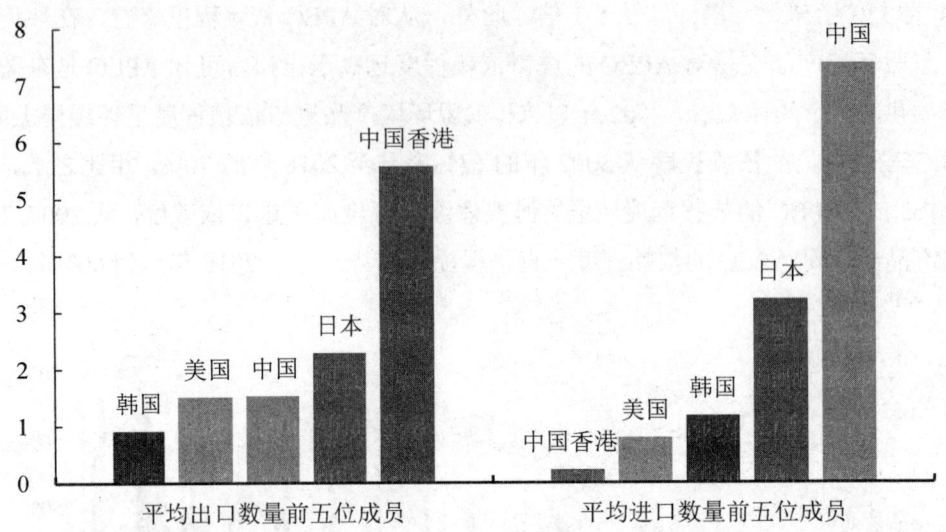

图16　2014—2018年东盟环境产品平均进出口数量最高的五位APEC成员（单位：十亿件）

### 三、APEC环境产品贸易自由化情况

2012年APEC制定并发布了包含54个HS六分位产品的环境产品清单，承诺2015年底各成员将相关产品关税降到5%或以下，以促进环境产品自由贸易，应对亚太区域内部环境恶化、空气污染和气候异常等问题。在第二部分分析了APEC及其主要成员环境产品的贸易情况之后，我们发现APEC及其主要成员环境产品贸易规模在2002—2018年间有了明显的增长，为进一步探讨APEC区域范围内环境产品贸易的自由化情况，本部分将对APEC环境产品贸易自由化指标进行测度，并考察2012年以来APEC环境产品自由化的特征。

#### （一）环境产品贸易自由化的测度

参照现有文献的通用做法，本部分采用APEC环境产品关税率来衡量APEC以及内部各成员环境产品贸易自由化情况：

$$EnvirTariff_{jt} = \frac{\sum_{s \in C_j} n_{st} \cdot Tariff_{st}}{\sum_{s \in C_j} n_{st}} \tag{1}$$

其中$j$和$t$分别表示测算主体（APEC或APEC成员）和年份，$s$表示HS六分位产品，$C_j$表示主体$j$的产品集合，$EnvirTariff_{jt}$表示第$t$年$j$主体的环境产品贸易自由化情况，$n_{st}$表示第$t$年HS六分位产品$s$的税目数，$Tariff_{st}$表示第$t$年HS六分位产品$s$的进口关税税率。具体来看，由于$Tariff_{st}$选用每种HS六分位产品的平均从价税，我们选择$j$主体$s$产品的进口额作为$j$主体产品$s$第$t$年的税目数。因此，每种产品关税$Tariff_{st}$前乘以的是主

体 $j$ 进口该种产品在其进口所有环境产品中的比重,作为该种产品关税的加权项。而 $j$ 主体 $t$ 年的环境产品自由化便是使用该比重加权得到的平均关税率。

## (二) APEC 环境产品贸易自由化的现状

2012 年,APEC 制定了 54 种 HS 六分位环境产品降税清单,并承诺从 2015 年底开始,21 个成员将针对该 54 种环境产品实施不高于 5% 的进口关税。除少数例外,上述计划从 2016 年开始正式实施。为得到 APEC 以及其内部各成员层面环境产品贸易自由化情况,根据公式(1)的测算方式,我们测得 APEC 以及其内部各成员的环境产品进口关税水平。相关数据来源于 WTO 关税数据库和联合国 UNcomtrade 数据库。我们首先测算得到 2012—2018 年间 APEC 总体环境产品贸易自由化情况,进而考察 APEC 内部主要经济体环境产品贸易自由化情况。

### 1. APEC 环境产品贸易自由化整体情况

图 17 显示了 2012—2018 年间 APEC 的环境产品贸易自由化情况。由于我们使用的是 APEC 范围内各成员环境产品进口关税率的加权平均值来表征 APEC 的环境产品自由化,因而测得加权平均关税率越低,说明该区域内环境产品贸易自由化程度越高。如图 17 所示,2012—2018 年间,APEC 总体环境产品关税率虽有小幅度的起伏,但总体呈现下降态势,关税率从 2012 年的 1.72% 降至 2018 年的 1.32%。相比 2012 年,2018 年环境产品关税率下降了 23.26%。可以发现 2016 年关税率较 2015 年有明显的下降,这应该很大程度上是执行 APEC 环境产品清单的结果。APEC 在 2012 年提出环境产品降税清单之时,便承诺 2015 年底所有成员环境产品的关税达到 5% 或者低于 5% 的水平。2016 年,我们测算的环境产品平均关税率为 1.35%,相对上一年(1.68%),降幅达到 19.64%。总而言之,2012—2018 年间,APEC 范围内的环境产品自由化情况有较为明显的提升。

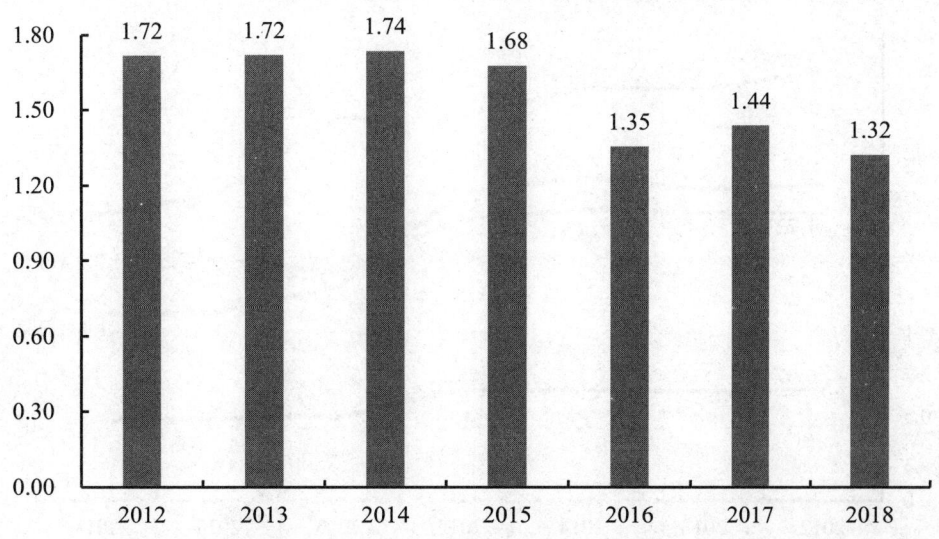

**图 17 2012—2018 年间 APEC 整体环境产品贸易自由化情况(单位:%)**

## 2. 主要成员经济体的情况

本部分进一步考察APEC主要成员环境产品自由化情况。图18显示了2012—2018年间APEC整体和主要成员环境产品自由化趋势。其中，主要成员包含中国、美国、日本和东盟（东盟所涉及成员与上文相同）。APEC整体关税率的测算是根据公式（1）将整个APEC区域内所有成员视为一个测算主体得到的。从图中可以看出，第一，无论是APEC总体水平还是其主要成员，2012—2018年间环境产品的平均进口关税均有所降低（日本的关税水平一直为零），表明在上述时间内，APEC内环境产品贸易自由化程度有所提高。第二，中国和东盟的环境产品进口关税高于美国和日本的进口关税率，中国环境产品平均进口关税率最高，日本环境产品平均关税率最低，由此我们推断，APEC发达成员的环境产品自由化水平可能要高于发展中成员贸易自由化水平。第三，虽然发展中成员环境产品贸易自由化程度低于图中的发达成员，但自2012年以来，发展中成员和发达成员的环境产品贸易自由化提升幅度均很高，其中中国平均关税率由2012年的2.57%降至2018年的1.70%，降幅高达34%。东盟平均关税率由2012年的1.88%降至2018年的1.11%，降幅高达41%。美国的平均关税率由2012年0.67%降至2018年0.47%，虽然绝对值仅仅降低了0.2个百分点，但降幅达到了30%。第四，相比发展中成员，发达成员环境产品关税率的下降空间很有限，日本自2012年以来，环境产品关税率一直为零，美国虽然降幅达到30%，但其绝对值仅降低了0.2个百分点。第五，图18中的参考线可以明确看出，APEC各成员的环境产品平均关税在2016年有显著降低，这应该与环境产品清单承诺的不高于5%的关税水平有关。第六，美国和日本的环境产品进口关税率水平远远低于APEC整体的进口关税率，东盟和中国的平均关税率围绕APEC整体关税率上下波动，说明APEC范围内发展中成员的环境产品贸易自由化水平有进一步提升的空间。

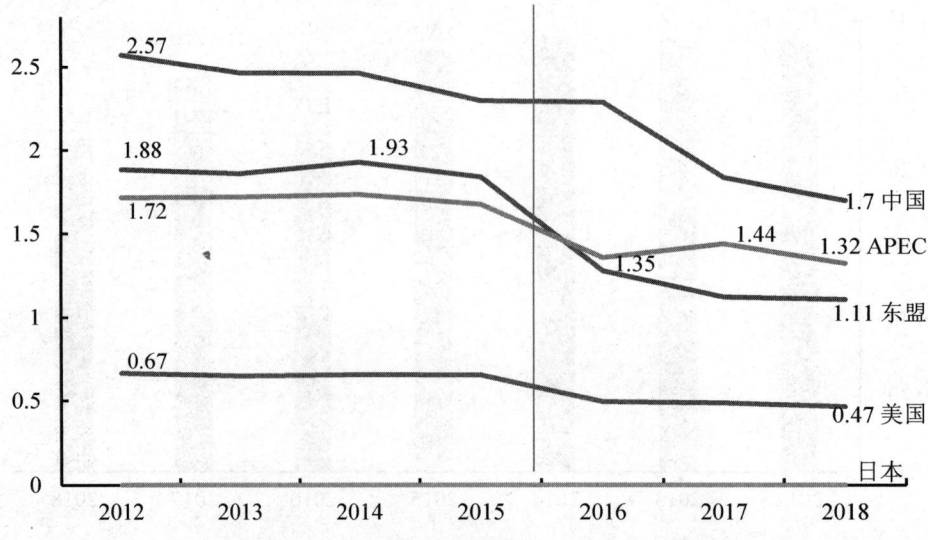

**图18　2012—2018年APEC及其内部主要成员环境产品自由化情况（单位：%）**

## 3. APEC 环境产品贸易自由化与环境产品进口规模

为考察 APEC 各成员环境产品贸易自由化是否带来了环境产品进口规模的增加,我们制作了 APEC 各成员 2012—2018 年环境产品进口规模和平均关税的拟合图(见图 19 和图 20)。图中的平均关税率、环境产品进口额和进口数量均取对数形式。

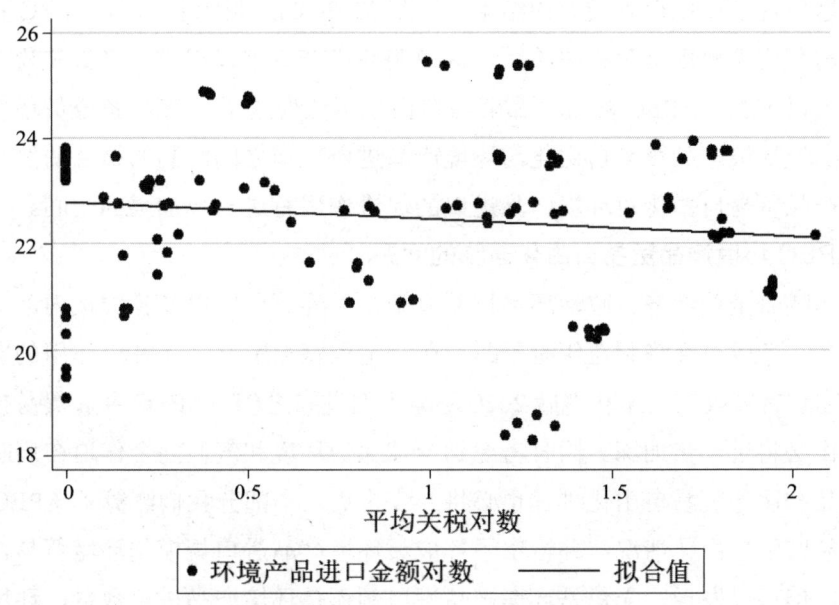

图 19　APEC 环境产品进口额与平均关税的关系

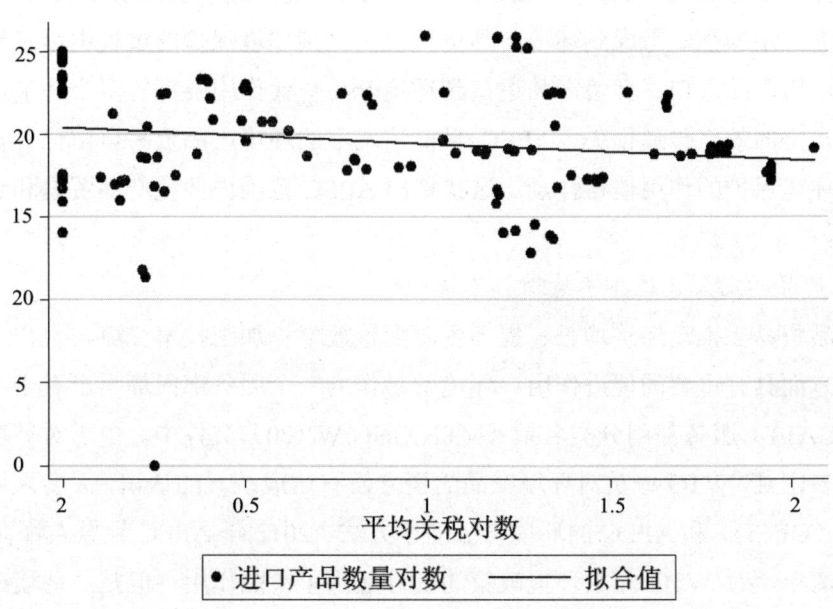

图 20　APEC 环境产品进口数量与平均关税的关系

图 19 描绘的是以各成员环境产品进口额表示的环境产品进口规模与各成员环境产品平均进口关税率的散点图和拟合曲线。不难发现，环境产品进口额的对数与平均进口关税之间的拟合曲线向右下方倾斜，这说明平均关税率越高，环境产品进口规模越低，即贸易自由化与环境产品进口规模呈正相关关系。同样，用 APEC 各成员环境产品进口数量表示的环境产品进口规模可以得到类似的结论。从图 20 中可以清晰地发现，APEC 各成员的进口产品数量与平均关税率呈负相关关系，这说明环境产品进口规模与平均关税对数是正相关的。由此可以推测，APEC 环境产品贸易自由化可能促进了 APEC 各成员环境产品进口规模的提高。但环境产品贸易自由化与环境产品进口规模之间绘制的拟合曲线相对平缓，意味着环境产品贸易自由化对环境产品进口的促进作用有进一步加强的空间。

### （三）APEC 环境产品贸易自由化面临的问题

近年来，随着全球经济、政治环境日益复杂，世界范围内以及各成员内部经济发展的不确定性增多、各成员经济利益纠纷不断，在一定程度上影响了 APEC 作用的发挥。2020 年正值《茂物宣言》收官之年和"后 2020 愿景"的发布之年，APEC 今后贸易投资自由化便利化的合作必将进一步加深。同时考虑到全球保护环境和气候的合作迫在眉睫，在此背景下环境产品和服务贸易自由化进程也必将一步推进。本部分我们测算了 APEC 范围内各成员环境产品贸易自由化情况，并给出了各成员环境产品进口规模与环境贸易自由化之间的拟合关系，但可以发现，无论是环境产品进口额还是环境产品进口数量，环境产品贸易自由化与之绘制的拟合曲线都相对平缓，意味着环境产品贸易自由化对环境产品进口的促进作用可能并不十分突出。这表明 APEC 区域内实施环境产品贸易自由化的方向是正确的，但力度还需进一步加强。考虑到环境产品贸易自由化到环境保护的过程中涉及环境产品贸易自由化与环境产品进口、环境产品进口到环境产品替代作用发挥等多个环节，且各环节都可能存在一定的效率传递损失，APEC 目前情况下的环境产品贸易自由化究竟在多大程度上起到了环境保护的作用值得怀疑。这暴露出 APEC 范围内环境产品贸易和合作方面可能存在问题。

#### 1. 环境产品的定义、边界不清晰、不统一

环境产品贸易在推动经济增长、提高资源配置效率、加强技术交流与合作、显著改善环境质量等方面具有重要的促进作用。环境贸易作为一个服务部门最早出现于 1991 年关贸总协定（GATT）服务部门分类名录（MTN.GNG/W/120）文件中。由于对环境产品进行界定存在很多困难，WTO 成员对环境产品的概念没有达成统一的认识，大多采用经济合作与发展组织（OECD）和 APEC 的环境产品清单方法。2012 年 APEC 领导人峰会通过的 54 种环境产品清单，对 WTO 相关环境政策的制订起到了参照作用。但是，环境产品的定义仍然是环境产品合作框架下的重要内容，关系着 APEC 区域内部环境产品和服务标准的制定、清单内容的扩充和合作的进一步深化。例如，目前存在较为棘手的一个问题是六分位

税号产品范围是否合适的问题。如果将所列六分位税号下的产品都作为降税对象，由于六分位税号产品范围广泛，在六分位产品代码层面定义环境产品，可能将多种用途或者非环境用途的产品，甚至环境污染或高耗能产品也纳入环境产品范畴，造成了"搭便车"问题，有悖环境保护的初衷。另外，环境产品和服务的定义、边界和范围有待进一步界定、明确和统一。不同机构对环境产品做出不同的定义和分类，同样会造成"搭便车"问题的出现①。有的成员可能会借机将其有贸易出口比较优势的产品贴上"环境标签"，当作环境产品进行出口，获取关税削减的好处，而无视其产品造成的污染和破坏。

2. 环境服务合作有待进一步推进

所谓环境服务，包括环境信息传播、环境问题咨询、环境核算、环境诉讼、环境培训、环境监测、环境工程设计与施工、环境技术开发、生态旅游等②。2012 年环境产品降税清单在 APEC 范围内通过，并在 2015 年基本实现了环境产品进口关税不高于 5%的承诺，可以说环境产品贸易自由化已经在 APEC 框架下得到了实质性进展，但是环境服务自由化合作方面还没有较为明确的实质性推进。事实上，APEC 加强环境产品和服务的宣言和声明历来都是一体的，如《APEC 环境产品与服务工作计划》和《环境产品与服务领域的贸易和投资》等。在环境产品的推广和使用过程中，环境产品和服务本身是不可分离的，环境服务可以发挥重要的支持和辅助作用。但由于环境产品的标准容易量化、实施更为简便，而环境服务涉及范围广、不易量化，导致目前大部分环境合作均是在环境产品基础上展开的，而关于环境服务的合作并不多见。环境产品和环境服务一起构成了环境市场的重要内容，推进环境产品和环境服务贸易自由化，有助于进一步推进 APEC 范围内的环境合作进程。

3. 产品清单有待进一步扩充

从本部分环境产品关税和环境产品进口关系的描述中，我们发现环境产品进口规模可能并没有对环境产品关税的降低显现出明显的反应。这一方面可能由于 APEC 范围内环境产品进口关税率有待进一步降低，但更重要的是，环境产品降税清单目前仅局限于 54 种 HS 六分位产品。若想发挥环境产品降税清单的作用，有必要扩充环境产品清单目录中环境产品的数量。早有学者指出，APEC 环境产品清单并不是封闭的和一成不变的，而是存在进一步探讨和修改的可能③。APEC 环境产品清单一方面可以实现清单本身扩展，由 54 个六位税号产品扩展到更多产品或者增加更多的产品类别。另一方面，APEC 环境产品清单不仅在 APEC 经济体内部适用，而且对 WTO 环境产品贸易标准的制订起到了参考作用，进而有可能进一步扩展到 WTO。美国在 2014 年初的达沃斯论坛上联合 13 个相关 APEC

---

① 李丽平，张彬. APEC 环境产品与服务合作进程、趋势及对策[J]. 亚太经济，2014（2）：67-72.
② 徐嵩龄，钱薏红. 论亚太经合组织环境市场及中国的政策思考[J]. 中国软科学，1998（7）：65-71.
③ 康秀敏. APEC 环境产品贸易自由化[J]. 社会科学家，2017（6）：75-79.

成员发起了以 2012 年 APEC 环境产品清单为基础的环境产品贸易自由化诸边谈判倡议。可见 APEC 成员有扩充 APEC 环境产品清单的意愿，因而有必要加快制订和出台环境产品清单扩充的相关倡议和合作。

4. 成员合作有待进一步深入

自主自愿、协商一致是 APEC 强大生命力的源泉。亚太地区各成员丰富多样，发展阶段不同、文化背景不同，但一直秉承相互依存、团结一致、矢志不渝的合作信念和尊重差异、互利共赢的合作原则，在促进和推动区域经济一体化、促进地区经济发展、提升人民生活质量等方面做出了杰出贡献。APEC 区域内的一切倡议和合作都是建立在交流沟通、自主自愿的基础上的，交流和沟通一直是 APEC 合作的重要渠道。但近年来，国际局势多变、成员之间贸易争端频发、贸易保护主义和逆全球化趋势抬头，加剧了全球及 APEC 范围内经济发展的不确定性，不利于区域内成员之间的合作沟通和团结稳定。随着经济一体化趋势的加深，全球性危机的传染力和破坏力增强，环境污染治理更加需要广泛的国际合作。而以美国为首的个别成员奉行单边主义的极端行为有损区域内的合作基础，不利于 APEC 成员的稳定和团结，加大了 APEC 一系列合作的难度。

## 四、总结和政策建议

### （一）总结

加强亚太地区发展合作、促进区域内绿色贸易和可持续发展，是 APEC 自创立之初便秉承的目标。本文回顾了 APEC 自成立以来在国际环境产品贸易自由化方面的进展，并按照当前较为通用的阶段划分方法，按照 APEC 环境产品与服务合作取得成果的阶段性特征，将 APEC 合作历程划分为 4 个阶段：倡议提出期（1994—1998 年）、倡议实践期（1998—2007 年）、密集出台期（2007—2012 年）和后环境产品期（2012 年至今）。2012 年，APEC 制定并提出了世界上首个环境产品多边关税削减安排，并承诺到 2015 年清单内的 54 种产品关税降至 5%或者以下。我们以该清单内的环境产品为依据，考察了 2002—2018 年间 APEC 及其主要成员环境产品进出口情况。我们发现，2002—2018 年间，不论是 APEC 总体还是美、中、日、东盟等主要内部成员，无论是进出口总额还是进出口总数量，环境产品贸易都经历了显著的上升，而且 APEC 是各成员环境产品最主要的进出口市场，各成员对 APEC 的依赖程度非常高，APEC 范围内主要成员之间的相互依赖性也很高，这意味着 APEC 范围内环境产品的交易一体化程度较高。

我们进一步测算了 2012 年以来 APEC 及其主要成员环境产品贸易自由化的情况。2012 年以来，APEC 及其主要成员环境产品加权平均关税率显著下降，且 2015—2016 年下降趋势非常明显，这说明 APEC 的环境产品降税清单起到了作用。同时，在对主要成员进行分析时我们发现，发达成员的贸易自由化程度显著高于发展中成员，后者的环境产品自由化还有进一步的推进空间。在此基础上，我们使用拟合曲线，分析了 APEC 范围内各成员环境产品贸易自由化对其环境产品进口规模的影响，我们发现无论是环境产品进口额还是环境产品进口数量，都与环境关税呈负相关关系，说明环境产品进口数量的增加与环境产品关税的降低有关。

### （二）政策建议

通过对 APEC 环境产品合作历程的回顾和环境产品贸易自由化情况的探讨，可以发现 APEC 对促进世界和区域内环境产品与服务合作发挥了重大作用，不仅对区域内环境产品关税率的降低做出了贡献，更进一步影响了世界贸易组织的环境与贸易谈判。通过前文对 APEC 环境产品关税和环境产品进口规模的分析，我们认为 APEC 环境产品和服务合作仍有进一步的空间，加之近年来 APEC 乃至全球范围内环境形势刻不容缓，世界各国均加强了环境方面的支出，愈发重视环境产品与服务的发展，可知进一步推动环境产品与服务合作仍有很大潜力和空间。中国身处其中，也应一如既往地支持 APEC 在环境产品和服务领域的倡议和合作，为促进亚太区域绿色增长、可持续发展及应对气候变化贡献自身力量。

1. 进一步推动 APEC 环境产品与服务合作的建议

（1）推动环境产品清单和环境服务定义和分类制定。针对 APEC 环境产品清单中环境产品边界模糊、定义不清的问题，APEC 应加快研究和出台分类更为细致、边界更为清晰的环境产品清单，明确环境产品多用途问题的解决方案，并加强与世界贸易组织的合作和交流，促进定义明确、内涵一致的环境产品清单的出台。另外，APEC 应尽快加强环境产品服务相关方面的合作，出台环境服务合作清单，促进环境产品和环境服务共同实现贸易自由化。

（2）进一步降低环境产品推广成本。APEC 环境产品降税清单的制订和提出有利于降低环境产品供应商和消费者选购环境产品的成本，促进环境产品在 APEC 成员内部和成员之间的流通。早在 2005 年，中国就已经与日本、韩国、澳大利亚分别签署了环境标志互认协议，并与美国、加拿大、德国等 20 多国组成全球环境标志网，与瑞典、丹麦等 6 个国家组成了全球环境产品声明网。国际环境产品标志互认，可以为环境产品提供"绿色通行证"，促进 APEC 范围内消费者和供应商对环境产品进行选购，降低环境产品推广和应用成本，促进 APEC 环境产品工作的落实。同时，也应该加快建设对公众开放的环境产品服务、技术的相关数据库，为科研、公众研究和了解环境产品和服务提供渠道和平台。

（3）促进环境产品和服务的贸易便利化。APEC 在促进区域内贸易自由化的同时，也不遗余力地推动贸易便利化措施。据 APEC 政策支持部门统计，2002—2010 年，由于 APEC 成员采取了 APEC 贸易便利化行动计划措施，APEC 区域内贸易交易成本降低了 10%[①]。

---

[①] 中华人民共和国驻欧盟使团经济商务参赞处. APEC 积极推进贸易便利化进程. http://eu.mofcom.gov.cn/article/jmxw/201408/20140800704804.shtml.

APEC 实施的商务旅行卡（ABTC）机制、便利或免除签证申请等措施大大方便了亚太地区的自然人流动。在环境产品与服务方面，APEC 可以进一步促进区域内环境产品和服务的便利化，减少进出口商周旋于各种手续、通关、运输和转口方面浪费的时间和成本，降低交易成本，节约环境产品的时间成本和交易费用。

（4）加强环境产品和服务技术转让。早在 2007 年，联合国政府间气候变化专门委员会（IPCC）第四次评估报告便强调了持续的投资流量和有效的技术转移在控制温室气体排放中的重要作用[①]。完善、明确的环境产品和服务技术转让机制是 APEC 区域内进行深入、持续的环境产品与服务合作的制度支撑。因此，第一，APEC 应该加强区域内法律制度的完善，建立明确的技术转让机制和有力的监督机制，构建基本的权利责任框架；第二，解决 APEC 区域内技术研发、转移资金短缺问题，特别是发展中成员的资金不足问题；第三，加强技术转移双方的合作，促进技术在其他国家的应用和推广；第四，建立完善的知识产权保护机制，同时解决发达成员环境技术费用昂贵与发展中成员技术使用之间的矛盾；第五，加强发展中成员与发达成员间的环境技术研发合作，促进环境技术人才往来和培训。

自加入 APEC 以来，中国一直支持 APEC 各项工作的顺利开展，中国也由 1991 年亚太区域经济合作的初步参与者，成为当前亚太经济一体化合作进程的重要推动者和引领者[②]。根据前文的分析，近年来中国环境产品进出口对 APEC 的依赖程度保持在 60%左右，可知 APEC 是中国环境产品最主要的出口目的地和进口来源地，再加上中国是最早促进 APEC 开展国际环境合作的成员之一，为推动 APEC 的自身环境保护和可持续发展，中国也应一如既往地支持和响应 APEC 的倡议和声明。

（1）加速环境产品关税下调。遵循 APEC 的降税承诺，中国应进一步积极主动地加速环境产品关税下调，但同时将敏感环境产品关税下调至 5%的上限水平[③]。作为最早参与 APEC 环境产品与服务相关事务、积极开展环境产品与服务合作的成员之一，中国应该一如既往地发挥其在 APEC 环境合作方面的积极作用，降低环境产品的进口关税，盘活国内环境市场竞争活力，提高国内环境产业企业的竞争意识和创新能力，促进环境产业市场化。与此同时，中国环境产业起步晚，内部一些行业短期内缺乏竞争力，从保护幼稚产业的角度出发，应考虑防止因外部高竞争力企业进入导致这部分企业生存压力过大，应将较为敏感脆弱的环境产业进口关税降至 5%的水平，为这部分企业争取发展空间的同时，也为未来的环境与贸易谈判打好基础。

（2）支持和促进中国环境产业发展，提升中国环境产业产品竞争力。随着环境和气候形势愈发严峻，越来越多的国家参与环境产业竞争，发达成员因其环境产业起步早、技术

---

① 张永涛，王语懿. 环境技术转移，怎么高效推动?[J]. 中国生态文明，2018（4）：19.
② 史佳颖. APEC 经济增长议题演进与中国的策略选择[J]. 国际经济合作，2017（2）：16-18.
③ 康秀敏. APEC 环境产品贸易自由化[J]. 社会科学家，2017（6）：75-79.

水平高、环境治理经验丰富，在环境产业竞争领域一直占据明显优势。无论从环境气候形势还是国际竞争力来讲，中国都应该大力建设和培育自身环境产业的发展，在环境产业产品方面占据有利位置，争取未来环境产业产品服务方面的话语权和主动权。一方面，可以积极吸收外资，引进发达成员成熟的技术和经验，加强和参与环境产品和技术的国际合作与竞争，为国内环境产业发展创造自由宽松的竞争环境；同时加强中国内部环境产业的人才培育和研发投入，促进本土企业和机构研发创新。另一方面，在政策方面，国家应加大对弱小敏感行业的扶持力度，培育幼稚行业生命力；完善国内知识产权制度，加强政策透明度和执法力度，净化知识产权市场环境，促进国内以及国际环境产品服务技术的转移和推广。

（3）积极参与 APEC 环境交流和谈判，争取主动谈判优势。未来，APEC 环境产品清单的影响力会进一步扩大。不仅清单自身产品种类有进一步扩充的可能性，同时也可能会影响到 WTO 等其他重要的国际组织对环境产品的定义。中国一方面要积极响应 APEC 环境产品服务贸易自由化的号召，发展环境产品贸易自由化，降低经济发展中的环境风险，实现经济可持续发展；同时也要意识到，国际环境产品服务清单贸易自由化是一个长期的过程，随着清单在国际范围内接受度的增加，更多拥有环境用途的产品也会列入其中，为中国环境产品的出口和国内环境产业的发展带来不确定因素①。因此，中国在激烈的国际竞争中应努力为自身环境产业和企业的发展争取空间，发挥中国环境产品比较优势，为未来的谈判争取主动权。

（4）加速中国环境产品国际认证。发达成员环境产业起步早，具备比较完善的环境法规和产品技术标准。加速实现与 APEC 发达成员以及与欧盟等国家和地区的环境产品认证机构合作，一方面可以传递发达成员先进的环境产品认证管理思想、理念和方法，提高中国环境产品的技术标准，完善环境产业法律法规；另一方面，随着我国环境产品出口规模的扩大和国际竞争力的提升，不排除与其他经济体产生贸易摩擦和遭遇其他经济体技术性贸易壁垒的可能性。实现与其他经济体，特别是发达成员之间环境产品服务技术的认证或者互认，可以避免因技术标准低等原因导致贸易壁垒，阻碍环境产业发展。

**参考文献**

[1] Esty D C, Dua A. Sustaining the Asia Pacific Miracle: Environmental Protection and Economic Integration[J]. Peterson Institute Press: All Books, 1997.

[2] 黄涓. 中国环境产品出口贸易的影响因素及潜力分析[D]. 北京：首都经济贸易大学，2017.

---

① 黄涓. 中国环境产品出口贸易的影响因素及潜力分析[D]. 北京：首都经济贸易大学，2017.

[3] 康秀敏. APEC 环境产品贸易自由化[J]. 社会科学家，2017（6）：75-79.

[4] 李丽平，张彬. APEC 环境产品与服务合作进程、趋势及对策[J]. 亚太经济，2014（2）：67-72.

[5] 刘晨阳. 亚太区域经济合作发展报告 2015[M]. 北京：高等教育出版社，2013.

[6] 史佳颖. APEC 经济增长议题演进与中国的策略选择[J]. 国际经济合作，2017（2）：16-18.

[7] 徐嵩龄，钱薏红. 论亚太经合组织环境市场及中国的政策思考[J]. 中国软科学，1998（7）：65-71.

[8] 张永涛，王语懿. 环境技术转移，怎么高效推动?[J]. 中国生态文明，2018（4）：19.

# APEC 结构改革问题研究

李 俊*

**摘要：** 结构改革是完善市场运作，降低"边界内"措施对贸易和外资的阻碍，促进创新，提升经济效率的重要手段。为减轻亚太地区商品服务贸易和资本流动的"边界内"措施的阻碍，推进"茂物目标"的实现，APEC 不断促进各成员经济体经济结构改革。2004年以来，APEC 先后通过了《领导人关于实施结构改革议程》《亚太经合组织结构改革新战略》和《亚太经合组织新结构改革议程（2016—2020）》三个重要文件，以便指导各成员经济体结构改革工作。《新的亚太经合组织结构改革议程》即将于2020年到期，确定下一阶段结构改革的方向、优先领域，成为进一步推进 APEC 结构改革的关键。本文将回顾APEC 结构改革历程及其2018年以来的新进展，并以此为基础探讨 APEC"后2020愿景"下的结构改革政策建议。

**关键词：** 结构改革；后2020愿景；政策建议

2004年，亚太经济合作组织（APEC）领导人宣言通过了《领导人关于实施结构改革议程》（LAISR），确立了 APEC 各经济体在2010年前应重点关注的5个优先领域：规制改革、竞争政策、公司治理、公共部门治理、经济和法律基础设施。为应对2008年全球金融危机的爆发给各经济体经济发展带来的不确定性，稳固经济复苏，APEC 领导人在2010年批准了《APEC 结构改革新战略》（ANSSR），作为2010—2015年 APEC 结构改革的指南。为进一步总结 LAISR 和 ANSSR 的经验，巩固 APEC 结构改革工作，2015年 APEC 结构改革部长会议提出了《亚太经合组织新结构改革议程（2016—2020）》（RAASR）。RAASR 确立了结构改革的三个支柱，作为各成员经济体选择结构改革优先领域和行动的指导方针。近年来，结构改革已经成为 APEC 的核心议题之一，主要由 APEC 高官会下设的经济委员会（EC）负责组织实施。本文在回顾 APEC 结构改革历程，对2018年以来结构改革最新

---

* 李俊，青岛农业大学经济学院副教授，南开大学 APEC 研究中心兼职研究人员。

进展进行分析的基础上,针对"后 2020 愿景"提出实施结构改革的政策建议。

## 一、结构改革的含义及特征

结构改革具有较为丰富的内涵,各国际经济组织都从自身社会经济环境出发进行了不同的定义。欧盟委员会认为结构改革指的是通过放开劳动力、产品和服务市场,鼓励创造就业和投资,提高生产率,解决增长的根本驱动因素面临的障碍。结构改革的措施旨在提高经济的竞争力、增长潜力和调整能力。国际货币基金组织指出,"结构改革是旨在通过提高市场和制度结构的技术效率,或通过减少资源有效配置的障碍来提高生产率的措施。"根据区域内经济发展程度和 APEC 实际,APEC 将结构改革定义为:"与制度框架、法规和政府政策相关的政策变化,从而最小化对基于市场的激励、竞争、区域经济一体化和改善的经济绩效的障碍。"①

由 APEC 对于结构改革的定义可知,其具有以下三方面的特征:首先,结构改革并非宏观的经济政策的变化和经济刺激措施,而是通过为企业创造良好的营商环境,提高市场效率,通过优化资源配置促进经济社会目标的实现。其次,结构改革并非一次性的政策或制度变化,而应该随着社会经济环境的不断变化而持续进行,通过建立适当的体制机制促进以增长为导向的经济政策改革。再次,由于各经济体的经济制度和政治环境有较大差异,因此各经济体结构改革的优先领域和措施方法等并不完全一致。

虽然对于结构改革没有一个完全统一的定义,但其关注的主要是商业环境的改善、国内治理质量的提高和市场的良好运转,以提升经济效率。在"茂物目标"的指引下,APEC 及其各成员经济体通过宏观经济政策和对外经济政策协调实现了成员间贸易和投资的持续扩大,实现了较为稳定和持续的经济增长,但与此同时,APEC 各成员经济体内部的结构性问题也愈发突出。进入 21 世纪以来,APEC 及其成员不断加强对结构改革问题的重视,但仍需通过持续的结构改革来应对随着世界经济环境的变化和技术变迁而出现的新问题。

## 二、APEC 结构改革的历程

20 世纪末,APEC 成员经济体签订了一系列多边、双边贸易和投资协定,关税以及其他阻碍贸易和投资自由化的传统边界措施逐步降低和减少,"边界内"措施对贸易和投资自由化的阻碍变得更加突出。APEC 及其各成员经济体认识到"边界内"措施不利于"茂物目标"的实现,而结构改革对于解决"边界内"措施、促进贸易和投资自由化、促进亚太地区经济可持续和稳定增长具有重要意义。从 2004 年开始,APEC 相继发布了《领导人关于实施结构改革议程》《亚太经合组织结构改革新战略》和《亚太经合组织新结构改革议程

---

① APEC. Ministerial Meeting on Structural Reform: Joint Ministerial Statement [R]. Melbourne, Australia: APEC, 2008.

（2016—2020）》三个框架文件作为指导 APEC 成员经济体实施结构改革的指南。

（一）《领导人关于实施经济结构改革议程》（LAISR）

2004 年在智利圣地亚哥召开的 APEC 第 12 次领导人非正式会议上，批准通过以《领导人关于实施结构改革议程》（LAISR）作为推进亚太经合组织结构改革的明确指南。LAISR 承诺为推进亚太经合组织结构改革倡议，优先解决以下议题：①确定结构改革优先领域包括规制改革、强化经济和法律基础设施、竞争政策、加强公司和公共部门治理。②为了促进 APEC 结构改革深入有效开展，与 APEC 财政部部长互动程序及其他相关论坛磋商，确立相应的体制机制，将结构改革作为 APEC 主要优先事项。③推动结构改革政策讨论，为 APEC 结构改革工作提供明确指导。④通过组织论坛、会议等形式鼓励成员经济体分享结构改革良好做法，促进 APEC 成员经济体对结构改革的深入理解。⑤进一步加强包括监管者在内的能力建设。⑥加强与有关国际组织，特别是经济合作与发展组织（OECD）等的合作，深化并扩大与结构性改革有关的活动和措施。

LAISR 还要求各成员经济体从自身内部加快结构改革，重点包括：①各成员经济体加强与工商业界的沟通，加快成员经济体内部工作，确定结构改革优先领域。②从鼓励和促进国内监管改革的角度制订具有开拓性的政策和措施。③治理腐败，提高政策透明度，优化和提升营商环境。

为了持续推进和落实 LAISR，2008 年在澳大利亚墨尔本召开的 APEC 结构改革部长会议从结构改革的机遇、面临的政治挑战、与工商界代表的对话、如何实施良好规制 4 个方面对 APEC 结构改革工作进行了总结和回顾，并提出了进一步落实 LAISR 的工作要求。会议确定良好监管应具有以下广泛原则：①对存在的问题及其产生原因具有清晰认识。②政府的干预应当是公正的。③监管政策制定者应从一系列监管和非监管政策工具中做出合适的选择。④监管政策制定者应考虑每项监管政策的预期成本和收益。⑤规章制度应以公开和透明的方式制订，并遵循适当的程序，保证有关各方能够在制订过程中及时参与和提供意见。⑥监管政策制定者应设计相应的政策实施策略。⑦定期审议规章制度和政策，以确保其及时、有效。①

（二）《亚太经合组织结构改革新战略》（ANSSR）

全球金融危机爆发后，世界各经济体都遭受了不同程度的增长下滑，APEC 认识到制订更全面的长期增长战略的必要性。结构改革是增长战略的重要组成部分，能够提高经济效率，加强地区经济一体化，实现平衡和包容的高质量增长。2010 年，APEC 启动了《亚太经合组织结构改革新战略》，从战略层面提出促进结构改革的工作重点：一是要求领导人承诺实施重大的可验证的结构改革。二是要求各成员经济体在 2011 年底前制订出各自的

---

① 16th APEC Ministerial Meeting.Leaders' Agenda to Implement Structural Reform (LAISR). APEC, 2004. 2004/AMM/020.

单边行动计划，明确相关领域结构改革的重点、目标、政策和方法。三是在 APEC 地区范围内开展广泛的支持活动，以加强能力建设。四是要求每个经济体在 2015 年底报告其实现既定结构改革目标的进展情况。五是邀请领导人确认 2015 年结构改革的进展，并就下一步结构改革达成一致。

ANSSR 确定了 5 个结构改革的优先领域：①更加开放、完善、透明和竞争的市场。②运行更好、监管更有效的金融市场。③劳动市场进入机会、培训和教育。④促进中小企业可持续发展，增加女性和弱势群体参与市场的机会。⑤财政可持续的有效社会保障网络。与 LAISR 相比，ANSSR 更加强调了开放、完善、透明和竞争的市场在结构改革中的重要性，并且增加了对经济增长包容性的关注。

ANSSR 鼓励各成员经济体在各自意愿的基础上使用定性和定量指标来评估结构改革。APEC 成员经济体可以使用经济委员会开发的各种工具或者自主开发新的实用工具来确定结构改革的优先领域、政策和目标。APEC 在政策支持小组（PSU）的帮助下建立一套技术援助机制协助各成员经济体设定结构改革目标，实施结构改革措施，测度结构改革成效，鼓励各成员经济体分析结构改革的成功经验、关键因素和其他经验教训并进行分享。

ANSSR 强调了 APEC 各分论坛和小组的合作对结构改革的作用。高官会负责监督审议 ANSSR 的总体实施情况，确保 APEC 在集体优先领域的结构性改革取得进展。高官会指示 EC 与 APEC 其他各小组和论坛协调合作，包括 EC 领导继续推进 LASIR 确定的优先领域的各项工作，并跟进营商便利化项目。人力资源开发工作组（HRDWG）帮助推进劳动力市场机会、培训和教育领域的工作。财政部部长互动程序（FMP）领导财政金融领域相关工作。中小企业工作组（SMEWG）和性别联络人网络（GFPN）共同关注中小企业可持续发展问题和女性及弱势群体参与市场的机会问题。HRDWG 与财政部部长互动程序（FMP）共同关注社会保障与财政可持续问题。

（三）《亚太经合组织新结构改革议程（2016—2020）》（RAASR）

2015 年 9 月在菲律宾宿务召开了 APEC 第二次结构改革部长会议，讨论了《亚太经合组织结构改革新战略》的进展，对 2015 年后的结构改革方向达成一致，通过了《亚太经合组织新结构改革议程（2016—2020）》。为了更好地应对经济领域出现的新挑战和经济环境的新变化，实现经济包容性和平衡增长，RAASR 重申了 ANSSR 和 LAISR 的优先领域，并提出了结构改革的三个支柱：①更加开放、完善、透明和竞争的市场。②包括中小微企业、女性、老年人和弱势群体在内的社会各阶层都能深入参与市场。③能够促进上述目标，增强经济韧性，针对性强、有效和非歧视性的可持续社会政策。①

RAASR 要求各成员经济体在 2016 年制订出各自的单边行动计划，阐明其结构改革的

---

① APEC Structural Reform Ministerial Meetings (SRMM). Statement - 2nd Structural Reform Ministerial Meeting 2015 [R/OL]. APEC，2015.[2020-06-02]. http://mddb.apec.org/Documents/2015/MM/SRMM/15_srmm_jms.pdf.

重点、目标和政策。建议各经济体行动计划应包含测度结构改革成效的定量和定性指标。确定的重点工作包括：通过 EC 加强与工商咨询理事会（ABAC）、新兴企业、中小企业的磋商，以保障结构改革行动计划真正满足需求且具有实用性。在中期审议时，召开包括结构改革专家、经济委员会代表和其他相关小组专家等在内的高级别结构改革专家会议，分享经验教训，并指导各经济体单边行动计划的实施。通过 EC 与 PSU 的共同合作，发展一套量化指标，监测和报告 APEC 在结构改革方面的进展。

考虑到能力建设对经济体的结构改革至关重要，APEC 将继续在亚太经合组织范围内开展有针对性的支持活动，包括：①继续协助各经济体制订结构改革的目标、结构改革成效的度量指标和具体措施；②帮助确定优先事项和执行结构性改革的措施、项目；③根据两年一次的结构改革专家会议和亚太经合组织结构改革进展报告的建议或部长/领导人指示，对特定结构改革问题采取针对性的行动。

RAASR 强调了 EC 在未来结构改革中的领导地位，鼓励其在开展能力建设、分享经验教训、识别挑战和机遇方面，与人力资源开发小组、服务小组、贸易和投资工作组、财政部部长互动程序和中小企业工作组等开展合作，以共同促进 APEC 结构改革进程的不断推进。

### （四）"亚太经合组织营商便利化行动计划"

2009 年亚太经合组织启动了"亚太经合组织营商便利化行动计划"（EoDB 行动计划），提出到 2011 年亚太地区营商便利度提高 5%，2015 年营商便利度提高 25% 的目标。该计划明确了营商便利化的 5 个重点领域：开办企业、获得信贷、执行合同、跨境贸易和施工许可。这一计划的实施可以分为两步，第一步是组织研讨会，由领先经济体介绍营商便利化对经济发展的好处，各经济体分享营商便利化的成功经验和面临的挑战；第二步是对成员经济体营商便利化方面的问题进行判断，然后通过组织培训和访问指导等形式为成员经济体优化营商环境提供改革建议和技术援助。

根据 2015 年 PSU 对营商便利化行动计划（2010—2015）的评估，各经济体在 5 个重点领域虽然都取得了一定的进展，但总体上没有达到预期目标。2010—2014 年间，APEC 整体营商便利度实际只提高了 12.7%，与预定提高 25% 的目标相去甚远。评估结果显示，执行合同和获得信贷方面的营商便利度提升进展缓慢，在实施更复杂的结构改革方面存在较大的挑战。

2015 年 APEC 第二次结构改革部长会议批准通过了"第二阶段营商便利化行动计划（2016—2018）"。第二阶段营商便利化行动计划制订了较为可行的目标和行动方案，总体目标是到 2018 年 APEC 地区的营商便利度提高 10 个百分点。具体行动包括：①在 APEC 已有营商便利化工作的基础上，落实营商便利化改革。②识别营商便利化改革中的困难，并依靠各成员经济体分享成功经验予以克服。③开展有针对性的能力建设活动，提高亚太经合组织成员实施营商便利化行动的能力。④确定与其他国际组织合作的可能领域，与世界银行、经合组织、世界经济论坛等组织合作开展能力建设活动。

"第二阶段营商便利化行动计划（2016—2018）"针对 5 个重点领域明确了对应的指标，确定了各个领域的领先经济体，分析在各自相关领域的成功做法，在自主自愿、协商一致的原则基础上对其他经济体开展指导培训、技术援助等，以促进 APEC 各成员经济体的营商环境改善。各重点领域对应的衡量指标及领先经济体如表 1 所示。

表 1　第二阶段 EoDB 行动计划指标及领先经济体

| 重点领域 | 指标 | 领先经济体 |
| --- | --- | --- |
| 开办企业 | • 程序数量<br>• 时间<br>• 成本<br>• 最低资本要求 | • 新西兰<br>• 美国 |
| 获得信贷 | • 合法权利指数<br>• 信贷信息深度指数<br>• 公共金融机构覆盖率<br>• 私人注册金融机构覆盖率 | • 墨西哥<br>• 美国 |
| 跨境贸易 | • 文本数量<br>• 时间<br>• 成本 | • 新加坡<br>• 马来西亚 |
| 执行合同 | • 程序数量<br>• 时间<br>• 成本 | • 韩国<br>• 中国香港 |
| 施工许可 | • 程序数量<br>• 时间<br>• 成本 | • 新加坡 |

资料来源：APEC 第二届结构改革部长会议声明附件 B。APEC Structural Reform Ministerial Meetings (SRMM). Statement - 2nd Structural Reform Ministerial Meeting 2015 [R/OL]. APEC, 2015. [2020-06-02]. http://mddb.apec.org/Documents/2015/MM/SRMM/15_srmm_jms.pdf.

### 三、APEC 结构改革新进展

APEC 结构改革主要以 EC 为主向前推进。2018 年以来，在成员经济体和 APEC 政策支持小组等的支持下，形成了包括《新的亚太经合组织结构改革议程-中期审议报告》《2018 年 APEC 关于结构改革和基础设施建设的经济政策报告》《2019 年 APEC 关于结构改革和数字经济发展的经济政策报告》《提升妇女进入劳动力市场、获取金融和资本机会的结构改革措施》等多项成果。围绕 RAASR 的实施，APEC 经济委员会与各成员经济体不断拓展结构改革相关的工作。

## （一）领导人及部长级会议的相关指示

2018年11月发表的亚太经合组织第二十六次领导人非正式会议主席声明强调：结构性改革对促进包容、创新和高质量经济增长至关重要。通过有效、全面的结构改革，可以改善市场运转，促进社会各阶层更深入地参与市场，推进APEC更广泛的目标。改善监管环境，加强竞争政策、消除边界壁垒和便利营商，增加跨境贸易、金融和投资，并促进创新和发展。领导人鼓励官员们在2019年开展结构改革和数字经济方面的工作。①

2018年11月15日发表的部长级会议主席声明把"通过结构改革加强包容性增长"作为APEC在2018年三大优先领域之一；对《2018年APEC关于结构改革和基础设施建设的经济政策报告》表示欢迎，指示加强结构改革和基础设施建设的跨领域合作，批准将"结构改革与数字经济发展"作为2019年经济政策报告的主题；重申支持良好规制实践、营商便利化、公共电子服务、加强经济法律基础设施、竞争政策、公司和公共部门治理等领域进行的结构改革工作；支持进一步加强经济法律基础设施，欢迎各方在线上纠纷解决机制方面的努力；欢迎各成员继续努力促进良好监管实践，特别是关注数字时代的监管改革；鼓励各经济体推进国际监管合作，通过分享成功经验和能力建设进行合作。②

2019年10月，APEC第二十六次财政部部长会议联合声明表示，鼓励各成员经济体加强合作，分享实施相关结构改革的经验。对EC和FMP共同编写的《2019年APEC关于结构改革和数字经济发展的经济政策报告》表示欢迎，该报告主要讨论结构性政策如何帮助发挥数字经济潜力，促进平衡、包容、可持续、创新和安全增长。

领导人及部长级会议在充分肯定结构改革对APEC地区进一步完善市场运作、促进经济包容、创新和高质量增长的重要作用的同时，强调了数字经济条件下更好地发挥结构改革的作用。

## （二）2018年EC及高官会（SOM）层面工作进展

2018年3月，EC与HRDWG就《2017年经济政策报告：结构改革和人力资源开发》的建议实施举行了政策对话会。参加对话会的各方都同意2018年应重点关注数字时代APEC地区的教育和培训、积极的劳动力市场政策和社会保障，以及双方未来的跨领域合作。

2018年第一次高官会期间，经济委员会汇报了结构改革方面的工作。巴布亚新几内亚提交了在第三次高官会之后举办高级别结构改革官员会议（HLSROM）的计划，以评估RAASR的总体进展情况和各经济体在执行单边行动计划方面的进展，讨论2018—2020年RAASR的剩余工作重点。巴布亚新几内亚提议将"结构改革和数字经济"作为2019年

---

① The 26th APEC Economic Leaders' Meeting.The Chair's Era Kone Statement.APEC, 2018. https://www.apec.org/Meeting-Papers/Leaders-Declarations/2018/2018_aelm.

② 30th APEC Ministerial Meeting 2018. Chair's Statement – 30th APEC Ministerial Meeting 2018[R/OL]. APEC, 2018. [2020-07-02]. http://mddb.apec.org/Documents/2018/MM/AMM/18_amm_stmt.pdf.

APEC 经济政策报告主题。EC 提议将包容性纳入结构改革工作的主要框架，探讨制定结构性改革和包容性增长的政策框架，并于 2018 年 8 月向 HLSROM 提交该文件草案。

2018 年 8 月，墨西哥和巴布亚新几内亚共同组织了第 11 届良好监管实践会议，探讨了数字技术在支持监管透明度和参与方面的作用。美国、墨西哥、巴布亚新几内亚等经济体和 OECD、腾讯研究院等组织和机构分享了各自在数字经济领域获得的成果。会议还讨论了各经济体如何共同努力，确保监管框架在数字化的世界中发挥有效作用，支持数字经济中的新兴企业和创新[①]。

2018 年 8 月，在莫尔斯比港举行的高级别结构改革官员会议提出了 10 项亟待开展的重点工作，包括在现有指标以外，考虑增加额外的与数字经济相关的定量指标，以监督和审议数字经济领域的结构改革工作；EC 主导开发数字经济结构改革的定量指标；2019 年举办关于 RAASR 绩效评估最佳实践的研讨会，成员经济体与 PSU 就 RAASR 的衡量指标进行非正式特设磋商；基于 RAASR 支柱 2 和支柱 3 下实施结构改革的成功和失败案例举行政策对话会；向 2019 年 APEC 经济政策报告提交一份数字经济监管的文件；EC 继续实施强化经济和法律基础设施的在线纠纷解决机制工作计划；与财金高官会共同落实《2018 年 APEC 关于结构改革和基础设施建设的经济政策报告》的建议；为支持落实《推进亚太地区经济、金融和社会包容性行动议程》，举行结构改革和包容性增长的政策对话会；举行女性参与劳动力市场的结构性障碍的研讨会；举行中小微企业（偏远地区、女性主导和本土经营的中小微企业）全面参与数字经济的结构性障碍的研讨会[②]。

2018 年经济委员会第二次会议上通过了 PSU 提交的 RAASR 中期审议报告。RAASR 中期审议报告主要包括两部分内容：一是利用共同商定的 17 个指标对 APEC 整体结构改革进展进行评估；二是利用各成员经济体提供的报告对 RAASR 单边行动计划的实施进程及效果进行评估。新西兰在本次会议上提交了一份建议，可以采取以下三种方式进行结构性改革：①在特定领域进行结构改革，以促进人力资本发展、基础设施建设和完善社会保障；②选择"支持包容性"的结构改革措施并深化实施；③确保核心领域结构改革与其他改革和配套政策保持一致。

2018 年第三次高官会期间，PSU 提交了第二阶段 EoDB 行动计划的中期评估报告，通过对比 APEC 整体在 2017 年的数据和 2015 年的数据，评估是否能够在 2018 年实现营商便利度提高 10% 的目标。PSU 提交了《2018 年 APEC 关于结构改革和基础设施建设的经济政策报告》最终草案。该报告包括两大部分：①基础设施需求与数字基础设施建设投资对

---

① http://mddb.apec.org/Documents/2018/EC/EC%20CONF/18_ec_conf_000.pdf.
② APEC Senior Officials' Meeting. Report by the Chair of the Economic Committee on the Second Economic Committee Meeting 2018 [R/OL]. APEC, 2018. [2020-07-02]. http://mddb.apec.org/Documents/2018/SOM/SOM3/18_som3_013.pdf.

促进增长和互联互通的影响；②结构性政策在促进基础设施有效提供和管理方面的作用。①

### （三）2019 年至今 EC 及 SOM 层面的结构改革工作

2019 年第一次高官会期间，EC 汇报了经济委员会第一次会议期间结构改革方面的工作，主要包括讨论了 HLSROM 的建议及其后续工作；提议开始筹备下一届结构改革部长级会议；提议建立一个非正式小组，根据 HLSROM 的建议采取行动，改进 APEC 的结构改革，并为结构改革部长会议（SRMM）进行准备工作。

2019 年第三次高官会，PSU 提交了《亚太经合组织营商便利度——最终评估（2015—2018）》，对第二阶段 EoDB 行动计划的实施情况进行了最终评估。根据评估结果，与 2015 年相比，总体的营商便利度提高了 11.6%，超过了预先设定的 10% 的目标。APEC 地区各个领域的营商便利度都有所提高，其中获取信贷（20.9%）、开办企业（16.9%）和建筑许可（10.8%）三个领域都超过了预先设定的 10% 的目标，跨境贸易领域和执行合同领域则分别提高了 7.1%、2.5%。②

2019 年 10 月，PSU 提交了《提高妇女进入劳动力市场、获取金融和资本的结构改革措施》研究报告。为促使女性进入劳动力市场，获取金融和资本，推进 APEC 各经济体的结构改革进程，需要采取以下措施：①寻求政府高层对结构改革的支持。②确定专门的政府机构推进结构改革。③成立一个跨部门的委员会来协调各个政府机构的结构改革工作。④对参与结构改革的机构进行明确的授权。⑤在结构改革的早期阶段与政府妇女部门建立联系，并让其广泛参与结构改革。⑥建立改革成果共享制度。⑦收集和分析分性别统计的数据，为政策改革进程提供信息。⑧在改革进程的不同阶段与广泛的利益攸关方接触。⑨吸引关键利益相关者参与结构性政策变化的试点和设计。⑩鼓励私营部门发展试点项目，试验新的政策思路。⑪加强国际经验交流。③

2019 年 11 月，EC 发布了《2019 年 APEC 关于结构改革与数字经济发展的经济政策报告》。报告指出，为促进数字经济发展和包容性增长，需要做好以下工作：①做好竞争政策和法律、规制改革、营商便利化和公共部门治理等领域的数字经济核心结构改革。②进行补充结构改革，主要针对教育和技能、基础设施和社会保障等领域，使结构改革具有包容性。③统筹推进数字经济结构改革，做好核心结构改革和配套政策的协调。④监测数字经济的趋势和发展，并及时调整。⑤发挥区域合作的杠杆作用。

2019 年 11 月 APEC 部长级会议通过了《关于妇女和包容性增长的拉塞丽娜路线图

---

① APEC Senior Officials' Meeting. Summary Report - Third Senior Officials' Meeting 2018 [R/OL]. APEC, 2018. [2020-07-02]. http://mddb.apec.org/Documents/2018/SOM/SOM3/18_som3_summary.pdf.

② APEC Senior Officials' Meeting. Summary Report - Third Senior Officials' Meeting 2019 [R/OL]. APEC, 2019. [2020-07-02]. http://mddb.apec.org/Documents/2019/SOM/SOM3/19_som3_summary.pdf.

③ APEC Senior Officials' Meeting. Economic Committee Chair's Report[R/OL]. APEC, 2019/SOM3/010. [2020-06-05]. http://mddb.apec.org/Documents/2019/SOM/SOM3/19_som3_010.pdf.

（2019—2030）》。该路线图旨在通过收集数据进行研究和分析以提高女性参与市场和获取资本的能力，提高女性的劳动参与率，增加女性进入各级决策领导岗位的机会，支持女性接受教育、培训和技能发展，促进女性经济方面的赋权。

2020 年经济委员会第一次会议上，越南领导的 RAASR 行动小组组织了一次关于 2021—2025 年的结构改革议程的对话会，EC 组织开展了关于结构性改革和超越国内生产总值的政策对话会、在线纠纷解决机制对话会、结构改革和性别对话会。澳大利亚和加拿大介绍了 2020 年 APEC 经济政策报告的进展情况，该报告主题为结构改革与女性赋权。①

### 四、APEC 结构改革成效分析

#### （一）现有的结构改革评估指标体系

为了能够推进 RAASR 新战略的实施，对其实施效果进行评估，2015 年第二次结构改革部长会议确定了包括 17 个指标的评估指标体系。如表 2 所示，17 个指标都可以用于评估支柱 2 的进展情况，其中 10 个指标可以用于评估支柱 1 的进展情况，5 个指标用来评估支柱 3 的进展情况。

根据 RAASR 中期审议报告显示，2018 年进行中期审议时为止，营商便利度、劳动生产率、企业成熟度和创新度、65 岁以上劳动力参与率 4 个指标有明显的改善，说明在支柱 1 和支柱 2 等相关结构改革领域取得了进展。服务贸易限制指数，青年人失业占比，女性、商业和法律，劳动市场效率，金融市场效率等指标的次级指标有改善也有恶化。产品市场规制指数、外资限制指数、高等教育入学率、基本服务和基础设施、财政转移、生师比、千人医生数等指标由于缺乏报告期或基期数据而无法评估。

现有的结构改革评估指标体系所涵盖的指标较为全面，能够覆盖结构改革所涉及的领域，但指标体系对数据要求较高，各国际组织和成员经济体不能及时提供数据。

表 2　RAASR 评估指标体系

| 序号 | 指标 | 支柱 1 | 支柱 2 | 支柱 3 |
|---|---|---|---|---|
| 1 | 营商便利度 | ● | ● | |
| 2 | 产品市场规制指数 | ● | ● | |
| 3 | 全球外资限制指数 | ● | ● | |
| 4 | 服务贸易限制指数 | ● | ● | |
| 5 | 劳动生产率 | | ● | |
| 6 | 企业成熟度和创新度 | ● | ● | |
| 7 | 就业人口比率 | | ● | |

---

① APEC Senior Officials' Meeting. Summary Report - First Senior Officials' Meeting 2020 [R/OL]. APEC, 2020. [2020-07-02]. http://mddb.apec.org/Documents/2020/SOM/SOM1/20_som1_summary.pdf.

续表

| 序号 | 指标 | 支柱1 | 支柱2 | 支柱3 |
|---|---|---|---|---|
| 8 | 青年人失业占比 | | ● | |
| 9 | 65岁以上劳动力参与率 | | ● | |
| 10 | 女性、商业和法律 | | ● | |
| 11 | 劳动市场效率 | ● | ● | |
| 12 | 金融市场效率 | ● | ● | |
| 13 | 高等教育入学率 | | ● | ● |
| 14 | 基本服务和基础设施 | ● | | ● |
| 15 | 财政转移 | ● | ● | ● |
| 16 | 生师比 | | ● | ● |
| 17 | 每千人医生数 | | ● | ● |

资料来源：APEC Policy Support Unit. Renewed APEC Agenda for Structural Reform (RAASR)- Mid-Term Review Report [R/OL]. APEC Publication, 2018. http://www.apec.org/Publications/2018/RAASR-Mid-Term-Review-Report. [2020-06-01].

### （二）APEC营商便利度

营商便利度是评估结构改革的关键指标，也是RAASR支柱1中开放、完善、透明和竞争性市场目标的重要内容。迄今为止，APEC先后实施了两个阶段的营商便利化行动计划，目前正在探讨实施第三阶段营商便利度计划。利用世界银行数据，表3整理了APEC成员经济体2016年和2020年营商便利度得分情况。从表中可以看出，APEC成员经济体营商便利度平均得分从2016年的73.1增至2020年的76.6，提高了3.5分。从各个成员经济体来看，2016—2020年，除加拿大、新西兰和中国台湾的营商便利度得分有轻微下降外，其他APEC成员经济体的营商便利度都提高了。发展中经济体成员，如中国、文莱、泰国、印度尼西亚和越南的营商便利度得分增长较快，分别增长了14.8、12.6、8.2、7.5和7.2，营商环境有较大改善。总体来看，APEC第二阶段营商便利化行动计划实施较为成功，有助于各成员经济体提升国内企业生产经营效率，吸引外资，稳定和促进经济增长。

表3 APEC成员经济体2016年和2020年营商便利度得分及其变化

| 经济体 | 2016 | 2020 | 得分变化 |
|---|---|---|---|
| 澳大利亚 | 80.4 | 81.2 | 0.8 |
| 文莱 | 57.5 | 70.1 | 12.6 |
| 加拿大 | 79.8 | 79.6 | -0.2 |
| 智利 | 71.2 | 72.6 | 1.4 |
| 中国 | 63.1 | 77.9 | 14.8 |
| 中国香港 | 84.3 | 85.3 | 1.0 |
| 印度尼西亚 | 62.1 | 69.6 | 7.5 |
| 日本 | 77.5 | 78.0 | 0.5 |
| 韩国 | 83.1 | 84.0 | 0.9 |

续表

| 经济体 | 2016 | 2020 | 得分变化 |
| --- | --- | --- | --- |
| 马来西亚 | 78.6 | 81.5 | 2.9 |
| 墨西哥 | 71.6 | 72.4 | 0.8 |
| 新西兰 | 87.1 | 86.8 | −0.3 |
| 巴布亚新几内亚 | 56.0 | 59.8 | 3.8 |
| 秘鲁 | 67.2 | 68.7 | 1.5 |
| 菲律宾 | 58.2 | 62.8 | 4.6 |
| 俄罗斯 | 74.1 | 78.2 | 4.1 |
| 新加坡 | 84.9 | 86.2 | 1.3 |
| 中国台湾 | 81.3 | 80.9 | −0.4 |
| 泰国 | 71.9 | 80.1 | 8.2 |
| 美国 | 83.6 | 84.0 | 0.4 |
| 越南 | 62.6 | 69.8 | 7.2 |
| APEC | 73.1 | 76.6 | 3.5 |

资料来源：世界银行营商便利度数据库. https://www.doingbusiness.org/en/data/doing-business-score.

虽然 APEC 营商便利度总体上有所提高，但在开办企业、施工许可、获得信贷、跨境贸易和执行合同等各领域有较大差异。如表 4 所示，从 2020 年营商便利度分项指标得分情况来看，APEC 成员经济体的开办企业便利度平均得分最高，达到 90.1 分，21 个成员经济体中 13 个经济体的得分都超过了 90 分，只有菲律宾得分在 80 分以下。这说明 APEC 成员经济体开办企业所花费的时间和成本等都较低。

从施工许可这一指标得分情况来看，APEC 成员经济体平均得分为 78.8 分，印度尼西亚、墨西哥和巴布亚新几内亚的得分在 70 分以下。从获得信贷指标来看，APEC 成员经济体平均得分 74.3 分，其中智利、日本、菲律宾和中国台湾得分在 60 分以下。在跨境贸易得分方面，APEC 成员经济体平均得分为 80 分，其中文莱、印度尼西亚和巴布亚新几内亚得分在 70 分以下。

从表 4 所列的五个分项指标来看，APEC 成员经济体执行合同便利度得分最低，平均仅为 66.4 分，其中加拿大、印度尼西亚、巴布亚新几内亚、秘鲁和菲律宾的得分都在 60 分以下，说明执行合同方面依然是 APEC 下一步营商便利化行动的重点。

从营商便利度总体得分和分项得分情况来看，第二阶段营商便利化行动有较为积极的效果，大多数成员营商便利度得分提高，总体营商环境改善显著；APEC 各成员经济体营商便利度差距较大，部分成员营商便利度得分依然较低，营商环境还需进一步改善。APEC 应进一步实施营商便利化行动，并且重点突出执行合同、获得信贷领域的营商便利化行动。

表 4  2020 年营商便利度各分项指标得分情况

| 经济体 | 开办企业 | 施工许可 | 获得信贷 | 跨境贸易 | 执行合同 |
| --- | --- | --- | --- | --- | --- |
| 澳大利亚 | 96.6 | 84.7 | 95.0 | 70.3 | 79.0 |
| 文莱 | 94.9 | 73.6 | 100.0 | 58.7 | 62.8 |
| 加拿大 | 98.2 | 73.0 | 85.0 | 88.4 | 57.1 |
| 智利 | 91.4 | 75.9 | 55.0 | 80.6 | 64.7 |
| 中国 | 94.1 | 77.3 | 60.0 | 86.5 | 80.9 |
| 中国香港 | 98.2 | 93.5 | 75.0 | 95.0 | 69.1 |
| 印度尼西亚 | 81.2 | 66.8 | 70.0 | 67.5 | 49.1 |
| 日本 | 86.1 | 83.1 | 55.0 | 85.9 | 65.3 |
| 韩国 | 93.4 | 84.4 | 65.0 | 92.5 | 84.1 |
| 马来西亚 | 83.3 | 89.9 | 75.0 | 88.5 | 68.2 |
| 墨西哥 | 86.1 | 68.8 | 90.0 | 82.1 | 67.0 |
| 新西兰 | 100.0 | 86.5 | 100.0 | 84.6 | 71.5 |
| 巴布亚新几内亚 | 80.1 | 64.5 | 70.0 | 65.8 | 36.2 |
| 秘鲁 | 82.1 | 72.5 | 75.0 | 71.3 | 59.1 |
| 菲律宾 | 71.3 | 70.0 | 40.0 | 68.4 | 46.0 |
| 俄罗斯 | 93.1 | 78.9 | 80.0 | 71.8 | 72.2 |
| 新加坡 | 98.2 | 87.9 | 75.0 | 89.6 | 84.5 |
| 中国台湾 | 94.4 | 87.1 | 50.0 | 84.9 | 75.1 |
| 泰国 | 92.4 | 77.3 | 70.0 | 84.6 | 67.9 |
| 美国 | 91.6 | 80.0 | 95.0 | 92.0 | 73.4 |
| 越南 | 85.1 | 79.3 | 80.0 | 70.8 | 62.1 |
| APEC | 90.1 | 78.8 | 74.3 | 80.0 | 66.4 |

资料来源：世界银行营商便利度数据库。https://www.doingbusiness.org/en/data/doing-business-score.

**（三）APEC 服务贸易限制指数**

OECD 服务贸易限制指数主要是针对跨境交付和自然人流动的服务贸易模式，对影响服务贸易的规制政策进行了分析和衡量。从表 5 可以发现，2016—2019 年 APEC 公路运输、铁路运输以及银行部门的服务贸易限制指数有所提高，其他部门服务贸易限制指数都在降低。APEC 在物流货运、物流仓储、货运代理和物流海关经纪 4 个部门的服务贸易限制指数降低最多，对于 APEC 地区互联互通有至关重要的作用。从 2019 年的数据来看，APEC 各部门服务贸易限制指数大多都高于 OECD，其中在快递、铁路运输、电信、物流货运、会计和物流仓储 6 个部门，APEC 服务贸易限制指数比 OECD 高了不止 0.1，体现出服务贸易自由化差距较大。

表 5  APEC 和 OECD 2016 年和 2019 年分部门服务贸易限制指数及其变化

| 部门 | APEC | | OECD | |
|---|---|---|---|---|
| | 2016 | 2019 | 2016 | 2019 |
| 物流货运 | 0.365 | 0.356 | 0.219 | 0.219 |
| 物流仓储 | 0.321 | 0.312 | 0.202 | 0.202 |
| 货运代理 | 0.265 | 0.256 | 0.194 | 0.193 |
| 物流海关经纪 | 0.326 | 0.315 | 0.225 | 0.223 |
| 会计 | 0.411 | 0.413 | 0.283 | 0.284 |
| 建筑设计 | 0.253 | 0.250 | 0.244 | 0.244 |
| 工程 | 0.229 | 0.225 | 0.233 | 0.233 |
| 法律 | 0.388 | 0.387 | 0.362 | 0.362 |
| 电影 | 0.253 | 0.250 | 0.194 | 0.195 |
| 广播 | 0.376 | 0.375 | 0.275 | 0.278 |
| 录音 | 0.221 | 0.218 | 0.198 | 0.197 |
| 电信 | 0.338 | 0.335 | 0.186 | 0.188 |
| 航空运输 | 0.435 | 0.434 | 0.410 | 0.409 |
| 海上运输 | 0.317 | 0.307 | 0.235 | 0.238 |
| 公路运输 | 0.269 | 0.271 | 0.199 | 0.201 |
| 铁路运输 | 0.418 | 0.419 | 0.261 | 0.260 |
| 快递 | 0.425 | 0.422 | 0.259 | 0.259 |
| 分销 | 0.248 | 0.245 | 0.170 | 0.171 |
| 银行 | 0.282 | 0.278 | 0.206 | 0.206 |
| 保险 | 0.281 | 0.279 | 0.193 | 0.193 |
| 计算机 | 0.244 | 0.239 | 0.219 | 0.221 |
| 建筑 | 0.265 | 0.262 | 0.220 | 0.222 |

资料来源：OECD 数据库. https://stats.oecd.org/Index.aspx?DataSetCode=STRI.

注：APEC 服务贸易限制指数是由澳大利亚、加拿大、智利、日本、韩国、墨西哥、新西兰、美国、中国、印度尼西亚、俄罗斯和泰国等成员服务贸易限制指数的平均值，OECD 服务贸易限制指数是 OECD 全部经济体的平均值。

从表 6 中 APEC 各成员经济体的具体情况来看，发展中经济体各部门的服务贸易限制指数总体上要高于发达经济体。例如，在会计服务部门，中国、印度尼西亚和泰国的服务贸易限制指数分别为 0.73、0.72 和 1.00，而澳大利亚、加拿大、日本、新西兰、美国的服务贸易限制指数分别为 0.19、0.23、0.20、0.20 和 0.16。从表 6 中还可以发现，由于各 APEC 成员经济体结构改革进程、服务部门竞争力不同，因此在服务开放方面差异较大，服务贸易限制指数差异也较大。一些经济体特定服务部门的服务贸易限制指数仍然较高，如韩国的会计服务和铁路运输服务部门、墨西哥的海关经纪服务部门、俄罗斯的物流货运和物流仓储部门、泰国的会计和铁路运输部门的服务贸易限制指数都为 1，说明这些国家的这些部门基本上是不对外开放的。

随着结构改革的推进，APEC 各成员经济体服务贸易限制指数均有不同程度的下降，服务贸易自由化取得了较大的进步。同时各成员经济体在不同部门的服务贸易自由化程度差异较大，不利于成员经济体之间的服务要素流动，对亚太地区的贸易和投资一体化有较大阻碍。服务贸易限制指数较高的原因一方面是由于发展中成员经济体在服务业自主开放和协议开放方面仍然较为滞后，边界措施较高，另一方面也与各成员经济体内部市场竞争程度不高、透明度较低等有关。因此，需要进一步通过积极推进结构改革，降低和减少阻碍服务贸易的边界措施和边界内措施。

表6  2019年APEC各主要经济体服务贸易限制指数

| 经济体 | 澳大利亚 | 加拿大 | 智利 | 日本 | 韩国 | 墨西哥 | 新西兰 | 美国 | 中国 | 印度尼西亚 | 马来西亚 | 俄罗斯 | 泰国 |
|---|---|---|---|---|---|---|---|---|---|---|---|---|---|
| 物流货运 | 0.22 | 0.22 | 0.23 | 0.21 | 0.17 | 0.36 | 0.31 | 0.24 | 0.39 | 0.46 | 0.35 | 1.00 | 0.47 |
| 物流仓储 | 0.17 | 0.17 | 0.19 | 0.17 | 0.10 | 0.30 | 0.22 | 0.21 | 0.34 | 0.41 | 0.28 | 1.00 | 0.50 |
| 货运代理 | 0.18 | 0.15 | 0.19 | 0.20 | 0.16 | 0.30 | 0.21 | 0.21 | 0.32 | 0.38 | 0.31 | 0.32 | 0.40 |
| 海关经纪 | 0.18 | 0.15 | 0.34 | 0.16 | 0.17 | 1.00 | 0.21 | 0.22 | 0.31 | 0.31 | 0.30 | 0.35 | 0.40 |
| 会计 | 0.19 | 0.23 | 0.10 | 0.20 | 1.00 | 0.22 | 0.20 | 0.16 | 0.73 | 0.72 | 0.31 | 0.31 | 1.00 |
| 建筑设计 | 0.16 | 0.18 | 0.13 | 0.15 | 0.20 | 0.27 | 0.21 | 0.20 | 0.21 | 0.32 | 0.35 | 0.29 | 0.58 |
| 工程 | 0.14 | 0.15 | 0.16 | 0.12 | 0.15 | 0.27 | 0.20 | 0.21 | 0.23 | 0.30 | 0.34 | 0.30 | 0.36 |
| 法律 | 0.14 | 0.17 | 0.16 | 0.54 | 0.43 | 0.24 | 0.23 | 0.20 | 0.51 | 0.89 | 0.67 | 0.24 | 0.61 |
| 电影 | 0.16 | 0.20 | 0.19 | 0.10 | 0.15 | 0.28 | 0.19 | 0.14 | 0.60 | 0.33 | 0.25 | 0.33 | 0.33 |
| 广播 | 0.21 | 0.31 | 0.29 | 0.26 | 0.36 | 0.65 | 0.20 | 0.25 | 0.70 | 0.43 | 0.40 | 0.43 | 0.38 |
| 录音 | 0.15 | 0.16 | 0.19 | 0.11 | 0.13 | 0.23 | 0.17 | 0.17 | 0.48 | 0.23 | 0.22 | 0.29 | 0.31 |
| 电信 | 0.19 | 0.30 | 0.23 | 0.25 | 0.33 | 0.20 | 0.19 | 0.16 | 0.67 | 0.64 | 0.43 | 0.38 | 0.39 |
| 航空运输 | 0.30 | 0.38 | 0.17 | 0.40 | 0.48 | 0.38 | 0.36 | 0.53 | 0.47 | 0.48 | 0.52 | 0.57 | 0.60 |
| 海上运输 | 0.19 | 0.18 | 0.20 | 0.19 | 0.29 | 0.27 | 0.23 | 0.35 | 0.33 | 0.56 | 0.33 | 0.42 | 0.45 |
| 公路运输 | 0.13 | 0.16 | 0.13 | 0.12 | 0.18 | 0.62 | 0.19 | 0.17 | 0.27 | 0.47 | 0.36 | 0.28 | 0.44 |
| 铁路运输 | 0.16 | 0.16 | 0.23 | 0.20 | 1.00 | 0.33 | 0.23 | 0.15 | 0.28 | 0.36 | 0.36 | 0.99 | 1.00 |
| 快递 | 0.38 | 0.38 | 0.49 | 0.26 | 0.38 | 0.47 | 0.26 | 0.38 | 0.88 | 0.47 | 0.31 | 0.40 | 0.42 |
| 分销 | 0.14 | 0.25 | 0.13 | 0.13 | 0.15 | 0.21 | 0.16 | 0.14 | 0.26 | 0.65 | 0.36 | 0.26 | 0.34 |
| 银行 | 0.18 | 0.17 | 0.21 | 0.20 | 0.17 | 0.37 | 0.20 | 0.21 | 0.39 | 0.49 | 0.25 | 0.36 | 0.41 |
| 保险 | 0.19 | 0.20 | 0.17 | 0.17 | 0.10 | 0.25 | 0.14 | 0.29 | 0.43 | 0.49 | 0.29 | 0.38 | 0.53 |
| 计算机 | 0.17 | 0.17 | 0.17 | 0.16 | 0.12 | 0.27 | 0.20 | 0.19 | 0.22 | 0.33 | 0.31 | 0.37 | 0.35 |
| 建筑 | 0.19 | 0.23 | 0.16 | 0.12 | 0.16 | 0.28 | 0.20 | 0.22 | 0.33 | 0.44 | 0.32 | 0.35 | 0.41 |

资料来源：OECD 数据库。https://stats.oecd.org/Index.aspx?DataSetCode=STRI.

### （四）APEC 全球外资限制指数

OECD 全球外资限制指数反映了各国外资流入的难易程度。对 APEC 而言，利用该指数评估结构改革，可以确认各经济体各部门的外资进入限制程度，促进经济体进一步采取针对性的结构性政策，推动亚太地区投资自由化。如表 7 所示，2016—2018 年，APEC

整体外资限制指数有轻微下降,其中澳大利亚和俄罗斯的全球外资限制指数有所提高,加拿大、墨西哥、新西兰、中国、马来西亚、菲律宾、越南的全球外资限制指数有所降低,尤其以中国降幅最大。智利、日本、美国、印度尼西亚、秘鲁等经济体的外资限制指数没有明显变化。

表7 APEC各成员经济体外资限制指数

| 经济体 | 第一产业 | | 第二产业 | | 第三产业 | | 整体 | |
|---|---|---|---|---|---|---|---|---|
| | 2016 | 2018 | 2016 | 2018 | 2016 | 2018 | 2016 | 2018 |
| 澳大利亚 | 0.141 | 0.153 | 0.096 | 0.096 | 0.179 | 0.181 | 0.146 | 0.149 |
| 加拿大 | 0.193 | 0.190 | 0.100 | 0.095 | 0.197 | 0.193 | 0.166 | 0.161 |
| 智利 | 0.150 | 0.150 | 0.000 | 0.000 | 0.060 | 0.060 | 0.057 | 0.057 |
| 日本 | 0.069 | 0.069 | 0.005 | 0.005 | 0.077 | 0.077 | 0.052 | 0.052 |
| 韩国 | 0.250 | 0.250 | 0.060 | 0.060 | 0.141 | 0.141 | 0.135 | 0.135 |
| 墨西哥 | 0.319 | 0.319 | 0.102 | 0.102 | 0.197 | 0.195 | 0.189 | 0.188 |
| 新西兰 | 0.325 | 0.320 | 0.200 | 0.190 | 0.235 | 0.233 | 0.240 | 0.235 |
| 美国 | 0.181 | 0.181 | 0.028 | 0.028 | 0.094 | 0.094 | 0.089 | 0.089 |
| 中国 | 0.385 | 0.358 | 0.198 | 0.089 | 0.404 | 0.316 | 0.335 | 0.251 |
| 印度尼西亚 | 0.457 | 0.457 | 0.092 | 0.092 | 0.400 | 0.400 | 0.313 | 0.313 |
| 马来西亚 | 0.295 | 0.295 | 0.112 | 0.112 | 0.327 | 0.326 | 0.253 | 0.252 |
| 秘鲁 | 0.050 | 0.050 | 0.050 | 0.050 | 0.103 | 0.103 | 0.077 | 0.077 |
| 菲律宾 | 0.644 | 0.644 | 0.180 | 0.164 | 0.430 | 0.409 | 0.390 | 0.374 |
| 俄罗斯 | 0.157 | 0.207 | 0.079 | 0.144 | 0.256 | 0.347 | 0.182 | 0.257 |
| 越南 | 0.061 | 0.061 | 0.022 | 0.022 | 0.227 | 0.225 | 0.132 | 0.130 |
| APEC | 0.245 | 0.247 | 0.088 | 0.083 | 0.222 | 0.220 | 0.184 | 0.181 |
| OECD | 0.095 | 0.095 | 0.032 | 0.032 | 0.081 | 0.081 | 0.065 | 0.065 |

资料来源:OECD数据库. https://stats.oecd.org/Index.aspx?datasetcode=FDIINDEX.

注:APEC指数是指表中所含的15个APEC成员全球外资限制指数的平均值,OECD指数是由所有OECD成员经济体全球外资限制指数的平均值。

APEC三类产业的外资限制指数呈现出不同的特征,第一产业和第三产业的外资限制指数要显著高于第二产业。2016—2018年,APEC第一产业的外资限制指数有轻微上升,其中俄罗斯第一产业的外资限制指数从0.157上升到了0.207,有较大幅度的提升。从2018年APEC成员经济体横向比较看,菲律宾和印度尼西亚第一产业的外资限制指数较高,分别为0.644和0.457,第一产业对外开放程度较低。APEC第二产业的外资限制指数远低于第一产业和第二产业的外资限制指数。2016—2018年,APEC第二产业的外资限制指数有轻微下降,中国第二产业外资限制指数下降最多,从0.198降至0.089,而俄罗斯第二产业外资限制指数则从0.079升至0.144,这与各国制造业市场发展及其竞争力有较大关系。2016—2018年APEC第三产业外资限制指数也有轻微下降,中国下降幅度最大,从0.404

降至 0.316，俄罗斯则从 0.256 升至 0.347。2018 年，APEC 有 5 个成员的第三产业外资限制指数超过了 0.3，第三产业投资自由化还有较大空间。

从营商便利度、服务贸易限制指数和外资限制指数等指标看，APEC 结构改革取得了一定的成效，对 APEC 下一阶段的结构改革工作是一种鼓舞。但进一步对各成员经济体和部门的数据进行分析可以发现，各个成员经济体之间，各个产业和部门之间结构改革的成效有较大差异，各成员经济体有必要对前期结构改革进行分析总结，进一步有针对性地推进各产业和部门的结构改革，完善市场运作，推动经济的创新、可持续和包容性增长。

## 五、APEC"后 2020"结构改革的政策建议

随着 2020 年 APEC"茂物目标"时间表到期，APEC 愿景小组已经提交了一份主题为"人与繁荣"的愿景报告，为"后茂物目标"时代的规划提供了一系列建议。

### （一）实施新的结构改革议程，扩展结构改革优先领域

从 LAISR 到 ANSSR，再到 RAASR，APEC 结构改革持续推进，已经在竞争性政策、规制改革等领域取得了较大进展，推动了 APEC 地区贸易和投资自由化及经济稳定增长。RAASR 到 2020 年即将到期，APEC 应综合考虑各成员经济体实施结构改革过程中的经验和挑战，规划新的结构改革议程。短期来看，首先要围绕 RAASR 确定三大支柱继续深化核心领域结构改革，应对新型冠状病毒肺炎疫情带来的冲击，促使经济尽快实现复苏和增长。

长期来看，APEC 结构改革应重点关注创新增长、包容性增长和数字经济问题。随着 APEC 地区经济增长和发展水平的不断提高，涌现出了一些新的挑战，例如如何扩大弱势群体、女性、中小企业等参与经济的机会，实现经济包容性增长的问题；数字经济的快速发展给经济持续增长带来了机会，如何针对数字经济制订结构改革政策措施，促进数字经济健康发展的同时消除国家之间、族群之间的"数字鸿沟"；促进经济的包容性、创新性和可持续增长问题。

### （二）开发更加科学性和有针对性的指标，审议结构改革成效

2018 年，APEC 对 RASSR 进展进行中期审议时发现，共同商定的指标体系存在一定的缺陷。这些指标分别来自世界银行、经济合作与发展组织、国际劳工组织、大企业联合会、联合国教科文组织等多个组织。一方面，经济合作与发展组织统计指标仅涵盖了 OECD 经济体和少数非 OECD 经济体，并不能涵盖所有 APEC 成员经济体，因此利用 OECD 的指标很难准确反映出 APEC 整体结构改革的进展情况。另一方面，所商定的指标中有相当一部分数量的指标数据更新不及时，如 OECD 的产品市场规制指数（PMR）涵盖的经济体较少，且更新不及时，导致无法准确及时衡量结构改革的效果。

RAASR 中期审议时用于评估第三支柱结构改革进展的 5 个指标都因为缺少基期数据

或者报告期数据,因此很难评估该支柱相关领域结构改革的效果。为了更好地推进结构改革,准确衡量 APEC 整体和成员经济体结构改革进展,APEC 应在加强能力建设的同时,支持各经济体结合自身实际,建立和开发新的统计指标用于测度结构改革进展。随着 APEC 结构改革优先领域的不断扩展,应开发能够准确度量数字经济、包容性增长、创新增长的有效指标。

### (三) 加强能力建设,支持各成员经济体结构改革

APEC 成员内部各经济体技术水平、经济发展程度、制度建设等都有较大差距,这给 APEC 实现集体结构改革目标带来了较大困难。为实现在各领域结构改革的持续推进,APEC 应当通过组织研讨会、培训班等各种方式进一步加强能力建设,尽可能地为成员提供技术援助,帮助成员制订结构改革的目标、措施以及审议指标。

数字经济发展为 APEC 地区实现经济创新性增长带来了巨大机遇,但也对经济的包容性增长带来了巨大挑战。如何促进弱势群体从数字经济发展中获得机会,实现包容性增长是 APEC 结构改革应该重点关注的领域。中国和美国是发展中经济体和发达经济体中数字经济发展较好的典型,在数字经济治理和结构改革方面积累了一定的经验,应该积极分享成功经验,指导 APEC 成员经济体在发展数字经济方面进行结构改革。

### (四) 加强各论坛和小组以及其他国际组织合作

APEC 在 ANSSR 和 RAASR 实施中强调了加强 APEC 各分论坛和工作组的合作,共同推进结构改革工作。2018 年 EC 第二次会议期间,妇女与经济政策伙伴关系工作组(PPWE)介绍了与 EC 合作的潜在领域,包括举办关于结构改革和性别问题的公私对话,讨论通过法律和监管改革来解决数字性别鸿沟问题,基础设施和女性获取信息和通信技术基础设施、技能和能力建设,加强经济和法律基础设施、营商便利化以促进女性参与商业和贸易等问题。

当前结构改革工作主要由 EC 主导和推进。随着结构改革新领域的不断扩展,为有效利用结构改革推进数字经济的包容性、创新性和可持续性增长,APEC 经济委员会应加强与电子商务指导小组/互联网经济指导小组、中小企业工作组、PPWE 等小组和论坛的合作。为充分吸收世界各经济体结构改革的成功经验,APEC 应加强与 OECD、世界银行、东盟等国际组织的协作。

### 参考文献

[1] APEC Policy Support Unit. APEC's Ease of Doing Business – Final Assessment 2015-2018[R/OL]. APEC Publication, APEC Policy Support Unit. APEC's Ease of Doing Business – Final Assessment 2015-2018 [R/OL]. APEC Publication, 2019. https://www.apec.org/Publications/2019/08/APEC-Ease-of-Doing-Business-Final-Assessment-2015-2018 [2020-06-01].

[2] APEC Structural Reform Ministerial Meetings (SRMM). Statement - 2nd Structural Reform Ministerial Meeting 2015 [R/OL]. APEC, 2015. [2020-06-02].

[3] APEC Structural Reform Ministerial Meetings (SRMM). Joint Ministerial Statement - Ministerial Meeting on Structural Reform 2008 [R/OL].APEC, 2008. [2020-06-02].

[4] APEC Policy Support Unit. Renewed APEC Agenda for Structural Reform (RAASR)- Mid-Term Review Report [R/OL]. APEC Publication, 2018. http://www.apec.org/Publications/2018/RAASR-Mid-Term-Review-Report. [2020-06-01].

[5] 张彬，卢迅. APEC北京峰会创新增长合作议题与中国的策略[J]. 亚太经济，2016（1）：22-28.

# 工商界参与 APEC 合作问题研究

谢娟娟　田　晴　王青峰*

**摘要**：APEC 高度重视发挥工商界的作用，建立了以 APEC 工商咨询理事会等为代表的各种机构，并在不同时期制定相应的促进 APEC 发展的主要议题，旨在保障工商界有效地参与亚太经济合作。工商界在支持多边贸易体制和"茂物目标"，抵制贸易保护主义和消除贸易壁垒，推进亚太自贸区建设，深化和加快落实 APEC 服务业竞争路线图（ASCR）等方面起到了重要的作用。当前，APEC 合作进程进入了"后茂物"时代，但是当今世界经济面临增长动能不足、单边主义和贸易保护主义抬头、新型冠状病毒肺炎疫情席卷全球、区域经济合作碎片化等问题仍然严重的现状，作为经济发展主体的企业如何释放自身能量，工商界如何通过各种机制参与 APEC 事务，在经济不确定性条件下，抓住时机对"后 2020 愿景"的实现制定新的合作和实施规划，成为实现深挖经济增长潜力、拓展区域发展合作的新的亮点。

**关键词**：工商咨询理事会；亚太自贸区；数字经济；政商互动

亚太经济合作组织（APEC）是目前亚太地区最具影响力的官方经济合作论坛，自 1989 年建立至今已经成功运行了 30 多年的时间，其在机制建设和多个合作领域取得了令人瞩目的成果。APEC 高度重视发挥工商界的作用，建立了以 APEC 工商咨询理事会等为代表的各种机构，旨在保障工商界有效地参与亚太经济合作。站在成立 30 周年的关键节点上，APEC 合作进程进入了"后茂物"时代。但是，当今世界经济增长动能不足、贸易保护主义抬头、区域经济合作碎片化等现象仍然严重，作为经济发展主体的企业如何释放自身能量，工商界如何通过各种机制参与 APEC 事务、如何抓住时机对"后 2020 愿景"的实现制定新的合作和实施规划，是深挖经济增长潜力、拓展区域发展合作的新亮点。

---

\* 谢娟娟，南开大学经济学院教授，博士生导师，南开大学 APEC 研究中心兼职研究人员。田晴、王青峰，南开大学经济学院博士研究生。

## 一、工商界参与 APEC 的进程与现状

### （一）工商界参与 APEC 进程的平台

1. APEC 工商领导人峰会

APEC 工商领导人峰会（APEC CEO Summit）是亚太地区最具影响力的政商交流论坛，为工商界提供了与经济体领导人、政策制定者、意见领袖进行深入交流的绝佳机会，也促进了与私人机构和公共部门的交流与合作。1997 年 11 月，首次以 APEC 工商领导人峰会命名的会议在加拿大温哥华举行，此后每年工商领导人峰会在 APEC 领导人非正式会议期间同时举行，探讨亚太地区当前面临的社会经济等热点问题及未来的发展方向。

自 2004 年起，历届工商领导人峰会的主题围绕全球化和数字化时代工商界如何更好地参与可持续发展、共享人类发展成果展开。2018 年 APEC 工商领导人峰会在巴布亚新几内亚举行，主题是"把握包容性机遇，拥抱数字化未来"。峰会就区域经济一体化、数字经济、互联互通、可持续和包容增长等重要议题进行了深入交流，为亚太乃至世界经济发展注入新动力做出新贡献。而 2019 年原本定于在智利举行的 APEC 非正式领导人会议因故取消，其余历年峰会的主要议题如表 1 所示。

表 1　APEC 工商领导人峰会历年召开地点和主题

| 时间 | 地点 | 主题 | 主要内容 |
| --- | --- | --- | --- |
| 2004 | 智利圣地亚哥 | 决胜于全球化时代：工商界的新挑战 | 就全球贸易体制和亚太区域化的现状和未来、全球化的挑战、可持续发展的挑战、自由贸易协定及其影响、世界经济的安全挑战等议题展开讨论 |
| 2005 | 韩国釜山 | 企业家精神与繁荣——建立亚太地区成功的合作伙伴关系 | 讨论了可体现企业家精神的战略和政策、自由贸易全球化、信息通信与知识型社会、能源安全、中国经济的崛起对全球经济的影响、大型自然灾害、亚太地区金融市场先进化以及加强经济合作等方面的内容 |
| 2006 | 越南河内 | 走向一个大家庭：为共享发展创造机会 | 力促创新以发展经济、迎接挑战以保障可持续经济改革、推动信息通信技术的发展、为中小企业发展提供便利、良好企业经营的机遇与挑战和如何吸引外国直接投资等 |
| 2007 | 澳大利亚悉尼 | — | 亚太地区的挑战与机遇、多哈回合谈判、亚太地区的人力资源和创新、能源和气候变化、亚太地区经济抗风险能力等 |
| 2008 | 秘鲁利马 | APEC 面临的挑战：增长、平等和可持续发展 | 应对全球金融危机、继续推动贸易自由化等 |
| 2009 | 新加坡 | 重建世界经济：危机与机遇 | 应对国际金融危机、推动世界经济复苏和加强企业管理 |
| 2010 | 日本横滨 | 亚太作为全球增长的驱动力：寻求危机后的繁荣 | 包括国际金融危机、确保持续稳定的增长、确保亚太经济活力、亚太地区经济一体化进程和对全球贸易投资自由化的作用等 |

续表

| 时间 | 地点 | 主题 | 主要内容 |
| --- | --- | --- | --- |
| 2011 | 美国夏威夷檀香山 | 重新定义未来 | — |
| 2012 | 俄罗斯符拉迪沃斯托克 | 应对挑战,扩大潜在价值 | 议题包括经济一体化、创新性增长和基础设施开发、发展中经济体中产阶层作为新消费者对世界经济的影响、资本主义是否迷失方向以及如何建设商业、人居和环境友好城市等 |
| 2013 | 印度尼西亚巴厘岛 | 迈向适应与增长:重塑全球经济重心 | 呼吁APEC各经济体在实现全球经济复苏的道路上重点关注全球工商业的重要性,并致力于实现包容性可持续发展 |
| 2014 | 中国北京 | 亚太新愿景:创新、互联、融合、繁荣 | 亚太经济一体化与全球多边贸易体系、区域合作新机遇、世界经济评述、聚焦经济改革、创新发展、全球均衡化发展、全球金融、互联互通、未来发展趋势 |
| 2015 | 菲律宾马尼拉 | 创造更好、更强和共同的未来 | 重点讨论全球经济形势、创新和企业家精神、亚太经济增长、人力资源、城市发展、包容性增长、贸易等议题 |
| 2016 | 秘鲁利马 | 高质量增长与人类发展 | 会议围绕全球经济与贸易状况、创新与可持续经济发展、促进人类发展等议题展开讨论 |
| 2017 | 越南岘港 | 激发全新动能,开创共享未来 | 会议重点讨论区域经济一体化、包容性增长、互联互通、中小企业发展、互联网数字经济、粮食安全和可持续发展等议题 |
| 2018 | 巴布亚新几内亚莫尔斯比港 | 把握包容性机遇,拥抱数字化未来 | 峰会就区域经济一体化、数字经济、互联互通、可持续和包容增长等重要议题进行了深入交流,为亚太乃至世界经济发展注入新动力、做出新贡献 |

资料来源:http://www.xinhuanet.com/world/2015-11/19/c_128445948.htm。

2. APEC工商咨询理事会

随着世界范围内商业的蓬勃发展,APEC领导人认识到企业的重要性和代表性及其在工商咨询等关键问题上的价值,于1995年11月成立APEC工商咨询理事会(APEC Business Advisory Council,ABAC),其主要任务包括:一是关注商业领域的优先事项,如贸易投资自由化、经济技术合作以及创造有利的工商环境等重要问题;二是响应APEC各个论坛的不同要求,以获取有关特定合作领域商业前景的信息,每年以报告的形式提供给领导人。1996—2019年间,ABAC虽然每年根据不断变化的经济形势提出不同问题,但推动亚太区域经济一体化进程的基本方向始终没有改变,工作领域包括:人力资源开发和技术合作、工业科技、中小企业发展、经济基础设施、能源安全、交通、电信和信息、旅游、贸易和投资数据、贸易促进、海洋资源保护、渔业和农业技术、粮食安全等。其中优先领域为基础设施建设、中小企业发展、人力资源开发和技术合作。工商界参与APEC进程的态度和意见基本上都通过ABAC的报告集中表现出来。

(1) 2019年工商咨询理事会的工作重点。2019年,智利接任ABAC主席,推出以"数字时代的包容性与协同增长"为主题的论坛,确定了2019年工作计划的重点,包括以下几个方面：①重申区域经济一体化；②通过社会创新和绿色增长建设可持续社会；③促进中小微企业进入全球价值链的市场并取得成功；④通过普惠金融、创新和一体化实现包容性增长；⑤推动数字化和创新，实现更高的包容性。

（2）ABAC 的五个工作小组促进工作的开展。ABAC 先后成立了区域经济一体化工作组（REIWG）、可持续发展工作组（SDWG）、中小微企业与创业工作组（MSMEEWG）、财经工作组（FEWG）和数字与创新工作组（DIWG）。APEC 秘书处还通过 APEC 金融体系能力建设咨询小组，与重要的国际公共和私营部门机构就影响本地区的金融问题开展合作。

2019 年 APEC 工商咨询理事会报告指出，亚太工商界认为关乎亚太经合组织区域内人民的长期福祉、经济的可持续和包容性增长的关注点有三个方面：①支持多边贸易体制和遏制保护主义抬头；②对气候变化采取行动；③开放数字时代的利益。这也是在"后 2020 愿景"大背景下，ABAC 提出的共建以亚太自由贸易区为基础、以人民为中心、无缝对接、动态的、有韧性的、包容和可持续性的"亚太经济共同体"的工作目标。

3. APEC 中小企业部长会议和中小企业工作组

中小企业一直是 APEC 区域内经济增长和创新的引擎，但由于规模和实力原因，中小企业发展过程中常面临特有的困难。因此，APEC 中小企业部长会议召开的目的就是要找出影响 APEC 区域内中小企业发展的问题，协调政策措施并讨论如何在这些方面加强合作，推动各成员中小企业的共同发展。

2019 年 APEC SMEWG 在部长会议之前举行了两次会议，主要讨论了中小企业部长任务落实进展情况，以及中小企业工作组（SMEWG）2017—2020 年战略规划。各成员还就最佳实践交换了信息，同意继续加强 APEC 跨论坛合作以及与外部伙伴的合作。2019 年 APEC 中小企业工作组推进项目如表 2 所示。

表 2　2019 年 APEC 中小企业工作组推进项目

| 项目号 | 名称 |
| --- | --- |
| SME01 2019 | APEC 中小企业研讨会：拥抱工业革命 4.0，提升出口型中小企业的经济效益 |
| SME02 2019A | APEC 中小企业零售在互联网和数字经济中的机遇与挑战研讨会 |
| SME03 2019A | 2020 中小微企业商业道德论坛：实现《南京宣言》成为国际通行的道德规范 |
| SME04 2019A | APEC 青年企业家启动仪式 |
| SME05 2019A | 2020 APEC 中小微企业网络安全论坛 |
| SME06 2019A | APEC 中小微企业与企业家精神政策对话：让我们保持连贯一致 |
| SME07 2019A | 中小微企业生产力和绩效论坛（2019 年 12 月，新西兰惠灵顿） |
| SME01 2019S | APEC 优化中小微企业商业环境研讨会 2019 |
| SME02 2019S | APEC 中小微企业数字经济论坛 |
| SME03 2019S | APEC 中小微企业商业论坛 |
| SME04 2019S | 为未来打造中小微企业：通过创新和可持续性面对全球挑战 |
| SME05 2019S | 亚太经合组织地区中小微企业领域概述：市场准入和国际化的关键问题 |
| SME06 2019S | 贸易促进组织培训计划：在线培训以支持女性企业家进入全球市场 |

资料来源：APEC 官网。

## (二)中国工商界参与 APEC 进程基本情况

我国历来希望通过 APEC 平台促进我国中小企业的发展,积极支持企业以及服务中小企业的政府机构参与 APEC 进程。除派代表积极参加历届 APEC 中小企业部长会议和 ABAC 的主要会议外,还主动举办相关活动。例如 1999 年 1 月,成立了 APEC 中国企业联席会议,配合中国政府推动中国企业积极参与 APEC 进程;2003 年,我国倡议并发起创建了 APEC 中小企业服务联盟。

### 1. APEC 中国工商理事会

中国除委任代表参与 ABAC 工商咨询理事会活动外,在中国贸促会和中国国际商会的管理和支持下,由 ABAC 中国代表等企业家共同发起,于 2013 年 8 月成立了 APEC 中国工商理事会(APEC China Business Council),作为非营利性组织,其目的是为中国企业参与亚太地区贸易政策制订、企业家的交流与合作搭建一个机制性平台,推动中国工商界参与国际问题讨论和政策合作进程,并促进企业与政府部门的交流,为中国企业与亚太地区政商界利益攸关方就国际热点问题搭建交流与合作的平台。

(1) APEC 中国工商理事会的基本职能。第一,通过参与 APEC 各层级合作平台的政商互动,尤其是对接围绕 ABAC 会议及其系列活动,推动我国工商界深度参与 APEC 发展进程、区域经济合作规则的制订,更加充分地反映中国工商界的声音和诉求,为我国企业对外经贸合作创造良好的外部环境。第二,促进我国与亚太地区经贸领域多种形式和内容的交流,积极为企业"走出去""引进来"搭建合作平台,扩大区域经贸合作网络,寻求经贸合作机会,提高企业国际化水平。

(2) APEC 中国工商理事会的主要活动。①积极参加 APEC 各种活动,包括出席 APEC 工商领导人峰会和领导人对话会、参与 APEC 部长级会议和高官会议,以及 ABAC 会议期间举办的各种工商界活动,组织相关会见和对话。②收集我国企业对外经贸合作的诉求,研究我国工商界在参与 APEC 区域经贸交流与合作中遇到的问题,及时向政府有关部门反映,提出相关政策建议,为提升我国在亚太经济合作中的话语权、塑造力和主导权做出贡献。③积极参与同 APEC 其他经济体工商界之间的对话与交流,通过 ABAC 等渠道影响 APEC 区域合作的优先领域和重点内容,提出各领域和行业倡议,为共同推动亚太地区经贸合作建言献策。④与其他 APEC 经济体工商界开展各种形式的交流合作,通过互访、举办专题研讨和经贸洽谈活动,密切我国企业同亚太地区的交往,加强务实合作。

### 2. APEC 中国工商理事会青年企业家委员会

2018 年 7 月,为进一步推动中国工商界青年力量深度参与 APEC 发展进程,完善中国工商界机制性平台,贯彻新发展理念,培育新时代具有国际视野、创新能力、企业家精神和社会责任感的未来经济领袖,APEC 中国工商理事会于成立 5 周年的关键节点,创立 APEC 中国工商理事会青年企业家委员会,成为面向新时代中国工商界青年经济领袖的代表。

以"新时代青年·新经济领袖"为愿景，APEC 中国工商理事会青年企业家委员会整合了中国具有时代影响力和广泛代表性的 45 岁（含）以下青年经济领袖，委员所涉行业涵盖先进制造、人工智能、互联网、数字科技、文化教育、通信传媒、金融投资以及能源环保等。APEC 中国工商理事会青年企业家委员会致力于创新工作形式，灵活运用 APEC 各级别合作平台，创造性地构筑这一新时代专业平台，以国际化视角和具有创新力的内容，消解个体局限，凝聚商业智慧。

### 3. APEC 中国之夜

"APEC 中国之夜"活动发起于 2009 年新加坡 APEC 工商领导人峰会，此后在日本横滨、美国夏威夷、俄罗斯符拉迪沃斯托克、印度尼西亚巴厘岛、中国北京、秘鲁利马、越南岘港、巴布亚新几内亚莫尔斯比港举行的 APEC 峰会召开期间同期举办。

该活动用 10 年的时间，见证了中国企业在 APEC 平台上不断增强的影响力以及在全球化进程中的成长与发展，已经成为每年出席 APEC 工商领导人峰会的中国企业家代表团深入参与的品牌活动和重要社交平台，得到亚太工商界的广泛支持和认可。

### 4. APEC 工商领袖主题早餐会

中美经贸体量庞大，错综复杂，其中矛盾重重难以回避。但中国一直推动建设互相尊重、公平正义、合作共赢的新型国际关系，构建人类命运共同体，呼吁各国走对话而不对抗、接班而不结盟的国与国交往新路。APEC 中国工商理事会在整合中国国内工商力量的同时，为企业家搭建起共同的亚太舞台，用早餐会这一特别的落地形式集结了中美乃至亚太的工商力量。

2017 年，在越南岘港工商领导人峰会期间，中国工商理事会与美国 APEC 国家中心首次联合举办早餐会，参与的企业为中美两国顶级的企业代表，代表着中美万亿市场。十余位中美工商领袖围绕"亚太共同市场"这一主题，就潜在的市场合作、企业正在开拓的方向、新技术与产业的变革、政策环境对企业布局的影响、中美企业间的优势及劣势进行了探讨。

2018 年，工商领袖主题早餐会在巴布亚新几内亚的莫尔斯比港举行，来自中美及亚太地区的 12 名企业家出席了主题为"工商界的担当"的早餐会。针对 2018 年的中美贸易摩擦问题，中方代表呼吁面对错综复杂且矛盾重重的中美贸易关系时要保持清醒克制与良性互动，共同维护自由贸易体系；外方企业家领袖同意应正视消费者和市场需求，大量的贸易、往来需求，电子商务、健康医疗等方面的发展都将影响和驱动中小微企业发展，推动贸易自由化。希望双方携手消除分歧、降低门槛、消除壁垒，最终让消费者受益，形成双赢局面。

工商领袖早餐会成功举办两届之后，亚太地区工商界深受裨益。APEC 中国工商理事会也希望早餐会能够成为亚太工商界互动的品牌活动，并将这一活动机制化，为亚太工商界参与亚太地区事务发挥更多更好的作用。

## 二、工商界助力 APEC 目标的相关领域

### （一）促进 WTO 多边贸易体制和"茂物目标"进程

1. 支持多边贸易体制

随着世界经济格局和经贸规则体系演变步伐的加快，如果全球经济治理体系的调整与完善出现滞后或偏向，其合理性与运行效率不足的问题暴露得越来越突出[①]。因此，ABAC 鼓励尽早实施《贸易便利化协定》和《信息技术协定》以表明各成员致力于在世界各地加强贸易开放，促进全球繁荣与发展。同时鼓励各经济体参与《诸边服务贸易协定》（TiSA），并希望更多经济体加入环境产品协定（EGA）的谈判。

2. 抵制保护主义，消除非关税壁垒

近年来国际贸易局势紧张，自 2008 年全球金融危机以来，G20 集团经济体已经出台近 3000 项新的贸易限制措施，尤其是由美国发动中美贸易战后，贸易保护主义趋势更加明显。而贸易保护主义破坏了经济和企业赖以繁荣数十年的基础，忽视了过去 30 年的经验，即更密切的经济一体化和遵守国际规则，特别是 WTO 规则，以及管理货物贸易、服务贸易和投资流动的诸边协定是共同繁荣的关键。因此，各经济体寻求补救措施，通过 WTO 本身对该体系进行改革，抵制各种形式的贸易保护主义，消除关税壁垒和非关税壁垒，一直是 APEC 成立以来的目标。

3. 推进亚太自贸区建设，加速茂物目标实现

"茂物目标"自 1994 年提出，是指发达经济体在 2010 年前，发展中经济体在 2020 年前实现贸易和投资的自由化。2006 年越南河内 APEC 会议制定了"河内行动计划"，提出建设亚太自贸区（FTAAP）的愿景，旨在加速实现茂物目标。2018 年 APEC 会议成立"APEC 愿景小组"，制定了 APEC "后 2020"议程，这为日后亚太区域内扩大贸易和投资自由化目标夯实了基础。亚太工商界一致认为，为保持和深化区域一体化，APEC 各经济体之间的贸易关系必须保持开放、高标准和包容性，以推动亚太自贸区建设。

2019 年亚太工商理事会重申按照 2014 年"亚太经合组织促进实现亚太自贸区北京路线图"和 2016 年《利马宣言》的要求，继续推进亚太自贸区建设的重要意义。亚太自贸区致力于推进经济一体化、提供包容性机遇、应对企业面临的数字转型等新挑战以及其他新一代贸易和投资问题，从而实现全方面、高质量、互惠互利的亚太自由贸易区，努力推进全面和进步跨太平洋伙伴关系协定（CPTPP）、区域全面经济伙伴关系协定（RCEP）和太平洋联盟（PA）的谈判进程，这些谈判将为扩大区域贸易和投资活动提供重要机遇。这些

---

[①] 刘晨阳，曹以伦. APEC 三十年与我国参与亚太区域经济合作的战略新思考[J]. 东北亚论坛，2020，29（2）：3-18，127.

通往亚太自贸区的道路，凸显了亚太工商领导人对茂物目标原则的支持及信心。

4. 深化和加快落实 APEC 服务竞争力路线图（APEC Service Competitiveness Roadmap，ASCR）

服务贸易和投资对亚太经合组织的经济增长至关重要。亚太工商界一贯主张促进服务贸易和区域内投资流动，深化和加快落实亚太安全和对话机制，加快制定服务贸易适应环境指数，使各经济体能在 2021 年亚太经合组织服务贸易报告中期审议前更好地分析和应对服务贸易限制。针对服务部门，将其纳入亚太经合组织服务贸易需求环境指数发展试点计划；推进环境服务行动计划（Environmental Services Action Plan，ESAP）解决教育服务领域的相关监管障碍，以满足本地区当前和未来劳动力对高质量技能培训的需求；加快落实《亚太经合组织互联互通蓝图》和《供应链互联互通框架行动计划》。

（二）关注 APEC 中小微型企业的发展

在当前亚太地区乃至世界经济增长乏力的背景下，推进经济可持续、创新和包容性增长是当前的核心议题，而中小微型企业将是亚太地区经济增长的动力，这就要求工商界将关注点集中于中小微型企业的发展上。

1. 提高中小微型企业参与贸易和全球价值链的能力

2018 年 APEC 成员中小微型企业大约 1.1 亿家，占现有企业总数的 97%以上，并为 50%以上的人口创造就业机会。ABAC 建议建立和运营中小企业增长平台——中小企业全球价值链网络（SME Global Value Chain Network），为亚太地区中小微型企业的发展创造一个相互联系和有利的环境，使现有的项目充分利用彼此的资源和专业知识。同时，帮助中小微型企业克服跨境参与的结构性障碍，加强金融、信息和数字经济督导，通过投资更便利的通信基础设施，来满足中小微型企业跨境贸易的要求。

2. 鼓励中小微企业商业创新

针对中小微型企业经营面临严重的融资障碍，ABAC 支持建立在最佳商业实践案例基础上的创新商业模式，支持全球草根运动，旨在通过创业手段实现更大的包容性，鼓励 APEC 成员与亚太金融论坛和普惠金融论坛的主要利益攸关方开展合作，建立现代信用信息、评估、担保交易和破产制度，扩大中小微企业融资渠道；为继续开展金融技术对话建立区域平台；促进微型企业获得融资，特别是微型企业通过农业金融、金融教育、微型保险、数字身份创新和在线供应链金融以及分布式账本技术等获得发展。

3. 促进中小企业数字贸易发展

先进技术和互联网应用的迅速融合，标志着工业革命 4.0 的出现，促成了商业、工业、社会和消费者行为的普遍变化。当前的产业发展可以作为实现包容性经济，特别是出口导向型中小企业参与的战略措施之一。例如，利用电子商务平台，不仅增加了外向型中小企业参与国际贸易的可能性，而且有效地降低了成本。中小企业能够参与全球竞争，有效地适应经济的快速变化,还可以通过公共部门和私营部门之间的合作,促进获取资金和价值链的技术,更新教育系统和技能培训。

### (三) 关注技术创新和数字经济的发展

#### 1. 扩大为所有人利用的数字化和创新性

各经济体对跨境数据流动和数据存储限制的增加,阻碍了高度集成的全球价值链的整合,以及跨境贸易和创新技术的普及。因此,APEC 工商理事会致力于构建一个开放的政策框架,以从当前和正在出现的数字化和创新机遇中获益,探索数字化和创新带来的机遇,促进技术进步。通过消除妨碍数字技术的障碍,确保一致的监管和政策环境;通过竞争和投资促进基础设施建设,使所有社区都能负担得起互联网和宽带通信;提高人力资源对现代数字技术的适应能力,确保数据和信息在整个地区的安全和自由流动,同时保护个人隐私和网络弹性。

这些目标应以尽可能少的贸易限制方式来实现。APEC 工商理事会认识到跨境隐私规则体系(CBPR)的重要性,并鼓励感兴趣的经济体采纳这一自愿机制。ABAC 要求各经济体为数字企业营造一个开放、非歧视、可操作、互联互通的商业环境。

#### 2. 创建普惠金融的数字和政策生态系统

金融技术为国家发展提供了广泛的利益,包括金融包容、多元化金融服务和促进数字社会的发展。创新的金融技术要求数据和信息的自由和安全流动,同时继续保护个人隐私和促进网络恢复能力,这就要求 APEC 各经济体内部和各经济体之间要进行协调一致的法律、政策、监管和制度改革。因此应创建一个公平竞争的普惠金融服务供应商和政策生态系统,通过基于应用活动的管理,促进数字身份验证和使用数字文档,介绍开放银行业、应用程序编程接口和鼓励地区公司平台监管等,促进建设开放、互操作和高效的数字时代金融市场基础设施。

ABAC 鼓励各经济体使用《新金融数据服务生态系统路线图》(Roadmap for a New Financial Services Data Ecosystem)[①]作为一种工具,从而可以更广泛和跨区域地使用数据,并把《贸易和供应链金融数字化战略》(Strategy for the Digitalization of Trade and Supply Chain Finance)[②]作为一种指南,促进中小型企业获取有效的数字化营运资金。

#### 3. 促进智慧城市发展

随着城市化的快速发展,城市中心约占全球能源消耗和温室气体排放的 70%,因此,城市基础设施和技术创新,特别是智慧城市的创新,可以在解决快速城市化带来的能源和

---

[①] https://www2.abaconline.org/assets/2018/AGFSCB_Key_Documents/Attachment_A_An_APEC_Roadmap_for_a_New_Financial_Services_Data_Ecosystem.pdf.

[②] https://www2.abaconline.org/assets/2018/AGFSCB_Key_Documents/Attachment_B_A_Strategy_for_the_Digitalization_of_Trade_and_Supply_Chain_Finance.pdf.

环境问题方面发挥关键作用。形成5G、云计算、大数据、人工智能（AI）、虚拟现实（VR）、先进材料、"智慧城市+"等新兴技术支撑下的、以数据为中心的智慧城市。智能机场、公共安全、环境保护和医疗可以帮助实现数据的自由流动，包括可持续的城市管理、生态系统组成及增强与公民的互动。

### （四）关注能源、环境、粮食安全体系

#### 1. 关注能源安全，促进矿业和能源部门可持续发展

为了实现可持续发展与经济增长和竞争力之间的平衡，ABAC建议各经济体利用低碳能源，使能源供应多样化，增强能源安全。建议在满足经济增长需要的同时，扩大可再生燃料的使用；鼓励投资高质量的能源基础设施，稳步迈向低碳社会，应该考虑引入政策和制度，不仅改变能源供应，而且改变整个社会消耗能源的方式。促进在资源勘探、防范风险、资源使用方面的持续投资，使用最佳创新实践、技术和基础设施，提高中小企业深入参与全球资源市场和提高投资者回报率的能力。同时，ABAC鼓励APEC通过矿业工作组等渠道，继续与私营部门就资源领域展开包容性对话。

#### 2. 加强食品安全

维持26亿的庞大人口和满足该区域日益增长的粮食需求是实现粮食安全的优先事项。ABAC鼓励通过供应链实现对利用土地、渔业等的有效管理，通过技术、数字化和创新，对渔业下游、渔业股票的价值添加等进行有效的监测。ABAC敦促APEC领导人解决阻碍粮食和农产品贸易的壁垒，特别是优先考虑对影响粮食贸易的非关税壁垒采取行动，尽量减少粮食损失和浪费；促进中小微型企业和小农户以"不扭曲贸易"的方式参与粮食生产和贸易。

#### 3. 解决气候变化问题

解决气候变化问题刻不容缓。APEC经济体的二氧化碳排放量占全球总量的62%，占温室气体排放总量的55%以上。如果不能制订减缓和适应气候变化的战略，就会对企业乃至总体经济造成更严重的影响。同样，伴随着非常严重的风险，企业也有切实的机会找到双赢的方法，助力实现低碳未来。

## 三、工商界参与APEC合作的主要特点和面临问题

### （一）工商界参与APEC合作的主要特点

#### 1. 建议的直接有效性

工商界参与APEC进程的态度和意见基本上都可以通过APEC工商咨询理事会的建议集中表现出来。ABAC是由21个经济体中各占三位的工商界人士组成的，共计63位代表，每年定期召开四次会议，提出具体的改善亚太营商环境的政策建议，并形成递交给领导人的报告。在每年年末的APEC领导人会议期间，这些代表们将携带政策建议与报告，与

APEC 所有领导人进行一次直接对话。由于仅有最高领导人能参加,这种政商之间的对话便显得非常直接有效,正因为如此,在 APEC 全年的各部长会议及高官会议议程中,都会给 ABAC 代表们预留位置,以便提前掌握工商界的想法,进而对 APEC 政策制定带来积极的影响。

2. 建议的超前性

ABAC 是由 APEC 各成员领导人选定的三名私人商业代表组成,这些代表本身都经营着相当规模的生意,因此需要相应宽松、有利的外部经营条件,很多建议体现了发达成员或发展中成员内部大垄断资本扩张区内投资和贸易的要求,超越了大部分 APEC 成员尤其是发展中成员经济发展的实际水平。

3. 建议的多变性

由于 ABAC 的主席由当年 APEC 主席国派员担任,而 APEC 主席采取轮换制,因此发展中成员与发达成员在担任主席时对 APEC 所持的态度差异必然对 ABAC 有一定的影响,进而对其建议产生作用。不过这种变化基本上与 APEC 内部因力量变化而导致主要议题的变化或重点议题的变化呈现同向性。

4. 建议的非连续性

由于亚太区域内部与外部条件变幻莫测,给贸易带来很大的不确定因素并产生不同的影响,因而 ABAC 商业代表从自身商业利益考虑而提出的建议也必然适应这一变化要求,表现出极大的非连续性。ABAC 对 APEC 的监督主要集中在对 APEC 经济体对其承诺的投资贸易自由化与便利化的执行程度与力度的评估上,而单边行动计划、集体行动计划则是其监督与评估的主要目标。与 ABAC 建议的多变性、非连续性特点相反,ABAC 在这些领域的监督与评估功能凸显出集中、不变和连续的特点。

5. 建议的务实灵活性

ABAC 与政府间的互动,与 WTO、国际货币基金组织(IMF)等国际组织有明确且清晰的政策推进目标和方案不同,商界的思维都非常务实且灵活。由于目标并不局限在某一领域,组织本身没有太多约束性,使得商界的参与非常活跃。基本原则是不设置条条框框,即便没有大的成果,也可以小步快跑,而且鼓励单边行动。例如,在贸易便利化领域无法推进,那么大家就推进中小企业合作,总能有所进展。又如,2004 年亚太自贸区(FTAAP)的概念首次由 ABAC 提出,ABAC 还曾提出过诸如商务旅行卡的概念并实施推广,以确保工商界人士出行的方便。

(二)工商界参与 APEC 合作面临的问题

工商界作为 APEC 合作的重要参与者,是 APEC 最活跃的力量,为推动亚太经济发展发挥了重要作用。在"全球化 4.0"和新一轮工业革命兴起的背景下,在"逆全球化"思潮和多边贸易体制发展遇阻的国际形势下,APEC 合作呈现出新的趋势和特点,也面临着新的挑战。

1. 全球经济格局的不确定性问题

2008 年金融危机爆发以来，世界经济在国际金融危机的深层次影响下缓慢复苏，但主要的结构性问题并未得到根治，主要发达经济体和新兴经济体的经济增速普遍放缓。近年来，随着英国脱欧、特朗普上台，国际经济格局中大国博弈趋势日益突出，全球化的步伐放缓，经济不确定不断增强，尤其是中美贸易摩擦的不断升级，两国在经贸领域的竞争和博弈烈度升级，引发国际经济格局重构[①]。2020 年新型冠状病毒肺炎疫情暴发，随即在全球扩散，造成了全球性的紧张，更增加了全球经济的不确定性。这些不确定性笼罩着世界经济，使得经济复苏缺乏动力，也冲击着亚太区域经济原本相对稳定的格局，可能对 APEC 的合作进程带来以下不利影响。

（1）部分经济体的贸易壁垒加强。实施亚太地区贸易投资自由化和便利化，推动金融稳定和改革，是亚太经济合作组织的主要目标。但是，随着全球经济不稳定因素增大，亚太地区各经济体的贸易壁垒加强，严重阻碍了产品和服务的跨境流动，不利于亚太地区经济一体化的发展。尤其是中国和美国作为 APEC 成员中的两个重要经济体的贸易摩擦不断升级，贸易壁垒加强，阻碍了商品的跨境流动。

（2）地缘政治因素复杂多变。[②]近年来，亚太地区大国博弈的色彩日渐浓厚，促使其他成员对原有的区域经济合作战略做出相应的调整。在亚太区域合作的发展进程中，地缘政治和地缘战略因素所产生的驱动力明显上升，源于经济和市场因素的驱动力有所下降，APEC 各成员的利益取向日趋多元化。[③]进一步凝聚各成员的共识，保持 APEC 在亚太区域经济合作整体格局中的主渠道地位，成为 APEC 未来发展的重大问题。

（3）投资环境恶化。全球经济不确定性大幅攀升，使得企业纷纷削减生产、延迟投资，导致制造业陷入衰退，全球经济增长持续放缓。投资低迷将限制资本深化，技术和思想的传播受阻也将抑制生产力增长。同时，在金融环境收紧、美元走强的背景下，许多经济体的债务负担日益加重。美元汇率走强、国际资本市场利率升高会直接加重外债负担，使新兴市场经济体面临国际资本外流压力。美国的税改有助于增加制造业回流美国的吸引力，可能促使资本逃离新兴市场，进一步影响着跨国公司的全球生产布局。

2. 反全球化情绪的增长以及单边保护主义

国际金融危机爆发以来，经济全球化进入调整阶段，逆全球化浪潮日益高涨，并由此引发了单边主义和贸易保护主义的抬头。同时，西方发达经济体主导的新自由主义全球化带来了世界经济发展的不平衡，国际分工失衡、收入分配失衡等问题使发达经济体和发展

---

① 姜跃春. 国际经济格局新变化及其发展趋势[J]. 人民论坛·学术前沿, 2019（1）: 30-39.
② 刘晨阳, 曹以伦. APEC 三十年与我国参与亚太区域经济合作的战略新思考[J]. 东北亚论坛, 2020, 29（02）: 3-18, 127.
③ 刘晨阳, 王晓燕. "后茂物"时代的 APEC 进程与"一带一路"建设[J]. 亚太经济, 2018（4）: 5-11, 149.

中经济体均产生了"富者愈富、穷者愈穷"的马太效应。发达经济体底层民众引领了新一轮逆全球化浪潮，英国"脱欧"、特朗普当选美国总统成为其突出表现。在反全球化和单边保护主义的背景下，对APEC的合作进程可能带来以下不利的影响。

（1）自由贸易体制受阻。保护主义和单边主义破坏现有的全球价值链和供应链，打击投资者信心，拖累国际贸易投资增长，也破坏了以WTO为核心的自由开放的国际贸易体系。第二次世界大战以来，关税及贸易总协定（GATT）和WTO在推动成员方开放市场、促进全球贸易投资自由化以及世界经济增长等方面发挥了巨大作用。单边主义和贸易保护主义的抬头，违背了WTO的最惠国原则、限制关税税率等原则，使WTO面临的治理困境进一步加剧。经济全球化和区域经济一体化存在着相辅相成、相互促进的关系，APEC所倡导的贸易投资自由化和便利化合作进程受益于WTO所构建的开放的国际贸易投资环境。因而，贸易保护政策同样会对亚太地区的合作进程产生不利影响。

（2）贸易投资自由化程度不足。目前，亚太地区的贸易和投资自由化程度和茂物目标之间仍存在着一定的差距。近年来，单边主义和贸易保护主义的抬头，进一步限制了亚太地区的贸易和投资开放水平。尤其是美国减税加息等国内经济政策，虽然促进了美国国内经济增长，有助于资本回流到美国制造业，然而却扰动了全球金融和资本市场，对新兴经济体和发展中经济体产生了直接冲击。实现区域内贸易投资的自由化和便利化是亚太区域人民的共同目标，需要加快推动亚太经济共同体的发展。

（3）对全球产业链的不利影响。全球产业链是指不同国家或不同地区的不同企业，利用不同的工序和功能，实现产品的生产、销售和最终使用的顺序。单边主义深度破坏全球产业链，引发国际经济格局动荡，尤其是特朗普强调"美国优先""美国第一"的单边主义政策，利用高关税贸易保护主义试图攫取更多利益。全球化是世界经济发展的必然趋势，保护主义和单边主义严重影响了全球产业链的稳定性。亚太地区要加快推动自由贸易区的建设，充分加强互联互通，构建亚太命运共同体，维持全球产业链的稳定性。

3. 行业趋势和技术的迅速变化

数字经济改变了传统的经济增长方式和贸易模式，改变了人们的生产和生活方式，催生出新需求、新业态和新领域。APEC顺应数字经济快速发展的趋势，进行了战略规划、运行机制、组织结构方面的改革，进一步加强了亚太地区的数字经济合作[①]。而科技创新一直是综合国力发展的关键动力。2016年，《利马宣言》提出，"创新是高质量增长的关键驱动因素之一，致力于创造一个充满活力、和谐的亚太开放经济，其特点是创新、联动增长和利益整合"。数字经济和技术，如大数据、万物互联、人工智能、机器人、区块链和云计算等，在为APEC经济体提供了广泛的机遇促进创新和繁荣的同时，也使其面临数字技工

---

① 史佳颖. APEC数字经济合作的最新进展及展望[J]. 国际经济合作, 2020（1）: 37-44.

短缺、青年人的技能梯队不匹配、数字安全、数字鸿沟等问题,对 APEC 的合作进程带来以下不利影响。

(1) 数字化创新人才极度缺乏。据 2018 年职业前景报告预测,创造力、创新和构想将是未来劳动力的关键技能。这些软技能以及分析思维和解决问题的能力,将成为工人适应工作自动化的先决条件。亚太地区数字化创新人才极度缺乏,面临着数字技工短缺、青年人的技能梯队不匹配风险,直接导致劳动生产率下降。数字化人才不仅包括传统意义上的技术精英,更重要的是将商业应用及行业的专业人才融合进来,形成跨行业跨平台的复合型人才体系,真正将数字化落实到实体行业中去,解决行业实际问题。

(2) 数字安全问题。数字经济蓬勃发展,互联网、大数据、人工智能等快速融入生产生活,新业态、新模式快速涌现,安全威胁、高危漏洞、网络攻击也在日益增多,基础设施面临着严重的威胁,金融领域、能源行业更是成为重灾区。这是由于数字经济发展是一个新兴的概念,还未形成自上而下的法律法规指导,缺乏一个强有力的平台进行资源整合、协同发展。信息基础设施建设和数字化转型依然是亚太地区数字经济合作的焦点,需要进一步推进亚太地区数字安全保护。

(3) 数字鸿沟的存在。现代化的信息基础设施是发展数字经济及开展相关合作的物质基础。尽管已经实现"文莱目标"和普遍互联网接入,但部分 APEC 发展中成员的互联网使用率依然较低,数字基础设施建设薄弱,亚太地区互联网发展显著不均衡[1]。由于 APEC 各成员的信息通信技术发展和应用水平、数字经济发展阶段有较大差异,监管措施不到位,数据治理规则不完善,使得《APEC 互联网和数字经济路线图》和《APEC 数字经济行动计划》中规划的网络安全、数据和隐私保护、数字经济及相关政策制度框架、数字标准和规范构建等更高层次领域的合作进展缓慢,制约着 APEC 数字经济走向深层次的国际合作。

(4) 数字经济合作侧重点存在差异。由于 APEC 各成员经济发展水平和发展模式不同,导致部分数字经济合作项目难以实现。APEC 发达成员往往拥有完善的数字基础设施和较高的信息通信技术应用水平,通常将数据隐私、规则制定、网络安全等作为开展亚太数字经济合作的优先领域。多数发展中成员更侧重于信息基础设施建设、电子商务、数字化转型等传统领域的合作。合作领域存在差异,影响了 APEC 数字经济的合作效率,增加了 APEC 集体行动的难度。因此,下一步应加强沟通,就合作领域达成共识。

4. 可持续性和包容性增长问题

可持续性增长即实现经济增长与保护环境的协调发展向绿色经济转型,重点帮助发展中经济体建立自主、自力的发展能力,实现可持续的社会发展。包容性增长即确保民众有机会参与、促进经济增长,并从经济增长中受益,尊重各经济体自主选择发展道路和模式

---

[1] 史佳颖. APEC 数字经济合作的最新进展及展望[J]. 国际经济合作, 2020 (1): 37-44.

的权利，不附带任何政治条件。2020 年 APEC 以"激发人民潜能，共享繁荣未来"作为主题，提倡"以人为本"的理念，促进 APEC 各成员向包容性、可持续性、创新型的方向发展，使更多的人获益。APEC 合作进程中在可持续性和包容性方面存在以下的问题。

（1）可持续增长存在的问题。第一，粮食安全问题。亚太地区面临严峻的粮食安全挑战，气候变化、自然灾害增多、生物多样性减少和新的病虫害正威胁着粮食生产以及相关经济活动。加强农业合作，促进粮食安全，既是 APEC 各经济体改善民生的现实需求，也是走向繁荣稳定的必由之路。第二，能源利用效率低。由于 APEC 各成员的经济发展水平不同，技术水平存在差异，部分成员的能源利用效率较低，因此应加强 APEC 各成员的经济合作，提高能源效率，加强能源安全，实现经济的可持续性发展。第三，私营企业融资难。融资问题一直是制约私营企业发展的重要因素。应加快推动区域经济一体化进程，加大金融市场化改革程度，通过开放市场融资等方式引导私营企业向绿色产业转移。第四，注重环境产品与服务产业的发展。经济发展不能以损害环境为代价，绿水青山就是金山银山，要注重环境保护。因此要加快推动 APEC 各成员的服务业开放程度，实现向绿色转型的可持续性经济发展。

（2）包容性增长存在的问题。第一，中小企业、微型企业的竞争力不足。中小企业是亚太地区创新和包容性增长的主要驱动力，然而却面临着国际市场准入、融资及国际争端解决机制三方面的挑战。随着数字经济的快速发展，中小微企业可以通过新一代信息技术，在数字化转型中解决存在的技术、资金和人才难题。第二，女性、老年人和残疾人一直面临就业机会不平等的问题，且在就业中存在着性别差异。随着数字经济时代的到来，APEC 要为弱势群体，特别是女性等提供更多的经济发展机会，增加女性在经济和国际贸易中的参与度。第三，社会保障水平较低。社会保障是缩小贫富差距的一个重要手段，也是实现"以人为本"、使更多低收入人群获益的社会理念。随着贫富收入差距的不断扩大，APEC 各成员要加强社会保障领域的合作，为更多的弱势群体谋取福利。

**四、工商界参与 APEC 合作努力的方向**

全球化是世界经济发展的必然趋势。科学技术持续进步、市场决定资源配置以及各行为体积极参与全球价值链，决定了市场开放发展的格局难以改变[①]。APEC 是倡导经济开放和合作的先驱，通过建设包容可持续的亚太经济共同体[②]，突出"以人为本"的理念，从而实现亚太人民的共同繁荣。工商界作为 APEC 合作的重要参与者，是 APEC 发展最活跃的力量，为推动亚太经济发展发挥重要作用。

---

① 权衡. 经济全球化发展：实践困境与理论反思[J]. 复旦学报（社会科学版），2017（6）：155-164.
② 陆建人. 迈向包容发展的亚太经济共同体[J]. 创新，2020（1）：12-24.

### 1. 支持多边贸易体制，消除贸易壁垒

以世界贸易组织为代表的非歧视、开放和透明的多边贸易体制，为亚太地区和世界经济的持续增长、繁荣和稳定奠定了基础，APEC 所倡导的贸易投资自由化和便利化合作进程充分受益于 WTO 所构建的开放的国际贸易投资环境。但是由于正在削弱的多边贸易体系没有跟上全球经济快速变化的步伐，作为 WTO 的坚定支持者，APEC 曾在加速乌拉圭回合谈判的结束、发起和促成 WTO《贸易便利化协定》和《环境产品协定》谈判等方面起到了关键作用。因此，APEC 今后要继续支持 WTO 在司法、规则制定、管理等方面的改革，消除贸易壁垒，为推进经济全球化和 WTO 多边贸易体制发展方面发挥更加突出的引擎作用。

### 2. 推动亚太自由贸易区（FTAAP）的进程

包容发展的亚太经济共同体首先要实现区域内贸易投资的自由化和便利化，这也是茂物目标的主要内容。从 2004 年提出 FTAAP 倡议，2006 年被写入 APEC 领导人宣言，2014 年 FTAAP 进程正式启动，北京峰会批准了《亚太经合组织推动实现亚太自由贸易区路线图》，2016 年出台了《亚太自贸区利马宣言》，把 FTAAP 作为亚太地区未来一体化的主要平台。按照开放、包容和共赢的原则，FTAAP 应建立在《全面与进步跨太平洋伙伴关系协定》（CPTPP）、《区域全面经济伙伴关系协定》（RCEP）及其他可能的区域一体化协定基础上，作为实现茂物目标的后续步骤，弥补茂物目标没有完全实现的不足，使之成为进一步推进亚太区域经济一体化的主要动力。

### 3. 加快亚太地区的互联互通

作为承载贸易流和价值链的重要环节，基础设施的完善是连接一经济体内部与世界其他地区经济关系的必要条件。亚太区域宽广、分散，建立亚太经济共同体，必须实现区域的互联互通。2014 年 APEC 出台了详细的《APEC 互联互通蓝图（2015—2025）》，旨在构建全方位、多层次的复合型亚太互联互通网络。在硬件方面，包括建设、维护和更新高质量的能源、信息通信技术及交通运输等基础设施，普及宽带网络；促进海上基础设施建设；加强航空运输合作，增强贸易与人员交往联通；发展信息通信技术和信息共享。在软件方面，主要解决贸易便利化、结构和规制改革、交通及物流便利化等领域的重大问题。在人文交流方面，增加人员跨境流动、商务旅行、跨境教育、文化交流、旅游便利化和专业技术人才流动等问题。

### 4. 加强亚太地区的数字经济技术合作

首先，在全球数字经济进入加速创新的时代背景下，要加大对亚太地区数字化创新人才的培养。第一，加强教育与培训信息化基础设施和数字教育资源建设，提升教育、培训机构网络运行能力，促进教育、培训数据资源共享。第二，加强数字技能培训。大规模开展职业技能培训，创新培训方式，探索职业培训包模式。加大数据分析、软件编程、工业

软件、数据安全等数字技能培训规模。第三,强化数字人才教育。积极发展数字领域新兴专业,促进计算机科学、数据分析与其他专业学科间的交叉融合,扩大互联网、物联网、大数据、云计算、人工智能等数字人才培养规模。

其次,完善治理体系,优化数字经济发展环境。随着数字经济的快速发展,制度规范落后于市场的弊端不断凸显,数字技术促使实体经济深度融合,市场运行更加复杂。一些不正当竞争行为屡有显现,网络犯罪迅速蔓延,侵犯隐私现象层出不穷。在未来应建立更明确的监管体系,适应数字技术和传统产业的跨界融合发展,以确保高效的数字经济发展;制定旨在促进数字创新和降低经营成本的政府监管方法和灵活的法规,对快速变化的技术趋势做出及时反应,同时强调区域监管的一致性。

最后,弥合"数字鸿沟"、推动数字化转型是开展各层次数字经济合作的基础。数字经济合作的深入需要先进的信息通信技术作为保障。要进一步完善相关信息基础设施建设,加强网络安全,弥合不同经济体之间,不同性别、年龄、地区、健康状况和经济情况的群体之间的"数字鸿沟",推动亚太区域的宽带覆盖和高速互联网接入。尽早全面落实《APEC互联网和数字经济路线图》,发展互联网和数字基础设施。改善数字经济的可及性,特别是偏远地区的中小微型企业和服务不足的群体,包括女性、老年人和残疾人。继续推进和实施亚太经合组织跨境电子商务便利化框架。

### 5. 加快区域公共产品建设

区域公共产品是一个区域组织中不可或缺的成分,正在成为区域发展中日益重要的组成部分,需要共同体内各个成员合作来共同面对和解决如卫生、环境、安全、基础设施和金融稳定等问题。目前,APEC 所涉及的区域公共产品主要包括:促进人力资源开发;交通、能源、通信、互联网等基础设施建设;粮食安全、食品安全;保护环境、应对气候变化、发展清洁能源、维护能源安全;加强金融监管、维持金融市场的稳定;控制传染病传播;建立公共安全体系;确保政治安全和透明,建立重大自然灾害防范和应对体系等。亚太地区要逐步加大对公共产品的建设,推进创新、新兴科技和数字化与农业生产经营相结合,推动更具包容性的粮食价值链建设;提高能源效率,推行低碳政策,发展低碳能源产业,加强能源安全,实现经济的可持续发展;加强中小微企业在融资、信息和数字经济渠道中的渠道准入和能力,通过开放市场融资等方式引导私营企业向绿色产业转移;加快区域金融一体化进程;发展环境产品与服务产业;加强社会保障;加强人力资源开放;为女性、老年人等弱势群体创造新的经济机会等。

## 参考文献

[1] Facilitating Cross-Border Flows: The True Measure of Liberalization, ABAC Business Facilitation Reports[R]. ABAC,1996.

[2] Quality Growth and Human Development, Report to APEC Economic Leaders PERU 2016[R]. ABAC, 2016.

[3] 刘晨阳，曹以伦. APEC 三十年与我国参与亚太区域经济合作的战略新思考[J]. 东北亚论坛，2020，29（2）：3-18，127.

[4] International Trade Center. Bring SMEs onto the E-commerce Highway[R]. ICT, 2016.

[5] APEC. Guidebook on SME Digital Resilience[R]. APEC, 2017.

[6] APEC SMEWG. Driving Economic Growth Through Cross-Border E-Commerce in APEC: Empowering MSMEs and Eliminating Barriers[R]. APEC, 2015.

[7] APEC SMEWG. Riding the Wave of the E-commerce Trend: Emerging and Expanding Business options for MSMEs[R]. APEC, 2019.

[8] APEC SMEWG. SMEWG Strategic Plan 2013-2016[R]. APEC, 2012.

[9] Recommendations to the APEC Economic Leaders - Promoting Cross-Border Flows, ABAC Business Facilitation Reports[R]. ABAC, 1997.

[10] Financial Crisis Task Force Proposals, ABAC Financial Crisis Reports[R]. ABAC, 1998.

[11] Partnership, Resilience Bridges to Growth, Report to APEC Economic Leaders Indonesia 2013[R]. ABAC, 2013.

[12] Building Asia-Pacific Community Mapping Long-Term Prosperity, Report to APEC Economic Leaders, Beijing China 2014[R]. ABAC, 2014.

[13] Resilient Inclusive Growth—A Fair Deal for All, Report to APEC Economic Leaders Philippines 2015[R]. ABAC, 2015.

[14] Creating New Dynamism, Fostering a Shared Future, Report to APEC Economic Leaders Viet Nam 2017[R]. ABAC, 2017.

[15] Digitization and Innovation, Advancing Social Harmony, Report to APEC Economic Leaders, Papua New Guinea 2018[R]. ABAC, 2018.

[16] Inclusive and Collaborative, Growth in the Digital Era, Report to APEC Economic Leaders Chile 2019[R]. ABAC, 2019.

[17] 姜跃春. 国际经济格局新变化及其发展趋势[J]. 人民论坛·学术前沿，2019（1）：30-39.

[18] 刘晨阳，王晓燕. "后茂物"时代的 APEC 进程与"一带一路"建设[J]. 亚太经济，2018（4）：5-11，149.

[19] 权衡. 经济全球化发展：实践困境与理论反思[J]. 复旦学报（社会科学版），2017（6）：155-164.

[20] 马涛，盛斌. 亚太互联经济格局重构的国际政治经济分析：基于全球价值链的视

角[J]. 当代亚太，2018（4）：86-112.

[21] 陆建人. 迈向包容发展的亚太经济共同体[J]. 创新，2020（1）：12-24.

[22] 史佳颖.APEC 数字经济合作的最新进展及展望[J]. 国际经济合作，2020（1）：37-44.

# 对推进亚太自由贸易区的初步思考

杨泽瑞*

**摘要：** APEC 领导人于 2006 年即提出研究亚太自由贸易区（FTAAP）的路径与手段问题，但至今 FTAAP 仍远未达到需要选择路径的时候。路径选择一定是动态的、现实的，并不能认为 CPTPP、RCEP 一定会是未来 FTAAP 的路径。当前来看，FTAAP 的路径可能有很多种，但 TPP/CPTPP 却是可能性最高的。近期是 APEC 成立 30 年来经贸合作方面最困难的阶段，并不是推动 FTAAP 的好时机，但仍有一些工作可以做和需要做，如开展活动保持 FTAAP 的热度和关注度、中国申请加入 CPTPP、从 APEC 层面和国内层面开展基础性研究等。

**关键词：** 亚太自由贸易区；路径选择；思考

在 1994 年茂物目标宣布的时候，APEC 成员经济体 GDP 总量为 16 万亿美元，不足世界经济总量的 50%。由于强劲的货物和服务贸易增长，25 年来 APEC 成员保持了平均每年 4.9% 的经济增长率，2020 年 APEC 成员经济体的贸易量将是 1989 年的 7 倍，经济总量将达到 56 万亿美元，超过世界经济总量的 60%。30 年来，APEC 成员的人均 GDP 提高了 75%，使数亿人摆脱了贫困，是世界上经济最有活力的地区。

作为包括太平洋两岸成员的政府间合作机制，APEC 的战略价值不在于解决成员间的分歧，而是用政治意愿，在大的集体框架下，协调和解决地区合作中的重大问题。作为 APEC 在经贸合作领域的终极方案，亚太自由贸易区（FTAAP）正是这样的问题。

本文回顾了 FTAAP 问题在 APEC 发展的历程和亚太地区各界对亚太自由贸易区及其路径的研究，分析当前推动亚太自由贸易区面临的全球及地区环境影响，提出对亚太自由贸易区路径选择及推动亚太自由贸易区建设的思考。

---

* 杨泽瑞，中国太平洋经济合作全国委员会研究室主任，南开大学 APEC 研究中心兼职研究人员。

## 一、APEC 亚太自由贸易区建设的进展

FTAAP 是加拿大的 APEC 工商咨询理事会（ABAC）代表于 2004 年提出的。当年 APEC 系列会议的主办国是智利，在当年的多次会议上，FTAAP 都得到热烈的讨论，但领导人会议并未就此发声。

2006 年在越南胡志明市，APEC 领导人第一次在声明中表示，将认真考虑 FTAAP 的路径和手段，并要求部长和官员们在 2007 年澳大利亚会议上报告。在 2007 年悉尼会议上，APEC 领导人表示要通过可操作的、递增的措施来检验 FTAAP 的选择与前景。在 2008 年的利马会议上，领导人表示要将 FTAAP 作为长期的愿景，进一步分析 FTAAP 的经济影响；指示部长和官员们在贸易和投资领域，推动海关管理、贸易便利化、跨境服务业等关键部门的政策融合。

很明显，2008 年 APEC 对 FTAAP 的讨论迈出了一大步。领导人不仅提出将 FTAAP 作为目标，而且提出了具体部门的政策融合。2008 年 TPP 尚未成型、"地区更紧密经贸安排"（RCEP）还未开始，领导人还没有谈到 FTAAP 的路径选择问题，而提出的海关管理、贸易便利化、跨境服务业几个部门，更像 1996—1998 年间为实现茂物目标而提出的部门先行自愿自由化（EVSL）的继续。

2009 年，在 APEC 秘书处的主导下，FTAAP 联合研究历时两年完成。APEC 领导人肯定 APEC 官方的研究，表示建设 FTAAP 将带来巨大的经济利益，而建立的过程将是极富挑战性的。领导人指示下一年开展 FTAAP 的路径研究。

2010 年的横滨会议上，FTAAP 无疑是最热烈的议题，领导人明确表示将采取具体措施实现亚太自由贸易区，以作为 APEC 地区经济一体化的主要载体。领导人提出 FTAAP 将是一个全面的、高标准的、下一代的自由贸易区。在我国和部分成员的支持下，"10+3" 与 "10+6"、TPP 一起，被列为 FTAAP 的三个路径选择。当年通过的 "亚太自由贸易区的路径" 的领导人声明，是 APEC 第一次针对 FTAAP 问题专门通过的最高文件，是 APEC 试图将 FTAAP "从愿望到具体行动"的第一步。声明特别提到了为推进 FTAAP，需要在一些具体领域和部门采取行动，包括投资、服务业、电子商务、原产地规则、标准与一致化、贸易便利化、环境货物与服务。这些领域和部门较 2008 年提出的范围扩大了一些。

2011—2013 年间，APEC 对 FTAAP 的讨论明显降温，这主要是因为 TPP 的谈判突飞猛进，特别是美国加入 TPP 谈判后，试图将 TPP 作为其下一代的自由贸易区的样板、主导 TPP 谈判的内容和步骤已经非常清晰，亚太地区的关注点都转移到 TPP 上了。2011 年夏威夷会议上，领导人声明只是在地区经济一体化议题下提到 FTAAP 问题，而 2012 年的符拉迪沃斯托克会议和 2013 年的巴厘岛会议，也只是原则性地表态支持 FTAAP，为实现 FTAAP 提供领导和智力支持，仅仅是重复了前几年的话。

2014 年的北京会议再次对 FTAAP 进行了热烈讨论,通过了"实现 FTAAP 北京路线图"(简称"路线图")。领导人表示,要用全面和系统的方式,启动和加速实现 FTAAP。领导人提出了实现 FTAAP 的五点行动,特别是集体的战略研究和具体的合作领域,明确了 FTAAP 的目标和工作。"路线图"里最关键的一句话是强调了 FTAAP 将在 APEC 之外实现,但与 APEC 进程平行(The FTAAP will be realized outside of APEC, parallel with APEC process),以保持 APEC 的非约束性、自愿性原则。

2015 年的马尼拉会议提出 TPP 和 RCEP 可以作为 FTAAP 的路径。当时,东盟主导的 RCEP 刚刚进入谈判,但东盟试图主导亚太地区经贸合作的雄心彰显。2016 年召开利马会议前,APEC 历时两年完成了战略研究。这是 APEC 对实现 FTAAP 最详细、最有战略的联合研究。当年通过的《利马宣言》,明确提出 TPP 和 RCEP 是实现 FTAAP 的路径,也欢迎其他地区自贸协议为实现 FTAAP 做出贡献。《利马宣言》重申,为最终实现 FTAAP,需要保持其势头和核心工作;APEC 将不迟于 2020 年,评估现有路径对实现 FTAAP 的贡献。《利马宣言》列出了实现 FTAAP 最有挑战的领域和需要开展工作的五个领域,包括关税、非关税壁垒、投资、服务、原产地规则,要求部长和官员们于 2018 年和 2020 年向领导人报告 FTAAP 的进展。

2017 年以后,由于美国转向"美国优先"的单边主义,亚太地区合作形势发生了颠覆性的变化,FTAAP "从愿景到具体行动"的势头停止。2017 年的河内会议上,领导人强调为了实现 FTAAP,需要采取能力建设行动和信息共享机制。这又回到了原则问题上,从前两年的讨论后退了一步。2018 年 APEC 没有通过领导人声明,2019 年 APEC 没有召开领导人会议,APEC 对 FTAAP 的讨论似乎暂停了。

但亚太地区相关机构和人士对 FTAAP 的讨论和热情从来没有停止过。在茂物目标即将到期、各界的关注点转向 APEC "后 2020" 议程工作后,FTAAP 仍是各界关注的 APEC "后 2020" 时代的焦点话题。APEC 愿景小组(AVG)、太平洋经济合作理事会(PECC)"后 2020" 课题组、ABAC 课题组等一直在讨论 FTAAP 及其路径问题,各个机制通过的报告仍将 FTAAP 作为亚太地区经贸合作的最高目标。

## 二、亚太地区对 FTAAP 及其路径的研究

虽然 FTAAP 倡议是 ABAC 于 2004 年首先提出来的,但是创立一个包含整个亚洲太平洋地区的自由贸易区,却一直是本地区很多有识之士的理想。早在 20 世纪 60 年代,日本的小岛清教授就提出过建立"太平洋贸易和发展机构"(OPTAD)的倡议,目的就是要建立跨太平洋的自由贸易区。此倡议虽然未能实现,但是此后成立的 PECC、APEC 却举起了开放的地区主义旗帜,以推动跨太平洋的自由贸易为目标。

## （一）对亚太自由贸易区是否可行的研究

2005年，ABAC委托PECC贸易论坛就FTAAP的可行性、途径、影响等问题展开了初步研究。以PECC贸易论坛国际协调员罗伯特·斯考利（Robert Scollay）为首的PECC贸易论坛的专家为此举行了一系列讨论，初步结论是FTAAP计划对APEC来讲既是机会，也是挑战。此研究最后在ABAC的年会上获得了通过，并再一次推荐给APEC领导人。2006年初，ABAC再次请PECC的专家们就FTAAP的可行性展开国际研究。PECC很快就接受了ABAC的委托，将FTAAP作为PECC 2006年的工作重点，并就FTAAP的可行性问题展开国际性的研究。

PECC与ABAC的联合研究于2006年10月完成，并提交给了APEC部长会议。该研究从政治、经济的角度，分析了FTAAP可能带来的有利影响和不利影响。该报告的中心观点是，FTAAP从经济角度看是可行的、有意义的，但是当前的地区政治形势使FTAAP面临巨大的现实困难。

此后，本地区的专家学者们仍继续对FTAAP问题进行讨论，意见可以归纳为三个派别。

一是强烈支持FTAAP倡议，认为FTAAP将有力地推动APEC的"茂物目标"、减轻WTO多哈回合失败所带来的风险、降低本地区缔结众多的自由贸易区（FTA）的成本。此派学者以美国经济学家弗雷德·伯格斯滕（Fred Bergsten）为代表。伯格斯滕大力推销亚太自由贸易区倡议，认为建立FTAAP有五大好处：①有利于所有成员。在一个自贸区屋顶下，可以清除单个协定产生的歧视。亚洲地区的整合是好事，但应该同时有跨洋机制，太平洋两岸不能分割。②WTO"多哈回合"停滞，应准备第二个计划，FTAAP可以作为主要的替代方案，会给全球带来经济利益。其他替代方案，如德国总理提出的跨大西洋机制、佐立克提出的美洲各种协议的联合，都会给亚洲造成新的歧视。③消除日趋激烈的双边主义与次区域主义。美、韩自由贸易协议很重要，是世界第一和第十一大经济体之间的协议，美日也应达成此类协议，对亚太地区影响会增大，而FTAAP会使利益最大化，使风险最小化。④美国和中国之间出现了贸易摩擦，而美中之间的贸易摩擦光靠双方努力还不够，地区性的共同努力会更有效，地区成员可起到杠杆作用。⑤东亚"10+3"等机制给APEC提供了机会，但那些机制都存在缺陷，应该并行FTAAP，可避免东亚机制的缺陷，使风险最小化。APEC可将"10+3""10+6"等机制与FTAAP进行比较，会给FTAAP提供强有力的说服力①。

二是继续怀疑FTAAP的可行性，认为FTAAP没有实现的可能性，会破坏APEC以"单边行动计划"（IAP）为核心的自愿原则，冲淡APEC的茂物目标。此派学者以澳大利亚

---

① 弗雷德·伯格斯滕. 亚太自由贸易区：APEC和世界贸易体系下一步行动计划[M]// 梅平. 中国与亚太经济合作：现状与前景. 北京：世界知识出版社，2008：99-105.

国立大学教授、前驻华大使罗斯·加诺特（Ross Garnaut）和前 PECC 地区机制研究项目负责人、前印度尼西亚 PECC 秘书长和战略与国际问题研究中心（CSIS）执行主任哈迪·索萨斯特罗（Hadi Soesastro）等为代表。

Ross Garnaut 回忆说，至少自 1968 年在火奴鲁鲁召开的第一届太平洋贸易和发展会议（PAFTA）以来，可称之为 FTAAP 的 APEC 优惠贸易安排就是亚太合作讨论内容的一部分。其当时就被放弃了，因为既不可行，也不必要。从那时起，对 FTAAP 问题有过几次讨论，但结果相同：1979 年在堪培拉召开的"太平洋共同体"研讨会，后来演变成 PECC 和最后的 APEC；在 20 世纪 80 年代末期，当乌拉圭回合谈判前途未定的时候，FTAAP 也被作为一种大胆的替代方案提出；在 90 年代中期，当北美自由贸易协定（NAFTA）建立并开始合作的时候，美国的其他贸易伙伴感到忧虑，他们认为当时就是在本地区建立一个庞大的贸易安排的合适时候。①他进一步分析，"如果我们追求 FTAAP 的话，将分裂我们和那些非 APEC 成员的贸易和非贸易关系，如欧洲、印度和很多拉丁美洲国家。也许许多 FTAAP 的支持者认为，这样会逼迫那些外在者更认真地考虑多边贸易谈判。但是，也许相反呢。新的亚太地区的政治经济形势准备好了对多边贸易体系的贡献吗？"②

总的说来，这一派的人数较多。Robert Scollay 是 PECC 2005 年和 2006 年关于 FTAAP 研究的实际负责人，他重申了 PECC 的研究结论，认为现实的方案是制订更自由、更便利的贸易目标。Hadi 更是怀疑 FTAAP 的可行性，认为现阶段讨论 APEC 的约束性机制问题不大可能，APEC 需要立足现实才能制订可行的计划③。

三是主张 FTAAP 与东亚自由贸易区（EAFTA）同时进行。此派学者以日本经济学家山泽逸平为代表。山泽属于对日本政府很有影响的"一桥学派"。在山泽看来，同时推动 FTAAP 和 EAFTA 并不矛盾，他将努力说服日本政府同时推动这两个倡议。④

按照 ABAC 的建议，FTAAP 就是要在 APEC 成员经济体间建立一个包含所有货物和服务的自由贸易区，这个自由贸易区应当是 APEC 所有的成员经济体之间所签订的所有的 FTA 的大融合，各成员对这个自由贸易区的承诺当然应该超过对 WTO 的多边谈判的承诺。

在 ABAC 的倡议中，FTAAP 包括如下内容：投资，贸易便利化，货物贸易（农产品、工业品），服务贸易，政府采购，竞争政策，知识产权，争端解决，原产地规则，各经济体的敏感部门，贸易救济措施的过度使用和误用（反倾销、保护措施、反补贴）等。

上述内容与 WTO 的多哈回合谈判的内容基本相同。与当前世界各国已经签订的或正

---

① Ross Garnaut. 贸易自由化的政治学：亚太自由贸易协议政治上可行吗[M]// 梅平. 中国与亚太经济合作：现状与前景. 北京：世界知识出版社，2008：135.
② 同上，第 137 页.
③ 同上，第 135-139 页.
④ 山泽逸平. 将亚太自由贸易区与东亚自由贸易区结合起来[M]// 梅平. 中国与亚太经济合作：现状与前景. 北京：世界知识出版社，2008：130-133.

在谈判的大部分 FTA 相比，ABAC 提出的 FTAAP 是一个比较简单、比较容易达成的 FTA，是一个比较保守的 FTA，并不包括近年来受发展中国家非议的劳工标准、环境保护、人权、国家政体等内容。很明显，ABAC 已经充分考虑到 APEC 成员的多样性、建立跨太平洋地区 FTA 的困难性等问题。

按照伯格斯滕的分析，即使是多哈回合谈判顺利结束、WTO 多哈协定顺利签订，其对地区经济、贸易的有利影响也比 FTAAP 少。在伯格斯滕看来，本地区众多的 RTA/FTA 安排，使得贸易关系错综复杂，缔结一个包括本地区主要国家的 RTA/FTA 将是在 WTO 的全面自由贸易一时难以取得突破的情况下的次优选择。

学术界对 FTAAP 的讨论中，并没有明确提出成员问题，也没有明确与 APEC 的关系问题；其内容很简单，也试图能让地区的所有成员接受。但是由于 FTAAP 是以 APEC 的名义出现的，近期来看很难被 APEC 的 21 个成员所接受。

由于 FTAAP 仍然是亚太地区贸易投资自由化便利化的终极目标，没有人会反对这个目标，因此实现这个目标的手段就成为问题的核心。

### （二）对如何实现亚太自由贸易区的路径的研究

那些 FTAAP 的支持者早为 FTAAP 设计了各种各样的路径，认为 APEC 早该采取实际步骤来实现 FTAAP。

伯格斯滕认为，APEC 可以通过如下四步实现 FTAAP：

（1）完成综合研究。这个研究包括 FTAAP 设计的特征、对每个成员经济体和地区（世界）的影响、FTAAP 的优势和不足、FTAAP 实行的模式；

（2）APEC 内部初步的讨论和预备性对话；

（3）正式谈判；

（4）正式实施，像所有新的贸易协定一样经过许多年的分阶段实施。[①]

山泽逸平认为，可以预料实现 FTAAP 在政治上将相当困难。东亚更愿意讨论将东亚自由贸易区扩大到亚太自由贸易区，并且不愿意现在就讨论亚太自由贸易区。但是，面对 WTO 的原则遭到严重削弱的现实，我们需要同时讨论东亚自由贸易区和亚太自由贸易区。[②] 因此，他的建议是东亚自由贸易区和亚太自由贸易区可以同时启动，一定阶段后再融合。

唐国强等认为，从亚太经济合作实际情况出发，综合考虑各方面因素，当前推进 FTAAP 较为可行的方案应该是：以 RCEP 为起始，以 TPP 为最终目标，随着各经济体发展水平和适应能力的逐步提高，分阶段、分步骤循序渐进实施 FTAAP。为此，建议以"三步走"方

---

[①] 弗雷德·伯格斯滕. 亚太自由贸易区：APEC 和世界贸易体系下一步行动计划[M]// 梅平. 中国与亚太经济合作：现状与前景. 北京：世界知识出版社，2008：103-104.

[②] 山泽逸平. 将亚太自由贸易区与东亚自由贸易区结合起来[M]// 梅平. 中国与亚太经济合作：现状与前景. 北京：世界知识出版社，2008：133.

案来推动亚太自贸进程。

第一步：在5年左右时间里（即从2022年左右），开始实施RCEP，以此作为FTAAP初始阶段。这一阶段的实施时间可定为5年，即2022—2027年。第二步：在10年左右时间里（即从2027年左右），开始过渡到亚太自贸进程的中级阶段，即亚太经济伙伴关系（APEP）阶段。这一阶段的实施时间可定为10年，即从2027—2037年。这是FTAAP的承上启下和巩固与加强阶段。这一阶段自贸协定的标准和水平介于RCEP与TPP之间。第三步：在20年左右的时间里（即从2037年左右），过渡到FTAAP的高级阶段，开始实施以TPP为基础的自贸安排，形成亚太地区统一的高水平、高质量自贸区。在本阶段协定中，原有议题标准均将基本上升级为TPP标准，同时全面扩展协定内容，纳入TPP大部分下一代议题。考虑到下一代议题的开创性和艰巨性，应着眼于时代发展需要，兼顾各方利益诉求，将其设定为一个发展中的协定（living document），先易后难分阶段谈判。可从最容易或最迫切的问题谈起，之后在规定的时间段内不断纳入新议题。①

在近年来对APEC"后2020"议程的讨论过程中，也有专家认为，FTAAP应成为APEC"后2020"时代的愿景，今后可以从四个路径来推动，包括CPTPP、RCEP、中日韩合作和"一带一路"倡议。②

### 三、FTAAP的路径选择：CPTPP、RCEP和其他

APEC领导人2009年同意通过现有的地区贸易协议来实现亚太自由贸易区。10多年过去了，领导人提出的FTAAP两个路径之一的CPTPP已经开始实施，RCEP的谈判也基本完成，但FTAAP却似乎越来越遥远。

对于FTAAP的路径问题，PECC于2019年对亚太地区的官、商、学等政策相关者做了一次问卷调查，提出了四个选择——各种机制的最终融合、启动单独的亚太自贸协定谈判、将RCEP扩展到所有的APEC成员、将CPTPP扩展到所有的APEC成员。调查结果表明，最多的回答者希望根据各个自贸协定内容和自由化水平，让不同的路径能够最终融合。③

虽然FTAAP的路径问题讨论了很多年，但现实是FTAAP并没有真正到了需要选择路径的时候。现在来看，APEC实质性启动FTAAP仍很遥远，可能还需要10年左右时间。因此，现阶段讨论FTAAP的路径问题仍是纸上谈兵。笔者对FTAAP路径问题有几点初步估计。

---

① 唐国强，王震宇，刘洋. 对后2020时代亚太自贸进程"三步走方案"的有关考虑和建议[J]. 太平洋经济合作研究，2017.
② 纪念APEC成立30年会议纪要[J]. 太平洋经济合作研究，2019.
③ Steven Wong, Eduardo Pedrosa. APEC后2020：未来之路[J]. 太平洋经济合作研究，2019.

### （一）并不能认为 FTAAP 的路径一定会是 CPTPP 和 RCEP

路径选择是一种动态的、现实的选择，一定是各成员根据当时自己利益最大化而博弈的结果。举例来说，2010 年横滨宣言将"10+3"和"10+6"作为 FTAAP 的路径，但 2012 年出现了 RCEP，"10+3"和"10+6"就很自然地无疾而终了。

当前地区合作形势变化剧烈。8~10 年后亚太地区合作会发展到何种地步，现在没人能说得清，而届时 FTAAP 的路径讨论一定是基于当时的状况的。

### （二）APEC 各个次区域对 FTAAP 路径选择看法不一

根据 PECC 的调查显示，亚太地区各个次区域对 FTAAP 的路径偏好有所不同。东北亚和东南亚的回答者更倾向于"完成 RCEP 谈判并扩展到所有的 APEC 成员"，而北美的回答者更倾向于扩展 CPTPP 到所有的 APEC 成员。[①]

近年来，拉丁美洲国家主导的太平洋联盟（PA）快速扩员，大有赶上 CPTPP 和 RCEP 之势。2019 年 APEC 智利年期间，智利和秘鲁、墨西哥、哥伦比亚、厄瓜多尔等拉丁美洲国家，特别强调 PA 作为 FTAAP 的路径意义。这既表明拉美国家试图主导地区合作进程的雄心，也表明哥伦比亚、厄瓜多尔、哥斯达黎加等部分拉美国家试图以此为跳板，最终实现成为 APEC 正式成员的夙愿。

### （三）当前 FTAAP 路径的四个选择

（1）从 CPTPP 扩展到所有 APEC 成员；

（2）从 RCEP 扩展到所有 APEC 成员；

（3）从 PA 扩展到所有 APEC 成员；

（4）全新的谈判机制。

对于全新的亚太自贸协定谈判，从参加成员来说，可能是 APEC 全部成员，也可能是部分成员，但估计在谈判初期，不大可能有成员冒着被地区抛弃的巨大风险而拒绝参加。从协议内容来说，最有可能是当前亚太地区各种自贸协议的融合版。从机制来说，可能是"北京路线图"里所说的"FTAAP 将在 APEC 之外实现，但与 APEC 进程平行"，避免走当年"部门先行自愿自由化"（EVSL）失败的老路。

### （四）CPTTP 也许是唯一的、最可能的路径

作为 FTAAP 的两大可能路径，TPP 和 RCEP 在各方面存在很大差距，按目前状况难以直接协调规则并统合成为 FTAAP。从成员和目标上看，两者分别体现了不同发展阶段经济体的利益诉求和合作理念。从协议内容上看，TPP 议题更加广泛全面，并包含环境、政府采购、劳工等"下一代"议题。从自由化标准上看，TPP 的贸易自由化率（97%~100%）明显高于 RCEP（70%~90%）。此外，两者在协定模式等方面也存在很大区别，例如，与

---

[①] Steven Wong, Eduardo Pedrosa. APEC 后 2020：未来之路[J]. 太平洋经济合作研究，2019.

TPP 不同，RCEP 主张为最不发达经济体提供特殊待遇，两者分别采取"单一承诺"和循序渐进的不同谈判模式。上述差距短时间内难以对接。[①]

"就高不就低"是区域合作演进中通行的原则。作为高标准的、面向 21 世纪的自由贸易协定，TPP/CPTPP 无论是内容的全面性还是自由化程度，都比 RCEP、PA 高一个等级，对亚太地区的吸引力和号召力无疑是最高的。因此，即使 RCEP 谈判结束并开始实施，在 FTAAP 的路径选择上，TPP/CPTPP 作为模板和路径选择的可能性仍是最大的，并不能因为美国退出 TPP 而否认其作为 FTAAP 路径的意义。

### 四、当前推进 FTAAP 建设的全球与地区合作形势

虽然亚太自由贸易区建设符合我国的长远利益，但当前也许是 APEC 成立 30 多年来经贸合作方面最困难的时候，并不是推动 FTAAP 的好时机。

**（一）逆全球化和地区化、单边主义不利于 FTAAP 建设**

当前的逆全球化思潮和美国带头的单边主义，仍会持续一段时间，这是对 1990 年以来高速的经济全球化的反应，是经济全球化负面效应长期积累导致的从量变到质变的结果。2008 年发生的全球金融危机，标志着国际贸易高速增长时代暂时结束。第二次世界大战后的国际贸易明显快于近代以来的任何时期，但冷战结束到 2008 年，国际贸易的超高速增长却是历史上少有的。这种超高速贸易增长是由科技革命推动的，特别是冷战后的信息技术革命。但科技革命反过来又使贸易的形式和内容发生巨变，使得原来以货物贸易为核心的多边贸易体系明显不能满足时代需要，导致 WTO 功能弱化和多哈回合谈判停滞。为适应科技革命导致的国际贸易变化，国际社会开始酝酿以规则、公平、透明为标志的新一代贸易体系，这可能需要 10 年以上的时间。

亚太区域合作中，以贸易投资自由化为中心的时代暂时结束。这一方面是因为全球化地区化进程放缓，另一方面是因为贸易的自由化取得了实质性进步，APEC 成员的关税水平大幅度降低，非关税壁垒取代关税成为阻碍贸易的主要手段。举例来说，1989 年 APEC 成立时，成员关税的平均水平是 17%，但 2017 年的平均关税已经下降到 5.5%。因此各成员影响贸易的结构改革日益成为经贸合作领域的焦点。

美国政府坚持"美国优先"的单边主义，对亚太地区合作进程造成破坏性影响。由于美国是唯一的超级大国和地区合作规则的主要制定者，美国对地区合作的消极态度决定了近期是亚太合作的困难时期。

中美博弈的加剧与中美脱钩，对亚太地区的合作冲击巨大。亚太地区大部分国家并不希望在中美之间选边站队。在美国推出印太战略试图对冲亚太合作后，本地区的大部分成

---

① 唐国强，王震宇，刘洋. 对后 2020 时代亚太自贸进程"三步走方案"的有关考虑和建议[J]. 太平洋经济合作研究, 2017.

员只能持观望的态度，等待中美关系的明朗，无法专注到新的、有挑战性的地区合作进程，如 FTAAP。

### （二）APEC"后 2020"议程讨论中 FTAAP 并未成为首要问题

虽然在 APEC"后 2020"议程讨论中，FTAAP 始终是个热点话题，但无论是 ABAC、AVG 还是 PECC，都非常清楚 FTAAP 并不是近期目标。在 PECC 的"后 2020 愿景"报告中，关于 FTAAP 的表述是"共同努力来最终实现高质量和全面的亚太自由贸易区，从而进一步推动地区经济一体化"，是实现 PECC 的"APEC 后 2020 愿景"——"一个互联互通的、创新的亚太经济大家庭，共同为本地区人民提供机遇、繁荣和可持续的未来"的十个手段之一。[①]

AVG 报告从形式到内容，基本上与 PECC 报告类同，FTAAP 也是实现其建议的"2020 愿景"的手段之一。

AVG 报告的题目为《以人为本、共享繁荣：APEC 2040 愿景》（People and Prosperity: an APEC Vision to 2040），包括 APEC"2040 愿景"及七点核心要素。APEC"2040 愿景"如下：我们一致承诺，为了经济的繁荣和人民的福祉，我们要建设一个和平的、互联互通的亚太大家庭。报告提出的七个核心要素包括：①APEC 应当承担起在自由、开放的贸易和投资，以及支持功能完善、以规则为基础的多边贸易体系。②APEC 应当继续完成茂物目标未竟事业，推动亚太地区经济一体化的深入。③包容性增长和经济赋权。④数字经济发展和创新性增长。⑤人力资源发展：终身能力学习，数字能力建设。⑥结构改革。⑦互联互通。[②]

AVG 报告基本确定了 APEC 2020 年后的工作议程，可以认为，在 APEC"后 2020 愿景"中，FTAAP 不是最重要的事，这是现实的选择。

### （三）APEC 合作理念从"贸易"转移到"发展"是长期趋势

在 APEC 的贸易自由化取得实质性进展、近期又陷入瓶颈之后，近年来，"发展"方面的合作成为 APEC 合作的主题。"包容性增长""创新型增长""可持续增长"等发展方面的合作议题近十年来都是 APEC 的核心议题，讨论内容之广泛和次数之多远远超过地区经济一体化问题。

PECC 课题组对未来亚太合作的首要问题进行了问卷调查，48.3%的回答者相信"继续减少贸易障碍和推进亚太自由贸易的概念"是地区合作中最重要的事；27%的人相信"通过各种可持续的手段，推动本地区的经济发展和增长，特别是欠发达经济体和发达经济体非优势部门的发展"是最重要的事；25%的人相信"集体行动为一些关键的全球问题提供领导作用，如气候变化和环境挑战、健康问题、贸易、网络安全"最重要。答卷者同时选

---

① PECC. A Vision for APEC by 2040. 2019-06.
② AVG. Report of APEC Vision Group. 2019-12.

择了 APEC 未来最重要的五个工作领域：①成员经济体间的积极对话和有效合作；②APEC 对以规则为基础的多边贸易体系的强烈支持；③成员间高质量的贸易、投资和经济伙伴关系；④推动经济增长的结构改革；⑤推动环境可持续的长期政策行动。①

因为 APEC 的传统关注点是贸易领域，这样的调查结果多少有些让人意外。这个调查显示回答者希望 APEC 更关注可持续发展方面，其次才是传统的贸易领域。这也应该是 APEC 在"后 2020"年代合作的趋势。

### 五、对推进 FTAAP 建设的初步考虑

当前虽然不是推进 FTAAP 的好时机，但仍有一些工作可以做，仍有一些工作需要做。这一方面是因为我国是世界第二经济大国、第一贸易大国，我们在亚太地区有责任提供公共产品，来完成建设亚太命运共同体的使命，而 FTAAP 正好是符合地区需求的这类公共产品；另一方面是因为亚太地区是我国安身立命之所，"和谐亚太""自由贸易的亚太"与我国未来经济增长和发展息息相关。

十几年来，专家学者们对中国推动 FTAAP 做了全面研究。盛斌认为，"从中国的角度来看，一旦启动 FTAAP 谈判，就需要达成一个全面的高质量协议。只有这样，茂物目标才有可能实现，对世界贸易体系造成的风险才能降到最低。"② 杨泽瑞认为，支持 FTAAP 是我国积极的 FTA 战略的继续，包括整个亚太地区的 FTAAP 将是我国缔结或谈判、意向中的 FTA 的最高阶段，符合我国总的 FTA 战略。同时，FTAAP 将能够减轻有些国家对"中国崛起"的疑虑，具有改善中美关系、营造中美合作的氛围等益处。③

当前，对 FTAAP 工作的方向可以分为三个方面：

一是静观其变、"以不变应万变"，顺其自然地对待当前 FTAAP 建设的平淡期。在此期间，不推动激进的、与美国对抗性的经贸议程，避免亚太地区最终分裂的局面。

二是可以尝试性地放风加入 CPTPP，先是专家和半官方专家表态，再是政府官员表态。当然，这并不表明我们会马上加入 CPTPP，而是在美国缺席 CPTPP 的空档期，我们的表态无疑是对地区经贸合作的有力支持，也可以借机试探亚太地区各国对我国积极推动 FTAAP 路径选择的态度。

三是基础性的研究方面，继续在 APEC"后 2020"工作中，推进领导人多次提出的投资、服务业、电子商务、原产地规则、标准与一致化、贸易便利化、环境货物与服务等领域的规则与政策融合，为未来的 FTAAP 谈判做好准备。这些基础性的研究在 APEC 里不

---

① Steven Wong, Eduardo Pedrosa. APEC 后 2020：未来之路[J]. 太平洋经济合作研究，2019.
② 盛斌. 亚太自由贸易区的政治经济分析：中国视角[M]// 梅平. 中国与亚太经济合作：现状与前景. 北京：世界知识出版社，2008：120.
③ 杨泽瑞. 积极参与亚太自由贸易区符合我国利益[M]// 梅平. 中国与亚太经济合作：现状与前景. 北京：世界知识出版社，2008：147.

会有太大阻力，我们对 APEC 的资助可以侧重这些方面。

对于未来的亚太自贸协定的优先领域，PECC 调查问卷的回答者对亚太地区现存的贸易协定内容进行了排名。这些贸易协定在自由化程度和包含的内容方面有很大不同。有意思的是，排名靠前的一些问题都是较新的问题——投资、电子商务、服务贸易、数字贸易和知识产权，这些内容正是 APEC 领导人多次在声明中提出预做准备的领域。①

推进 FTAAP 工作的具体领域可以分为两个层面，一是地区层面，一是国内层面。在地区层面，可以考虑在 APEC 内，邀请部分积极成员成立"FTAAP 之友"，像新西兰、新加坡、智利等，每年举办一次"FTAAP 论坛"，开展一些推动 FTAAP 的活动，保持 FTAAP 的热度和关注度等。"亚太自由贸易区"永远是亚太地区合作的方向，我们扛起自由贸易的大旗、推动 FTAAP 永远不会错。

在国内层面，可以考虑组织专家队伍详细研究当前亚太地区自由贸易协定条款内容，特别是 TPP/CPTPP、美墨加、美日、美欧等贸易协定的最新内容变化。根据其对我国的难易程度来分类研究：一类是基本没有问题的；二类是有问题，但通过 3~5 年的努力能达到的；三类是非常有问题的，中长期（8~10 年）仍难以达到，只能靠政治决定。像劳工、政府采购、国有企业、金融服务、知识产权等领域，还是应尽快做好精细研究，列出难点、解决途径、解决步骤，以真正落实深化改革、扩大开放的国策。

在现代社会，一个大国的经济政策总是内部需求与外部压力的统一。中国加入 CPTPP/FTAAP 像"入世"一样，从来就不是技术问题，而是政治决定的，关系到今后二三十年我国改革开放的总进程。

**参考文献**

[1] 弗雷德·伯格斯滕. 亚太自由贸易区：APEC 和世界贸易体系下一步行动计划[M] // 梅平. 中国与亚太经济合作：现状与前景. 北京：世界知识出版社，2008：99-105.

[2] Ross Garnaut. 贸易自由化的政治学：亚太自由贸易协议政治上可行吗[M] // 梅平. 中国与亚太经济合作：现状与前景. 北京：世界知识出版社，2008：135.

[3] 山泽逸平. 将亚太自由贸易区与东亚自由贸易区结合起来[M] // 梅平. 中国与亚太经济合作：现状与前景. 北京：世界知识出版社，2008：130-133.

[4] 唐国强，王震宇，刘洋. 对后 2020 时代亚太自贸进程"三步走方案"的有关考虑和建议[J]. 太平洋经济合作研究，2017.

[5] Steven Wong, Eduardo Pedrosa. APEC 后 2020：未来之路. 太平洋经济合作研究[J]. 2019.

---

① Steven Wong, Eduardo Pedrosa. APEC 后 2020：未来之路[J]. 太平洋经济合作研究，2019.

# RCEP 农产品贸易自由化对中国经济的影响——基于 GTAP 模型的分析

孟 猛 郑昭阳[*]

**摘要**：RCEP 是中国积极参与推进的区域自由贸易协定。本文运用显示性比较优势指数、出口相似度指数和贸易互补性指数，探讨了 2001—2018 年中国与其他 RCEP 成员农产品的贸易竞争性和互补性，并对中国和 RCEP 成员在农产品贸易壁垒方面进行比较分析。在此基础上，本文采用全球贸易分析模型（GTAP）分析了 RCEP 不同程度贸易自由化对中国经济增长和农产品贸易的影响。研究发现：①众多 RCEP 成员在农产品上存在较高水平的关税壁垒，而且存在较多的关税峰值；②中国与许多 RCEP 成员在农产品贸易上存在较强的互补性；③即使在保留例外产品的情况下，RCEP 的商品贸易自由化仍可以显著促进 RCEP 成员的经济增长和福利提高；④削减技术性贸易壁垒比减少例外产品数量更有利于促进贸易和经济增长。

**关键词**：RCEP；农产品；GTAP

近年来，世界贸易组织框架下的多边贸易自由化发展迟缓，越来越多的国家尝试在双边、区域和次区域范围内开展贸易自由化。在 APEC 区域内部，次区域的经济一体化组织迅速发展。其中，对中国影响最大的是 2019 年 11 月《区域全面经济伙伴关系协定》（RCEP）在第三次领导人会议联合声明时表示，除印度以外的 15 个 RCEP 成员已经结束全部 20 个章节的文本谈判以及实质上所有的市场准入问题的谈判，旨在建立一个现代、全面、高质量和互惠的经济伙伴关系协定。

尽管印度仍因有重要问题尚未得到解决而没有加入现阶段的 RCEP，15 国的 RCEP 仍是中国目前参与的成员最多、规模最大、影响最广的自由贸易协定，也是中国高度重视的自由贸易协定。RCEP 对中国来说具有十分重要的意义。一方面，RCEP 包含了中国重要的

---

[*] 孟猛，天津师范大学经济学院副教授。郑昭阳，南开大学国际经济研究所副教授，南开大学 APEC 研究中心兼职研究人员。

对外贸易伙伴,其贸易自由化措施将有利于拓展中国对外贸易发展的空间;另一方面,除老挝、缅甸、柬埔寨以外的 RCEP 国家都是 APEC 成员,其贸易自由化可以为整合亚太自由贸易区、深化亚太区域经济一体化提供重要的路径选择。

无论是在多边贸易自由化进程中还是区域经济一体化组织的实践中,农产品的贸易自由化长期落后于其他商品的贸易自由化,集中表现在农产品的平均关税水平显著高于制成品。而且,在许多区域经济一体化组织中,农产品往往被列为例外产品,游离于关税削减范围之外。具体到 RCEP,其在商品贸易自由化方面的整体开放水平达到 90%,意味着有超过 90%税号的商品实现贸易自由化,但各国仍可保留部分例外产品。由于许多国家在农产品贸易自由化方面存在顾虑,会使得部分农产品被列入例外产品目录,结果是 RCEP 商品贸易自由化中仅会有部分农产品实现贸易自由化,而部分农产品的贸易壁垒仍能得到保留。为此,本文针对 RCEP 不同条件下农产品贸易自由化对中国的经济影响进行分析。

## 一、中国与 RCEP 成员农产品贸易的基本格局

### (一)农产品的分类

按照商品名称和编码协调制度(The Harmonized Commodity Description and Coding System,HS),农产品的分类集中在第 1 章至第 24 章中,还有部分动物皮毛纤维分布在第 41、43、50 和 51 章中。按照 HS 进行分类产品种类较多,难以集中分析。为此,我们参照 GTAP 模型 9.0 版本中对农产品的分类进行整合,将农产品分为谷物产品、蔬菜水果、糖类产品、油料油脂、动植物纤维、肉类产品、奶制品、鱼和水产品、加工食品、其他农作物共 10 大类,具体和 GTAP 模型的分类对照参见表 1。

表 1 分析中农产品的分类

| 分类描述 | 对应的 GTAP 9.0 分类 |
| --- | --- |
| 谷物产品 | 1:水稻;2:小麦;3:其他粮食作物;23:加工的稻米 |
| 蔬菜水果 | 4:蔬菜、水果和坚果 |
| 糖类产品 | 6:甘蔗、甜菜;24:糖 |
| 油料油脂 | 5:油料作物;21:动植物油脂 |
| 动植物纤维 | 7:植物纤维;12:羊毛和蚕丝 |
| 肉类产品 | 9:牲畜、山羊、绵羊、马;10:其他活动物;19:牲畜、山羊、绵羊、马等的肉制品;20:其他肉制品 |
| 奶制品 | 11:原奶;22:奶制品 |
| 鱼和水产品 | 14:鱼和水产品 |
| 加工食品 | 25:其他加工食品;26:饮料和烟草 |
| 其他农作物 | 8:其他农作物 |

资料来源:作者根据 GTAP 模型分类整理。

为了综合分析 RCEP 贸易自由化的具体影响,我们还将 WTO-IDB(Integrated Data Base)中 HS 编码六分位水平上的关税数据匹配到 GTAP 的分类中,然后再匹配到表 1 中的 10 大类农产品中。应用同样的匹配方法,我们将联合国 COMTRADE 数据库中 HS 编码六分位水平的贸易数据也先匹配到 GTAP 分类中,再匹配到表 1 的农产品分类中。

### (二)中国与 RCEP 成员农产品贸易总体发展状况

自 2001 年以来,中国与 RCEP 成员农产品贸易金额除了在金融危机后的 2009 年有明显下降,2015 年和 2016 年有小幅下降以外,其余年份均呈现增长趋势,但增长速度明显低于总贸易的增长速度。其中,中国向 RCEP 成员出口的农产品总金额从 2001 年的 92.98 亿美元增长到 2018 年的 352.14 亿美元,但其在总出口中所占的比重却从 2001 年的 11.38%下降到 2018 年的 4.99%。在进口方面,中国从 RCEP 成员的进口总金额从 2001 年的 38 亿美元增长到 2018 年的 384.71 亿美元,所占比重从 2001 年的 3.94%上升到 2018 年的 4.97%(见图 1)。

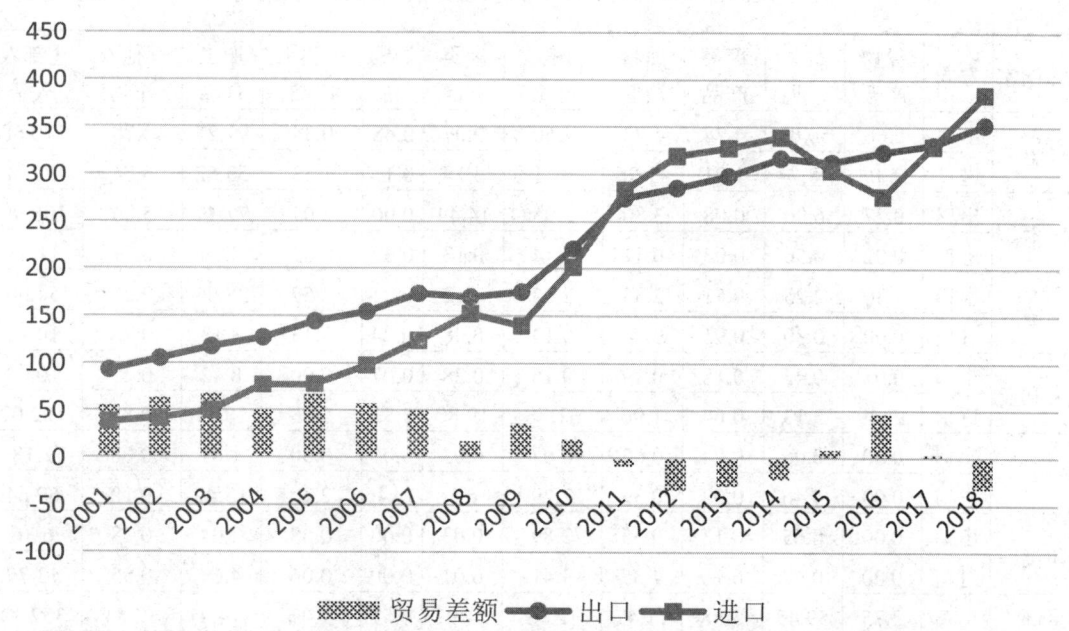

**图 1　2001—2018 年中国与 RCEP 成员农产品贸易发展趋势(单位:亿美元)**

资料来源:根据 WITS 数据库数据计算整理,https://wits.worldbank.org/。

从中国与 RCEP 成员农产品的贸易差额变化来看,在 2001—2010 年,中国对 RCEP 成员的农产品贸易从总体上看一直保持顺差状态,但在 2011—2018 年中却有 5 年是明显的逆差状态。而且,中国与 RCEP 成员农产品贸易差额在不同成员间存在显著差异。以 2018 年为例,中国与东盟和印度在农产品贸易上存在少量逆差,但对日本和韩国却存在大量顺差，对澳大利亚和新西兰则存在大量逆差。

在中国与RCEP成员农产品贸易的产品结构方面，加工食品是中国与RCEP成员进出口比重最高的类别，2018年的进出口比重分别达到27.7%和60.9%。蔬菜、水果是中国向RCEP出口的第二大类产品，2018年的比重为16.9%。蔬菜、水果和油料油脂是中国从RCEP成员进口的第二、三大类产品，2018年的比重分别为15.6%和14.8%。

在各大类产品的贸易差额方面，加工食品是中国对RCEP成员贸易顺差的主要来源，从国别上看，贸易顺差来自东盟、日本和韩国，而对澳大利亚、新西兰和印度则是明显的贸易逆差。中国在谷物产品、油料油脂、动植物纤维、肉类产品和奶制品五大类产品上对RCEP成员存在明显的贸易逆差。其中，谷物产品的逆差主要来自东盟和澳大利亚，油料油脂的逆差主要来自东盟，动植物纤维的逆差主要来自澳大利亚，肉类产品和奶制品的逆差主要来自澳大利亚和新西兰（见表2）。

表2 2018年中国与RCEP成员农产品贸易的产品结构　　　单位：亿美元

| 组织/国家 | 方向 | 谷物产品 | 蔬菜水果 | 糖类产品 | 油料油脂 | 动植物纤维 | 肉类产品 | 奶制品 | 鱼和水产品 | 加工食品 | 其他农作物 | 全部农产品 |
|---|---|---|---|---|---|---|---|---|---|---|---|---|
| 东盟 | 出口 | 0.66 | 50.03 | 4.74 | 4.73 | 4.60 | 9.07 | 0.48 | 0.34 | 91.25 | 4.78 | 170.68 |
| 东盟 | 进口 | 15.08 | 48.74 | 1.91 | 49.96 | 0.11 | 3.18 | 0.10 | 1.23 | 53.52 | 3.74 | 177.58 |
| 日本 | 出口 | 0.77 | 6.00 | 0.08 | 3.80 | 2.95 | 14.44 | 0.00 | 3.07 | 72.47 | 5.30 | 108.90 |
| 日本 | 进口 | 0.02 | 0.56 | 0.03 | 0.11 | 0.14 | 0.13 | 0.07 | 0.85 | 8.78 | 0.77 | 11.45 |
| 韩国 | 出口 | 1.30 | 2.25 | 0.51 | 2.33 | 2.25 | 1.12 | 0.01 | 3.57 | 38.41 | 2.25 | 54.00 |
| 韩国 | 进口 | 0.00 | 0.30 | 0.91 | 0.04 | 0.13 | 0.08 | 0.24 | 0.13 | 8.13 | 0.28 | 10.24 |
| 澳大利亚 | 出口 | 0.01 | 0.45 | 0.18 | 0.19 | 0.16 | 0.28 | 0.07 | 0.00 | 8.42 | 0.25 | 10.03 |
| 澳大利亚 | 进口 | 13.49 | 5.13 | 0.64 | 1.96 | 31.78 | 19.80 | 4.32 | 5.83 | 18.21 | 0.85 | 102.02 |
| 新西兰 | 出口 | 0.00 | 0.06 | 0.04 | 0.07 | 0.07 | 0.03 | 0.01 | 0.00 | 1.81 | 0.08 | 2.18 |
| 新西兰 | 进口 | 0.00 | 4.46 | 0.04 | 0.39 | 2.29 | 16.18 | 30.46 | 2.30 | 13.42 | 0.10 | 69.64 |
| 印度 | 出口 | 0.00 | 0.65 | 0.13 | 0.35 | 2.89 | 0.03 | 0.00 | 0.08 | 2.04 | 0.18 | 6.36 |
| 印度 | 进口 | 0.00 | 0.67 | 0.10 | 4.35 | 3.41 | 0.01 | 0.00 | 0.06 | 4.64 | 0.55 | 13.79 |
| 全部RCEP成员 | 出口 | 2.75 | 59.45 | 5.68 | 11.47 | 12.93 | 24.97 | 0.57 | 7.07 | 214.41 | 12.84 | 352.14 |
| 全部RCEP成员 | 进口 | 28.59 | 59.85 | 3.63 | 56.81 | 37.86 | 39.38 | 35.20 | 10.40 | 106.69 | 6.30 | 384.71 |

资料来源：根据WITS数据库数据计算整理。

### （三）RCEP成员农产品贸易关税壁垒现状

表3是将RCEP各成员HS编码六分位水平的关税汇总到农产品大类上计算出的简单平均关税水平。中国除在谷物产品和糖类产品的平均关税高于20%，其他农作物的关税略低于10%以外，其余七大类产品的关税均在10%~20%，仍表现出较高的保护水平。日本多数农产品大类的简单平均关税水平尽管不高，但是日本在农产品进口方面存在大量非关

税壁垒，使得日本农产品的实质保护程度显著高于名义上关税税率的保护。韩国农产品的关税不仅体现在许多大类产品平均关税较高上，而且在十大类产品中有六类产品存在最高税率40%以上的关税峰值。

在东盟国家中，马来西亚和印度尼西亚的农产品平均关税相对较低，所包含的峰值关税也较少，意味着这两国在农产品贸易自由化方面压力较小。菲律宾、泰国和越南的平均关税相对较高，而且在一半及以上的大类产品上存在峰值关税，在农产品贸易自由化方面会面临一定的压力。澳大利亚和新西兰尽管在经济发展水平上属于发达国家，但两国都是传统的农业强国，两国农产品的平均关税水平都很低，不仅没有农产品贸易自由化的压力，而且可以在 RCEP 农产品贸易自由化中获得较大的收益。印度各类农产品的平均关税都在20%以上，而且有八大类产品都存在关税峰值，贸易自由化的压力很高。即使不考虑制成品贸易差额，但从农产品贸易来看，印度暂时游离于 RCEP 贸易自由化协议之外也可以理解。

表3 RCEP 成员大类产品简单平均关税水平 单位：%

| 成员 | 谷物产品 | 蔬菜水果 | 糖类产品 | 油料油脂 | 动植物纤维 | 肉类产品 | 奶制品 | 鱼和水产品 | 加工食品 | 其他农作物 |
|---|---|---|---|---|---|---|---|---|---|---|
| 中国 | 24.19* | 13.67 | 26.89 | 10.22 | 12.39* | 13.80 | 12.64 | 11.00 | 15.62* | 9.42 |
| 日本 | 1.36 | 5.80 | 6.83 | 1.89 | 1.37 | 5.74 | 25.81 | 4.20 | 9.14 | 1.64 |
| 韩国 | 329.14* | 65.27* | 13.80 | 11.42* | 3.96 | 18.53* | 63.40* | 18.00 | 41.78 | 19.33* |
| 马来西亚 | 5.67* | 2.44 | 0.79 | 1.78 | 0.38 | 3.78* | 3.79 | 0.00 | 1.87 | 0.08 |
| 菲律宾 | 11.43* | 10.97* | 16.59* | 5.12 | 2.03 | 16.18* | 3.73 | 7.84 | 9.25* | 6.05* |
| 印度尼西亚 | 3.09 | 5.01 | 4.64 | 4.41 | 5.00 | 6.23 | 5.91 | 5.14 | 11.89* | 6.35 |
| 泰国 | 0.00 | 32.41* | 19.77* | 14.73 | 3.99 | 23.45* | 27.43* | 6.33 | 17.73* | 13.95* |
| 越南 | 8.56* | 18.14* | 14.47* | 8.56 | 3.60 | 12.21* | 10.70 | 11.84 | 22.22* | 10.90 |
| 澳大利亚 | 0.00 | 0.37 | 1.08 | 1.25 | 1.23 | 0.33 | 0.42 | 0.00 | 1.35 | 0.32 |
| 新西兰 | 0.00 | 0.14 | 0.72 | 0.39 | 0.61 | 1.22 | 1.52 | 0.07 | 1.92 | 0.39 |
| 印度 | 43.85* | 33.62* | 48.42* | 55.77* | 24.53 | 29.66* | 34.55* | 29.11 | 37.65* | 34.67* |

资料来源：根据 WTO-IDB 数据库中 HS 六分位编码的关税数据计算整理而得。

注："*"表示在该大类产品在 HS 编码六分位水平上存在关税峰值，即最高关税大于等于40%。新加坡关税为0，在表3中省略。

**（四）RCEP 成员保留例外条款下需要削减的关税壁垒**

王厚双和黄金宇（2018）指出，无论是中日韩还是东盟国家在参与自由贸易协定时都有设置敏感产品不同产品的减税时间表，导致 RCEP 协议中也不可避免地对部分农产品采取敏感产品模式，允许成员在建设初期保留部分例外产品。考虑到各成员的发展水平和关税削减的适应能力，RCEP 在商品贸易自由化方面允许成员保留部分例外产品，降低成员削减关税的压力。

为了估算各成员保留例外产品后需要削减的关税水平，表 4 在 HS 编码六分位 5000 多种产品分类的基础上，将各成员现行税率最高的 10%税号的商品设为例外产品，设定为不进行关税壁垒削减的产品，然后再计算出各大类农产品需要削减的关税壁垒。对比表 3 和表 4 可以发现，在保留例外产品的条件下，各国需要削减的关税壁垒大大降低。以中国为例，有 9 大类农产品需要削减的关税降至 10%以下。

表 4　RCEP 成员 90%贸易自由化条件下需要削减的简单平均关税水平　　　　　单位：%

| 成员 | 谷物产品 | 蔬菜水果 | 糖类产品 | 油料油脂 | 动植物纤维 | 肉类产品 | 奶制品 | 鱼和水产品 | 加工食品 | 其他农作物 |
| --- | --- | --- | --- | --- | --- | --- | --- | --- | --- | --- |
| 中国 | 0.92 | 8.06 | 2.16 | 7.65 | 5.45 | 5.40 | 9.95 | 10.17 | 8.30 | 7.70 |
| 日本 | 0.98 | 3.06 | 1.05 | 0.94 | 0.80 | 1.30 | 0.00 | 3.16 | 2.16 | 1.02 |
| 韩国 | 1.38 | 1.03 | 3.47 | 3.65 | 3.88 | 4.82 | 0.73 | 2.48 | 4.03 | 4.31 |
| 马来西亚 | 0.00 | 1.49 | 0.79 | 1.78 | 0.38 | 0.63 | 1.29 | 0.00 | 1.56 | 0.08 |
| 菲律宾 | 3.60 | 5.05 | 3.47 | 3.77 | 2.03 | 3.01 | 3.73 | 7.44 | 6.96 | 3.13 |
| 印度尼西亚 | 2.62 | 4.63 | 3.42 | 4.41 | 5.00 | 3.98 | 5.91 | 5.14 | 5.52 | 3.97 |
| 泰国 | 0.00 | 14.84 | 15.61 | 5.67 | 3.99 | 23.29 | 27.43 | 6.33 | 13.31 | 11.16 |
| 越南 | 3.94 | 9.54 | 7.63 | 7.52 | 3.60 | 6.56 | 10.70 | 11.84 | 8.73 | 9.90 |
| 澳大利亚 | 0.00 | 0.33 | 0.55 | 0.80 | 1.04 | 0.23 | 0.36 | 0.00 | 1.13 | 0.32 |
| 新西兰 | 0.00 | 0.14 | 0.72 | 0.33 | 0.42 | 1.09 | 1.29 | 0.07 | 1.66 | 0.39 |
| 印度 | 0.00 | 23.83 | 18.95 | 13.46 | 23.40 | 24.49 | 21.82 | 26.74 | 22.64 | 18.83 |

资料来源：同表 3。

## 二、中国与 RCEP 成员农产品贸易的竞争性和互补性

### （一）区域显示性比较优势的分析

巴拉萨（Balassa，1965）提出的显示性比较优势指数（Revealed Comparative Advantage Index，RCA）是在全球范围内衡量一个国家在某种产品上国际竞争力的一个重要指标。具体到区域经济合作领域，本文其修正为区域显示性比较优势指数（Regional Revealed Comparative Advantage Index，RRCA）更有助于分析各成员间相对的出口竞争力，其计算公式为：

$$RRCA_{i,k} = \frac{(X_{i,k}/X_i)}{(X_{r,k}/X_r)} \tag{1}$$

在公式（1）中，$RRCA_{i,k}$ 表示国家 $i$ 在产品 $k$ 上的区域显示性比较优势指数，$X_{i,k}$ 表示

国家 $i$ 在产品 $k$ 上的出口额，$X_i$ 表示国家 $i$ 在所有产品上的出口总额，$X_{r,k}$ 表示区域 $r$ 在产品 $k$ 上的出口额，$X_r$ 表示区域 $r$ 在所有产品上的出口总额。对于 RRCA 指数而言，如果 $RRCA_{i,k}$ 指数小于 0.8，则说明国家 $i$ 在产品 $k$ 上处于比较劣势；如果 $0.8 \leq RRCA_{i,k} < 1.25$，则具有不显著的比较优势；如果 $1.25 \leq RRCA_{i,k} < 2.5$，则具有较强比较优势；如果 $RRCA_{i,k} \geq 2.5$，则具有极强的比较优势。

如图 2 所示，中国农产品的综合 RRCA 指数在 2001—2018 年呈现出先快速下降，然后保持在相对较低水平的状态。其中，2001—2008 年，中国农产品的 RRCA 指数下降明显，从 2001 年的 1.0 下降到 2008 年的 0.56。尽管 2001—2008 年间中国的农产品出口仍在增长，但增长速度低于快速增长的制成品出口。2009—2018 年，中国农产品的 RRCA 指数一直维持在 0.6 以下。相比之下，日本和韩国在农产品贸易上的比较劣势更为明显。其中，在 2001—2018 年，日本农产品的 RRCA 指数始终低于 0.2，而韩国农产品的 RRCA 指数一直低于 0.3。2018 年，中日韩三国在农产品贸易上均处于比较劣势的地位。

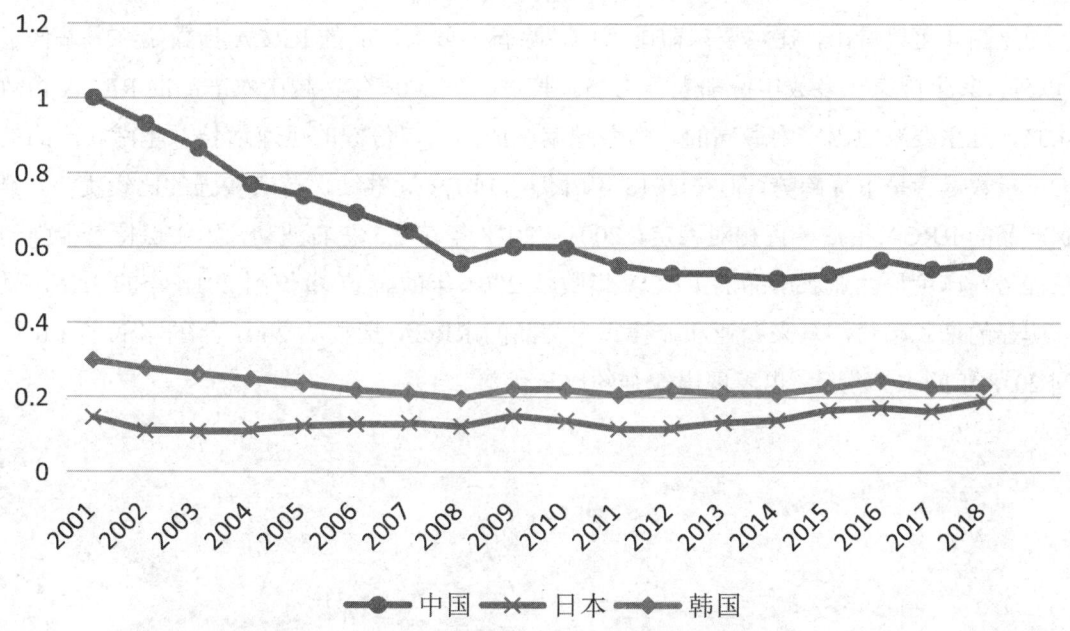

**图 2　2001—2018 年中国、日本、韩国农产品综合 RRCA 指数**

资料来源：根据 WITS 数据库数据计算整理，https://wits.worldbank.org/。

与中日韩三国形成鲜明对比的是澳大利亚和新西兰，这两个国家尽管是发达国家，但都是传统的农业强国和农产品出口大国。从图 3 中可以看出，新西兰农产品的 RRCA 指数始终高于 8.0，在 2004 年以后还一致保持在 10.0 以上；澳大利亚农产品的 RRCA 在大多数年份也都大于 2.5，具有极强的比较优势。

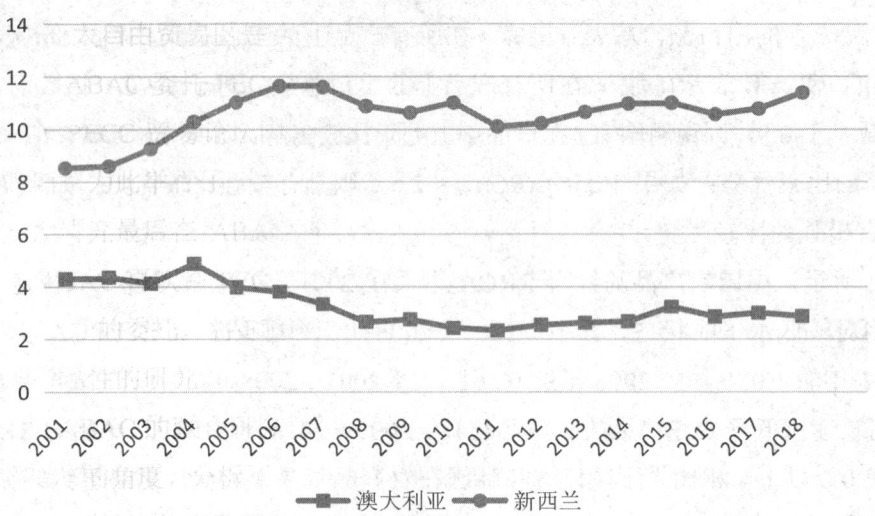

**图 3　2001—2018 年澳大利亚和新西兰农产品综合 RRCA 指数**

资料来源：同图 2。

通过图 4 可以看出，在主要东盟国家中，除新加坡农产品的 RRCA 指数始终显著低于 1.0 以外，其余国家在多数年份都大于 1.25。其中，在 2001 年，越南农产品的 RRCA 指数为 4.37，是主要东盟国家中最高的。随着越南制成品出口份额的迅速增长，越南农产品的 RRCA 指数尽管呈下降趋势，但在 2018 年时仍达到 1.92，继续保持着较强的比较优势。泰国农产品的 RRCA 指数一直相对稳定，2001—2018 年在 2.5 左右波动，始终保持着很强的比较优势。印度尼西亚农产品的 RRCA 指数从 2001 年的 1.37 增长到 2018 年的 3.25，呈现出明显的增长趋势。马来西亚和菲律宾农产品的 RRCA 指数从 2001 年的略低于 1.0 增长到 2018 年的 1.5 附近，也表现出较强的比较优势。

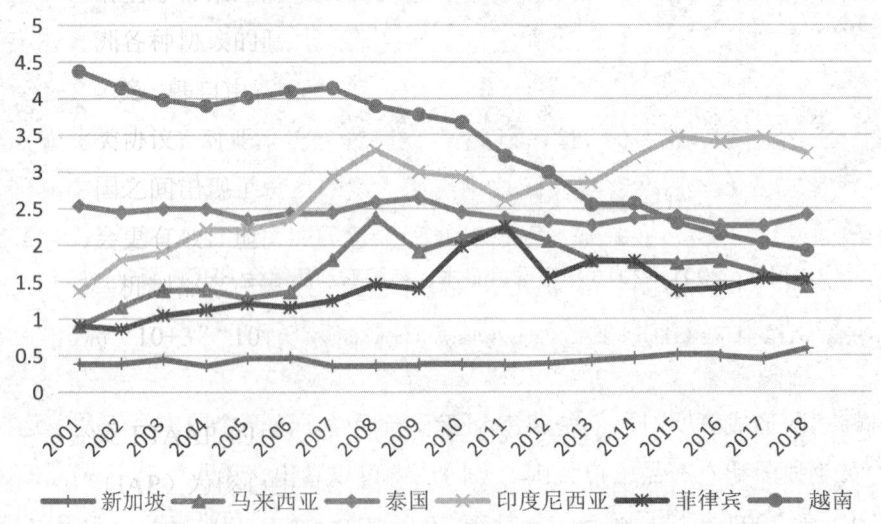

**图 4　2001—2018 年主要东盟国家农产品综合 RRCA 指数**

资料来源：同图 2。

从农产品区域显示性比较优势看,RCEP 成员可以分为三大类:一类包括中国、日本、韩国和新加坡,这四个国家从总体上来看处于比较劣势的地位;第二类包括马来西亚、菲律宾、越南和泰国,这四个国家具有较强的比较优势;第三类包括新西兰、澳大利亚和印度尼西亚,这三个国家具有极强的比较优势(见表5)。

表 5　RCEP 主要成员 2018 年各类农产品的区域显示性比较优势指数

| 成员 | 谷物产品 | 蔬菜水果 | 糖类产品 | 油料油脂 | 动植物纤维 | 肉类产品 | 奶制品 | 鱼和水产品 | 加工食品 | 其他农作物 |
|---|---|---|---|---|---|---|---|---|---|---|
| 中国 | 0.09 | 0.74 | 0.32 | 0.15 | 0.76 | 0.42 | 0.02 | 0.62 | 0.79 | 0.47 |
| 日本 | 0.02 | 0.09 | 0.02 | 0.04 | 0.05 | 0.08 | 0.04 | 1.25 | 0.31 | 0.11 |
| 韩国 | 0.02 | 0.12 | 0.32 | 0.02 | 0.06 | 0.04 | 0.07 | 0.46 | 0.40 | 0.27 |
| 新加坡 | 0.02 | 0.06 | 0.11 | 0.10 | 0.01 | 0.09 | 0.21 | 0.17 | 1.21 | 0.25 |
| 马来西亚 | 0.01 | 0.23 | 0.35 | 6.50 | 0.28 | 0.42 | 0.54 | 0.39 | 0.95 | 1.01 |
| 泰国 | 5.58 | 2.32 | 9.99 | 0.35 | 0.15 | 2.70 | 0.56 | 0.60 | 2.70 | 0.58 |
| 印度尼西亚 | 0.10 | 0.87 | 0.62 | 15.05 | 0.01 | 0.34 | 0.18 | 1.97 | 2.06 | 4.08 |
| 菲律宾 | 0.01 | 5.34 | 0.99 | 2.39 | 0.01 | 0.04 | 0.26 | 3.73 | 1.31 | 0.36 |
| 越南 | 2.74 | 4.46 | 0.16 | 0.16 | 0.25 | 0.17 | 0.16 | 0.26 | 2.15 | 6.51 |
| 澳大利亚 | 5.41 | 2.07 | 0.50 | 0.93 | 10.10 | 9.54 | 3.82 | 5.25 | 1.26 | 1.17 |
| 新西兰 | 0.09 | 11.40 | 1.28 | 0.51 | 5.76 | 27.01 | 115.30 | 11.74 | 5.23 | 1.47 |

资料来源:根据 WITS 数据库数据计算整理。

具体到各大类农产品上,RCEP 成员的 RRCA 指数也呈现出显著差异。以 2018 年为例,中国、日本、韩国和新加坡四国没有任何一类农产品表现出明显的比较优势,除了日本的水产品和新加坡的加工食品具有不明显的比较优势以外,其他所有大类农产品均处于比较劣势。东盟其他 5 国都在至少一大类农产品上具有很强的比较优势,而澳大利亚和新西兰则在多类农产品上具有很强的比较优势。

具体而言,在中国与 RCEP 成员贸易逆差较大的几类农产品方面,谷物产品具有很强的比较优势的国家包括泰国、越南和澳大利亚;油料油脂具有比较优势的国家包括马来西亚、印度尼西亚和菲律宾;动植物纤维、肉类产品和奶制品的比较优势最明显的国家是澳大利亚和新西兰。

## (二)中国与 RCEP 成员农产品的出口相似度分析

各国贸易竞争关系除了不同产品上的比较优势外,各国出口的相似程度也是竞争关系的重要构成。一般而言,如果两个国家出口产品重合的比重越大,两个国家在贸易上的竞争性越强。出口相似度指数（export similarity index，ESI）是衡量两国出口商品结构相似程度的重要指标，其一般化的计算公式为：

$$ESI_{i,j} = \sum_{k} \min(\frac{X_{i,k}}{X_i}, \frac{X_{j,k}}{X_j}) \qquad (2)$$

在公式（2）中，$X_{i,k}$ 表示国家 $i$ 在产品 $k$ 上的出口额，$X_i$ 表示国家 $i$ 的总出口额，$X_{j,k}$ 表示国家 $j$ 在产品 $k$ 上的出口额，$X_j$ 表示国家 $j$ 的总出口额。具体到本文分析的农产品方面，本文使用国家 $i$ 和国家 $j$ 在全部农产品上的出口总金额替换 $X_i$ 和 $X_j$。

图 5 中的五个国家是 2010 年以来与中国农产品的 ESI 指数均低于 0.35 的国家，较低的出口相似度意味着中国与这些国家出口农产品的产品类别存在较低的重合程度，中国与这些国家农产品贸易上的竞争程度较弱。图 6 中的 5 个国家在 2010 年以来多数维持在 0.45 以上，表现出与中国出口一定的相似程度和竞争性。其中，日本、韩国和泰国在 2001—2018 年间与中国的 ESI 指数始终高于 0.45，日本和泰国 2010 年以来的 ESI 指数始终高于 0.55，这体现了两国与中国在农产品出口的产品类别上存在一定的相似性，与中国会存在一定的竞争。菲律宾和越南在 2001 年时与中国的 ESI 指数较低，但在 2001—2009 年间较快上升，并在 2010—2018 年间保持在较高的水平。

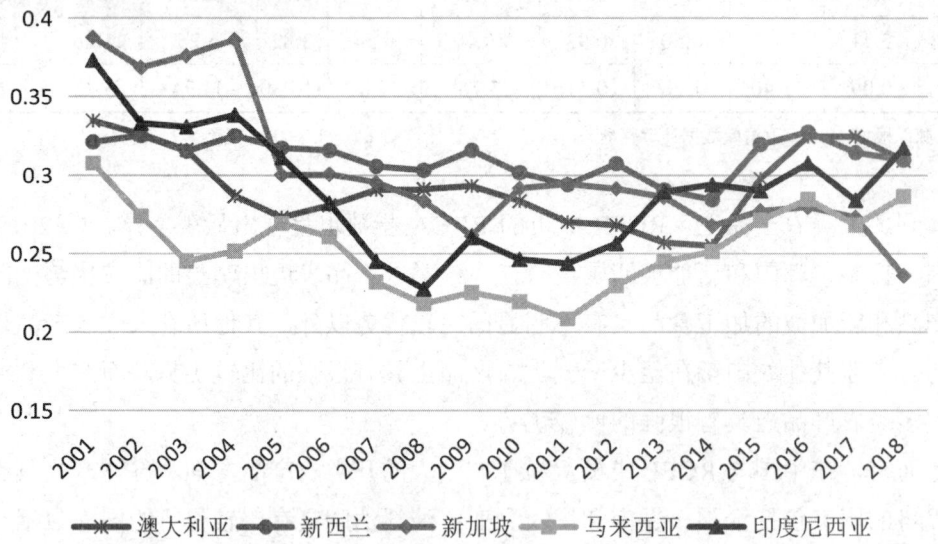

**图 5　2001—2018 年澳大利亚、新西兰、新加坡、马来西亚、印度尼西亚与中国农产品 ESI 指数**

资料来源：同图 2。

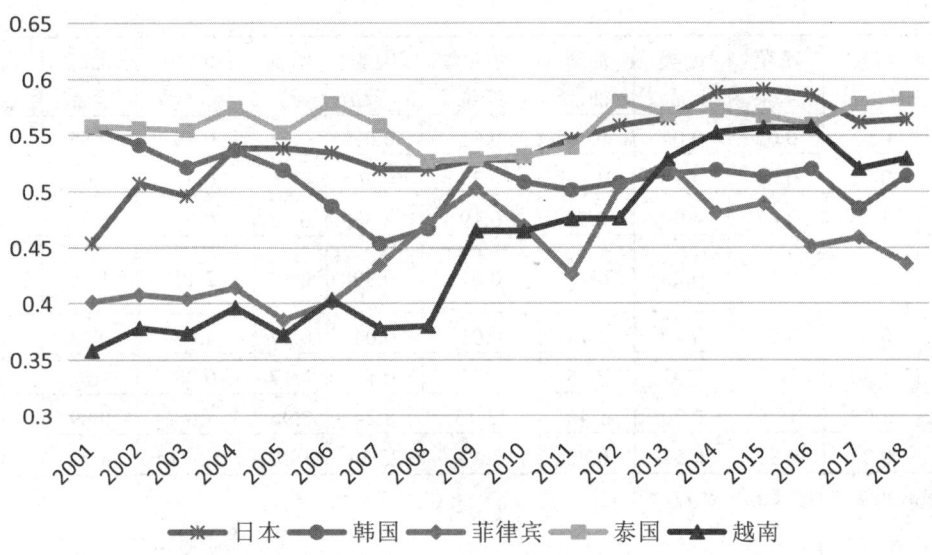

**图 6  2001—2018 年日本、韩国、菲律宾、泰国、越南与中国农产品 ESI 指数**

资料来源：同图 2。

## （三）中国与 RCEP 成员农产品的贸易互补性分析

贸易互补性指数（trade complementarity index，TCI）是用于衡量一国进口与另一国出口相互兼容性的一个指标，其计算公式如下：

$$TCI_{i,j,k} = \left[ (X_{i,k}/X_i) \big/ (X_k/X) \right] \times \left[ (M_{j,k}/M_j) \big/ (M_k/M) \right] \quad (3)$$

公式（3）中，$i$ 和 $j$ 分别代表出口国和进口国，$k$ 代表相应的产品类别，$M$ 和 $X$ 分别代表进口额和出口额。公式右边第一个方括号中表示的是国家 $i$ 在产品 $k$ 出口上的显示性比较优势，第二个方括号中表示的是国家 $j$ 在产品 $k$ 进口方面的显示性比较优势。一般而言，如果国家 $i$ 在产品 $k$ 出口上具有比较优势，而国家 $j$ 在产品 $k$ 的进口上也具有比较优势的话，两个国家在产品 $k$ 贸易上的互补性就比较强。体现在公式（3）中，当 TCI 指数大于 1 时，意味着该产品在国家 $i$ 向国家 $j$ 的出口中具有较强的互补性和贸易合作基础。本文根据公式（3）以中国为进口国计算了中国与主要 RCEP 成员 2018 年的 TCI 指数，结果见表 6。

**表 6  中国与 RCEP 主要成员 2018 年各类农产品的贸易互补性指数**

| 成员 | 谷物产品 | 蔬菜水果 | 糖类产品 | 油料油脂 | 动植物纤维 | 肉类产品 | 奶制品 | 鱼和水产品 | 加工食品 | 其他农作物 |
|---|---|---|---|---|---|---|---|---|---|---|
| 日本 | 0.01 | 0.08 | 0.01 | 0.07 | 0.07 | 0.07 | 0.04 | 1.35 | 0.22 | 0.05 |
| 韩国 | 0.01 | 0.11 | 0.13 | 0.04 | 0.08 | 0.03 | 0.07 | 0.50 | 0.29 | 0.11 |

续表

| 成员 | 谷物产品 | 蔬菜水果 | 糖类产品 | 油料油脂 | 动植物纤维 | 肉类产品 | 奶制品 | 鱼和水产品 | 加工食品 | 其他农作物 |
|---|---|---|---|---|---|---|---|---|---|---|
| 新加坡 | 0.01 | 0.05 | 0.04 | 0.16 | 0.01 | 0.07 | 0.21 | 0.19 | 0.85 | 0.10 |
| 马来西亚 | 0.01 | 0.20 | 0.14 | 10.15 | 0.37 | 0.36 | 0.56 | 0.42 | 0.67 | 0.42 |
| 泰国 | 3.18 | 2.01 | 4.00 | 0.55 | 0.19 | 2.33 | 0.58 | 0.65 | 1.91 | 0.24 |
| 印度尼西亚 | 0.06 | 0.75 | 0.25 | 23.52 | 0.01 | 0.30 | 0.18 | 2.13 | 1.46 | 1.70 |
| 菲律宾 | 0.00 | 4.62 | 0.40 | 3.74 | 0.01 | 0.04 | 0.27 | 4.04 | 0.93 | 0.15 |
| 越南 | 1.56 | 3.86 | 0.07 | 0.25 | 0.32 | 0.15 | 0.17 | 0.28 | 1.52 | 2.72 |
| 澳大利亚 | 3.08 | 1.79 | 0.20 | 1.45 | 13.13 | 8.24 | 3.96 | 5.68 | 0.89 | 0.49 |
| 新西兰 | 0.05 | 9.87 | 0.51 | 0.80 | 7.49 | 23.34 | 119.61 | 12.71 | 3.71 | 0.61 |

资料来源：根据 WITS 数据库数据计算整理。

在表 6 中，日本、韩国和新加坡在农产品出口方面缺乏比较优势，在几乎所有类别农产品的出口上与中国的互补性都很低。澳大利亚、新西兰以及除新加坡以外的东盟国家分别在不同种类农产品的出口上与中国具有较强的互补性。具体而言，在谷物产品方面，泰国、越南和澳大利亚与中国的互补性较强；在蔬菜水果上，泰国、菲律宾、越南以及新西兰与中国的互补性很强。马来西亚和印度尼西亚的油料油脂、泰国的肉类产品、印度尼西亚和菲律宾的鱼和水产品以及泰国、印度尼西亚和越南的加工食品都与中国的进口具有较强的互补性。澳大利亚和新西兰与中国具有极强互补性的产品种类更多，这两个国家在动植物纤维、肉类产品、奶制品方面都与中国具有极强的互补性。随着中国居民消费结构的改变，近年来中国的肉类产品、奶制品和水产品的进口显著增长，而澳大利亚和新西兰在这几类产品出口上的比较优势正好与中国的进口需求形成互补。

综合中国与 RCEP 成员在整体上以及各大类产品上的竞争性和互补性可以看出，中国在多数农产品出口上不具有比较优势，而多数 RCEP 成员在不同大类的农产品上具有比较优势，中国与 RCEP 成员在农产品上具有的互补性将成为贸易自由化合作的重要基础。

### 三、RCEP 商品贸易自由化的可计算一般均衡分析

#### （一）地区和部门的划分

可计算的一般均衡（computable general equilibrium，CGE）已在经济效果的分析中得到了广泛的应用，尤其是在分析预测不同政策时可能对总体经济加以分析。

#### （二）方案设定

RCEP 成员可以保留部分例外产品，而许多农产品高关税的特征使得在不同的贸易自由化水平上农产品的关税壁垒削减水平明显不同。我们针对 RCEP 贸易自由化水平的不同

设定方案 1~4。

方案 1：RCEP 成员取消 90%税号商品的关税壁垒。

方案 2：RCEP 成员取消 95%税号商品的关税壁垒。

在农产品贸易自由化问题上，关税壁垒和非关税壁垒的削减都具有显著意义。同样，技术性贸易壁垒对国际贸易的影响也日益显著。为此，我们在模拟分析中加入对技术性贸易壁垒的削减，具体设定为将技术性贸易壁垒削减 2%。

方案 3：RCEP 成员取消 90%税号商品的关税壁垒的基础上降低 2%的技术性贸易壁垒。

方案 4：RCEP 成员取消 95%税号商品的关税壁垒的基础上降低 2%的技术性贸易壁垒。

### （三）RCEP 贸易自由化的总体经济效果分析

RCEP 在建设过程中考虑发展中成员的适应能力，并没有要求所有成员削减全部关税壁垒。然而，由于 RCEP 包含的成员众多、总体经济规模较大，即使部分商品贸易自由化仍可以给 RCEP 成员带来较明显的经济增长和福利增加效果。在方案 1 中，中国获得的净福利为 425.41 亿美元，而且中国的实际 GDP 也会增长 0.69%。对于日本而言，在 RCEP 允许保留例外产品的条件下，日本自身面临的关税削减压力相对较小，但却可以通过其他国家关税削减获得较多的好处。在方案 1 中，日本获得的净福利增加是最多的。韩国、东盟国家、澳大利亚和新西兰都会在 RCEP 的商品贸易自由化中获得经济增长和福利增加的效果。对于暂时游离于 RCEP 以外的印度而言，RCEP 的商品贸易自由化会使其受到一定的冲击，印度的净福利和实际 GDP 会分别下降 58.07 亿美元和 0.22%。

如果 RCEP 提高商品贸易自由化的水平，RCEP 成员的净福利和实际 GDP 增长效果都会有所增强。在方案 2 中，额外 5%税号商品的平均关税均高于方案 1 中的平均关税，这使得贸易自由化的深化会带来明显的好处。具体来看，方案 2 条件下，中日韩、东盟国家、澳大利亚和新西兰在净福利和实际 GDP 增长方面效果大多比方案 1 增加了 10%左右。从深化贸易自由化水平面临的压力和带来的经济效果来看，RCEP 应该先在允许成员保留例外产品的基础上落实贸易自由化协议，然后在实际成熟时再逐渐扩大贸易自由化包括的产品范围。

在考虑商品贸易自由化基础上削减技术性贸易壁垒的方案 3 中，中国获得的净福利为 783.09 亿美元，实际 GDP 也会增长 1.2%。对比方案 2 和方案 3 可以看出，在 RCEP 实现 90%税号商品贸易自由化的基础上，削减技术性贸易壁垒带来的好处明显高于扩大关税壁垒削减的范围。对比其他 RCEP 成员在方案 2 和方案 3 的差异同样可以发现削减技术性贸易壁垒是更加有利的选择。同样对比方案 3 和方案 4 的差异可以看出，在削减技术性贸易壁垒的基础上进一步扩大关税削减范围可以给参与贸易自由化的 RCEP 成员带来进一步的福利增长和实际 GDP 增长。方案 4 与方案 3 给 RCEP 各成员在净福利增长上带来的差异要略微高于方案 2 与方案 1，这意味着在更高比例的关税壁垒削减基础上削减技术性贸易壁垒可以带来更大的好处（见表 7）。

表 7　RCEP 商品贸易自由化对净福利和实际 GDP 影响的模拟结果　　单位：亿美元，%

| 成员 | 各国净福利变化 | | | | 各国实际 GDP 变化 | | | |
| --- | --- | --- | --- | --- | --- | --- | --- | --- |
| | 方案 1 | 方案 2 | 方案 3 | 方案 4 | 方案 1 | 方案 2 | 方案 3 | 方案 4 |
| 中国 | 425.41 | 464.47 | 783.09 | 886.06 | 0.69 | 0.76 | 1.2 | 1.34 |
| 日本 | 606.08 | 677.91 | 1029.70 | 1102.65 | 0.77 | 0.87 | 1.4 | 1.5 |
| 韩国 | 383.82 | 430.65 | 591.12 | 638.13 | 2.7 | 3.03 | 4.3 | 4.63 |
| 新加坡 | 68.00 | 77.38 | 142.84 | 153.18 | 1.13 | 1.29 | 3.35 | 3.52 |
| 马来西亚 | 69.64 | 84.50 | 139.75 | 155.48 | 1.67 | 2.13 | 3.8 | 4.29 |
| 泰国 | 100.22 | 111.71 | 171.45 | 183.79 | 2.45 | 2.69 | 4.29 | 4.55 |
| 菲律宾 | 34.72 | 38.35 | 64.55 | 68.16 | 1.02 | 1.14 | 2.12 | 2.24 |
| 印度尼西亚 | 73.21 | 83.14 | 138.56 | 149.28 | 0.76 | 0.88 | 1.41 | 1.53 |
| 越南 | 151.94 | 172.92 | 222.44 | 242.92 | 9.21 | 10.53 | 13.69 | 14.99 |
| 澳大利亚 | 137.46 | 158.53 | 243.03 | 314.02 | 0.75 | 0.88 | 1.32 | 1.81 |
| 新西兰 | 15.82 | 20.19 | 32.14 | 37.79 | 0.68 | 0.87 | 1.58 | 1.82 |
| 印度 | -58.07 | -65.96 | -75.90 | -85.43 | -0.22 | -0.25 | -0.28 | -0.32 |

资料来源：根据 GTAP 模型计算。

注：RCEP 以外国家和地区会由于 RCEP 贸易自由化受到不同程度的冲击，为节约篇幅，表中没有展示。

### （四）RCEP 对中国农产品行业产出和国际贸易的影响

对于谷物产品，由于考虑粮食安全问题将其中的一些重要产品设为敏感商品，在关税壁垒的削减方面比较保守。在方案 1 中，中国的进口仅会增长 0.59%，对国内的冲击很有限。尽管中国谷物产品的出口在方案 1 中会增长 4.34%，但考虑到中国与 RCEP 成员的谷物产品贸易中进口额超过出口额的 10 倍，中国与 RCEP 成员的贸易逆差仍会扩大。随着关税削减范围的扩大以及技术性贸易壁垒的削减，中国从 RCEP 成员的进口增长会更加明显。

对于蔬菜水果，中国在方案 1 中的进口和出口会分别增长 7.62% 和 7.53%，增长比较明显。考虑到中国与 RCEP 成员在蔬菜水果类农产品贸易上基本处于平衡状态，中国这一大类产品的贸易差额变化不大。随着贸易自由化程度的加深以及技术性贸易壁垒的削减，中国这一大类产品出口的增加会高于进口的增加，但相差幅度不明显。

油料油脂是中国与 RCEP 成员农产品贸易逆差的最大一项，也是中国在全球范围内农产品贸易逆差的重要来源。在方案 1~4 中，无论采取什么程度的贸易自由化水平，中国油料油脂的国内产出水平都会有所下降，下降幅度在 1% 左右。在进出口贸易方面，尽管中国油料油脂的出口增长率超过进口增长率，但考虑到中国在该产品上出口额远远小于进口额，中国油料油脂大类产品的贸易逆差会进一步扩大。

中国在动植物纤维和肉类产品上的贸易差额呈现显著的地域特征,这两类农产品对东盟、日本和韩国呈现明显的贸易顺差,而对澳大利亚和新西兰存在明显的贸易逆差。随着 RCEP 农产品贸易自由化的推进,中国在这两大类产品上的产出会有少量增加。在贸易方面,中国在方案 1~4 中这两个行业的出口增长率的增加都略高于进口增长率的增长。

奶制品行业是中国在对外贸易中处于明显比较劣势的行业,而且在 RCEP 成员中的贸易逆差主要来自澳大利亚和新西兰。在 RCEP 允许成员保留 10%税号例外商品的条件下,中国奶制品行业仍需削减接近 10%的关税。在方案 1~4 中,中国的奶制品行业产出都会出现明显的下降,而且下降的幅度在所有农产品中最大。在行业进出口方面,尽管中国对东盟在奶制品方面存在少量贸易顺差,但由于中国的奶制品在总体上并不具有比较优势,在所有贸易自由化的方案中奶制品的出口增长都十分有限。与出口形成鲜明对照的是中国奶制品的进口增长十分明显。在方案 1 中,中国的奶制品进口增长率就高达 21.9%,而在方案 4 中奶制品的进口增长率则为 32.52%。

加工食品行业是中国与 RCEP 成员贸易金额最大的行业。在方案 1~4 的模拟结果中,中国的行业产出随着贸易自由化程度的加深逐渐扩大。在深化贸易自由化以及削减技术性贸易壁垒的方案 4 中,中国加工食品行业的产出会增长 1.1%。在对外贸易方面,由于中国在 RCEP 内部加工食品行业主要的出口目标是东盟国家和日韩,这些国家即使在方案 1 中也会面临比较明显的关税壁垒削减。在方案 1 中,中国在加工食品行业的出口会增长 5.24%,在方案 4 中这一比率会提高到 8.65%。中国的加工食品行业在与 RCEP 成员贸易时存在比较优势,加上贸易自由化以后加工食品行业的进口增长比率低于出口增长率,中国在这一行业的贸易顺差会有所扩大。

在糖类产品、鱼和水产品以及其他农产品三个行业,中国与 RCEP 成员的总体贸易金额相对较小。RCEP 的贸易自由化会使得这三个行业的产出和进出口贸易呈现不同程度的增长(见表 8)。

**表 8 RCEP 商品贸易自由化对中国农产品行业产出和进出口贸易的影响** 单位:%

| 分类 | 行业产出 | | | | 行业出口 | | | | 行业进口 | | | |
|---|---|---|---|---|---|---|---|---|---|---|---|---|
| | 方案 1 | 方案 2 | 方案 3 | 方案 4 | 方案 1 | 方案 2 | 方案 3 | 方案 4 | 方案 1 | 方案 2 | 方案 3 | 方案 4 |
| 谷物产品 | 0.58 | 0.61 | 0.78 | 0.86 | 4.34 | 4.48 | 8.77 | 8.71 | 0.59 | 1.50 | 2.44 | 3.61 |
| 蔬菜水果 | 0.59 | 0.73 | 0.81 | 0.99 | 7.53 | 10.49 | 9.00 | 11.98 | 7.62 | 8.93 | 8.26 | 9.75 |
| 糖类产品 | 0.31 | 0.16 | 0.30 | 0.16 | 7.08 | 8.78 | 10.20 | 13.59 | 1.98 | 3.11 | 3.18 | 4.55 |
| 油料油脂 | -0.71 | -0.87 | -0.94 | -1.12 | 8.08 | 10.18 | 11.47 | 13.63 | 2.81 | 3.34 | 3.45 | 4.12 |
| 动植物纤维 | 0.29 | 0.63 | 0.04 | 0.43 | 3.36 | 3.29 | 5.08 | 5.01 | 2.53 | 2.87 | 2.93 | 3.46 |

续表

| 分类 | 行业产出 | | | | 行业出口 | | | | 行业进口 | | | |
|---|---|---|---|---|---|---|---|---|---|---|---|---|
| | 方案1 | 方案2 | 方案3 | 方案4 | 方案1 | 方案2 | 方案3 | 方案4 | 方案1 | 方案2 | 方案3 | 方案4 |
| 肉类产品 | 0.59 | 0.56 | 0.87 | 0.89 | 4.32 | 8.00 | 7.71 | 12.46 | 4.94 | 9.31 | 6.72 | 11.66 |
| 奶制品 | -1.02 | -1.44 | -1.13 | -1.51 | 0.20 | -0.02 | 1.09 | 2.32 | 21.90 | 28.28 | 25.80 | 32.52 |
| 鱼和水产品 | 0.58 | 0.71 | 0.84 | 1.01 | 5.76 | 12.05 | 7.42 | 13.83 | 5.90 | 6.49 | 6.40 | 7.17 |
| 加工食品 | 0.67 | 0.75 | 0.97 | 1.10 | 5.24 | 6.73 | 6.64 | 8.65 | 2.28 | 2.77 | 2.76 | 3.38 |
| 其他农作物 | 0.68 | 0.81 | 1.00 | 1.16 | 4.69 | 6.22 | 6.61 | 8.12 | 6.30 | 7.45 | 7.50 | 8.92 |

资料来源：根据 WITS 数据库数据计算整理。

## 四、结论与政策建议

### （一）主要结论

从各国关税结构来看，许多 RCEP 成员在农产品上的平均关税仍处于较高水平，而且许多成员都在不止一类商品上存在关税峰值，这使得 RCEP 成员在农产品贸易自由化方面阻力较大。在 RCEP 贸易自由化中允许保留部分例外产品的做法大大降低了各国贸易自由化的阻力，但仍有一些成员需要较大规模地削减农产品关税壁垒。

尽管从总体上看中国与 RCEP 成员的农产品贸易差额基本平衡，但存在着明显的国别差异和行业差异。总体而言，中国对日本和韩国的农产品贸易多处于顺差地位，在贸易自由化中也可以获得明显的收益；中国与东盟的农产品贸易既有明显的顺差部门，又有贸易基本平衡的部门，还有明显的逆差部门。通过与东盟的贸易自由化，中国和东盟国家可以互通有无，实现互利共赢。中国与澳大利亚和新西兰在所有的农产品部门均存在贸易逆差，在贸易自由化后增加的许多进口也来自这两个国家。

中国农产品出口的国际竞争力相对较弱，但东盟国家以及澳大利亚和新西兰在农产品出口上具有的较强竞争力与中国相应农产品的进口需求相匹配，使得中国与 RCEP 成员农产品贸易上存在较强的互补性。在贸易自由化过程中，相比 90%税号商品贸易自由化，RCEP 实现 95%税号商品贸易自由化可以使多数成员的实际 GDP 增长和净福利有所增加，但是增加的相对幅度并不十分明显。但是在 90%税号商品贸易自由化的基础上削减技术性贸易壁垒则可以使 RCEP 成员获得比较明显的经济增长和福利增加效果。

油料油脂和奶制品两个行业是中国在 RCEP 的贸易自由化中受到绝对冲击的农产品部门，这两个行业的产出会有所下降。这两个行业在中国的国际贸易中处于明显的比较劣势，进口额大大高于出口额，在贸易自由化的条件下受到了比较明显的冲击。然而，油料油脂和奶制品行业产品的进口对于提升我国居民消费结构具有明显的促进作用。

## （二）政策建议

RCEP 成员中有相当一部分在农产品贸易上保留了较高的关税壁垒，这些高关税壁垒是达成贸易协议的重要障碍。如果允许 RCEP 成员保留部分例外产品，RCEP 成员在关税削减方面的压力就会显著降低。结合 GTAP 模型的模拟结果，RCEP 成员在 90%税号产品取消关税壁垒的条件下就可以获得关税削减的大部分收益。在政策选择上我们要充分考虑 RCEP 成员的特殊情况，允许成员保留例外产品，降低贸易协议达成的难度。

在许多国家关税壁垒已经降到较低程度的基础上，技术性贸易壁垒已经成为贸易发展的重要障碍之一。降低技术性贸易壁垒带来的经济增长和贸易创造效应作用于全部商品贸易领域，模型分析的结果显示这种效应会显著高于扩大贸易自由化的商品范围。尤其是许多 RCEP 成员在农产品上存在关税峰值的条件下，削减这些商品的关税壁垒会面临较大的压力。我们在 RCEP 贸易自由化的深化方面更应该注重从削减技术性贸易壁垒的角度入手，既可以获得贸易自由化带来的利益，又可以降低谈判的压力。

在农业的产业政策方面，RCEP 贸易自由化并没有降低我国的谷物产品的产出，这意味着我国的粮食生产不会受到显著冲击。在粮食安全能够得到保证的条件下，尽管油料作物和奶制品行业的产出受到了负面冲击，但从发挥比较优势的角度来看是可以接受的。在农业的产业政策和贸易政策方面应继续力保粮食作物的国内生产，对其他类的农产品可以逐步加大开放力度。

**参考文献**

[1] 王厚双，黄金宇. 中日韩与东盟农产品贸易降税模式比较研究：兼论 RCEP 谈判的推进[J]. 国际经济合作，2018（5）：72-77.

[2] 孟夏，黄陈刘，张晓. RCEP 对中国机电产品出口的影响：基于 GTAP 模拟分析[J]. 亚太经济，2018（4）：26-35，142.

[3] 周曙东，肖宵，杨军. 中韩自贸区建立对两国主要产业的经济影响分析：基于中韩自由贸易协定的关税减让方案[J]. 国际贸易问题，2016（5）：116-129.

[4] 刘艺卓，赵一夫."区域全面经济伙伴关系协定"（RCEP）对中国农业的影响[J]. 农业技术经济，2017（6）：118-124.